中学化学实验教学与实作考查研究

主 编 黄正厚

重庆大学出版社

内容提要

本书共 5 章，主要介绍如何将中学化学实验教学与实作考查进行融合设计，并以新课标中规定的化学必做实验为研究对象，进行不同版本教材实验内容的比较，设计优化后的教学与评价案例，实现教与考的结合，供中学一线化学教师研究和借鉴。

本书适用于广大中学化学教师、教育工作者及化学教育专业学生阅读，也可作为化学实验教学培训教材。

图书在版编目（CIP）数据

中学化学实验教学与实作考查研究/黄正厚主编.

重庆：重庆大学出版社，2024.8. --ISBN 978-7-5689-4734-3

Ⅰ. G633.82

中国国家版本馆 CIP 数据核字第 2024Z5U760 号

中学化学实验教学与实作考查研究
ZHONGXUE HUAXUE SHIYAN JIAOXUE YU SHIZUO KAOCHA YANJIU

主 编 黄正厚

策划编辑：秦旖旎

责任编辑：张红梅　　版式设计：秦旖旎

责任校对：王 倩　　责任印制：张 策

*

重庆大学出版社出版发行

出版人：陈晓阳

社址：重庆市沙坪坝区大学城西路 21 号

邮编：401331

电话：（023）88617190　88617185（中小学）

传真：（023）88617186　88617166

网址：http://www.cqup.com.cn

邮箱：fxk@cqup.com.cn（营销中心）

全国新华书店经销

重庆市远大印务有限公司印刷

*

开本：787mm×1092mm　1/16　印张：20.75　字数：411 千

2024 年 8 月第 1 版　2024 年 8 月第 1 次印刷

ISBN 978-7-5689-4734-3　定价：68.00 元

本书如有印刷、装订等质量问题，本社负责调换

版权所有，请勿擅自翻印和用本书

制作各类出版物及配套用书，违者必究

编委名单

主　编　黄正厚

参　编　张雪萍　冉鹏飞　陈　忆　李　钧　彭　琴　田丽君　王文佳
　　　　张小凤　邹奇霖　郝　燕　曹　恒　冯　媛　尚秀姣　刘安道
　　　　张诗曼　祝东怡　王　强　李　强　杜　墨　代冬梅　隆华锋
　　　　段成玲

前　言

实验教学是国家课程方案和课程标准规定的重要教学内容，是培养创新人才的重要途径。"重视开展素养为本的教学，倡导基于化学学科核心素养的评价"是新一轮课程改革的重要理念；"充分认识化学实验的独特价值，发挥化学实验的教学功能"是新课标的明确要求；"夯实基础，开齐开足开好国家课程标准规定实验，切实扭转忽视实验教学的倾向；把实验教学情况纳入教育质量评价监测体系，强化对学校实验室建设与管理、实验教学开展情况和实验教学质量等方面的评价"是教育部《关于加强和改进中小学实验教学的意见》。在新的教育背景下，我们决定开展中学化学实验教学与实作考查融合研究，旨在进一步探讨化学实验教学优化设计的路径和方法、实作考查的策略和流程、素养诊断的维度和方向，实现化学实验"教、学、评"的一体化，为中学化学教师的实验教学和实作评价提供一定的指导和参考。

实验是化学学科的灵魂。它不仅验证了化学理论，而且推动了化学科学的进步。本书首先讨论了中学化学实验的地位与作用，剖析了中学化学实验的现状，揭示了教学中存在的诸多问题，指出了考查评价是落实实验教学的有效方式。实验教学与实作考查的相互促进，有力地保障了化学实验教学条件的完善，推动了实验教学方式、学生学习方式的转变，强化了实验教学管理，健全了实验教学评价机制，进一步完善了实验教学体系。希望通过实验教学与实作考查的融合设计，为教师提供一条教、考相结合的教学思路，丰富实验教学组织实施形式。

评价是教学系统不可或缺的重要组成部分。科学设计评价工具，有助于提供明确的实验指导和参考。本书根据笔者所在区域开展的化学实验操作考查的实情，分享了实施中学化学实验实作考查的经验，提供了考查的依据与原则、形式与要求、策略与路径，罗列了必做实验的考查评分细则，制定了相应的动态评分量标，以方便教师对考查工作进行研究，为教育管理部门提供决策依据，使"教、学、评"一体化活动有机结合，同步实施，形成合力，有效促进学生化学学科核心素养的形成与发展。

化学课程标准对每个主题下的学生必做实验做了统一要求，但不同版本的教材对实验的设计是不一样的。本书对不同版本教材的学生实验活动内容进行了比较，就教材中的位置对比、实验用品对比、实验步骤及结论对比、思考与讨论对比、习题对比等做了详细的分析阐述，给出了相应的教学建议，希望能为一线教师提供一些实验教学研究思路，推动实验教学内容和方法的创新。

从研究新课标出发，本书对不同版本的中学化学教材中的学生必做实验进行了优化设计，整合了不同版本的教材的实验内容，从安全、易操作、可考查等角度进行了优化重组，给出了设计意图，提供了完整的实验教学设计案例，供教师进行研究学习。在每一个案例中我们从核心素养目标、素养表现、素养水平等维度制订了评价量表，并结合学生自评、同伴互评和教师评价，将量化评价与质性评价有机结合，希望能及时反馈学生的学习状态，帮助教师反思并调整实验教学方法。

本书第一章至第四章介绍了中学化学实验的教学与评价、教学设计的思路与方法、实作考查的策略与路径、教考融合的实践与发展，由黄正厚完成。第五章提供了中学化学26个学生必做实验的教学与评价案例，由本书参编分别完成。

本书编写过程中，主要采用了实践与改进相结合的方法，不断优化教学案例、评价量表、实施路径。鉴于实施区域、人员、内容选择的局限性，仍有很多需要改进的地方，需要不断丰富、创新、提高。在未来，随着数字化教育技术的不断发展，实验教学和实作考查也将更加智能化和个性化，我们还需要与时俱进，做出更多创新研究，满足新质生产力的需要。

本书可供广大中学化学教师、教育工作者及化学教育专业学生阅读，也可作为化学实验教学培训教材。期望本书的出版，能为推动我国中学化学实验教学改革与发展、提高中学化学教育质量、培养具有创新精神和实践能力的优秀人才发挥积极作用。

本书在编写过程中，笔者参阅了本学科领域大量的专著、教材、文章等文献资料，吸收了诸多专家及同行的有益之处，在此表示衷心的感谢。

鉴于作者水平有限，书中难免存在缺点和不足，恳请同行专家和广大读者批评指正。

黄正厚

2024 年 3 月

目 录

第一章
中学化学实验与教学

　　化学实验是化学学科的基本特征和实践基础，是学生获取化学知识和培养实践能力的重要途径。通过化学实验，学生可以观察化学现象、验证化学原理、探究化学规律、体验化学过程，从而加深对化学学科的理解和掌握。化学实验教学是化学教育的重要组成部分，是化学理论知识与实际操作相结合的重要手段。通过教学过程中教师对实验的精心设计和操作指导，学生可以在实验中获得观察、实践和思考的机会，有助于培养学生的实验技能、科学思维和问题解决的能力。教师应充分重视化学实验教学的作用和功能，合理设计和组织实验教学，开齐、开足、开好国家课程标准规定的实验，发展学生的核心素养。

第一节　中学化学实验的地位与功能

一、化学实验的发展

化学实验是科学实验的重要分支和基础，是基于目标设计方案、选择仪器和试剂，获得证据的实践活动。因此，化学实验既是化学教育的重要内容，也是促进核心素养落地的必经之路。化学实验的发展可分为早期（17世纪前）、近代（17—19世纪）和现代（20世纪后）3个阶段。

早期的化学实验多源自生活生产实践，例如，火的利用，不仅为人类提供了安全的食物，还帮助人类抵御严寒和猛兽，使人类的发展向前迈进了一大步。再如，金属铜和铁的冶炼，为人类的生活生产带来了巨大改变。从这个角度来说，化学实验的发展是人类历史发展的脉络之一。此阶段化学的特点是经验化、定性化甚至是理想化，例如，炼金术、炼丹术的空想，尽管注定无法实现，但是一些重要的实验仪器、方法和思想在此阶段积淀，为近代化学实验奠定了基础。

近代化学实验的奠基人是波义耳和拉瓦锡，波义耳尤其注重实验，倡导"实验是最好的教师"，拉瓦锡则注重实验的量化，将化学实验从定性发展为定量。在这两位化学家的引领下，各国化学家基于实验相继提出了里程碑式的理论，如原子论、分子假说、气体化合体积定律等，同时发展了化学热力学和化学动力学分支学科等。

随着关联学科和仪器科学学科的发展，化学实验进入了现代化阶段，在人类社会发展中发挥了更加重要的作用，这反映了化学家促进学科发展的使命担当。例如，X射线衍射仪、光学分析法、色谱法和质谱法等，让化学家可以看到尺度更微观的"视界"，争论多年的科学议题如原子是否可分、元素是否能变等疑惑得以解答，化学与物理、生物的交叉区域更加广阔，这也为新一代化学人提出了新的挑战和更高的要求。

二、化学实验的地位

化学实验在整个化学教学过程中具有不可替代的地位和作用，不仅能够验证和应用理论知识，还能够培养学生的实验技能和实践能力，促进学生的创新思维和科学素养的培养。

化学是建立在实验基础上的学科，正如著名化学家傅鹰所说："实验是化学的最高法庭。"实验具有不可替代的教育教学功能。心理学家埃德加戴尔提出的学习金字塔理论表明，相比于传统的讲授式教学，动手实验可以加深学生对学科基本原理和核心概念的理解。不仅如此，对于已经学习过的知识，实验能起到强化巩固的作用，通过假设与求证，获得具有普适性的规律，体会科学家探究的过程，继而获得探究未知物质性质的能力。

化学实验是将理论知识转化为实践操作的重要环节，能够验证和应用化学理论，帮助学生将抽象的化学理论与实际现象相联系，加深学生对化学知识的理解和应用。通过实际操作和实验观察，学生可以亲自参与实验探究过程，提出假设，进行实验验证，并从中获得实践经验和对化学知识的认识，提高实验技能。

化学实验能够培养学生的合作能力和团队精神。化学实验往往需要学生之间的密切合作和协调，需要共同制订实验计划，分工合作，在实验过程中相互协助，共同解决实验操作中的困难和问题。这样的合作过程不仅培养了学生的合作能力，增强了沟通和交流技巧，还促进了团队精神的培养，也让学生在今后的工作和社会生活中能更好地适应和融入团队环境。

三、化学实验的功能

1. 认识论功能

化学实验的认识论功能是指化学实验在引导学生认识化学知识、现象和原理方面的作用和能力。具体而言，化学实验通过直观、具体的实验现象和结果，帮助学生认识和理解抽象的化学概念和原理，从而提高他们的化学认知水平。

（1）提供认识事实和基础。化学实验为学生提供丰富的实验事实，这些实验事实可以作为学生认识化学知识的基础，有助于学生形成对化学知识的正确认识和理解。化学实验事实具有直观性，即通过实际操作和观察，将化学知识转化为具体的实验现象和结果，使学生能够直观地看到和感受到化学反应的过程和结果；化学实验事实还具有可靠性，即通过严格的科学方法和操作步骤得到的实验结果具有较高的可信度。

（2）检验和验证化学理论。化学实验是检验和验证化学理论的重要手段之一。可以通过实验操作和观察，将实验现象与理论预测进行比较，从而判断实验结果是否符合理论预测，验证化学理论的正确性和可靠性；如果实验现象与理论预测不一致，则可对化学理论进行修正和补充。

（3）理解化学概念和原理。化学实验将抽象的化学概念具化为实际的实验操作和实验现象，学生通过实际操作来观察和体验化学现象和变化过程；通过具体的实验操作来理解和应用化学概念；通过观察实验现象和分析实验结果，探索其中的规律和原理。

（4）培养科学思维和能力。学生在实验过程中对实验现象进行观察和分析，根据实验结果进行推理和判断，从而形成科学的认识和理解；通过对实验数据的整理、计算、比较和推理，进一步理解化学原理并探讨实验现象背后的原因。通过实验，学生学会了运用科学方法进行观察、实验设计、数据分析和问题解决，获得了从科学角度思考和解决问题的能力。

2. 实践论功能

化学实验的实践论功能是指通过实际操作和实践经验的方式验证和应用化学理论知识，培养学生的实践能力、实验技能和解决问题的能力，并鼓励探索性和独立性研究。这种实践性的学习方式能够深化学生对化学学科的理解和掌握，培养他们的实践能力和创新思维。

（1）知识验证和应用功能。在化学学习过程中，理论知识通常是比较抽象和复杂的，学生可能难以直接理解和掌握。化学实验提供了一个实际操作的平台，让学生能够亲手进行实验操作，观察实验现象，测量实验数据，从而直接体验化学理论在实践中的应用。这有助于学生将抽象的化学理论知识转化为具体、可观察和可测量的实验现象和结果，从而加深他们对化学知识的理解，并提高化学知识的应用能力。

（2）实验技能培养功能。在化学实验活动中，学生能够通过亲自操作实验仪器、使用实验器材、运用实验方法和技巧进行实验操作，从而掌握实验装置的组装和调整、试剂的正确配制和使用、实验条件的控制、数据的处理和结果的分析，增强实验技能。

（3）解决问题和创新思维功能。化学实验不仅是一个验证和应用化学理论知识的过程，也是一个培养学生问题解决能力和创新思维的重要平台。在实验过程中，学生可能会遇到各种问题和挑战，需要进行观察、分析和推理，找到解决方案。实验过程中也需要学生进行创新性的思考，如设计新的实验方法，改进现有的实验装置等。这样的创新思维能够帮助学生发现新的可能性，激发他们的探索精神和创新意识。

3. 方法论功能

化学实验的方法论功能是指通过一套规范的实验步骤和操作要求，实现对化学实验过程的科学管理，确保实验结果的准确性和可靠性。方法论为化学实验提供了一套科学的方法和思路，有助于合理规划实验过程、选择实验装置和试剂、处理样品等，从而得到可靠的数据和结论。同时，方法论还能加深对实验原理和现象的理解，促进新理论的提出和验证，推动科学研究的进步。

在实验过程中，学生的实验操作技能得到了提升，研究方法和科学思维得到了训练，还能发展学生的观察和动手能力，激发学生对化学的兴趣。即使是重复历史上化学家做过的实验也具有价值，学生在实验的过程中可能会犯错导致实验结果出现偏差，只有纠正错误操作才能得到预期结果，由此习得正确的操作方法。在经历了实验的完成过程后，学生能在头脑中形成思维模型，如问题的提出、方案的设计、条件的控制、过程的观察记录、数据的分析、结论的得出这一常用模型。模型可以在不同的情境中迁移修正，而这正是解决问题的真本事，是化学实验方法论功能的体现。

4. 教学论功能

化学实验的教学论功能是指通过组织学生进行化学实验，培养他们的科学素养、探究能力和创新能力，从而促进学生的全面发展。实验教学为学生提供了一个生动、直观的学习环境，使他们在实践中更好地理解和掌握化学知识。同时，实验教学还能够培养学生的动手能力、观察能力、思考能力和团队协作精神，提高他们的综合素质。

（1）提高化学实验教学质量。化学实验教学论注重培养学生的实验技能和思维方法，包括实验设计、实验操作、数据处理和结果分析等。通过实验教学，学生可以在实践中探索化学原理和规律，提高自己的科学素养和实验技能。通过实验教学论的学习和实践，教师可以更好地理解和掌握实验教学的原理和方法，提高实验教学质量。

（2）促进化学教学改革。化学教学改革是指在传统教学方式和教学内容的基础上进行创新和改进，以更好地培养学生的科学素养和创新能力。化学实验教学论关注教育学、心理学、教育技术学等学科的理论和研究成果，结合化学教学实践，积极探索和研究以实验为主导的教学模式、先进的实验装置和技术、新的实验内容和方式等，为化学实验教学提供理论支撑和实践指导，推动化学实验教学朝着更有效、更灵活、更有针对性的方向不断发展。

（3）推广化学实验教学经验。化学实验教学经验是指在化学实验教学中取得良好效果和成果的实践方法和策略。通过总结和推广这些经验，可以促进不同学校、不同教师之间的交流与合作，共同探索实验教学的创新方法和手段，提高实验教学的水平和质量。化学实验教学论关注化学实验教学的实践和发展，通过深入研究和总结实验教学的优秀经验和实践成果，为教师提供科学的方法和思路，帮助他们更好地开展实验教学。

（4）促进化学实验教学资源的开发和利用。化学实验教学资源包括实验室设备、教学仪器、化学试剂、教学资料、实验指导书等。实验教学论关注如何开发和利用这些资源，使其能够更好地支撑实验教学的进行。一方面，教师可以通过整理和制作实验教学资料、设计和改进实验指导书，提供清晰的实验操作步骤和相关知识解释，以帮助学生理解实验原理和实验过程。另一方面，教师也可以充分利用实验室设备和教学仪器的功能，配备适当的化学试剂，为学生提供充实而有趣的实验内容，使他们有机会亲自进行实验观察和实验操作，由此深入理解和学习化学知识，提高实验教学的实效性和吸引力，培养学生的实验技能和科学素养。

第二节　中学化学实验教学

一、教学现状

随着新课改的进行，虽然化学实验的不可替代性这一观念逐渐深入人心，得到越来越多的一线教师的重视，但化学实验教学仍存在一些问题。

从课程观上来看，传统的化学实验主要遵循学科本位观，表现在通过实验强化核心知识和操作技能以培养化学专业人才，在一定的历史时期起到了积极作用，为社会培养了大量的化学专业人才。然而随着社会的飞速发展，这种课程观已不能满足时代要求，也不能有效促使立德树人和核心素养的落地。

从教师层面来看，对于一些硬件条件好的学校，少数教师仍持"实验耽误教学时间，做实验不如讲实验高效"的观点，把实验和成绩视为对立，认为应将有限的课时分配给讲授或复习。对于硬件条件相对较差的学校，又将排斥实验的原因归结为没有好的实验条件。可以说，作为实验活动组织者的教师，其观念对实验的顺利开展起着决定性作用。

从学生层面来看，部分学生习惯了追求标准答案和唯一答案，排斥需要多角度思考问题的探究性实验，甚至认为实验耽误做题时间，在这样的观念影响下，少数学生甚至利用实验课的时间写作业。这些都阻碍了实验活动的开展。

二、教学特点

注重通过实验强化化学学科的核心概念及基础操作。例如，义务教育阶段粗盐提纯实验、溶液配制实验涉及过滤和配制这两个基础操作，气体和金属的性质实验涉及元素性质这一核心知识。

实验安排具有层次性。例如，高中必修阶段设置化学能转化为电能实验，选修阶段设置燃料电池、电镀实验，纵向实现由经典原电池向新型电池的进阶，横向实现由原电池到电解池的拓展。

实验素材的选取贴近生活，具有趣味性。例如，对于食盐、乙醇、乙酸、糖类物质等素材，学生具备感性经验，既有利于激起学生的实验兴趣，也容易产生学以致用的成就感。

实验过程凸显整合性。实验将学科核心知识与科学探究的基本方法、流程融为一体，促进高效学习，最大限度地发挥实验的育人功能。例如，燃烧条件的探究以及平衡移动影响因素的探究实验涉及观察、比较、控制变量等重要的科学方法；铁和硫的性质实验则蕴含着科学探究的基本流程——观察预测、实验探究、收集证据、得出结论。

通过丰富的形式提供实验支持。不同版本的教材以资料卡片、工具栏等形式补充必备知识，拓宽学生视野，予以方法指导，强调注意事项等，旨在给不同层次的学生提供必备的支持，使教材成为学生开启科学世界之门的钥匙。

根据教学时间，中学化学实验教学可分为学期设计、单元设计和课时设计。这要求教师在学期伊始，就对本学期即将开展的化学实验有具体的规划，然后在单元学习时，从大单元的视角设计实验，最后每个课时认真落实，只有这样才能达到实验育人的目的。

三、教学原则

1. 科学性原则

实验的目的是学习科学知识、训练科学思维、提升核心素养，因此，实验过程必须具备科学性，尤其是生活化的实验，要求教师充分备课，以确保选题有价值，方法科学准确，避免向学生传递错误的观念。即使是课本的实验，也可能因为药品的纯度问题，当地环境的差异如温度、湿度、海拔等因素，产生和预期不同的结果。这要求教师提前做好准备和改进，确保实验的顺利进行，当然也可以以此为契机带领学生进一步探究。

2. 安全性原则

传统实验的选题和药品配制流程已经比较成熟，教师要严格按照规定配制，若需要调整比例以达到更明显的效果，一定要在充分查阅文献的基础上，做好防护并提前反复实验。例如，铝热反应，若铝热剂量过多，可能会导致熔融态的金属四处飞溅，造成严重后果。其次是危险品的管理，如钠和水的实验，应防止学生将钠带出实验室，从而引发安全事故。最后是生活化实验，建议教师查阅文献后再进行实验，以确保安全。

3. 自主性原则

解决问题的方法就是提升学生的自主性，即内部动机。所谓内部动机，即学生为了解决真实情境中的问题开始实验，然后运用已有知识，与同伴合作开展实验。实验过程中学生或许会走弯路，但通过与同伴讨论解决或者教师指导解决，都能使学生对过程的印象更深刻。

4. 过程性原则

实验的最大价值体现在实验过程中。在实验过程中，学生充分调动自身感官，感受实验的声光色态，这是讲实验和看视频实验无法代替的，因此，要尽可能多地让学生亲自动手实验，并且分组时组内人数不宜过多。通过分组合作完成实验，解决问题，学生可以获得极大的成就感，不仅加深对学科知识的理解，还能提升解决问题的能力。

5. 合作性原则

当今时代，新兴概念往往基于跨学科领域的深度融合，例如，人们所熟悉的大数据领域，涉及数学、物理、化学等学科，没有化学材料科学的技术支撑，便无法设计出低能耗、大容量、高速度的存贮材料，数据存储的成本就会限制大数据的普及。只有学会与不同学科、不同知识体系和思维方式的人合作、对话、思维碰撞，才能产生解决复杂问题的新思路、新方法。这就要求教师在实验的教学中有意识地为学生搭建合作的平台，营造合作的氛围，提出合作的要求，并在过程中开展评价活动，只有这样学生的合作意识和能力才能得到提升。

四、发展趋势

1. 生活化、趣味化

传统化学实验往往按照教材步骤，按部就班地完成实验。近年来，不少教师秉持"化学来源于生活且服务于生活"这一宗旨，开发出大量与学生生活密切联系的实验，如食物成分测定、水果电池、自制暖宝宝等。这样做的好处是显而易见的，首先是学生有兴趣，每次实验都在拉近化学与生活的距离，也在拉近化学与学生的距离，而实验成功时的成就感又会激励学生继续产生新的灵感；其次是生活化的实验摆脱了实验室条件和时空的限制，激发了学生无限的想象力。尤其是一些原理简单、原料易得的家庭小实验，为学生提供了学以致用的平台，逐渐形成了用化学观察生活、解决生活中实际问题的视角和观念。

2. 现代化、科技化

科学技术的发展为实验教学带来了新的便利，如手持技术、传感器技术、虚拟仿真实验室、计算机辅助教学及各式各样的分析仪器等。借助传感器，实验数据可以被实时监测，并以图像的形式呈现，这不仅让学生掌握了核心知识和操作技能，更加提升了学生对学科的兴趣，促进学生主导教学模式的形成。当然，科学技术是一把双刃剑，教师自身首先要积极学习技术如化学金排、ChemDraw等，同时要广泛阅读学科期刊，以获取最新动态，掌握最新技术，只有这样才能实现"技术为教学服务"的目标。

3. 微型化、绿色化

环保是近年的热门词汇，微型化就很好地体现了这一观念，通过缩小仪器减少药品用量，例如，多用滴管、井穴板、注射器的使用可以极大地节约药品，减少对环境的影响，同时也向学生传递了环保的观念。所谓观念即对实验相关概念的看法和认识，具备持续性和稳定性，从这个层面来讲，通过化学实验促进学生化学观念的形成以帮助学生适应未来的社会生活，是教育工作者努力的方向。与此同时，绿色化是重要的化学观念之一。

4. 定量化、综合化

由定性到定量本就是科学发展的必由之路，教学中根据学情适时引入定量实验，可以培养学生的科学思维，在数据处理中提升学生的计算能力，感受科学研究的严谨。需要注意的是，定量化往往与前面提到的现代化密切相关，因为现代化仪器的介入往往可以极大地推进定量化实验的实施。

所谓综合化是指基于真实情境的问题往往需要多学科知识的支撑，即逐渐淡化学科界限，以解决问题为导向。这样做的好处是一个问题的解决需要学生调用多学科知识，对学生的知识和能力都有极大的促进作用，当然这也是综合化的跨学科问题所面临的挑战，不少学生缺乏跨学科思维，无法及时提取所需知识，这需要教师设置由易到难的任务，以帮助学生实现思维进阶。综合化的典型案例之一是与工业生产原理相关的实验，此类实验不仅要考虑原理，还要考虑原料的成本、产量、实验装置的承受极限、实验废弃物的合理处理等问题，通过工业流程实验可以促进学生考虑问题的全面性。

5. 创新化、实用化

当今社会需要的是创新型复合人才，而创新能力的形成并非一蹴而就，化学实验既需动脑又需动手合作，是提升创新能力的重要途径。中学阶段的创新也并非一定要有重大突破或成果产生，在一线教学中，教师可以尝试从以下角度开展工作：首先是从原理上优化实验，改变反应的温度、压强等条件，观察实验现象，这需要教师预先查阅文献资料，寻找研究点；其次可以从改进实验装置入手，用前面提到的生活用品或现代化仪器替换传统仪器，对比二者的差异，也可以合并多个实验，实现综合化；最后是数据的处理，借用现代化的处理手段，提升数据的精度，有时候每一步更精确一点，会为结果带来质的改变。对于基础好、实验能力强的学生，根据学情可以引入化工生产中存在的问题并尝试分析解决。总之，创新的出发点是提升发现问题的意识和解决问题的能力。

第三节　中学化学实验教学评价

一、评价的作用

中学化学实验教学评价是基于实验目标，采用一定的评价方式，对实验的组织者和参与者的完成效果进行价值判断的过程，评价的作用如下。

1. 诊断作用

评价对象包括实验方案设计、实验过程及实验报告书写，即评价是全流程的，教师通过学生互评和反馈的信息，可以了解学生在实验过程中出现的问题，从而给予有针对性的指导，也可以反思自己的实验设计是否存在问题，从而提高实验教学的质量和效果。

2. 激励作用

评价在中学化学实验教学中起着重要的激励作用，可以为学生提供正向的鼓励和认可，增强他们对化学实验的兴趣和爱好。当学生获得正向评价时，信心得到增强，动手实验的欲望更加强烈；即使出现了错误，教师给予评价和鼓励后帮助学生进行纠正，也能促进学生的发展，当错误的操作逐渐减少，学生会更有信心完成更具挑战性的实验项目。

3. 评比作用

新课标提倡过程性评价和档案袋评价，借以反映学生的探究意识、实验操作能力、合作意识、沟通能力等，而这些正是核心素养的具体体现，以此作为评比的重要参考和依据。通过评比，学生可以了解他人的优点和自己的不足，从而进行自我反思，找出差距，制订改进措施，提升自己的实验技能和学习效果。

二、评价的理念

1. 以学生为中心

化学实验教学评价强调以学生为中心的评价理念，而非单纯地以教师或教材为中心。

不仅关注学生的学习表现，还重视他们的个人兴趣和需求，以及他们在学习过程中产生的独特体验和感受，注重培养学生的实验技能、科学素养和探究能力培养。

2. 坚持全面发展

化学实验教学评价坚持全面发展的评价理念，不仅是实验技能的评价，还应该包括对学生的情感态度、价值观和科学精神等方面的评价，强调学生的综合素质培养，包括知识、技能、情感、态度、价值观等多方面的提升。

3. 注重过程评价

化学实验教学评价注重对实验过程和实验结果的全面评价，重点关注学生在实验过程中的表现和进步，而不只是实验结果正确与否；不仅关注学生的即时表现，还应注重他们的长期进步和发展。

4. 采用多元评价

化学实验教学评价采用多元化的评价方式，包括教师评价、学生自评、学生互评、实验报告评价等多种方式，运用各种观察和评估工具，提供不同的评价视角和反馈，以便更加全面、客观地评估学生的表现。

三、评价的方式

1. 试题评价

试题评价是指通过设计与实验相关的试题，测试学生对实验知识、技能和概念的理解程度。近年来，各地区中、高考题中实验题的比例逐年上升，试题背景主要来自生产生活实践或最新研究成果，能够起到正面导向作用。试题呈现出以下特点：重视基本操作的规范性考查，综合性、创新性增强；重视对信息和数据的处理能力考查，强调实验方案的设计能力等。

2. 素养诊断

素养诊断是指通过观察学生的实验操作、记录数据、分析问题、解决问题等过程，评估学生的实验技能、科学思维、科学探究和创新精神等方面的素养水平。通过素养诊断性评价，教师可以了解学生的化学实验素养水平，从而制订相应的教学策略，促进学生的化学实验素养的提升。

3. 实作考查

实作考查是一种通过实际操作实验来评价学生的化学实验能力和技能的评价方式。这种动态的评价方式强调的是学生的动手能力、实验操作的准确性、实验步骤的规范性以及实验结果的可靠性。通过实作考查，教师可以了解实验教学的效果，发现教学中的问题和不足。

4. 综合评价

综合评价是指对学生在化学实验课程中的各方面表现进行综合评价的方式。这种方式通常结合了多种评价方式，如观察评价、试题评价、考查评价、互评评价等，包括实验技能、实验原理理解、实验数据记录和处理、实验问题解决以及实验报告撰写等多个方面，以全面了解学生的学习情况和实验能力。通过综合评价，教师可以更好地了解学生在实验过程中的表现，从而为每个学生提供个性化的反馈和指导，帮助他们提高实验技能和科学素养。

第二章
中学化学实验的教学设计

中学化学实验的教学设计是指在化学实验教学过程中，根据教学目标和学生实际情况，对实验教学进行系统、科学的规划，包括实验教学内容的安排、教学方法的选择、教学过程的组织、教学资源的利用等方面，以实现化学实验教学的科学性、系统性和实效性。

第一节　指导思想与设计原则

一、指导思想

1. 化学学科素养

化学学科素养是指学生在化学学科学习过程中形成的、具有化学学科特点的关键成就，包括正确的价值观、必备品格和关键能力。新课标明确指出了化学学科素养如何在化学教学中实现，它反映了社会主义核心价值观下化学学科育人的基本要求。化学新课标要求：能发现和提出有探究价值的化学问题；能依据探究目的设计并优化实验方案，完成实验操作；能对观察记录的实验信息进行加工并获得结论；能和同学交流实验探究的成果，提出进一步探究或改进的设想；养成独立思考，敢于质疑和勇于创新的精神。在化学实验中要求学生学习研究物质的性质，探究反应规律，进行物质分离、检验和制备等，掌握不同类型的化学实验及探究活动的核心思路与基本方法，体会实验条件控制对完成科学实验及探究活动的作用。根据高中化学课程标准，化学学科素养可以分为 3 个层面，如图 2-1 所示。

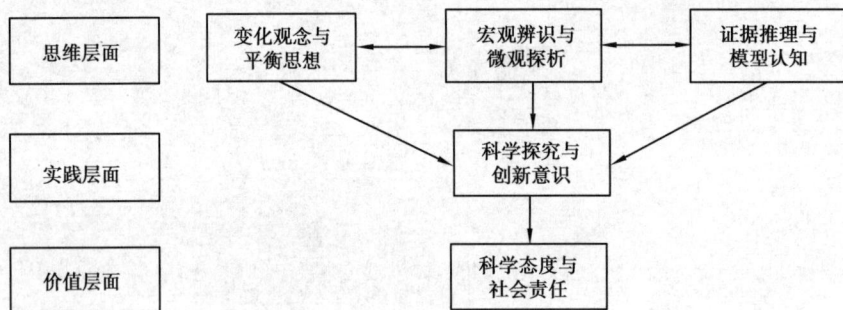

图 2-1　化学学科素养的 3 个层面

所谓关键能力，是指能够较为快速、准确地寻找到解决问题的突破口的一种能力，包括化学表征能力、实验与探究能力、化学方法和分析能力、信息处理能力、发现与提出问题能力、证据推理与论证能力、模型认知能力。比如，在不同价态含硫物质的转化实验教学中，通过皮纳图博火山爆发形成的硫酸型气溶胶对环境的影响，引出硫在自然界中的存在形式，从地球环境出发，培养学生的科学精神和社会责任感；让学生写出熟悉的硫的化合价及典型物质，强化物质观、元素观和价态观；通过价态转化思想，让学生小组合作设计实验，完成-2价的硫的化合物和硫单质的相互转化及+4价和+6价含硫化合物之间的相互转化，提升学生的实验探究能力，增强证据推理意识；回归情境，了解气溶胶形成过程中硫元素化合价的变化，完成价类二维表，并书写相关方程式，培养学生建立模型的意识。

在化学实验教学中应以探究性实验为主，在探究过程中要突出学生学习的主体性，教师只需提出问题或创设条件，学生根据教师引导，设计实验方案并进行实验，通过实验得出什么结论是学生的事，最后只需通过师生互评和生生互评得出实验结论。

教师要把实验作为学生探索与发现的源泉，让学生能从问题和假设出发，依据探究目的，设计探究方案，运用化学方法进行探索、发现，创造出对学生来说全新、有创造性的内容，这样的教学不仅可以让学生勤于实践、善于合作，还可以培养学生敢于质疑和勇于创新的精神和严谨求实的科学态度。

2. 学习进阶

学生化学学科核心素养的发展是一个持续进步的过程，在初中和高中阶段，学生的核心素养会表现出不同的发展水平，有阶段性特点，但是初中和高中的知识具有一定的连续性，因此，要在不同阶段进行教学设计，从整体上把握核心素养的发展阶段。

中国工程院院士韦钰指出，学习进阶是围绕着大概念，以更加宽广的背景来设计探究活动，需要跨年级来组织的一个有序列、有联系的学习进阶过程。在实验教学中通常有主题类似的实验，例如，初中的"一定溶质质量分数的氯化钠溶液的配制"和高中的"配制一定物质的量浓度的氯化钠溶液"、初中的"粗盐中难溶性杂质的除去"和高中的"用化学沉淀法去除粗盐中的杂质离子"、初中的"金属的物理性质和某些化学性质"和高中的"铁及其化合物的性质"等，在不同的学习阶段，学生对这些知识的认知程度和认知方式是不同的，呈现出由低水平到高水平的认知发展特点，这些主题具有一定的发展性，因此，对类似实验的设计要有承前启后的理念。例如，在初中阶段"粗盐中难溶性杂质的去除"实验中，通过过滤法除去难溶性杂质后，教师就提到了"我们这样提纯得到的盐是否为纯净物？我们该如何验证呢？"后面还给出了资料卡片，让学生探究硫酸镁杂质的除去，同时在习题中简单设计了粗盐除 Ca^{2+}、Mg^{2+}、SO_4^{2-} 得到精盐的工艺流程；在高中化学必修第二册第五章《化工生产中的重要非金属元素》实验活动4《用化学沉淀法去除粗盐中的杂质离子》中也用了初中同样的背景"如何以海水为原料制备含碘盐？"通过小组合作，探究完成粗盐中可溶性杂质的除去及过量的除杂剂如何去除，并让学生设计功能盐的制备方案。该主题的设计呈现出了由低水平到高水平的认知发展特点。高中课程5个主题中，必修和选修的实验内容也需要进阶设计，如"糖类的性质"在高中化学必修第二册和高中化学选择性必修 3 中都为学生必做实验，但在高中化学必修第二册中并未学习醛基的性质，因此，在高中化学必修第二册的教学中只能从实验现象得出葡萄糖如何检验，二糖和蔗糖水解后的产物如何检验，但高中化学选择性必修 3 在学习糖类性质之前，已经学习了醛基的性质，因此，高中化学选择性必修 3 就可以从结构的角度来学习糖类相关性质。

二、设计原则

1. 主体性原则

"学生为主体、教师为主导、发展为主线"的主体教学，已是当今教学的潮流。化学实验应符合新课标强调学生主体地位的要求。在教学中，充分发挥学生的自主学习能力，给予他们更大的学习空间，通过将学习活动的主动权交给学生，让其进行对相关教学内容的研究、探索，而教师则通过在学生的自主学习过程中给予必要的指引，保证其实现有效学习。因此，在进行化学实验的设计时，应将激发学生的学习热情、发挥学生的学习主体地位作为设计的重点，为他们创造更开放的学习空间，让他们各尽所长，形成自主探索、自主创造的课堂学习氛围。例如，"不同价态含硫物质的转化"实验设计中可以让学生根据已学的氧化还原反应，自主选择药品、设计实验、完成实验、得出结论并绘制价类二维表，充分发挥学生的主观能动性。

2. 开放性原则

开放性原则是指在实验设计过程中，为学生提供一定程度的自由度和探索空间，鼓励学生主动参与、思考和创造，以培养学生的科学素养、创新能力和独立解决问题的能力。例如，实验过程中，学生可以自由选择实验方法、实验材料和实验步骤，根据实验现象进行分析和解释，从而培养学生的实验操作能力和科学思维能力。实验设计鼓励学生运用多种方法和途径来解决问题，如观察、实验、数据分析等，使学生在实践中掌握科学方法。

3. 规范性原则

规范性原则是指在实验设计过程中，必须遵循一定的标准和规范，确保实验的安全性、可靠性和教育性。实验设计应基于科学的原理和方法，确保实验的可重复性和结果的可信度；要符合教学目标和要求，有助于学生理解和掌握化学知识，培养实验技能和科学思维；要确保实验操作的安全，包括正确选择实验药品、合理设计实验装置、避免危险操作和意外事故的发生，应考虑到实验者的安全，采取必要的安全措施，如佩戴个人防护装备、设置安全警示等。

第二节　教学目标设计与内容安排

一、目标设计

实验教学目标设计是教师在设计实验教学过程中的重要指导思想，旨在根据学生的实际情况和化学学科特点，通过明确、具体、可操作、可衡量的教学目标，培养学生的化学学科素养和实验技能，同时注重学生的差异性和情感态度培养。

1. 选择适合的实验内容和主题

教师需要仔细阅读和理解教材中的实验内容，包括实验目的、实验原理、实验步骤、实验器材和实验安全等，考虑实验的可操作性、安全性、教学效果和学生的兴趣等因素，然后根据教材、学生年级和课程标准的要求，选择适合学生水平和认知能力的实验内容，确定好具体的实验主题。

2. 明确实验目的和意义

对于每个实验，明确实验目的是什么，为什么要进行这个实验，实验的意义是什么。理解实验目的和意义可以帮助学生在实验前对实验有一个清晰的认识，更好地理解实验的重要性，从而更好地参与实验过程。

3. 确定具体的教学目标

根据实验内容和学生的特点，制订具体、明确、可操作、可衡量的教学目标。教学目标应该具体明确，指明学生通过实验应该掌握的具体内容，避免模糊的目标。例如，目标可以是"学生能够通过实验观察并描述某种化学反应的现象"。目标应该清晰地表达出学生实验后的预期成果，使学生和教师都能够清楚地知道实验的目的是什么。例如，目标可以是"学生能够解释为什么在该实验条件下会发生特定的化学反应"。目标应该具有可操作性，即学生能够通过实际的实验操作和活动来达到这些目标。例如，目标可以是"学生能够独立操作实验仪器，完成实验步骤"。目标应该能够通过一定的方式进行量化评估，以便于教师和学生都能够判断目标是否达成。例如，目标可以是"学生能够准确记录实验数据，并能够用图表形式展示"。

4. 与实际的教学活动相匹配

教学目标需与实际教学活动和评估方式相匹配，确保教学活动的设计和实施能够达到预期的教学目标，评估的方式和方法能够准确反映学生是否达到了教学目标的要求。教师在设计教学活动和评估方式时，需要仔细考虑教学目标的性质和要求，以确保教学活动和评估方式能够有效地帮助学生达到教学目标。

二、内容安排

在人教版初、高中化学教材中，实验出现的方式主要有 4 个类型：演示实验、探究实验、学生必做实验、研究与实践，这些实验类型各有其特点和目的。

演示实验是指学生直接观察教师的操作和实验结果的一种学习方式。演示实验可以通过直观、生动的实验现象，帮助学生更好地理解和掌握化学原理和概念；还可以通过实验现象的观察、实验过程的体验、实验结果的讨论和分析等方式，引导学生进行深入思考和探究，培养他们的科学素养和创新能力。

探究实验是指通过学生自主深入观察和探索现象，发现问题、提出问题、解决问题等一系列科学探究活动，以培养实践操作能力和学科思维为目标的一种教学方式，能更好地实现化学学科核心素养的培养。在探究性实验教学中，教师扮演的是引导者和指导者的角色，学生是主体，可以进行分组实验，让每个组员都扮演不同的角色，相互合作，共同发现问题、解决问题，这样的方式可以提高学生的合作意识。

新课标中明确了学生的必做实验，而且教材中也对必做实验内容从"实验目的""实验用品""实验步骤""问题和讨论"进行了设计。这些实验是学业水平实验实作考查的依据，因为不论什么地区、什么水平的高中学生都必须完成，说明该类实验具有基础性，实验药品、实验仪器易得，可操作性很高。中学必做 26 个实验都涉及了初、高中化学课程的核心概念和原理，基本上都属于制备和配备化学物质类实验，能够从实验操作、知识推理、化学思维、实验方法、实验态度等方面对学生进行较强的训练和培养。教师在学生必做实验的教学中要准确把握教材编写者的意图，注重引导学生开展实验的方法和思路，培养学生的实验探究能力。每个必做实验后面都有"问题讨论和思考"，教师要充分挖掘其中的教学价值。

"研究与实践"是人教版新教材新增栏目，以开展项目研究、进行实践活动、开展课题研究等形式提出任务，用真实的情景作为素材，更接近生活。该栏目操作性强，让学生在生活实践中解决或了解相关实际问题，着重于学生的动手能力和探究方法的培养。"研究与实践"这一栏目充分体现了新课程"从化学走向社会，从生活进入化学"的理念，选取了很多社会上的主要问题和热点问题，例如，"了解车用能源"与现代生活新能源汽车热点问题有关，"了解食品中的有机化合物"涉及的奶油、人造奶油、饱和脂肪、反式脂肪等热点词语，让学生了解食品安全问题，这些都能激发学生学习化学的兴趣，明白化学与科技生活息息相关，指导学生关注社会和生活，同时利用化学知识来解决当今人类社会遇到的各种问题。研究发现，该栏目包含多种形式的活动，有"调查整理""撰写研究报告""化学实验""动手制作"，这些活动形式符合新课程标准中提到的提高学生科学探究能力的目标，是实现化学核心素养的有效途径之一，因此，在课堂教学中，教师要深挖这些活动的教学价值，制订合理的教学目标，从实际出发，采用恰当的教学策略，让学生综合运用所学化学知识解决生活中的实际问题，引导学生主动构建，探究化学知识以及进行问题解决的学习，促进学生化学学习方式的转变，真正发挥该栏目应用的价值。"研究与实践"研究思路如图 2-2 所示。

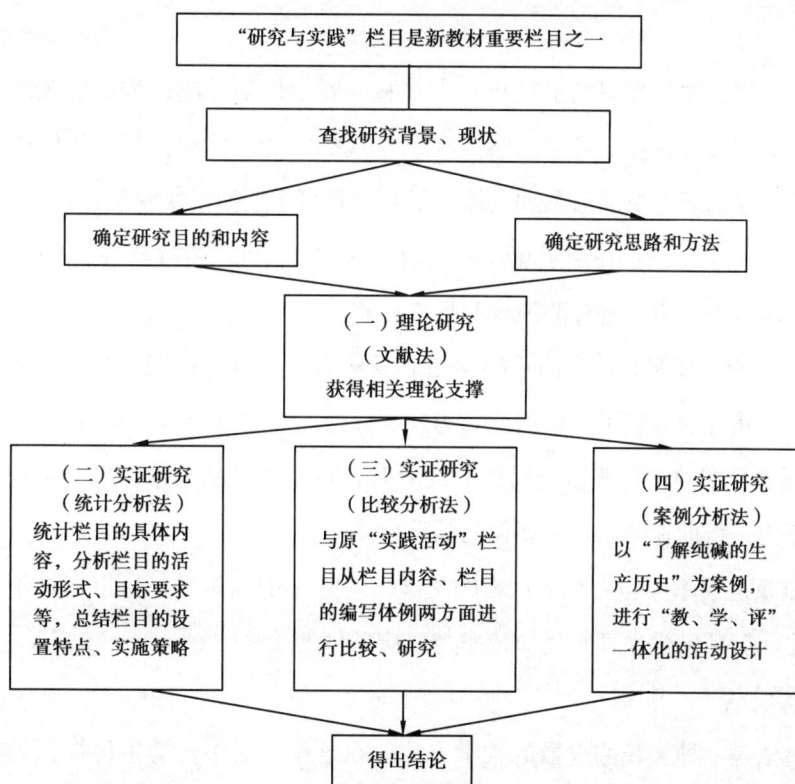

图 2-2　研究与实践

综上所述，实验教学不仅是传授知识，更重要的是培养学生的科学思维、实验技能和创新能力。通过独立思考、合作交流，在实验探究的过程中能获得更有意义、更有价值的发现和知识。化学教师在实验设计时，应充分考虑如何去引导学生进行主动的探索，培养他们的问题解决能力、创新能力。

第三节　教学方法选择与过程设计

一、方法选择

中学化学实验教学方法的选择是一个系统工程，需要根据学生的学习需求、认知特点以及实验教学的具体目标，进行多种因素综合考虑，创造性地选择和运用不同的实验教学方法，以实现符合新课程理念和教育教学的要求，达到最佳的实验教学效果。

1. 演示实验法

演示实验法通过教师在课堂上进行化学实验，展示化学反应过程和实验现象，通过直接观察实验现象和反应过程，可以给学生提供直观的感受和体验，帮助他们构建起化学知识的印象，使抽象的概念更加形象和具体。下列实验可采用演示实验法：

（1）气体实验室制法：在演示氯气的实验室制法时，可以通过演示氯气的制备、收集、性质检验等实验帮助学生理解实验原理和操作步骤。

（2）化学反应原理实验：在演示酸碱中和反应时，可以通过酸碱指示剂的变化、反应过程中的热量变化等现象吸引学生的注意力，加深他们对酸碱中和反应的理解。

（3）物质性质实验：在演示金属钠的性质时，可以通过钠与水、氧气等反应的现象吸引学生的注意力，帮助他们理解金属钠的活泼性质。

（4）化学反应速率实验：在演示影响化学反应速率的因素时，可以通过不同条件下的反应速率对比实验帮助学生理解反应速率与反应条件的关系。

2. 学生实验法

学生实验法是一种实践性很强的教学方法。在这种方法中，学生可根据教师提前设计的实验方案，亲自进行实验操作。这种方法可以让学生直接观察实验现象，体验化学反应的过程，有助于学生将理论知识与实际操作相结合，提高他们的实验动手能力。下列实验可采用学生实验法：

（1）简单的化学制备实验：学生可以独立完成制备氢气、氧气等实验。实验开始前需要掌握实验步骤、气体收集方法以及实验注意事项。

（2）物质的性质测试：学生可以通过酸碱滴定实验来测定未知溶液的酸碱度，理解滴定原理、操作滴定管、分析实验结果。

（3）化学反应速率的研究：学生可以自主设计实验，探究不同反应条件（如温度、浓度、催化剂等）对化学反应速率的影响。

（4）物质的鉴别和分析：学生可以进行一系列物质的鉴别实验，如通过颜色变化、气体产生等现象区分不同的物质。

（5）实验技能的训练：学生可以进行简单的仪器操作练习，如用托盘天平进行称量，使用漏斗进行过滤操作，使用蒸发皿进行溶液蒸发等。

3. 探究实验法

探究实验法是一种以学生为中心的教学方法。学生在教师的引导下，根据提出的问题或要求，自主设计实验方案，进行实验操作和观察，收集实验数据并进行分析。下列实验可采用探究实验法：

（1）电化学实验：学生可以探究不同金属以及不同电解液对电流大小的影响，通过改变实验条件来观察电化学反应的结果，进而推断反应机理。

（2）气体的溶解实验：学生可以探究不同气体在水中的溶解度与温度、压力等因素的关系，设计实验并观察气体溶解度的变化，以此推断气体溶解度与条件的关系。

（3）酸碱滴定的终点指示剂选择实验：学生可以选择不同的指示剂，设计实验并观察滴定过程中指示剂颜色的变化，推断不同指示剂在不同滴定过程中的适用性。

（4）化学平衡实验：学生可以探究不同物质浓度与平衡常数的关系，设计实验并观察反应达到平衡后物质浓度的变化，以此推断平衡常数与浓度的关系。

4. 小组合作实验

小组合作实验是一种常用的教学方法。学生会被分成小组，每个小组负责进行一个或多个实验，通过相互配合，分工合作，共同完成实验操作和数据收集等实验任务。中学大部分学生实验都可以采用小组合作实验法。

（1）溶液的制备和稀释实验：学生可以分成小组，在每个小组中，分配不同的溶液浓度的制备和稀释任务。小组成员可以借助合作，共同完成溶液的制备和稀释，再交流实验步骤和结果，进行数据的比较和分析，并总结溶液浓度与稀释关系的化学原理。

（2）燃烧实验：学生可以分成小组，每个小组分别观察不同物质的燃烧反应，记录燃烧现象、产生物质和观察结果。小组之间可以交流实验结果，比较各种物质燃烧产生的物质和观察现象，共同探讨燃烧反应的化学原理。

（3）物质溶解度的测定实验：学生可以分成小组，每个小组制备不同物质的溶液，测定它们的溶解度，并比较不同物质溶解度的差异。小组成员可以共同讨论溶解度与物质性质、温度、压力等因素的关系，并总结规律。

（4）有机合成实验：在有机合成实验中，如制备甲基丙烯酸甲酯，学生可以分组进行，每个小组负责合成过程中的一个或多个步骤。这种实验需要学生密切合作，确保每一步骤都准确无误，最终得到目标产物。通过这个过程，学生可以加深对有机合成原理的理解。

5. 仿真实验法

在无法进行真实实验或者为了更好地展示某些实验现象时，可以使用仿真实验。例如，通过计算机软件、虚拟实验平台或动画演示等方式，模拟真实的实验过程和实验现象，将实验内容呈现给学生。这种方法能够提供一个虚拟实验环境，让学生在计算机屏幕或其他媒介上进行实验操作和观察。以下实验适合采用仿真实验法：

（1）化学反应模拟实验：学生可以通过计算机模拟来观察和理解不同化学反应的原理和过程。例如，学生可以模拟酸碱反应、氧化还原反应等，观察反应物和生成物的变化，并探究反应条件对反应速率的影响。

（2）分子结构和性质实验：学生可以通过计算机模拟来观察和理解分子的结构和性质。例如，学生可以模拟水分子的空间结构，观察电子云分布和化学键的形成，或者模拟不同分子之间的相互作用，如氢键、范德华力等。

（3）探究元素周期律的实验：学生可以使用计算机模拟软件来探索元素周期表中元素的属性和规律。例如，通过模拟不同元素的原子结构、电子排布等，学生可以观察和探究元素性质的变化规律和周期性规律。

（4）晶体生长过程的仿真实验：学生可以使用计算机模拟软件来模拟晶体的生长过程，通过调节温度、浓度等条件，观察晶体的形状和尺寸的变化。这样的实验可以帮助学生理解晶体的形成原理和晶体生长规律。

6. 项目实验法

项目实验法是一种重要的教学方法。学生可以根据自己的兴趣和学习目标选择一个具体的化学实验项目，进行独立思考、制订实验方案、准备实验材料并进行实验，并通过自己的思考和实验探究，逐步发现问题、解决问题，并得到实验结果。以下实验可设计成项目实验：

（1）化学物质的制备和性质：学生可以组成小组，共同设计并完成一个化学物质的制备和性质实验项目。例如，学生可以制备一种新的化合物，并探究其物理性质、化学性质和用途等。

（2）化学反应原理：学生可以组成小组，共同设计并完成一个化学反应原理实验项目。例如，学生可以探究不同反应条件对反应速率和产物的影响，或者探究不同物质之间的相互作用和反应机理等。

（3）化学实验装置创新设计：学生可以组成小组，通过设计并制作新的化学实验装置，探究化学实验装置的创新设计和应用。例如，学生可以设计并制作一个能够实现连续化学反应的实验装置，或者设计一个能够自动控制实验条件的装置等。

（4）化学实验安全教育：学生可以组成小组，通过设计和实施一系列化学实验安全教育活动，提高他们对化学实验安全的认识和操作技能。例如，学生可以设计并实施一个化学实验事故模拟演练项目，或者开展化学实验安全知识讲座等。

二、过程设计

1. 对比教材实验

不同版本的教材对实验的设计是不一样的。目前初中化学教材版本主要有 6 种，高中化学教材版本主要有 4 种。不同版本的教材，其编写团队的理念、思路、素材选取等因素不同，决定了不同版本教材各有特点。不同版本的教材可以分别从课标研读、教材中的位置、实验用品、实验步骤、思考与讨论、习题等方面进行对比分析，以便取长补短。通过对比分析之后，进行相应的教学设计，分别从教学目标、教学重难点、学情分析、教学方法、教学流程、教学过程、素养诊断等方面进行设计，同时说明了每个环节这样设计的意图。

2. 制订实验方案

在制订实验方案时，需要根据实验的目的和要求，详细规划实验所需的器材、试剂和药品，确定实验的步骤，包括具体的操作过程和操作顺序，明确注意事项，确保实验的安全性和有效性。下面以酸碱中和滴定实验为例进行分析。

（1）实验目的和要求：明确实验的目的，如掌握酸碱中和滴定的原理和操作方法，学习在滴定实验中使用指示剂、计算浓度等。确定实验的要求，如完成指定滴定任务，记录实验数据，并分析结果。

（2）实验器材和试剂准备：根据实验的要求，确定所需的器材，如滴定管、容量瓶和磁力搅拌器等。选择合适的试剂和溶液，如稀硫酸、氢氧化钠溶液、酚酞指示剂等。

（3）实验步骤：

①准备标准溶液：用容量瓶配制氢氧化钠标准溶液，装入碱式滴定管中待用；

②准备待测液：取一定量的硫酸溶液，用蒸馏水稀释至适宜浓度，除去气泡；

③准备锥形瓶：用蒸馏水洗净锥形瓶，并取一定量的标准溶液，加入几滴酚酞指示剂；

④滴定过程：缓慢滴加滴定液，同时轻轻搅拌，直到酚酞的颜色由粉红色变成淡黄色；

⑤记录滴定用量：记录滴定液的用量，计算溶液的浓度。

（4）安全措施和注意事项：根据实验过程中的安全风险，明确实验的注意事项和安全措施。例如，要注意对皮肤和眼睛的保护，避免直接接触化学品。

3. 编写实验教案

实验教案是教师根据实验方案编写的指导学生进行实验的文档，包含实验目标、实验过程中涉及的理论知识和操作步骤、实验所需的设备和材料、实验数据记录的要求、实验结果的分析和结论等。编写实验教案的目的是让学生明确实验的目标，理解实验的原理和步骤，知道如何记录实验数据，能够进行实验结果的分析和总结。下面以钠与水的反应为例进行分析。

（1）教学目标：了解钠与水反应的原理和特点；学习正确的操作步骤和安全注意事项；观察和记录实验现象，并分析成因；分析实验结果，得出结论。

（2）教学材料：钠块、蒸馏水、酚酞溶液、烧杯、试管、试管架和试管夹。

（3）实验步骤：

①准备工作：

a. 将实验器材摆放整齐，并检查安全设施。

b. 钠块准备：将钠块切成小块，备用。

②实验操作：

a. 选择一个试管，用试管夹将试管固定在试管架上。

b. 在试管中加入一定量的水，将一小块钠放入试管中，观察钠与水反应的现象。

c. 向试管中滴加几滴酚酞溶液，观察溶液颜色变化。

（4）观察与记录：仔细观察反应前后的实验现象，并记录。

（5）分析与讨论。

①分析实验现象和观察结果，进一步观察和记录实验现象的变化。

②探究钠与水反应的原因，以及生成物的性质。

（6）实验总结。

①根据实验现象和结果，总结钠与水反应的特点和规律。

②总结实验中的操作技巧和注意事项。

（7）注意事项。

①实验过程中要确保安全，正确认识和处理钠与水的反应。

②操作时要戴安全眼镜和实验手套。

③学生在操作过程中要注意安全，并遵守实验室操作规范。

4. 设计教学评价

教学评价的设计是指教师在教学过程中，根据教学目标和教学内容，依据一定的评价方法，通过收集和分析学生的学习表现和成果，对学生的学习情况和能力发展进行评估和反馈，是教学过程中不可或缺的一环。教学评价包括以下几个方面内容：

（1）确定评价目标：根据实验教学内容和目标，确定评价目标，包括实验原理、操作过程、观察结果、实验报告等。

（2）设计评价方法：根据评价目标，设计相应的评价方法，如笔试、操作考核等。

（3）编制评价表：根据评价方法，编制相应的评价表，包括实验目的、实验器材、实验步骤、观察记录、实验结果等方面。

（4）实施评价：根据编制的评价表，实施评价，并对评价结果进行分析和反馈。

新课标提出化学日常学习评价是化学教学不可或缺的有机组成部分，应树立"素养为本"的化学学习评价观，要灵活运用多样化的评价方式，倡导学生自评、同学互评与教师评价相结合，充分发挥评价促进学生化学学科核心素养全面发展的功能。因此，我们可以从以下几个方面进行评价量表设计，如表 2-1 所示。

表 2-1　评价量表设计

核心素养目标	评价内容	评价得分			量表分析	素养水平
		学生自评	同学互评	教师评价		

（5）分析评价结果：对评价结果进行分析和反馈，为学生提供有针对性的指导和建议，促进学生的学习进步和能力发展。

钠与水的反应的实验教学评价设计如下：

（1）实验目的和原理的评价：评价学生对实验目的和原理的理解程度，是否能够正确掌握实验操作步骤和注意事项。

（2）实验操作过程的评价：评价学生的实验操作技能，包括取用钠块、切割钠块、滴加溶液、观察现象、记录数据等方面的操作是否正确、熟练。

（3）观察记录的评价：评价学生是否能够正确观察实验现象，如钠在水中的反应、气泡的产生、颜色的变化等，并能够准确记录数据和现象。

（4）实验结果的分析和讨论：评价学生对实验结果的分析和讨论能力，即是否能够解释实验现象的原因，并能够得出正确的结论。

第三章
中学化学实验的实作考查设计

　　中学化学实验的实作考查是指通过实际操作的形式，考查学生在化学实验中的操作能力和操作技巧。设计一套好的实作考查路径，有利于公正、全面、准确地评估学生的实验动手能力，为教师的实验教学评价和教学改进提供重要依据。在考查设计中应明确考查目的和要求，选择合理的实验内容，科学设计实验步骤和评分标准，合理安排考查的形式并做好考查评价和反馈等。

第一节　实作考查的概念与原则

一、实作考查的概念

1. 实践能力

实践能力是指将理论知识应用于实际操作，并解决实际问题的能力。在中学化学实验中，实践能力主要表现在实验操作、实验观察、实验记录、实验数据处理和实验报告等方面。

化学实践能力主要包含实验习惯的养成、规范的实验操作能力、实验报告的设计能力、实验数据的处理与分析能力、实验的熟悉程度等，具体包括：对化学实验器材的正确使用、操作步骤的熟悉程度及规范程度，以及实验过程中安全操作的意识；能够根据实验目的和要求，独立设计实验步骤，选择合适的实验方法和仪器的能力；在实验过程中遇到问题或异常现象时，能够运用所学知识进行分析，找到解决问题方法的能力；在实验过程中能够仔细观察实验现象，并准确记录实验数据和现象的能力；能够根据实验结果撰写规范的实验报告（内容包括实验目的、实验原理、实验步骤、实验结果和结论等）；在实验中能够运用科学的方法，进行假设提出、实验验证和结果分析的探究能力。

2. 实作考查

实作考查是一种使用多种工具或形式，评定学生在实际情境下应用知识的能力，以及在情感态度和动作技能领域学习成就的评价方式。

化学实验实作考查是在一定区域内组织的化学实验的统一考查，主要涉及研究如何落实这类考试的具体组织形式、实施的策略和方法，实施的流程等。具体来说，实作考查包括对学生实验技能、实验方法、实验安全、实验记录、实验报告、实验态度等方面的考查。

3. 评价标准

评价标准是指人们在评价活动中应用于评价对象的价值尺度和界限。

化学实作评价标准是指用来评价学生的化学实验实践能力的考核内容以及考核评价量表，具体评价学生对实验器材的使用熟练程度、实验步骤的正确性和操作的规范性；评价学生在实验过程中注意安全操作，如佩戴安全眼镜、正确使用实验室设备、处理实验废弃物等；评价学生对实验现象和数据的准确记录，包括观察现象、测量数值、操作步骤等；

评价学生撰写实验报告的能力，包括实验目的、实验原理、实验步骤、实验结果和结论的清晰度和准确性；评价学生独立设计实验步骤和选择适当的实验方法和仪器的能力；评价学生对实验结果的分析能力，能否合理解释实验现象并得出准确的结论；评价学生对待实验的认真程度、注意事项的遵守以及对环境保护的意识；评价学生在实验过程中对问题的提出、假设、验证和结果分析的能力。

新课标中规定了 26 个学生必做实验，实作考查设计中可以从检查用品、实验操作、整理用品 3 个方面来考试学生的规范操作。动态评分标准可参考表 3-1（以《碱的化学性质》为例）。

表 3-1 动态评分标准

九年级化学实验：碱的化学性质

实验用品：石蕊试液、酚酞试液、氢氧化钠溶液、氢氧化钙溶液、稀盐酸、硫酸铜溶液、试管、试管架、试管刷、胶头滴管、塑料吸管、白色点滴板、表面皿、玻璃棒、镊子、擦拭纸、小块 pH 试纸（含标准比色卡）、盛放废弃物的大烧杯（2 个）、抹布。

考查要点		操作要求及评分细则	分值	得分
一、检查实验用品		（1）按要求检查仪器有无损坏（5 分）； （2）清点实验用品是否齐备（5 分）	10 分	
二、进行实验	pH 试纸检验溶液的酸碱度	（1）使用镊子将一小块 pH 试纸放在表面皿上（5 分）； （2）用玻璃棒蘸取氢氧化钙溶液滴到 pH 试纸上（5 分）； （3）与标准比色卡比较，读出该溶液的 pH 值（5 分）	15 分	
	碱与指示剂作用	（1）用滴管取适量氢氧化钙溶液滴入点滴板的两个凹槽中（5 分）； （2）用滴管向其中一个凹槽中滴入 2~3 滴酚酞试液（5 分）； （3）用滴管向另一个凹槽中滴入 2~3 滴石蕊试液（5 分）	15 分	
	碱与非金属氧化物的反应	（1）向一支试管中加入适量的氢氧化钙溶液（5 分）； （2）用塑料吸管向试管内的溶液吹气（5 分）； （3）观察到溶液变浑浊（5 分）	15 分	
	碱与酸的反应	（1）向一支试管中加入适量的氢氧化钠溶液（5 分）； （2）用滴管向试管中滴加几滴酚酞试液（5 分）； （3）用滴管向试管中慢慢滴加稀盐酸溶液（5 分）； （4）震荡正确，红色消失（5 分）	20 分	
	碱与盐的反应	（1）向一支试管中加入适量的硫酸铜溶液（5 分）； （2）用滴管向试管中滴加几滴氢氧化钠溶液（5 分）； （3）观察到有蓝色沉淀生成（5 分）	15 分	

续表

考查要点	操作要求及评分细则	分值	得分
三、整理实验用品	（1）将废弃物倒入相应的烧杯中，清洗相关仪器，并放回原处（5分）； （2）整理台面，做好桌面清洁，摆放整齐，实验后洗手（5分）	10分	

二、实作考查的依据

1. 约翰·杜威的"从做中学"理论

在批判传统学校教育的基础上，杜威提出了"从做中学"这个基本原则。杜威认为，由于人们最初的知识和最牢靠地保持的知识，是关于怎样做的知识。"从做中学"也就是从活动中学、从经验中学，它使得学校里知识的获得与生活过程中的活动联系了起来。"从做中学"的教学原则，强调了学习者个人的亲身参与，以及从活动中获取直接的、主观的经验，能够培养学生实际操作的能力。

2. 桑代克联结理论

桑代克认为，学习的实质就在于形成情境和反应之间的联结。他指出学习有 3 条主规律：准备律、练习律、效果律，即学习要在有准备的情况下发生，在学习的过程中要尽可能多加练习，使"S—R"联结更加牢固，并对结果进行强化，增强这种行为的发生率。

3. 艾耶尔逻辑实证主义理论

一切科学命题皆源于经验，对经验进行逻辑分析就是要把命题分解为各个具体概念，之后将各个具体概念归结为更基本的概念，将各个具体命题归结为更基本的命题。一个命题是否科学、有意义，取决于它是否能为经验所证实。

三、实作考查的意义

1. 有利于进一步保证国家相关教育改革精神的落地

教育部在相关文件中指出，实验教学是国家课程方案和课程标准规定的重要教学内容，是培养创新人才的重要途径。学校应该提供更多的实践机会，让学生有机会操作实验器材，进行实际操作和探索，让学生通过亲身经历和感悟来理解和掌握知识。严格实施实作考查是对实验教学效果的督导考核，其指挥棒的作用非常明显，研究的推广与落实将大大改善目前忽视实验教学的状况。

2. 有利于建设良好的教育生态，树立诚信的考试理念

高中学业水平合格性考试，也被称为高中会考，由于与高考升学及录取脱钩，普遍不

被重视。近年来，高中的学业水平合格性考试有些沦为"鸡肋"，更为严重的是，部分学生在学业水平合格性考试中考试态度极为不端正，影响了考试的严肃严格、公平公正，破坏了考试的诚信度，进而影响日常的教育教学秩序和管理工作。目前，在国家考试中心严明考纪考风，整顿合格考试秩序的情况下，化学实作考试也应提高它的透明度、影响力、公正性。

3. 有利于在一定范围或地区统一化学实验技能评价标准，提供高质量的测评工具，缩小不同地区考核间的差异

教育的公平、考试的公正，也需要在一定范围或地区统一一个评价标准，来衡量这一地区学校、教师、学生谁做得好，谁做得不好。研制统一尺度的标准、提供科学的测评工具，显得必需和重要。根据化学新课标编制规范的、实用的、统一的实验测评标准，科学合理地判断学校化学实验教学开展的实际情况，学生真正掌握的实验操作技能情况，努力减小各学校实验实作考核间的差异，真实反映实验教学状况。

4. 有利于促进学校主动改善办学条件，为学生实验动手能力的培养创造条件

如何让学校开齐、开足、开好国家课程标准所规定的化学实验，彻底扭转不重视实验教学的倾向呢？如何消除"看实验视频，背实验知识"的现象呢？统一的考核标准、严格的考试管理与实施，对学校办学态度的转变尤为重要。认真严格的考试、统一标准的考查，将促使学校、教师、学生三者重新回到实验室，认真地做好化学实验，这就促进学校为了开好实验课程，加大对实验室建设的投入以保障实验教学条件，规范实验教学实施，强化实验教学安全管理，完善实验教学体系。

5. 有利于夯实学生的实验操作技能，培养学生创新创业精神，强化学生实践动手能力

化学实验是化学学科的重要组成部分，在全面提高学生科学素养方面发挥着重要的作用。通过实验，学生可以亲自操作实验器材，观察实验现象，理解化学原理，掌握化学实验的操作方法和技能，让他们更加注重科学精神、实事求是、严谨认真、追求真理等品质。严格的考试纪律，规范的评价标准，会让学生端正对化学实验操作训练的态度；学校的办学条件改善，教师对实验教学的重视，直接影响学生在实验室进行实验学习的时间，有利于学生动手实验能力的培养。

四、实作考查的原则

1. 科学性原则

实作考查应科学合理，符合化学实验的基本规律和原理，考查内容和方式应具有科

学性。

实作考查的内容和方式应该与化学实验的基本原理和规律保持一致。考查的实验内容应基于科学理论和实验设计，考查的方式应该合理和科学，以确保学生对化学实验的核心原理和概念有一个准确的理解。这一原则的重要性在于提供一个科学准确的评估，帮助学生在实验操作和科学思考方面建立正确的基础。

2. 可行性原则

实作考查应注重实际可行性和操作便利性，以提高考查的针对性和有效性。

化学实验实作考查应遵循可行性原则，即考查内容和方式应符合实际情况，具有可操作性。在设计和组织化学实验实作考查时，应考虑实验室的条件、器材和药品的配备等因素，确保考查能够顺利进行。在设计化学实验操作考查时，应考虑到实验的实用性、经济性和效率，以确保实验能够在规定的时间内顺利完成，并达到预期的检测效果。

3. 公平性原则

实作考查应遵循公平性原则，保证考查内容、评分标准、考查过程、考查环境和学生行为的公平性。

化学实验实作考查的内容应具有代表性，涵盖化学实验的基本技能和主要方法。评分标准应明确、具体、可操作，以保证不同评分者在评分时具有一致性。同时，评分标准应客观、公正，避免主观臆断和情感因素对评分结果产生影响。化学实验实作考查的过程应规范、严谨，遵循科学、公正的原则。同时，考查过程应尽可能减少误差，保证考查的公正性。化学实验实作考查的环境应公平、安静、整洁，以保证学生能够专注于实验操作和结果的记录。同时，学生应诚信参加考查，以保证考查的公平性。

4. 安全性原则

实作考查应遵循安全性原则，以确保实验过程和结果的安全性。

安全性原则要求学生在实验过程中遵守实验室安全操作规程，正确使用实验器材和药品，避免发生意外事故，确保自身和他人的安全。实作考查中，教师应注重对学生安全意识的引导和教育，让学生了解实验室安全的重要性，掌握基本的实验室安全知识和技能。同时，选择的实验题目应考虑实验室条件和学生能力，考查内容和方式应该注重实验安全，避免设计高风险或易产生危险的实验，确保学生的人身安全。

5. 综合性原则

综合性原则意味着考查内容和评价方式应综合考虑学生的多个方面能力和表现。

在实作考查中，应综合考查学生的实验技能、实验方法、实验态度、实验安全等方面，更好地反映学生在实际实验操作中的综合水平，全面评估学生在化学实验方面的综合能力，并促进其全面发展。关注学生在实验过程中的综合表现，包括实验操作、数据处理、结果分析、问题解决等。并采用多元化的评价方式，以全面评估学生的实验能力和科学素养。

6. 客观性原则

实作考查应客观公正，评分应依据明确的评分标准，考查过程和评价结果应基于学生的实际表现和实验结果，避免主观臆断和情感因素对评分结果产生影响。

考查内容和方法应明确、具体，并且能够量化，以便所有评分者都能够根据统一的标准进行评价。评分标准应客观、公正，所有学生都应按照相同的标准进行评价，避免因个人偏好或主观判断而影响评价结果的公正性。评价过程中应保持客观，不受学生个人因素（如成绩、性格等）的影响，确保评价的公正性。过程应透明，学生应有机会了解自己的评价结果和提高的方向，以便他们能够根据反馈进行改进。

第二节　实作考查的形式与要求

一、实作考查的形式

1. 纸笔测试

纸笔测试是指通过书面考试的形式，对学生的化学实验知识和技能进行评估的一种方式。

纸笔测试可以考查学生对化学实验基础知识的掌握程度，包括化学实验的基本原理、基本方法、基本概念等，也可以考查学生对化学实验安全知识的了解和掌握程度，包括实验室安全规范、安全标识、实验事故应急处理等，还可以考查学生对化学实验操作技能、实验数据的处理和分析能力，以及对化学实验方案设计和实验报告撰写的掌握程度。

2. 现场操作测试

化学实验的现场操作测试是一种在实验室现场由实验教师或考官给出一定的实验任务，学生在规定的时间内完成实验操作，并达到实验要求的测试方式。

现场操作测试通常由专门的实验教师或考官进行，他们会根据实验要求和评分标准对学生的实验操作进行打分。现场操作测试可以全面考查学生的化学实验操作技能、实验方法、实验安全等方面，包括药品的取用、仪器的使用、实验装置组装、实验步骤的执行、实验结果的记录和处理等。这种测试方式能够较为真实地反映学生在化学实验方面的实际能力和水平，因此在化学实验实作考查中被广泛应用。

3. 实验报告测评

化学实验报告测评是指对学生撰写的实验报告进行评估和打分的过程。

化学实验报告是学生在完成实验后所提交的书面文档，内容包括实验目的、实验原理、实验步骤、数据记录、结果分析和结论等。化学实验报告评测主要评估实验报告的结构是否合理，内容是否完整，叙述是否清晰等；实验目的是否明确，实验原理是否准确，实验步骤是否详细，数据记录是否准确和完整，结果分析是否逻辑合理，结论是否符合实验结果；评估报告中的实验操作描述是否准确，实验数据的处理和计算是否正确，是否包含必要的单位、图表、图像和样品编号等；是否能够合理解释实验现象、数据和数据之间的关系，并提供科学依据和合理的结论；评估实验报告的语言表述是否准确、清晰、流畅，使用的专业术语是否正确和恰当。

二、实作考查的内容

1. 实验教学管理考查

实验教学管理考查是一种对中学化学实验教学过程中的教学管理进行评价和监控的方式。

（1）考查实验室管理是否规范。考查实验室的卫生和环境状况，包括实验室的整洁程度、废物处理情况等，以确保实验室的安全和卫生；考查实验室设备的维护是否及时，能否正常操作使用，实验室安全规章制度是否得到严格执行。评价实验器材和试剂的采购、存放、使用和废弃处理是否规范，是否有专门的器材室和试剂库，器材和试剂的标签是否清晰，使用和废弃处理是否有记录等。

（2）考查实验准备是否能满足学生实验的需要。考查学校是否及时准备了实作考查实验所需的器材、试剂和资料，确保这些准备能够满足学生进行实验的需要。评价学校为实作考查所做的方案是否合理，特别是参加测试时学生轮换流动的指挥、带队、通信、管理等。

（3）考查实验安全应急的药品和材料的准备情况，如大的湿抹布、灭火器材，消毒药品、棉签、创口贴，防护眼镜、防护面罩、防护手套等。评估这些应急物品的存放位置是否合适，是否易于随时取用，存放位置是否符合相应的安全标准，标识是否明确，方便在紧急情况下能快速找到所需的药品和材料。评估实验室是否制订了应急预案，并了解实验室人员对该预案的熟悉程度。应急预案要明确实验事故发生时的应急流程、应急组织架构、重要联系人的联系方式等，以及实验人员应急撤离的路径和撤离地点等。

2. 实验技能操作考查

实验技能操作考查是指通过一系列的实验操作题目来评估学生对化学实验基本技能的掌握程度。其目的在于检验学生是否能够熟练、准确地使用化学实验仪器，正确地执行化学实验步骤，以及是否理解实验原理和操作的重要性。

（1）考查实验仪器的使用情况。评价学生在实际操作考查中，是否能熟练掌握并正确使用各种化学实验仪器，如烧杯、烧瓶、试管、滴定管、蒸发皿、分液漏斗、胶头滴管、玻璃棒、酒精灯、温度计、漏斗、铁架台、托盘天平等；是否了解这些仪器的名称、用途、使用方法和注意事项，并能根据实验需求选择合适的仪器进行操作。例如，镊子、药匙使用前后应该用擦拭纸擦拭干净；如何正确地震荡试管中的溶液使之混合均匀；如何用手托举容量瓶等。

（2）考查化学试剂的选用情况。评价学生是否能根据实验目的和要求选择合适的化学试剂，并能正确地称量、取用和稀释化学试剂。考查学生是否了解化学试剂的化学式、名称、溶解性、浓度等信息，知道每种试剂的化学性质、反应特点以及适用的实验条件，以确保选用的试剂符合实验要求；是否能准确称量试剂、精确配制溶液；是否能根据实验步骤和化学反应的特点，如何添加和减少试剂的量，以保持化学反应的平衡和反应产物的比例，控制试剂的用量，进行适当的调整和优化。

（3）考查基本操作的完成情况。评价学生是否能熟练地进行加热、搅拌、过滤、蒸发、结晶、移液等基本操作。如配制一定物质的量浓度的溶液，计算、称量、溶解、移液、洗涤、定容和摇匀等基本实验步骤是否清楚，进行实验操作是否有步骤遗漏，操作实验仪器是否规范。试管实验中，滴加试剂后，应该边滴边震荡，而不是加了很多试剂后震荡。如何进行容量瓶的检漏；定容时胶头滴管的使用、液面的观察等。

（4）考查实验习惯的良好情况。考查学生在实验前是否仔细清点并检查实验所需器材、物品、药品是否齐全、完好无损，对所需的试剂、试管、玻璃器皿等进行数量和质量的确认。实验过程中学生是否按照实验室规定，将实验过程中产生的废弃物、废液和废料等正确倒入指定的容器中。学生是否合理使用试剂和实验材料，避免浪费；是否根据实验需要调整试剂的用量，尽量避免过量使用；是否尽量减少用水量，做好实验室常规节能工作。实验完毕学生是否将使用过的实验仪器进行清洗、擦干，并放回原处，以确保仪器的保存和维护；是否正确整理仪器架、药品架，将仪器、药品归位；是否清洁实验台面，让实台保持整洁和卫生；是否养成实验结束后清洗手的习惯。

3. 化学实验报告撰写考查

化学实验报告撰写考查旨在评估学生在撰写实验报告方面的能力和水平，主要涉及学生在进行化学实验后，对实验过程、结果和结论进行系统记录和整理的能力。

（1）考查学生的实验观察和记录能力。评价学生是否能够按照一定的结构组织实验报告，包括实验目的、实验步骤、观察结果、数据处理和分析、结论等，使报告具有良好的逻辑性和易读性；是否能够以清晰、简洁的语言描述实验目的、步骤、数据和结论，使大家能够准确地理解实验的过程和结果；是否能够准确地记录实验步骤、观察结果和测量数据，避免错误和不准确的记录，以确保实验结果的可靠性和可重复性。

（2）考查学生的数据处理和分析能力。评价学生是否能够对实验数据进行适当的处理和分析，包括计算、绘制图表、进行数据比较和统计等，为结论提供科学依据；是否能够回答与实验相关的问题，对实验现象和结果进行合理的解释和讨论，能够分析实验的优缺点、提出改进意见等；是否能够独立思考和表述实验过程和结果；是否能够提出独到的见解和创新的想法。

三、实作考查的要求

实作考查的要求是指区域教育行政管理部门、学校、教师、学生在化学实验实作考查前后中应当完成的相关任务，以便能保障实作考查工作能顺利开展，使评价更有效果。

1. 对教育行政管理部门的要求

实作考查要求教育行政管理部门率先制定相关的政策，出台相应的文件以及制订考查工作的流程，以确保实作考查工作的有效实施及实施质量。

（1）制订考核办法。教育主管部门应制定相关政策文件，明确实验考查的重要性，将其纳入中学化学教学和评估体系。政策文件可以明确实验考查的目的、原则、内容和要求，以及实验考查在学生评价和教师评价中的地位和作用。

（2）制订工作文件。教育主管部门应出台具体的操作文件，为实验考查的实施提供详细的指导。这些文件可以包括实验考查的标准、考查方法、评分准则、考查材料和设备的要求等，以确保实验考查的一致性和公正性。

（3）制订考查流程。教育主管部门应研制实验考查的工作流程，包括考查的组织、实施和管理等环节。工作流程可以是考查的具体步骤、时间安排、考查人员的职责和要求等，以确保实验考查的顺利进行。

（4）组织研训活动。教育主管部门应组织专门的培训和研讨活动，提升教师实验教学能力和考查水平，促进实验考查的质量和效果。同时，建立考查结果的反馈和改进机制，持续优化实验考查的实施效果。

（5）监督评价过程。教育行政管理机构需要监督评价过程，确保评价的公平性和透明度，防止不公平的行为发生。同时对评价结果进行公示，对考查过程进行评估，指出存在的问题和不足，并提出改进建议，

（6）提供资金保障。教育行政管理机构需要制定合理的预算，做好资金安排，为实作考查提供足够的资金来保障考查的顺利进行。充足的资金可以提供必要的实验设备和器材，确保实验考查的质量和安全性，同时也能够促进学校加强实验教学的投入，提高实验教学的水平。

2. 对学校的要求

实作考查要求学校应有得力的实验教学管理措施、配套的实验室和实验器材，考查评价的激励机制，以满足教学和考查的需求。

（1）加强对化学实验教学常规管理。学校需要对教师的实验教学制订一系列的考核办法，梳理较为详细的实验室管理制度，完善仪器药品台账，增补教师演示实验和学生分组实验的记录考核，加大实验教学落实情况的检查力度，有效推动化学实验室的常规管理。

（2）加大化学实验室建设条件的投入力度。学校须加大化学实验室建设投入，建设现代化实验室，配备较完善的化学实验药品和较先进的化学实验仪器，完善化学实验室的教学条件。学校也可以建立化学实验室信息化平台，对实验室设备、试剂、实验数据等进行信息化管理。

（3）制订考查评价的激励机制。学校可以制订一套实验教学质量评价指标，鼓励教师间开展有效竞争与交流，可以将教师的实验教学绩效与学生实作考查的成绩挂钩，根据实验教学的成果和质量给予相应的奖励，合理核定教师实验教学工作量，把教师实验教学能力、教学水平和教学实绩作为相关学科教师职称评聘、绩效奖励等的重要依据。

3. 对教师的要求

实作考查要求教师应有良好的实验指导和组织能力，能够有效地传授实验的基本原理和操作方法，引导学生探索和思考实验中的科学问题，并组织学生进行有效的实验教学。

（1）提升素养，示范引领。教师的亲身示范和生动演示可以直观地帮助学生理解和掌握化学操作技能和化学知识，激发学生对化学的兴趣和学习动力，提高实验教学的质量和效果。教师之间要加强学习和交流，积极参加各种教研活动和培训，不断提升自己的业务

水平，才能更好地起到示范引领作用，提升自己在学生心目中的地位，赢得学生的拥戴。

（2）激发动力，因势利导。教师在教学中要充分发挥化学实验对学生的吸引作用，大力开展各种类型的实验来吸引学生的注意力。在教学中，除中学课本所规定的 26 个学生必做实验外，教师也可以把课本中一些重要的教材演示实验改为学生实验，让学生亲身体验实验探究的乐趣，锻炼他们的实验动手能力。

4. 对学生的要求

化学实验实作考查对学生的要求是指在进行化学实验时，学生需要具备一定的实验操作技能和实验安全意识。

（1）端正态度，认真实验。学生需对实验持有积极的态度，实验前进行充分的准备并认真执行实验步骤。需要认真阅读实验指导书，理解实验目的、实验原理和操作步骤，确保实验过程符合实验要求。

（2）积极实践，提升技能。在化学实验中，实验操作技能和实验方法的熟练程度是非常重要的。学生需要经过充分的练习和实践，熟练掌握实验仪器的使用方法，掌握实验操作的基本步骤和注意事项，从而提升实验技能。

（3）严谨求实，养成习惯。学生需要认真对待每一个实验步骤和操作细节，确保实验结果的准确性和可靠性。同时，养成良好的实验习惯也非常重要，包括遵守实验室安全规定和操作规程、注意实验条件和操作细节、避免浪费药品和材料、保持实验室的整洁和卫生等。

第三节　实作考查的策略与路径

一、实作考查的策略

1. 如何保证在薄弱学校开展实验和考查？

实施策略：由各区县技术装备中心负责，做好调研，新建或改（扩）建标准实验室，以至少达到最低测试要求为标准。以集团化办学方式让优质学校和薄弱学校结队，由优质学校进行帮扶支持，联合教研。区域内学校评价时，优质学校和薄弱学校作为一体化办学评价，同时也能达到义务教育优质均衡发展的目的。

2. 如何保证实验器材和药品能统一到位?

实施策略:由区域性教育考试院牵头,建立化学实验实作考查题库。正式考查前一周(减少实验教学环节的应试教学),考试院从题库中抽取一定数量试题(建议每一学科不超过 3 个),作为正式考查试题进行发布,相关学校根据发布的正式考查试题进行实验器材和药品的准备(避免实验题目过多,准备的器材和药品存放困难)。考查当天,由相应学校领导或学生代表当堂抽取一个考查题目进行考试。

3. 如何保证考查中的时间分配和人员有序流动?

实施策略:以一个学校的全体考生为一个单位,每个单位在考前按照考查安排进行分组,贴上组数和 1~24 号考号,安排一名学生领队,负责指挥每组学生按照考号到相应学科实验室进行轮换考试,物理、化学、生物 3 科实验考查同时统一实施,减少对学校正常教学次序的干扰,节省时间、人力、物力(表3-2)。

表3-2 每组学生轮换考试顺序安排表

轮次	场次	物理	化学	生物
第一轮 1~9 组	第一场	1, 2, 3 组	4, 5, 6 组	7, 8, 9 组
	第二场	7, 8, 9 组	1, 2, 3 组	4, 5, 6 组
	第三场	4, 5, 6 组	7, 8, 9 组	1, 2, 3 组
第二轮 10~18 组	第四场	10, 11, 12 组	13, 14, 15 组	16, 17, 18 组
	第五场	16, 17, 18 组	10, 11, 12 组	13, 14, 15 组
	第六场	13, 14, 15 组	16, 17, 18 组	10, 11, 12 组

注:此后的轮次、场次依次类推。

4. 如何保证监考工作的公平公正进行?

实施策略:在全区域统一遴选测试评委,统一安排测试评委的考点及场次(统一在三天内完成,一名考官最多负责 6 所学校的监考工作),考试期间对考室实行封闭管理,交叉监考,对考试过程进行全程监控,监控过程全部录像并留存备查,保证了实验实作考查的规范性、公平性和权威性。

二、实作考查的路径

实作考查的路径如图 3-1 所示。

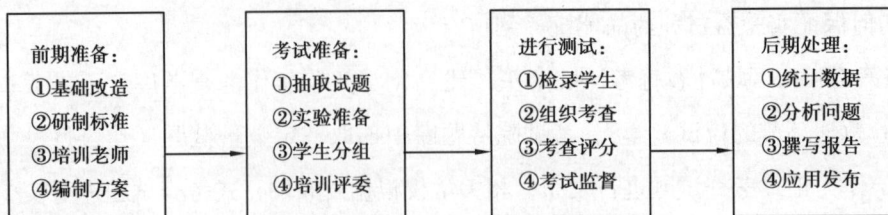

图 3-1 化学实验实作考查的路径

1. 考查准备与安排

做好前期调研准备，明确考查目的、标准、内容、时间、范围，制定相关政策和指导意见，帮助考生和教师了解考查的基本架构和考查重点等。

（1）制定相关的政策和指导意见。建立一个由教育部门、学校领导和专家组成的考查领导机构，负责制定考查政策、指导原则和实施计划，明确考查的总体要求、考查范围、考查内容和时间安排等信息，制定考场行为规范、纪律要求和违规处理办法。

（2）制定明确的考查标准和要求。依据课程标准和教学进度，选择具有代表性的实验项目，确定考查的具体内容，明确规定实验操作的步骤、注意事项、评分标准，详细说明实验操作的具体步骤、注意事项和安全规范，让考生和教师清楚了解考查要求。

（3）制定合理的考查时间和安排。根据教学情况，一般安排在期末前几周进行，避免与期末考试冲突。制定周密计划，保证一天内能在一个学校内能将考查工作全部完成，避免对教学秩序造成太多干扰。考查安排可以参考表 3-3。

表 3-3　化学实验实作考查安排表

考查组	被测学校	时间			
		×月×日（周×）		×月×日（周×）	
		上午	下午	上午	下午
第一组	X₁、X₂ 学校	X₁ 学校（1~24 组）	X₁ 学校（25~53 组）	X₂ 学校（1~24 组）	X₂ 学校（25~49 组）
第二组	X₃、X₄ 学校	X₃ 学校（1~24 组）	X₃ 学校（25~32 组）	X₄ 学校（1~24 组）	X₄ 学校（25~35 组）
第三组	X₅、X₆ 学校	X₅ 学校（1~24 组）	X₅ 学校（25~52 组）	X₆ 学校（1~31 组）	—
第四组	X₇、X₈ 学校 X₉、X₁₀ 学校	X₇ 学校（1~25 组）	X₈ 学校（1~24 组）	X₉ 学校（1~19 组）	X₁₀ 学校（1~27 组）

备注：

（1）每一场的正式考查时间为 20 分钟，实验室准备与考生转场预计 5 分钟，故每一场约 25 分钟。

（2）每一场两科 6 个考室同时开考（每场最多容纳 144 名考生）。每轮需考两场，每半天安排 4 轮，共 8 场（每半天可考查 576 名考生）。

2. 编写考查工作手册

设计并编写实验工作手册，组织和指导实验考查的整个过程，分配工作任务和责任。

工作手册应明确化学实验实作考查的目的和原则，包括培养学生的实验技能、科学观察力、数据处理和分析能力等；应列出化学实验实作考查的具体内容和评价标准，包括实验操作、观察记录、数据处理和分析、问题解答等方面，以帮助教师和学生了解评价的范围和要求；应详细介绍化学实验实作考查的方法和流程，包括实验安排、操作要求、数据收集和分析等；应说明评价结果的处理和反馈方式，包括评分标准、评价等级、评语和建议等。同时，工作手册还应提供实验操作的示范和指导，确保评价的准确性和公正性。

3. 考查指导和师资培训

提供考查的指导文件、标准和范例，为考查工作提供具体的指导意见，为学校、教师、学生提供考查要求和参考文献。同时，组织区域内教师的全员培训与交流活动，提高教师的站位，熟悉实验考查的流程。

（1）提供指导性文件。明确实验目的、实验原理、操作步骤、材料和仪器的要求，并提供安全注意事项，明确学生需要达到的实验技能、实验操作和实验结果的评价标准；提供一些实验考查的范例和示例，包括典型实验操作步骤、实验数据记录样本、实验结果分析范例等。

（2）培训师资。通过专题讲座、实验示范和实践操作等形式进行教师全员培训，解读考查标准，让教师充分理解考查内容和评分细则，确保教学目标与考查要求相符；组织教师间的交流与合作，分享实验教学优秀案例和经验，组织教师参观考察优秀学校，学习先进的实验教学理念和方法，提高教师的实验技能和实验教学水平。

4. 准备考查工具和材料

准备考查所需的工具和材料，包括考生成绩登记表、考查题目抽签结果登记表、考查评委分组表、评委记录用表等，为评价工作的顺利进行提供有效支持。

准备考查学生的成绩登记表，包含学生的相关信息、考查总成绩、评委的签字确认等，准确、真实地呈现学生的考查结果。表格设计如表3-4所示。

表 3-4   实作考查考生成绩登记表

考号	考生姓名	性别	现在班级	学考号	证件号	考查成绩			评委签字
						动态评分	实验记录	总分	
1									
2									
3									
......									
24									

准备实作考查题目抽签结果登记表，包含学生所在的分组及学生通过抽签分配的实验实作考查题目，明确学生在考查中需要具体完成的实验操作内容。表格设计如表 3-5 所示。

表 3-5   实作考查题目抽签结果登记表

学校	组号	实验实作考查题目（以高中化学为例）
X₁ 学校	1，4，7…	实验 2　铁及其化合物的性质
	2，5，8…	实验 1　配制一定物质的量浓度的氯化钠溶液
	3，6，9…	实验 7　化学反应速率的影响因素
X₂ 学校	1，4，7…	实验 1　配制一定物质的量浓度的氯化钠溶液
	2，5，8…	实验 7　化学反应速率的影响因素
	3，6，9…	实验 2　铁及其化合物的性质
X₃ 学校	1，4，7…	实验 2　铁及其化合物的性质
	2，5，8…	实验 7　化学反应速率的影响因素
	3，6，9…	实验 1　配制一定物质的量浓度的氯化钠溶液
......		

准备实验实作考查评委分组表，包含考查分组情况、考查组负责人、考查评委的具体信息与联系方式等，确定评委的具体考查任务。表格设计如表 3-6 所示。

表 3-6   实验实作考查评委分组表

考查组	考查小组	评审	评委姓名	工作单位	联系电话
第一组： 责任领导 ××× 组长 ×××	第一考查小组	1～6 号			
		7～12 号			
		13～18 号			
		19～24 号			

考查组	考查小组	评审	评委姓名	工作单位	联系电话
第一组： 责任领导 ××× 组长 ×××	第二考查小组	1～6 号			
		7～12 号			
		13～18 号			
		19～24 号			
	第三考查小组	1～6 号			
		7～12 号			
		13～18 号			
		19～24 号			
		……			

注：每个学科的每个考查小组第一位成员为小组长，负责本考查小组的组织工作。

准备实验实作考查评委记录用表，包含考查要点、操作要求与评分细则、评委评分小分栏等，确定评委评分的具体办法，保证评分的统一性。表格设计如表3-7所示。

表 3-7　评委记录用表（以高中化学焰色实验为例）

考查要点		操作要求及评分细则	学生1	学生2	学生3
一、检查 与整理		（1）实验前清点并检查实验所需器材、物品、药品是否齐全、完好。若有问题举手示意（5分）			
		（2）实验完毕，将废弃物倒入指定的容器中，将仪器洗涤干净并放回原处；整理台面，保持整洁，实验后洗手（5分）			
二、 进行 实验	碳酸钠的 焰色反应	（1）点燃酒精灯，酒精灯灯帽正放在桌面上（5分）			
		（2）光洁无锈的铁丝用稀盐酸洗净（5分）			
		（3）将铁丝放在酒精灯外焰上灼烧（5分）			
		（4）灼烧至与原来的火焰颜色相同为止（5分）			
		（5）打开碳酸钠溶液试剂瓶，瓶塞倒放在桌面上（5分）			
		（6）在小烧杯中倒入少量碳酸钠溶液（5分）			
		（7）盖上瓶塞，放回原处，标签向着人（5分）			
		（8）用铁丝蘸取碳酸钠溶液在外焰上灼烧，观察火焰的颜色（5分）			

续表

考查要点		操作要求及评分细则	学生1	学生2	学生3
二、进行实验	碳酸钾的焰色反应	（1）将铁丝用盐酸洗净（5分）			
		（2）在外焰上灼烧至与原来的火焰颜色相同（5分）			
		（3）打开碳酸钾溶液试剂瓶，瓶塞倒放在桌面上，在小烧杯中倒入少量碳酸钾溶液（5分）			
		（4）盖上瓶塞，放回原处，标签向着人（5分）			
		（5）再蘸取碳酸钾溶液，在酒精灯外焰上灼烧（5分）			
		（6）用蓝色钴玻璃观察火焰的颜色（5分）			
	仪器整理及清洗	（1）熄灭酒精灯，盖上灯帽（5分）			
		（2）将铁丝放在稀盐酸中洗净，再用蒸馏水洗净，放回原处（5分）			
三、完成实验记录		（1）合理准确填写实验操作中观察到的实验现象（5分）			
		（2）正确填写实验结论及合理分析（5分）			

准备实验实作考查用的评委工作证、记录用的签字笔、评委在考查中发现问题的记录表，将考查工具按考查组打包，方便启用。

5. 实施考查和数据收集

依据考查程序和要求规范组织实施考查工作，对考查过程中的数据和信息进行收集和整理，保证评价数据的准确性和完整性。

（1）现场及时记录与评分。评委仔细审阅学校的相关实验教学资料，开展实验室各项工作的检查，仔细观察学生的实验操作过程，使用记录表格对现场学生的表现进行及时的评分，记录所有必要的信息，确保数据的完整性，做到公正、公平，甄别有理有据。

（2）数据的检查与审核。在实验考查进行中，每一轮考查结束后，由考查小组长对评委所记录信息的完整性进行检查，及时发现填报信息的遗漏或差错，并马上进行纠正，确保数据的完整度，指导下一轮考查中评委规范填写，保证数据的准确性。考查组长及时巡查考室，指导考查的进行，重视实验安全的排查，及时发现问题，予以纠正，检查上交的评委记录，进行现场验收封装、归类处理。确保在实验实作考查过程中收集和整理的数据、信息的准确性和完整性。

6. 考查结果的处理和反馈

组织评估委员会或专家组，进行结果的审核和校正，对考查结果进行评估和分析，并及时向学校和教师反馈考查结果，提供评价报告和建议。

（1）分析和对比数据。对收集到的数据进行统计和分析，可以计算出学生的平均得分、百分比、通过率、标准差等指标。将学生的考查结果与预期要求进行比较，在学校与学校间、学校内班级与班级间进行横向比较，找出存在的差距和问题，寻找可能的原因。

（2）呈现考查评判结果。根据评委的记录，结合学生在考查中的具体表现，对学生实验实作能力作出综合判断，评估可以采用等级划分或综合评分。等级划分表格设计如表3-8所示。

表3-8　实验考查水平等次参考量表

等次	维度		
	实验准备	实验操作	实验记录
水平 I	实验室脏乱差，实验器材维护差，不能满足实验要求	实验目的不明确，不知道实验操作步骤，随心所欲地进行操作，不遵守实验操作规范； 未看到观察目标，没有明确的实验现象或无数据记录，没有得出实验结论。 根据动态进行评分低于40分的情形	不能完成实验记录表
水平 II	实验室较整洁，器材基本装柜，器材基本维护，基本满足实验要求	实验目的模糊，知道粗略的实验操作步骤，基本遵守实验操作规范，操作的针对性不强； 看到模糊的观察目标，能观察到基本的实验现象，有少量的实验数据记录，初步得出实验结论，实验现象或数据对实验结论的支撑不强。 根据动态进行评分在40~69分的情形	基本完成实验记录表
水平 III	实验室整洁，器材装柜较好，有标签，实验器材维护较好，满足实验要求	实验目的明确，知道实验操作步骤，遵守实验操作规范，实验操作针对性较强； 看到较清晰的观察目标，能观察到实验要求的实验现象，实验数据记录能满足实验要求，得出的实验结论较准确，实验现象或数据对实验结论的支撑作用较好。 根据动态进行评分在70~89分的情形	较好完成实验记录表

续表

等次	维度		
	实验准备	实验操作	实验记录
水平 Ⅳ	实验室干净整洁，器材装柜好，标签准确，实验器材维护好，很好地满足实验要求	实验目的非常明确，明确实验操作步骤及每一步骤要达到的实验目的，严格遵守实验操作规范，实验操作针对性强； 看到非常清晰的观察目标，观察到明显的实验现象，实验数据记录翔实、准确，能反映实验需要得出的规律或发现的问题，得出正确的实验结论，实验现象或数据完全能够说明得出的实验结论，得出正确的实验结论。 根据动态进行评分在 90～100 分的情形	很好完成实验记录表

（3）编制评价报告并反馈。根据评估结果，分析学生的平均成绩、及格率、优秀率等统计数据，在不同知识点、技能点的掌握情况，学生实验操作、理论知识、实验报告等方面的表现，指出学生在掌握实验技巧、理论知识或实验报告撰写等方面存在的问题，统计学生在实验中的整体表现、优缺点，并提供具体的建议和改进措施。及时向学生、学校和教师反馈考查结果。

7. 考查工作的总结和改进

对考查工作进行总结和评价，发现问题和不足之处，并提出改进措施和意见，确保考查工作持续改进和提高。

（1）考查工作的总结。针对考查的设计意图和实际执行情况，对考查的整体流程进行总结，包括考查的目标、内容、方法、时间安排、评分标准等。在分析的基础上，识别出考查中存在的问题和不足之处，提出具体的改进措施和意见。

（2）考查后的跟踪监督。明确指出需要改进的领域和目标，帮助学校和教师明确需要改进的方向。通过观察、访谈或查看改进记录等方式进行监督，跟踪学校和教师对反馈结果采取的改进措施，如调整课程设置、教学方法和实验设计等，定期评估这些改进的效果。

三、实作考查的流程

制订具体的实作考查流程，明确考查工作的内容、时间安排，落实评委负责的具体任务，以便各司其职，保证整个考查工作顺利、流畅。实作考查的流程安排如表 3-9 所示。

表 3-9 实作考查的流程安排表

时间	工作内容
7：30 以前	评委到达考查学校考务室
上午 7：30 下午 1：30	准备会：考查组组长召开所有学科评委会，布置当天考查事项；告知学校考查相关要求；评委查看场地、器材等相关准备工作，发放考查资料
上午 8：00 下午 2：00	检录：学校安排带队教师将学生带至实验室外列队候考，在评委的指引下按序号进入考室，到相应位置就坐。评委核对准考证，学生签到。评委宣读实验安全注意事项，准备参加考查。 考查：评委根据动态评分量表独立进行打分，填写相应表格，做好记录与评价。考查结束后，评委收集整理相关测查资料，将相关数据录入考查表
当天结束后	验收封装：评委将当天考查所有资料交考查大组长验收封装

1. 考查准备阶段

（1）对学生进行分组。由学校报送考生信息，对本校应参考的全体学生，先按现在所在班级序号由小到大的顺序排序，再按学生考号由小到大的顺序每 24 人分为一个组，依次为第 1 组、第 2 组……每一组内学生再按学生考号由小到大顺序以 1～24 号进行组内编号。制作"考生信息表"（Excel 表），按规定时间报送相关管理部门。为每个组制作一个组牌、设一名学生组长（考查时由组长负责举牌、清点本组人员、带领本组学生参加考查。组长要提前熟悉场地）。为每位考生制作标签，如 3 组 10 号，用于考查时粘贴到胸前，以便对号入座。

（2）抽取考查的题目。在考查前的评委培训会上，进行现场抽签，确定各学校、各学科、各考生序列的实验考查题目。考查题目具体抽取方法是：提前制作好本学科 3 个考查题目的签号，密封放置。抽签时，学校代表在 3 个考查题目中为本校每一序列抽取考查题目，第 1、4、7、……序列组的实验题目相同，其余依次类推，填入"抽签结果登记表"，抽签完毕，并当场核对，无误后，签字确认。

（3）学校的考查准备。各学校为每个学科准备 3 间考室。实验教师按照考查内容，提前准备好各自 3 个实验的相关器材、辅材、药品等，每个实验 24 组，摆放到实验台上。考查间隙，学校的实验教师检查实验器材的消耗情况，及时补充，保证学生实验的顺利进行。一般地，每个考室安排一名考查综合辅助教师。

（4）考室布置。每一个实验考室门外墙壁贴上考查题目，实验桌旁醒目位置依次贴好 1—24 号考查座签。门标、座签张贴要牢固、字体大小适中、醒目（图 3-2）。

11	12	23	24
9	10	21	22
7	8	19	20
5	6	17	18
3	4	15	16
1	2	13	14

讲台

图 3-2　考室内考号标签张贴示意图

注意：若考室无法按上图规则布局，请将 1—6 号、7—12 号、13—18 号、19—24 号的考查座签相对集中张贴，便于评委观察。每名评委将负责 6 名学生的动态评分。

2. 考查操作阶段

（1）召开考前会议。考查首日 7：30 之前，各考查组到考务室参加考前会议。会议由考查组组长主持，所有评委（29 人），加上学校的领队教师、综合辅助教师、其他工作人员参加。各学校为评委教师准备早餐、午餐。各学校准备一间考务室，考前评委集中、考查资料交回等均在此处。

（2）评价学校准备。评委在考查开始前和考查间歇，查看实验室管理是否规范，实验准备是否能满足学生实验的需要，实验安全应急是否到位（如大的湿抹布、灭火器材、消毒药品、棉签、创口贴、对突发事件的处理预案等）。各考查小组的 4 名评委综合所见的实际情况，商定后给出"学校准备得分（对该组）"。满分 100 分，填写在"考生信息表"中，由考查小组长签字确认。

（3）检录组织学生。学校安排带队教师将第一轮的 6 个组学生分别带到相应的实验考室外，分别按组内编号 1～24 号清点学生。考生只带身份证和必要文具进场（如黑色签字笔、直尺等）。不允许携带课本和资料、手机等其他物品。评委组织学生依次进入考室，按照 1—24 号座签对号入座。评委根据"考生信息表"逐一核对学生身份证是否与本人一致。评委发放"实验考查试题与记录表"，指导学生正确填写记录表上本人信息。考查小组长宣讲实验有关要求和安全注意事项。

（4）进行实作考查。考查小组长宣布考查开始并计时，学生按照考查试题与记录表上的要求进行实验。评委根据动态评分量表对学生的实验操作进行观测、检查和评分，记录在评委记录用表上。评委应观察考生实验过程中有无安全隐患，及时排除。考生完成实验操作，填写好相应实验现象、数据记录及结果分析，整理好实验器材。待 24 名考生全部考查结束后，由学生组长带领本组同学进入下一学科考查场地，直到各科考查结束，学生组长在带队教师带领下回到各自班级。带队教师要予以引导，负责安全。评委负责收回"考查试题与记录表"，完成对考生的实验记录独立动态评分，记录在"评委记录用表"上。

评委将"评委记录用表"上的考核结果一并填写到每名考生的"考查试题与记录表"上，再准确汇总到"考生信息表"中，无误后签字。完成上述考查工作后，对下一个组进行考查，程序同上。

（5）整理上交资料。由评委按组按编号收齐"考查试题与记录表""评委记录用表""考生信息表"等纸质资料，要求所有表册填写完整，统一交学科组长，核对数据是否准确、完整，清点无误后，先交学科组长查验，当天结束，再交考查组组长进行查验，完成当天的考查工作。

3. 考查注意事项

（1）必须充分认识到考查的意义。实验考查将对学校的实验准备、每个学生的实验操作、实验记录3个方面进行评价，既是学业水平合格性考试实验考查，也是区域教育质量全面监测的范畴；既要甄别学生是否达到学业水平合格性要求，又要考查学校、教师实验教学开展情况，评价实验教学质量。其中学生的实验和实验记录两项作为考查学生是否达到学业水平合格性要求的依据，学生是否合格，将依据考查的最后结果确定。

（2）必须规范考查各环节工作。考生只带身份证和必要文具（如黑色签字笔、直尺等）。不允许携带课本、资料、音像、手机等其他物品。考生应该按照"考查试题与记录表"的内容和步骤进行安全、有序的独立操作，不做与考查无关的实验内容。考生除发现所给器材有短缺或损坏等问题外，不得向评委提出其他有关实验操作的问题，评委不得回答其他问题。在实验中遇到实验器材损坏，可以申请更换，继续完成实验。评委在测评时，注意考生操作行为，遇到有可能带来危害性的行为应立刻制止和处理，正确处理突发事件。考生在操作中不按考查内容和要求进行实验，评委可以取消其考查资格，由学校相关人员带回教室。学校应提醒学生着装，对实验操作可能带来较大安全隐患的应按要求更换，确保实验有序、安全进行。实验教师应注意考查中实验器材的消耗情况，及时补充，保证学生实验的顺利进行。

第四章
中学化学实验教学与实作考查的融合发展

　　将中学化学实验教学与实作考查相结合，可实现教学评估与实际操作的融合和互相促进。具体来讲，就是通过"教、学、评"一体化的方式，实现教学目标和内容的融合、教学方法和评估手段的融合、学习过程和评估过程的融合。这有利于更好地培养学生的化学实验能力，提升实验教学质量与效果。

第一节　实验教学对实作考查的影响

一、教学条件对实作考查的影响

中学化学实验室的软硬件教学条件对化学实验实作考查有着重要的影响。优越的教学条件可以提供充足的实验药品和精确的实验仪器，更好地满足学生在化学实验室进行实验操作训练的要求，从而提高学生的实验操作水平和实作考查成绩。

化学实验室是进行化学实验的重要场所，也是进行实验考查的重要场所。药品和仪器存放往往需要干燥环境，潮湿环境中一些铁制仪器易生锈，如铁架台、托盘天平、砝码等，药品也容易变质，会大大影响实验的准确性，以及实验的完整进行。化学实验也涉及有毒有害气体的排放，如 Cl_2、SO_2、NH_3 等，需要通风换气设备。危险药品的存放还需要专门的保管室，以保证安全。因此，学校建造标准的化学实验室是实作考查能够顺利进行的必要前提。化学实验室的建设从选址到布局需要遵循科学合理的原则，不能"将就"，也不能"草率"了事，要符合化学学科的特点要求，做到功能齐全和保障安全。

化学实验室或学校应存有各种化学实验仪器和设备，以满足实验操作考查的需求。化学实验仪器很多是玻璃仪器，容易损耗，如试剂瓶、量筒、试管、烧杯等，需要及时购买补充到位，充足的库存可以确保每位学生都能够获得所需的仪器和设备，避免因为仪器不足而影响实验操作的进行。定量测试仪器本身的准确度也很重要，它对实验所测定数据的准确性有较大影响，如中学化学实验"酸碱中和滴定"中滴定管的使用就对实验结果分析有很大的影响。在实验操作考查中，学生需要使用各种化学实验仪器进行实际操作和测量，因此，购买标准的仪器是保证实验操作考查公平进行的又一重要前提条件。

化学实验药品及时提供是实验操作考查的重要保证。在实验操作考查中，学生需要按照实验要求进行实际操作，这涉及使用不同的化学试剂和药品。如果化学实验药品不能及时提供，将会对实验操作考查造成很大的困扰和影响。在目前的采购管理体系下，特别是化学药品纳入当地派出所实施特别申请制度后，浓盐酸、浓硫酸、高锰酸钾等药品需要购买时，应向当地公安部门提出申请，经批复同意后方可按计划购买，这就要求学校或实验室要提早作出规划，及时制订购买使用计划，确保每位学生都能够获得所需的试剂和药品来正常开展实验操作训练，避免因为药品不足而影响实验操作考查的进行，从而为实验操作考查的公正性和可比性提供重要保证。

二、教学方式对实作考查的影响

实验教学方式对实作考查的影响是多方面的，包括形式、内容、难度、要求以及学生对实验操作技能的掌握程度。学校和教师应根据不同的实验教学内容和目标，选择适合的教学方式，以提高实验教学质量和学生的实作考查成绩。

示范实验教学方式注重实验操作的准确性和规范性，实作考查的难度相对较低，学生只需要按照教师的示范进行操作并记录结果即可。在示范实验教学方式下，教师通常会演示实验操作步骤和技巧，学生通常会观察并记录教师的实验操作和结果。在实作考查中，只要求学生根据示范操作进行实验考查，并记录分析实验数据。实作考查的内容可能包括实验步骤的正确执行、实验器材的使用、试剂的添加和反应条件的控制等。这种形式更注重学生对实验操作的准确性和规范性，以及记录实验数据和观察到的现象，并能够根据实验结果进行分析和解释。示范实验教学方式要求学生观察教师的实验操作，这有助于学生观察细节和模仿教师的操作技巧。通过反复观察和模仿，学生可以学到一些实验操作的技巧和窍门，可以逐渐掌握实验操作的技能和要点，进一步提高实验操作的质量和效率。

探究式实验教学方式注重实验设计和科学探究能力，在探究式实验教学方式下，学生更多地参与实验的设计、探究和解释过程。在实作考查中，考查形式更加灵活多样，可能会要求学生自主设计实验方案，进行实验操作并记录实验数据，以及分析和解释实验结果；或要求学生提出科学问题，制订假设，进行实验设计，进行数据分析和结论推断等，实作考查的难度相对较高。这种形式更注重培养学生的实验设计能力、实验操作技能、数据分析和解释能力，以及科学探究能力，增加了学生的实验操作机会，培养了学生的实验操作技巧，并通过反馈和改进来提高学生的实验操作技能，有助于培养学生的创新思维和问题解决能力，提高他们的实验操作水平和综合素质。

问题导向式实验教学方式更注重问题解决能力，鼓励学生主动思考、提问和探索，促使他们在实际操作中运用化学知识和技能。在问题导向式实验教学方式下，学生需学会通过实验来解决特定的问题。在实作考查中，一般要求学生分析解决特定问题所需的实验操作，并记录和分析实验数据，学生需具备实验设计能力、数据分析和解释能力、问题解决能力以及科学探究能力，实作考查的难度可以根据问题的复杂性而有所不同，较简单的问题导向实验教学方式可能会对应较低难度的实作考查，而更复杂的问题可能会对应较高难度的实作考查，要求学生从实验操作中推导出解决问题的答案，注重学生的主动参与和自主探索，促进学生的综合素质和能力的发展。

三、教学管理对实作考查的影响

有效的实验教学管理可以提供良好的教学环境条件，保证学校实验教学的规范落实，促进教师实验教学能力的提升，支撑学生在实作考查中的安全和顺利操作。

实验教学管理制度建设的加强，可以帮助学校建立起与国家新颁布的课程标准要求相一致的实验教学体系，督促学校教师开齐、开足、开好国家新颁布的课程标准里所规定的全部实验，切实扭转一段时间以来化学教学重知识讲授，而忽视实验实践的倾向，在化学实验实作考查中，常常出现应付式地对待考查，学生的实作能力不够，考查成绩也较低。因此，学校应将实验教学统一纳入教学的管理规程，针对每一个年级制订切实可行的化学实验教学计划，加强监督检查，确保所制订的实验教学计划得以完整实施，严格执行实验教学的各项程序和规范，落实实验教学内容和课时，保障学生能进入实验室进行动手实践操作。学校也可以积极探索和利用信息技术手段开展实验教学管理，如通过对实验室的摄像监控来监督教师的实验开展情况。学校还可以通过购买服务的方式实施一些科学实验活动，如利用大学实验室或附近工业企业的质量检验室等优势资源来开展特色实验教学或跨学科实践活动。

实验室规章管理制度的建设也很重要。数量充足和质量好的化学实验仪器和药品可以提供良好的化学实验条件，为学生顺利进行实验操作提供保障。同时，对化学实验仪器和药品进行有效的管理，包括维护、清洁、校准和存储，可以确保实验化学仪器的正常运行和药品使用的安全可靠，为实作考查提供良好的物质基础。学校对实验室的管理应建立比较规范的制度体系，例如，督促化学实验员建立详细的化学实验室台账，记录好实验药品和仪器损耗情况，及时补充实验仪器和化学药品，不要在需要开展实验时才发现实验室缺少药品和仪器，最终导致部分实验无法及时开展。实验室化学药品存放的管理监督同样重要，科学存放药品是关键，既便于寻找，又安全有序，化学药品腐蚀后的标签应及时更换，过期的实验药品要及时清理，以保证实验操作的准确性。可以实施实验室清单式管理，定期开展教研组、备课组教师与实验员自查自纠活动，建立相关责任追查制度，将每一项具体的工作分解落实到每一位参与者手中，及时保质保量地完成各项实验教学任务，为实验考查做好铺垫。

实验教学安全管理必须得到强化，学校应落实化学实验室的安全管理责任与制度，切实提高教师或实验员的实验教学安全责任意识，提升实验教学安全管理和应对能力。确保每一次实验教学都制订有安全预案，既保障实验教学和实验考查的正常开展，又安全环保。实验室的安全管理措施包括制订安全操作规程、提供必要的个人防护装备、确保实验操作的安全性、提供应急处理措施等。学校应制订详细的化学教学用易燃易爆危险化学药品的采购、运输、储存、保管、使用、回收管理办法，防止利用实验室的化学药品加工制成其他有害物质，危害社会。学校应确保化学实验室和药品存放室具备良好的照明、通风、采光、防霉、防潮、防盗、防火、防爆等条件，认真落实危险化学品实施专人专柜管理的制度，完善实验教学安全措施，定期开展安全风险排查，不定时开展实验室抽查。合理的实验室安全管理措施可以确保学生在实验操作过程中的安全，为实作考查提供安全的环境。

实验教学过程的管理可以更加规范地落实化学实验教学的各项要求，让实验教学有计划地进行、有秩序地安排、有组织地实施，从而使实验教学计划真正落地，做到教师和学生有效参与。每一学期开学之初，学校应督促教师制订本学期需要开展的化学实验计划，公开张贴展示每一学期每个实验室计划开展的化学实验的详细内容，执行情况，没有完成实验计划的要注明原因。定期检查教师的实验教学备课教案、上课、实验辅导等情况，开展实验教学的专项听评课督查、教研组教学研讨活动，找准教学中的薄弱环节，及时总结实验教学中的典型经验，推广和宣传先进做法，发挥示范引领作用，扎实开展化学实验教学，让实验教学贯穿化学知识的传授过程，充分发挥高中每一个化学实验的特定教学功能，切实有效地强化实验教学管理，落实实验教学任务。

化学教师和实验员的专业素养和能力，是实验教学和考查工作的有力支撑和保障。教师的亲身示范和演示是学生直观获得正确化学操作和化学现象的第一印象。因此，要求教师本身要掌握各种仪器的用途、性能、构造、原理、使用方法、维修、故障排除等知识，要求教师本身必须具有较高的实验理论水平和实验操作能力。教师要能够根据实验的目的和要求，改进和创新实验，并指导学生根据实验的目的，准确地选择仪器、试剂，正确组装出完整的实验装置，规范地进行实验操作，恰当地表述实验现象，正确地记录、处理实验数据，得出实验结论。实验员的能力主要体现在实验器材和试剂的管理、实验环境的维护以及实验教学的辅助上，他们需要具备丰富的实验器材和试剂知识，能够确保实验器材和试剂的充足、安全和有效，同时还需要具备一定的实验室管理能力和应急处理能力，能够及时处理实验室突发事件。在实验操作考查上化学教师还需要具备良好的实验素养，能够准确、客观地评价学生的实验表现，给出公正、合理的成绩，当化学教师和实验员的能力得到充分体现时，实验考查才会更加公正、准确、规范，对于考查成绩的评定也会更加合理，能够有效激发学生的学习兴趣和参与度，从而提高学生的化学实验能力和综合素质。

第二节　实作考查对实验教学的促进

一、实作考查促进实验教学条件的改善

实作考查结果关系到对各个学校的综合办学水平的评价，促使学校领导重视化学实验考查这项工作。学校会因此加强化学实验教学的常规管理，制订一系列的考核办法，以及较为详细的实验室规章管理制度，完善教师演示实验和学生分组实验的记录考核，加大对化学实验教学情况的检查力度；也会加大对化学实验室建设的投入，完善化学实验硬件设施，提高实验室仪器和实验药品的质量，进而大大地改善化学实验教学的条件。

同时，化学实验操作考查是一个非常重视实验安全的过程，学校和教师需要加强安全意识，改进实验安全设施，如增加安全防护装置、设置更多的紧急救援设备等，从而提升实验操作的安全性和危险防范能力。

二、实作考查促进实验教学方式的改进

实作考查强调实践操作，有利于扭转忽视实验教学的倾向。实作考查注重学生的实践操作能力的培养，要求学生通过实际操作来进行实验，从而提高他们的实验技能和实验操作能力。为了适应考查需求，教师可能会调整教学策略，增加实践操作的内容和机会，使学生有更多机会亲自动手进行实验操作，从而改进传统的讲授式教学方式，促使教师和学生一起走进化学实验室，让实验教学落实落地。

实作考查强调示范引领，有利于促进教师教学能力的提升。实作考查要求教师为学生提供良好的实验实作示范标准，包括正确的实验操作、安全操作、数据记录和结果分析等，这要求教师具备高水平的实验操作能力和教学技巧，从而能够为学生树立正确的实验操作示范标杆。实作考查要求教师能够向学生清晰地解释和展示具体的实验操作过程和技巧，这有助于培养教师的沟通和解释能力，使他们能够将复杂的实验操作内容简化并易于理解，有效地与学生进行互动和交流。

实作考查具有反馈功能，有利于及时发现问题和解决问题。通过实作考查，教师可以实时观察学生的实验操作过程，了解学生对实验的掌握程度和操作技巧。这有助于发现学生在实验操作中可能存在的问题和困难，及时进行指导和帮助。实作考查要求学生将所学的理论知识应用于实际的实验操作中，通过检验学生在实验中的数据记录、结果分析和结论推理等能力，教师可以了解学生的理论知识掌握情况和应用能力，并发现学生可能存在的理论与实践脱节问题。实作考查要求学生对实验结果进行解释、分析和讨论，这可以帮助教师了解学生的实验结果分析能力和问题解决能力。

三、实作考查促进学生学习方式的转变

实作考查能够促进学生由被动接受知识到主动探究和实践的学习方式的转变。通过实际操作，培养学生的实践操作能力，探究性学习、深入理解化学概念、科学思维和解决问题能力，团队合作和沟通能力，观察和分析能力，以及实验设计和创新能力。

实作考查要求学生主动参与实验过程，鼓励学生进行自主探究式学习。实验本身就是一个探究的过程，学生需在实验中发现问题、分析问题和解决问题。通过实作考查，学生可以在教师的引导下，自主设计实验方案，自主选择实验器材和试剂，自主操作实验过程，并观察和记录实验现象。

实作考查过程中，学生通过实践、观察、分析和解释等多种方式来深入理解化学概念。这种实践性的学习方式对于学生的知识建构和概念形成起到了重要的推动作用。例如，在实验过程中，学生可能遇到一些不可预期的现象或问题，想要解答和解释这些问题，学生需要将理论知识与实验现象联系起来，从而深入理解化学概念。通过设置对比实验，学生可以在不同的条件下进行实验，并对比观察到的结果。这样的对比实验可以帮助学生更好地理解化学概念中的因果关系，强调变量之间的关系和影响。学生需要在实验设计中考虑化学原理、反应机理、实验条件等因素，同时在实验执行过程中观察和记录实验现象。

实作考查强调学生对实验结果的解释和分析，有利于引导学生学会解决问题的方法和策略。学生在实验过程中可能会遇到一些不可预期的现象或问题，这些问题可以成为学生自主思考和探索的起点，需要运用不同的方法和策略来解决。例如，他们可能需要采用对比实验的方法来比较不同条件下的实验结果，或者采用控制变量法来探究某个变量的影响。

实作考查通常会组织学生进行共同实验操作和数据处理，有利于培养学生的合作意识和协作能力。为了适应考查要求，教师会鼓励学生开展团队合作和交流，培养学生的团队协作精神和沟通能力，从而改善中学化学实验教学方式。在实验过程中，学生需要与同伴

合作，共同完成实验任务。他们需要相互配合、协调工作，确保实验的顺利进行。这样的合作过程可以培养学生的团队合作精神和协作能力，让他们学会在团队中发挥自己的作用，同时尊重和倾听他人的意见和建议。此外，在实验过程中，学生还需要与教师或其他同学进行交流和沟通。他们需要表达自己的想法和疑问，分享实验过程中的观察和发现，以及讨论实验结果和解释。这样的交流过程可以培养学生的沟通能力和表达能力，让他们学会有效地表达自己的观点和意见，同时也能够倾听和理解他人的观点，可以促进他们的团队协作精神和沟通能力的发展，为将来的发展打下良好的基础。

四、实作考查对实验教学的评价与指导

实作考查在实验教学中具有重要的评价功能。通过评价结果，教师可以了解自己在实验教学中的优点和不足，进而调整教学策略，提高教学质量。

实作考查的结果可以评估化学教师的实验指导能力。在实作考查中，化学教师需要为学生提供实验指导，包括实验前的准备工作、实验过程中的指导和实验后的总结等。通过对实验结果的分析，可以评估化学教师的实验指导能力，包括实验指导的准确性、及时性和有效性，能否帮助学生正确理解和操作实验步骤等，同时，化学实验实作考查也可以评估化学教师在实验教学中的组织能力、沟通能力和创新能力等。

实作考查的结果可以评估化学教师的实验安全管理能力。在化学实验中，安全是化学实验教学的首要关注点。这包括对实验安全规程的严格遵守，对实验装备和试剂的正确使用，对危险物品和风险的识别和防控，对紧急情况和事故处理的应急能力等；实验过程中是否存在安全隐患、学生是否得到足够的安全指导和保护等。一名合格的化学教师不仅要具备扎实的化学知识和教学能力，还需要具备良好的实验安全管理能力，保障实验教学的安全性和有效性。

实作考查的结果可以评估化学教师的实验教学方法和策略。教师在实验教学中是否能够恰当地选择和运用教学方法，是否能够引导学生主动参与、思考和探究，以及是否能够激发学生的学习兴趣和动力等，都可以通过实验实作考查结果来评价。教师的教学方法与策略直接影响学生的学习效果和实验技能的掌握。通过化学实验实作考查，教师可以了解学生对实验原理、实验步骤、实验注意事项等方面的理解和掌握程度，进而评估自己的教学方法和策略是否得当，是否需要调整和改进。教师可以通过观察学生在实验过程中的表现，了解学生对实验知识的掌握程度、实验操作的熟练程度、实验结果的准确性等方面情况，判断教学内容是否符合教学要求，教学方法是否恰当，以及教学效果是否理想。

实作考查的结果可以促进化学教师的专业发展。通过实作考查，教师可以了解学生的学习需求和难点，以及自己在实验教学中的优点和不足之处，这为教师提供了反馈和借鉴，促进其进行教学反思和改进，进而有针对性地改进教学方法，提高教学水平，促进自身的专业发展。同时还可以通过与其他教师的交流和讨论，了解其他教师在实验教学方面的经验和做法，从而取长补短，共同提高实验教学水平和实验指导能力，更好地满足学生的学习需求，提高实验教学的效果和质量。

第三节　实验教学与实作考查的融合

一、理论与实践的融合

实作考查要求学生将所学理论知识与实验操作相结合，分析和解释实验现象和结果。这样的考查设计有助于学生将理论知识应用到实践中，加深对化学概念的理解和应用，同时促进理论与实践之间的融合。

通过实作考查，学生可以验证和巩固在课堂上学到的理论知识，同时也可以培养他们的实验技能和问题解决能力。在考试中，学生需要观察实验现象，分析实验结果，并与理论知识进行比较，这有助于他们将理论与实践相结合，形成更深入、更全面的化学理解。

鼓励学生在实验中学习，通过实际操作来探究和发现化学原理；同时，在理论学习中，引导学生思考实验的可能性，预见实验结果。在理论教学中引入案例分析，让学生结合理论分析实际问题；在实验教学中，鼓励学生设计实验来验证或反驳某个理论假设。"做中学"与"学中做"相融合，使学生在实际操作中学习化学知识，同时也在理论学习中应用化学知识。

二、教学与考试的融合

实验教学与实作考查相融合是指在化学实验教学过程中，将实验操作考查融入教学过程，使学生在实际操作中学习和应用化学知识，并通过考查来检验他们的实验技能和理论应用能力。

实验教学内容应与实作考查内容紧密结合。实作考查往往涵盖实验操作技能、实验现象观察、实验数据分析，包括实验设计、实验操作、实验结果分析等。在实验教学中，教师可以明确地将考试内容作为教授的化学实验知识和技能，并在教学的过程中重点讲解这些内容，确保学生在考试中所需要的知识和技能都在课堂上有所涉猎。在实验教学中，可以引入模拟考试，让学生在实际操作中解决问题和应对考试。

实现化学实验"教、学、评"的一致性。在教学过程中将教学内容与教学方法相匹配，并将评价方式与教学目标相一致，让教学过程更加连贯和有效，学生可以在教学中更好地理解和应用化学知识，同时也能够更清楚地了解教学目标和评价标准，达到最佳的教学效果。

教师可以根据教学目标和学生的需求，选择适当的教学内容，并运用合适的教学方法进行教学。例如，在讲解某个化学实验的原理和操作步骤时，可以采用示范实验、讲解实验步骤、让学生参与亲自操作等教学方法。评价方式应与教学内容一致，以全面评价学生对教学内容的掌握和应用。

三、评价与监督的融合

考查评价和教学监督相结合是确保化学实验教学的质量和有效性的重要手段。通过将考查评价和教学监督相结合，可以更好地了解学生的学习情况和实验技能水平，及时发现和解决教学中存在的问题，并促进学生的实验技能和理论应用能力的提升。

建立明确的考查评价体系，为教学监督提供明确的依据。制订明确的考查评价标准和指标，包括实验操作、数据处理、实验报告等方面，以确保对学生的实验能力和理论素养进行全面、客观的评价。明确考查评价的目的和意义，以及评价的标准和指标，以确保评价的客观性和准确性。考查评价体系应该涵盖实验操作的各个方面，包括实验设计、操作技能、实验结果分析等，以确保评价的全面性和准确性。考虑到学生的个体差异，包括学生的基础、能力、兴趣等因素，以避免一刀切的评价方式。除了对实验结果进行评价，还应该结合过程评价，包括实验态度、问题解决能力等，以全面了解学生的实验能力和理论应用能力。建立反馈机制，及时向学生和教师反馈评价结果。

健全实验教学评价机制，强化督导考核。各级教育主管部门把各学校的实验教学情况纳入对学校的教育质量评价监测体系，实作考查结果计入对学校的综合考核成绩里。实施多元化评价，实作考查时要评价学校实验室建设与管理是否规范，能否提供考查所需的一切条件，包括安全措施是否到位。检查学校实验室的台账登记情况，实验教学开展的相关记录、录像等。评价教师，把实验实作考查结果运用到对教师的考评上，与教师的实验教学质量考核挂钩，把教师的实验教学态度、教学业务水平和教学工作业绩作为职称评聘、评优评先、绩效奖励等的重要依据；对学校实验员的考查或晋职晋级，把实作考查情况作为最重要的一项内容加以评价。评价学生，把学生实验实作考查成绩和能力表现计入学生的综合素质评价系统中作为一项重要指标；把学生实验实作考查必须合格作为获取初中或高中毕业证的必要条件；把学生实验实作考查成绩以一定占比计入初中升高中的招生考试总成绩中；普通高中的学业水平考试，学生实验考查可以实施区域性统一考试，严格按照考试要求进行实作考试，当面打分，考查结果作为学生参加高考获取 30 分基础成绩的依据。地方各级教育督导室应会同各级教研机构定期开展专项视导，强化监督责任，检查落实实验教学的保障措施是否得力，学校是否按照实作考查要求进行相关实验准备，课表中是否有开设相关实验课的设置，教师上课是否按照课标要求进行了相关的演示实验或学生操作训练，是否开齐开足相关实验课程，实验药品的存放是否符合管理要求，实验教学的安全责任是否落实。强化督导评估和检查结果运用，对相关责任不落实的学校进行督导问责，对相关执行不到位的教师予以通报，提出整改意见，督促限期整改完毕，建立"回头看"机制，不定期抽检；对情况严重造成巨大损失的，要依照相关规定严肃追究相关当事人的责任。

第五章
中学化学实验的教材比较与融合设计

初中化学教材主要有6个不同的版本，分别是人民教育出版社出版的（以下简称"人教版"）、上海教育出版社出版的（以下简称"沪教版"）、北京出版社出版的（以下简称"北京版"）、广东教育出版社出版的（以下简称"粤教版"）、山东教育出版社出版的（以下简称"鲁教版"）和科学普及出版社出版的（以下简称"仁爱版"）。高中化学教材有4个版本，分别是人民教育出版社出版的、江苏凤凰教育出版社出版的（以下简称"苏教版"）、山东科学技术出版社出版的（以下简称"鲁科版"）、上海科学技术出版社出版的（以下简称"沪科版"）。不同版本的教材，其编写理念、编写思路、章节顺序、内容选择及活动设计等有所不同，这使得不同版本教材各有特色。阐述各版本教材的异同，整理不同版本教材的实验内容与要求，编写实验教学设计，提出教学建议，为广大一线化学教师提供参考，是本书的宗旨。

第一节　初中学生必做的化学实验案例

实验一　粗盐中难溶性杂质的去除

一、教材分析

教材是教学内容的重要载体，是教学的主要材料和工具。尽管初中化学教材遵循同一套化学课程标准，但不同版本的教材在实验内容的编排和设计方面都有各自的特色，这种多样性有助于满足不同地区、不同学生群体的教学需求，丰富了化学教学的内容和形式。

《义务教育化学课程标准（2022 年版）》在"课程实施"中强调：教材编写在内容选择上要"重视实验探究活动"，围绕核心知识精选实验内容，设计有科学探究意义的实验活动，从而可以让学生亲身经历和体验实验，培养学生的创新意识和实践探究能力；同时在教学过程中明确教师要"充分认识化学实验的价值"，在教学过程中要高度重视和加强化学实验教学。

（一）研读课标

"粗盐中难溶性杂质的去除"实验在"科学探究与化学实验""物质的性质与应用"这两个学习主题中都安排为学生必做实验。在"科学探究与化学实验"学习主题中，希望通过该实验让学生初步学习使用过滤、蒸发的方法对混合物进行分离，并通过该实验学习进行物质分离的一般思路和方法，并给出"盐湖中氯化钠的提取"这个情境素材。而在"物质的性质与应用"学习主题中则是希望学生利用物质的溶解性，设计粗盐提纯等物质分离的方案。为了落实课标的要求，6 个版本的教材中都安排了"粗盐中难溶性杂质的去除"实验。

（二）教材对比

1. 教材中的位置对比

在 6 个版本的教材中，该实验均位于九年级下册，但是编写顺序有所不同，分别位于：

人教版第十一单元"盐 化肥"实验活动 8、北京版第十二章"盐"学生实验天地、粤教版第七章"溶液"学生实验探究、沪教版第六章"溶解现象"基础实验 6、仁爱版专题 7"认识酸、碱和盐"实验 7、鲁教版第八单元"海水中的化学"到实验室去。

《义务教育化学课程标准（2022 版）》明确提出"学生必做实验"包括"粗盐中难溶性杂质的去除"。要求学生"能利用物质的溶解性，设计粗盐提纯、水的净化等物质分离的方案"，"初步学习使用过滤、蒸发的方法对混合物进行分离"。因此，6 个版本的教材中该实验都安排在溶液这个章节的学习之后开展，这样的安排给了学生设计实验的知识基础。但不同点在于，人教版、北京版、仁爱版、鲁教版中，"粗盐中难溶性杂质的去除"这个实验都安排在酸碱盐章节教学完成以后。而粤教版和沪教版中，"粗盐中难溶性杂质的去除"这个实验都安排在酸碱盐章节教学之前。这样的编排体系既不会影响溶解、过滤、蒸发等操作的学习，也不会影响教师对学生从固液分离视角，分析从混合物中提纯物质的化学思想。

2. 实验用品的选择对比

6 个版本的教材中只有粤教版没有直接给出实验用品，其余 5 个版本都直接给出了实验用品。粤教版教材是通过学生填写"学生实验活动记录和报告"的方式归纳实验的仪器和药品。笔者认为，这对于初中阶段的学生来说难度略大。

另外 5 个版本的教材中，沪教版给出的实验用品最齐全，一共有 18 种，其中包括了其他版本中都没有的纸片（用于托盘天平称量时）、胶头滴管（用于制作过滤器）、陶土网（用于承接热的蒸发皿）、剪刀（用于制作过滤器），可以说把能考虑的细节都考虑了。通过对比，笔者认为，该实验至少应包含 14 个实验用品，分别是：粗盐、蒸馏水、烧杯、玻璃棒、蒸发皿、坩埚钳、酒精灯、漏斗、药匙、量筒、铁架台（带铁圈）、托盘天平、滤纸、火柴。人教版需要补充蒸馏水；北京版、仁爱版需要补充滤纸和火柴；鲁教版需要补充火柴。

3. 实验步骤对比

6 个版本的教材中，沪教版、鲁教版的实验步骤只有"溶解—过滤—蒸发"，属于定性实验；人教版、仁爱版、粤教版的实验步骤为"溶解—过滤—蒸发—计算产率"，属于定量实验；北京版的步骤为"溶解—过滤除去不溶性杂质—蒸发浓缩结晶—过滤回收食盐"，这样的实验步骤既考虑到粗盐中的难溶性杂质的去除，也对粗盐中的可溶性杂质进行了处理，相对而言更加科学（表 5-1），而且更符合实际生产过程。此外，北京版在实验步骤中，两次过滤以后都对过滤得到的滤渣进行了洗涤，使得实验结果更加准确。

表 5-1　北京版实验设计的步骤与目的

步骤	目的
溶解	使粗盐中食盐等可溶性物质分散到水里
过滤	除去不溶性杂质
洗涤固体	使食盐全部进入滤液，提高粗盐提纯的产率
蒸发浓缩结晶	使食盐析出，而少量的可溶性杂质留在母液中
过滤	回收食盐，除去可溶性杂质
洗涤固体	除去食盐晶体表面的杂质，提高食盐纯度
干燥固体	除去食盐中的水，使结果更准确
称量、计算产率	—

另外，北京版的操作步骤中有一个与其他版本区别很大的操作，其他 5 个版本的教材在进行蒸发这个实验步骤时都是"当蒸发皿中出现较多固体时，停止加热。利用蒸发皿的余热使滤液蒸干"。而北京版则是"当蒸发皿中溶液浓缩至出现少量固体时，停止加热"。其出发点是为了后续第二次过滤除去粗盐中的可溶性杂质。

《义务教育化学课程标准（2022 版）》要求学生"树立自觉的安全意识和观念，知道化学实验存在安全风险，学会正确使用安全防护措施"。基于此，人教版、仁爱版都对加热后的蒸发皿如何放置进行了安全提示，而鲁教版则针对加热过程中可能飞溅出液体给出学生佩戴护目镜的安全提示。无论教师使用哪个版本的教材都需要进行安全提示，树立学生实验的安全意识。

综合比较，笔者认为北京版的实验设计考虑最全面，因为只有北京版考虑到了用物理方法将可溶性杂质进行去除，这很好地为高中"利用沉淀法除去粗盐中的杂质离子"进行了铺垫，高中学习后，学生可以对物理方法除去可溶性杂质和沉淀法除去可溶性杂质进行对比。与此同时，北京版对学生的要求也相应较高，教师可以结合学生的学情进行教材间的整合，以达到最优效果。

4. "思考与讨论"对比

在不同版本的教材中，实验结束后都会有几个与该实验有关的思考问题，每个版本栏目的名称不同，这里就统一称为"思考与讨论"。通过对比 6 个版本的教材，其中有 3 个问题出现频率最高，第一个是"玻璃棒在每个步骤中的作用是什么?"，这个问题在仁爱版、粤教版、沪科版等版本中出现，而人教版则是在实验过程中提出"溶解过程中玻璃棒有什么作用?"。第二个是"实验后得到的精盐是纯净物吗?"，这个问题在沪教版、人教版、粤教版 3 个版本中是直接提出的。而北京版则是通过"你能利用自己学过的化学知识检验一下上述的粗盐提纯方法对可溶性杂质（如硫酸根离子）是否有效吗？"间接地让学生对实验后精盐的物质种类进行思考。第三个是围绕"过滤后，滤液仍然浑浊的原因和解决办法"展开的，在仁爱版、沪教版和人教版中都有所涉及，不同的是人教版直接给出了解决办法。

在 6 个版本的问题中有两个问题笔者认为对于发展学生的核心素养很有价值，一个是鲁教版中的"在本次实验中你用到了哪些分离混合物的方法？"，这个问题希望学生运用归纳的方法来对物质分离的思路和方法进行总结，对发展学生的科学思维有很大的作用。另一个是北京版中的"残液是否一定是废弃物？"这个问题聚焦到滤液上，很好地体现了"绿色化学"理念，通过残液的再利用使学生形成节能低碳、节约资源、保护环境的态度和健康的生活方式，对学生科学态度的养成有很大的帮助。

从以上的对比分析可以看出，每个版本的教材各有优势，教师教学应结合学生学情对教学内容进行安排，这样才能实现教学效果的最优化，更好地为学生的发展服务。

二、教学设计

（一）教学流程图（图 5-1）

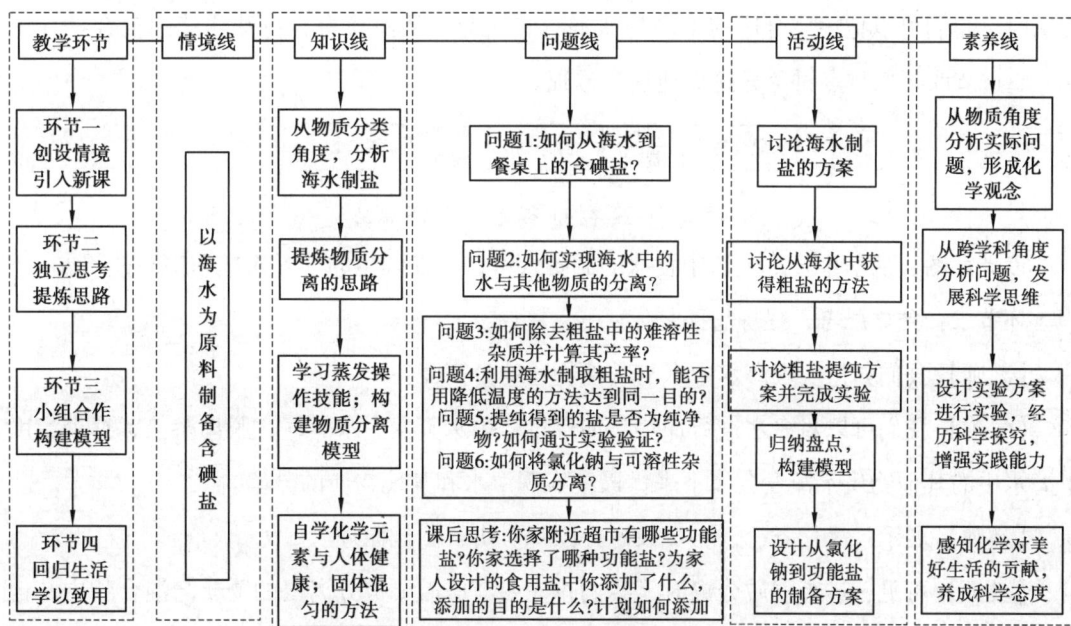

图 5-1　"粗盐中难溶性杂质的去除"教学流程图

（二）教学过程设计

环节一：创设情境，引入新课

【情境】人类的生存离不开食盐，在远古时代，得食盐者得天下，山西运城盐池就是我国最早的产盐地之一。随着技术的进步，食盐产量不断增加，再加上运输能力的提高，食盐不再是决定人类活动范围的主要因素，但是食盐依然是重要的民生物资。我国曾经是严重的碘缺乏症国家，后来政府通过推行加碘食盐（我国通常添加碘酸钾）成功解决了这一问题。

【教师】那么，如何从海水到餐桌上的含碘盐呢？

【学生】思考、讨论。

【教师】展示：海水、食盐、含碘盐的主要成分。

【学生】结合 3 种物质的主要成分进一步思考得出结论。要从海水到餐桌上的含碘盐，需要经历两步。第一步：除去海水中的水和少量其他物质；第二步：向氯化钠中加入碘酸钾即可。

【教师】从同学们的回答中我们不难发现，自然界中的大多数物质都是以混合物的形式存在的，我们可以通过分离提纯的方法获得相对纯净的物质。当一种物质无法满足人们的需求时，我们可以把性质合适的不同物质混合在一起，从而获得有特殊功能的混合物（图 5-2）。这节课我们重点讨论分离提纯这个过程。

图 5-2　自然界物质提纯、混合的思路

设计意图： 从学生日常生活中食盐的制备入手，激发学生的学习兴趣和探索欲望。

环节二：独立思考，提炼思路

【教师】我们如何实现海水中水与其他物质的分离呢？

【学生】我们可以对海水进行加热，加热过程中水蒸发为水蒸气，脱离溶液，这个温度下海水中的其他物质不蒸发会留下来，最终实现海水和其他物质的分离。

【教师】展示：汉代煮盐、自贡燊海井图片。讲解制盐原理。

【教师】可见，进行物质分离时，我们首先要考虑需要被分离出的物质与混合物中其他物质在性质上的差异，并利用这种差异使被分离的物质与混合物中的其他成分处于不同状态，从而达到分离的目的。

设计意图： 从跨学科角度分析分离思路，发展学生的科学思维。

环节三：小组合作，构建模型

【教师】我们该如何除去粗盐中的难溶性杂质并计算产率呢？

【学生】首先我们称量粗盐的质量，最后称量提纯后的盐的质量就可以算出产率。

【教师】根据该小组确定的实验方案，我们会用到哪些仪器和用品呢？

【学生】烧杯、玻璃棒、蒸发皿、坩埚钳、酒精灯、漏斗、药匙、10 mL 量筒、胶头滴管、带铁圈的铁架台、托盘天平、滤纸、火柴、陶土网。

【学生活动】小组合作，完成粗盐提纯的前两个步骤。

【教师】演示蒸发操作时的错误操作。同学们不难发现，在刚刚的操作过程中有一些液滴飞溅出来，并且在快蒸干的时候会有白色晶体飞溅出来。同学们知道是为什么吗？

【学生】液滴飞溅是因为液体受热不均，白色晶体飞溅是因为蒸得太干了。

【教师】在操作过程中，我们通过加热过程中玻璃棒的不断搅拌可以避免液体飞溅。

【教师】展示蒸发操作时的注意事项：（1）将所得的澄清滤液倒入蒸发皿中；（2）点燃酒精灯，加热过程中，用玻璃棒不断搅拌；（3）当蒸发皿中出现较多固体时，停止加热。

【学生活动】小组合作，完成粗盐提纯的剩余步骤，并交流计算出的产率。

【教师】有些小组的产率偏低，原因是什么呢？这是 6 个可能原因：（1）粗盐没有充分溶解；（2）过滤时有滤液损失；（3）蒸发时有液体溅出；（4）晶体未完全转移；（5）过滤时液面高于滤纸边缘；（6）蒸发时未充分蒸干。

【学生】合理的是前 4 个。

【教师】我们在利用海水制取粗盐时，能否利用降低温度的方法达到同一目的？

【学生】在分离溶质与溶剂的时候，我们要考虑物质的溶解度。像硝酸钾这种溶解度受温度影响较大的物质，应该用冷却热饱和溶液的方法实现分离。而氯化钠这种溶解度受温度影响较小的物质，应该用蒸发溶剂的方法实现分离。

【教师】引导学生初步构建物质分离模型（图 5-3）。

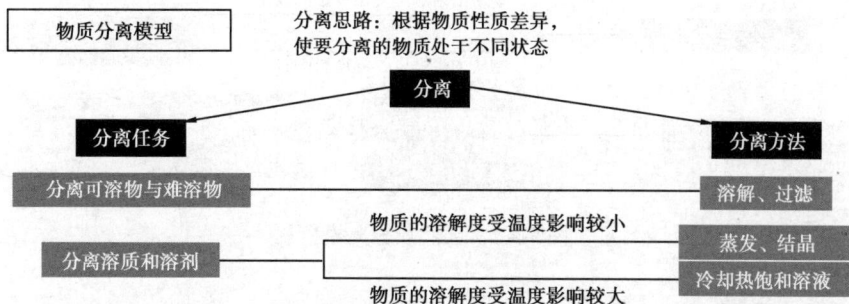

图 5-3 初步构建物质分离模型

【教师】我们这样提纯得到的盐是否为纯净物？我们该如何验证呢？

【学生】海水中除了水和不溶于水的物质，还有一些能溶于水的物质，所以我们这样提纯得到的是盐混合物。我们可以通过检验镁离子、硫酸根离子、钙离子的方法来进行验证。

【教师】我们又该如何将氯化钠与可溶性杂质分离呢？

【学生】根据物质的沸点不同，对除去不溶性杂质后的滤液进行蒸发，可溶性杂质可能先蒸发，这样就能达到分离氯化钠和可溶性杂质的目的。

【教师】现在给出粗盐水过滤后某溶液配方和粗盐水中不同溶质在 40 ℃时的溶解度，请同学们根据资料卡片设计出除去粗盐中的硫酸镁杂质。

资料卡片 1：粗盐水过滤后某溶液的配方为：氯化钠 26.7 g，硫酸镁 3.3 g，水 1 000 g。

资料卡片 2：40 ℃时的溶解度：氯化钠 36.6 g，硫酸镁 44.5 g。

【学生活动】思考、讨论除杂方案。

【学生】首先根据氯化钠和硫酸镁的溶解度分别算出溶解 26.7 g氯化钠、3.3 g硫酸镁所需要的水。因为在 40 ℃时要溶解 44.5 g硫酸镁需要 100 g水，根据比例关系就可以算出溶解 3.3 g硫酸镁需要约 7.42 g水，对于过滤后的溶液而言，蒸发 992.58 g水后，硫酸镁才会结晶析出。用相同的方法算出 40 ℃时溶解 26.7 g氯化钠需要约 72.95 g水，对于过滤后溶液而言，只要蒸发 927.05 g水后，氯化钠就会结晶析出，比较二者析出晶体时蒸发的水量就可以知道，应该是让氯化钠结晶析出。

【教师】引导学生完善物质分离模型（图 5-4）。

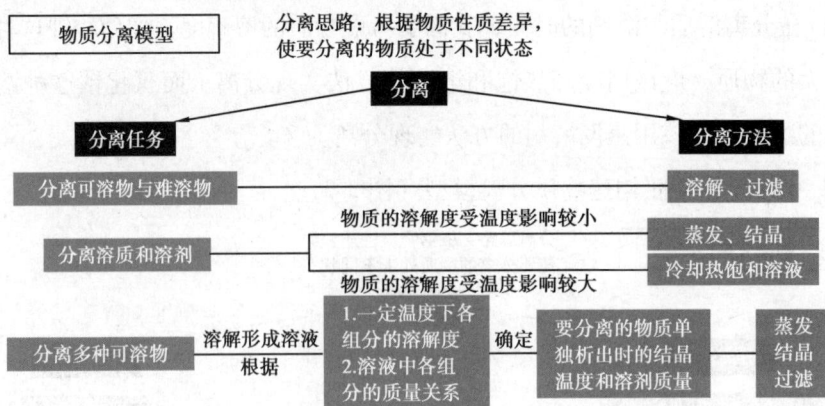

图 5-4 完善物质分离模型

设计意图：实验过程中，让学生体验固体混合物初步提纯的实验过程，并通过实验改进，让学生经历科学探究，增强实践能力。过程中通过对实验结果的误差分析，有目的地引导学生形成化学学习的定量思维；同时还让学生从多视角分析物质的组成，认识"一定条件下通过化学反应可以实现物质转化"的重要性。最后通过思维模型的构建发展学生的科学思维，让学生体会系统思维的意义。

环节四：回归生活，学以致用

【教师】我国大部分地区的人们需要通过食用含碘盐补碘。除了含碘盐，市场上还有其他种类的营养盐，如加锌盐、加钙盐、加硒盐等，每种盐添加的营养素不同，其功效也各不相同。

【布置作业】同学们课后可以调查一下家附近超市里有哪些功能盐？不同种类的食用盐组成成分是什么？功能上有什么差异？你家选择了哪种食用盐？选择的理由是什么？大家可以向家人介绍你给他们设计的食盐，说明你计划在食盐中添加些什么？添加的目的是什么？你选择"添加剂"时关注了哪些问题？计划如何将其加到食盐中？

设计意图：通过学生调查、自制功能盐，让学生由衷赞赏化学对满足人民日益增长的美好生活需要和社会可持续发展作出的重大贡献，养成学生的科学态度。

（三）教学反思

1. 注重构建思维模型

思维模型的构建是通过比较、分类、归纳的科学方法，将具有相似性的知识按照一定的逻辑顺序梳理出来，形成解决一类问题的具体方法。这样更有利于学生在真实情境中将学过的知识进行迁移，用来解决问题。教学过程中通过构建混合物分离与提纯的认知模型，帮助学生理解并建立问题的解决思路和方法，用零散的知识元素构成系统和逻辑框架，从而更好地帮助学生理解和应用知识。

2. 关注学科核心素养的培育

本节课既注重知识传授，又关注素养培育和观念形成。教师通过这节课，拓展学生创新思维，巩固溶液知识，酸、碱、盐性质，实验基本操作技能等，培养学生分类观、科学态度和社会责任、科学探究和创新精神等，从而促进知识结构化，培养学生学科核心素养。

三、素养诊断评价量表

"粗盐中难溶性杂质的去除"评价量表分析

核心素养目标	评价内容	评价得分(0~4分)			量表分析	素养水平
		学生	同伴	教师		
科学探究与实践	海水成分分析	4	4	4	能综合运用化学等学科的知识和方法,分析问题,设计实验方案,小组交流,选择合适的实验仪器,规范地完成实验,借助实验解决真实情境下的问题	科学探究与实践水平2
	含碘盐成分分析	4	4	4		
	海水制成含碘盐方案设计	4	4	4		
	小组交流,汇报方案	4	4	4		
	粗盐中难溶性杂质的去除方案设计	4	4	4		
	小组交流,汇报所选仪器	4	4	4		
	实验仪器的选取	4	4	4		
	分析教师在演示实验中出现异常现象的原因	4	4	4		
	提出教师在演示实验中的改进方法	4	4	4		
	计算精盐产率	4	4	4		
	设计实验检验精盐的物质类别	4	4	4		
	粗盐中可溶性杂质的去除方案设计	4	4	4		
	小组交流,汇报方案	4	4	4		
	与他人沟通交流、分工协作,合作解决问题	4	4	4		
科学思维	实验误差分析	4	4	4	能基于事实进行思考,从而提炼出研究物质及其变化规律的思路和方法	科学思维水平2
	基于实验事实,建构"物质分离"模型	4	4	4		
	解决与化学相关的真实问题,形成质疑能力	4	4	4		
	解决与化学相关的真实问题,形成创新意识	4	4	4		
化学观念	氯化钠中添加的不同物质决定了不同的用途	4	4	4	能对化学规律进行提炼和升华,从而形成解决实际问题的能力	化学观念水平1
	在一定条件下化学反应可以实现物质转化,利用化学方法除去可溶性杂质	4	4	4		
	物质具有多样性	4	4	4		
科学态度与责任	体会到古人制盐的伟大	4	4	4	能运用化学知识解决生活中的问题,形成化学促进社会可持续发展的正确认识	科学态度与责任水平1
	对认识化学学科促进人类文明和社会可持续发展的重要价值具有积极作用	4	4	4		
	敢于提出自己的见解,勇于修正或放弃错误观点	4	4	4		
	运用化学知识为家人选择合适的食盐	4	4	4		

四、实作考查

九年级化学实验1：粗盐中难溶性杂质的去除

实验用品：圆形定性快速滤纸、剪刀、漏斗、玻璃棒、滴管、铁架台（带铁圈）、小烧杯、盛放废弃物的大烧杯（2个）、抹布、药匙、粗盐、蒸馏水。

动态评分标准参考量表

考查要点		操作要求及评分细则	分值 （100分）	得分
一、检查实验 用品		（1）按要求检查仪器有无损坏（5分）； （2）清点实验用品是否齐备（5分）	10分	
二、 进行 实验	1. 溶解	（1）将粗盐和适量的蒸馏水加入小烧杯中，无洒落（5分）； （2）用玻璃棒轻轻搅拌，无明显的碰壁声响（5分）； （3）粗盐中的NaCl溶解完全（5分）	15分	
	2. 制作过 滤器	（1）对折滤纸2次，展开呈圆锥形，正确放入漏斗内（5分）； （2）保证滤纸上边缘低于漏斗上边缘（5分）； （3）使用滴管或洗瓶润湿滤纸操作正确（5分）； （4）用玻璃棒赶走气泡，使滤纸能紧贴漏斗内壁（5分）； （5）滤纸在操作中无破损（5分）	25分	
	3. 安装过滤 装置	（1）将漏斗置于铁架台的铁圈上，漏斗下端放置烧杯（5分）； （2）漏斗下端斜口紧靠烧杯内壁（5分）	10分	
	4. 过滤	（1）用玻璃棒引流将烧杯中的粗盐水转移到过滤器中（5分）； （2）玻璃棒的下端要靠在滤纸三层处（5分）； （3）转移过程中食盐水无洒落（5分）； （4）漏斗内液面始终要低于滤纸上边缘（5分）； （5）滤纸无破损现象出现（5分）； （6）自然过滤得到澄清滤液（5分）	30分	
三、整理实验用品		（1）将滤液倒入液体残留物大烧杯中，滤纸及残渣放入固体残留物大烧杯中，清洗相应的实验仪器，并把实验用品放回原处，摆放整齐（5分）； （2）整理台面，做好桌面清洁，实验后洗手（5分）	10分	

实验二　氧气的实验室制取与性质

一、教材分析

"氧气的实验室制取与性质"一般作为各个版本教材中系统性实验教学的第二堂实验课，是最为关键的实验室教学课程，这一课程能让学生系统性地体验实验室的规则，掌握基本实验操作，树立对化学实验的基本思维框架，明确实验目的等关键的实验思维。在《教育部关于加强和改进中小学实验教学的意见》中，关于教材的编写，文件明确指出了对应着高中化学核心素养的科学素养，也就是说，从这个实验开始，化学学科就在联系高中核心素养，对应进行学生思维架构。每一个版本中有关氧气的实验室制取，从位置及编写体系上，药品及仪器选用上都有大致的相同和细微的不同，下面笔者就从实验体系、教材位置、仪器与药品、实验步骤及操作过程、思考与讨论、习题、学情等方面进行对比。

（一）教材中位置对比分析

在教材的位置上，该实验在 6 个版本中都位于九年级上册前 2—4 单元，有的是单列出实验教学的内容，有的是编入化学正课教学中，一致的是，在实验之前都已经进行了基本实验操作的讲授，以及氧气的基本实验制取方程式和理论部分的学习，为后续实验室制取氧气打好了理论基础。该实验在不同版本教材中的位置如表 5-2 所示。

表 5-2　不同版本教材中实验位置的对比

教材中的位置	教材版本					
	北京版	粤教版	仁爱版	人教版	鲁教版	沪教版
页码	第 40 页	第 76 页	第 37 页	第 45 页	第 95 页	第 55 页
单元	第二单元	第三章	专题 2	第二单元	第四单元	第二章
初步提及	第二单元第二节	3.2	专题 2 单元 2	—	第三节	第一节
详细	学生实验天地	学生实验活动	—	—	到实验室去	基础实验

（二）实验用品对比分析

在实验用品上，6 个版本的教材中除鲁教版没有提及高锰酸钾制氧气的方法外，其他版本采用的是加热高锰酸钾制氧气，即用固固加热发生装置制取氧气、用排水法收集氧气。

部分版本进行了以过氧化氢制取氧气,即固液不加热制取氧气,排空法收集氧气为辅的实验室教学。6个版本的教材在验证氧气的性质上,基本上都采用了铁丝的燃烧,但是木炭和蜡烛的燃烧则各有采用,因此,在仪器与用品的教学上,6个版本大同小异,如表5-3所示。

表5-3　不同版本的实验仪器与用品对比

	实验用品对比	北京版	粤教版	仁爱版	人教版	鲁教版	沪教版
仪器	铁架台	有	有	有	有	—	有
	酒精灯	有	有	有	有	有	有
	试管	有	有	有	有	—	有
	导管	有	有	有	有	有	有
	水槽	有	有	有	有	有	有
	集气瓶(125 mL)	有	有	有	有	有	有
	单孔橡皮塞	有	有	有	有	—	有
	橡皮管	有	有	有	有	有	有
	玻璃片	有	有	有	有	有	有
	锥形瓶	有	—	有	有	有	—
	分液漏斗	有	—	有	有	有	—
	双孔胶塞	有	—	有	有	—	—
	药匙	有	有	有	有	—	有
	坩埚钳	有			有	有	—
	量筒	—	—	—	—	有	—
	燃烧匙	—	有			有	—
用品	棉花	有	有	有	有	—	有
	火柴	有	有	有	有	有	有
药品	高锰酸钾	有	有	有	有	—	有
	过氧化氢溶液	有	—	有	有	有	—
	二氧化锰	有	—	有	有	有	—
	无锈细铁丝	有	—	—	有	有	有
	木炭	有	有	—	有	有	—
	澄清石灰水	有	—	—	有	有	—
	粗铁丝	有	有	—	—	—	—
	水	有	有	有	有	—	有
	木条	有	有	有	有	—	有
	蜡烛	—	—	—	—	有	有

续表

实验用品对比		北京版	粤教版	仁爱版	人教版	鲁教版	沪教版
实验装置图	高锰酸钾制取氧气装置图	有	有	有	有	—	有
	过氧化氢制取氧气装置图	有	—	有	—	有	—

（三）实验步骤对比分析

在实验室制取氧气的实验步骤上，在高锰酸钾排水法制取氧气的实验中，5 个版本（鲁教版除外）都有提及高锰酸钾制氧气中"查装定点收离熄"的重点实验步骤，并且在重要的关键节点上，6 个版本的教材都详细地书写实验步骤，并没有全部交给学生进行自主探究，充分尊重了学生的实际情况，考虑了实验教学的基本目的，并且在 6 个版本的实验教学中，都充分体现了科学探究的实验精神，探究 7 步骤在 6 个版本的实验中都有完整体现。不同版本教材的实验步骤中，有的实验步骤是以探究形式给出，有的实验步骤是全方位书写，有的实验步骤是没有提及一些操作，因此，具体实验教学编排的不同还是较为明显，如表 5-4 所示。

表 5-4　不同版本的实验步骤对比

实验步骤对比		北京版	粤教版	仁爱版	人教版	鲁教版	沪教版
加热高锰酸钾制氧气	连接仪器	有	有	有	有	—	有
	检查装置气密性	有	有	有	有	—	有
	将药品加入试管并固定	有	有	有	有	—	有
	集气瓶装满水倒立在水槽中	有	有	有	有	—	有
	加热试管	有	有	有	有	—	有
	气泡均匀，收集氧气	有	有	有	有	—	有
	收集好氧气的集气瓶正放在桌子上	有	有	有	有	—	—
	先移导管后撤灯	有	有	有	有	—	有
铁丝在氧气中燃烧	无锈铁丝燃烧前的准备	有	—	—	有	有	—
	点燃铁丝	有	—	—	有	有	—
二氧化锰催化制取氧气	连接仪器、检查装置气密性	有	—	有	—	有	—
	加入药品，连接装置	有	—	有	—	有	—
	收集氧气	有	—	有	—	有	—
	验满	有	—	有	—	有	—

	实验步骤对比	北京版	粤教版	仁爱版	人教版	鲁教版	沪教版
木炭在空气和氧气中燃烧	燃烧木炭	有	有	—	有	有	有
	观察木炭在空气中燃烧的现象	有	有	—	有	有	有
	观察木炭在氧气中燃烧的现象	有	有	—	有	有	有
	加入澄清石灰水	有	—	—	有	—	—
蜡烛在氧气中燃烧的现象	观察蜡烛在空气和氧气中的燃烧现象	—	—	—	—	有	有
	记录实验现象	有	—	—	有	有	—
	记录操作步骤	有	—	—	—	—	—
	整理实验用品	有	—	—	—	—	—
	撰写实验报告	有	—	—	—	—	—

（四）"思考与讨论"对比分析

6个版本的教材中都有提及"思考与讨论"这一环节，但各版教材表现出了较大的差异（表5-5），而这一部分往往是教学的重点及难点。虽然在实际教学中，每个环节的实验教学都会要求学生进行学习并不断加深理解，但是，强调的优先级别是不一样的，例如，人教版在氧气的制取中提到试管口略向下倾斜并做出了解释，而北京版则只有问题，并没有进行解释。再如，排空法收集氧气的验满方法，鲁教版就没有提及，这一点就需要化学教师进行知识的再细化讲解。

表5-5　不同版本的"思考与讨论"对比

	"思考与讨论"对比	北京版	粤教版	仁爱版	人教版	鲁教版	沪教版
加热高锰酸钾制氧气	如何检查装置气密性	—	有	有	有	—	有
	试管口略向下倾斜的原因	有	有	—	—	—	有
	棉花的作用	—	有	有	—	—	有
	固体加热的操作细节	有	有	有	—	—	—
	气体收集的操作注意事项	有	有	有	有	—	有
	排水法收集氧气的原因	有	有	—	有	—	有
	集气瓶正放的原因	有	—	—	有	—	—
	先拆导管后拆灯的原因	有	有	—	—	—	有

续表

"思考与讨论"对比		北京版	粤教版	仁爱版	人教版	鲁教版	沪教版
铁丝在氧气中燃烧	铁丝缠绕成螺旋状的原因	—	—	—	—	—	—
	火柴临近烧完再插入集气瓶的原因	—	—	—	—	—	—
二氧化锰催化制取氧气	排空法收集氧气时导管的位置	有	—	—	—	—	—
	验满时带火星木条的放置位置	—	—	有	—	有	—
木炭在空气和氧气中燃烧	红热木炭缓慢插入集气瓶的原因	—	—	—	有	—	—
	物质在氧气和空气中燃烧的剧烈程度为什么不同	—	—	—	—	有	—

（五）习题设置对比分析

实验习题的形式，在现行的 6 个版本中，有的是在之前的理论学习中进行巩固，有的是在实验教学中以问题与交流的形式进行深入探讨，虽然各个版本不一致，但主流方向是：巩固实验基本操作与规范，解决遇到的实验问题，牢记实验注意事项及原因这三大方面进行习题设置（表 5-6）。

表 5-6　不同版本教材中习题设置对比

习题设置对比		北京版	粤教版	仁爱版	人教版	鲁教版	沪教版
位置	页码	—	第 80 页	第 38 页	第 42 页	—	第 38 页
	题号	—	4、5	—	4	—	7
题目个数		—	2	1	1	—	1
出题形式		—	—	填空题、简答题	简答题	—	简答题

二、教学设计

（一）教学流程图（图 5-5）

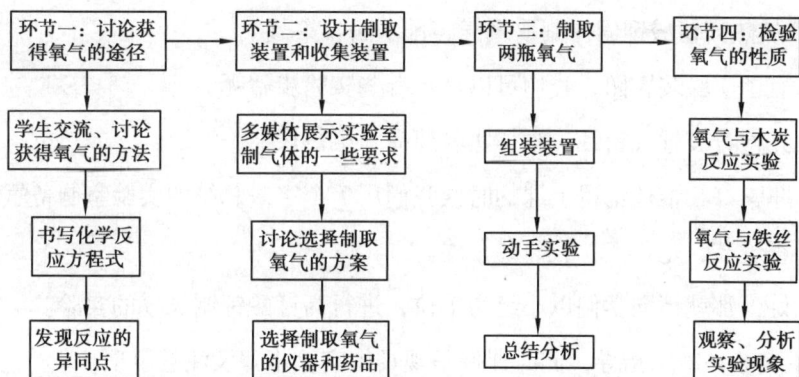

图 5-5　"氧气的实验室制取与性质"教学流程图

（二）教学过程设计

环节一：设置情境，温故而知新，提出问题

【教师】同学们，这是我们第二次进入实验室，实验室有哪些注意事项呢？

【学生】学生回答。

【教师】酒精灯又该如何正确使用呢？

【学生】学生代表回答。

【教师】好的，大家回答得都很好，现在请大家齐读挂在墙上的实验室规则。

【学生】齐读实验室规则。

【教师】所以进入实验室，请大家树立正确严谨的科学态度，那么接下来我们开始实验。我们这次实验的目的是什么？

【学生】实验室制氧气并检验氧气的性质。

【教师】非常好，那么为了能够完成这个实验，我们需要知道哪些事情呢？

【学生】实验室制氧气的方程式、所需的仪器、药品、注意事项。

【教师】这些事情的核心是哪些关键信息呢？仪器、药品的选择与注意事项的判断是围绕哪个信息进行思考的呢？

【学生】化学方程式。

【教师】请大家回忆制取氧气的 3 个反应并写在草稿纸上，请一名同学到黑板上书写。

【教师】接下来请大家关注用高锰酸钾制氧气的方程式，标出反应物的状态和反应条件。思考如何根据高锰酸钾制氧气实验中的反应物状态、反应条件、产物氧气的物理性质设计实验装置图，请以小组为单位进行讨论。

【学生】学生小组展示，选出合适的实验装置图。

环节二：加热高锰酸钾固体制取氧气、排水法收集氧气

【教师】有了实验装置图，我们可以进行哪些实验步骤呢？

【学生】先检查装置气密性，添加实验药品，组装仪器……

【教师】非常好，谁还记得上课的时候我们用7个字来总结的实验室制备氧气的步骤？

【学生】查、装、定、点、收、离、熄。

【教师】好，那就请同学们以小组为单位，进行高锰酸钾制氧气的实验。

学生自主实验；教师指导，同时课件呈现具体实验步骤及注意事项。

【教师】非常好，同学们都通过自己的努力完成了用高锰酸钾制氧气的实验。

环节三：铁丝在氧气中燃烧

【教师】接下来，我们要在氧气的帮助下，燃烧一根无锈的铁丝，请大家回忆一下，铁丝燃烧的化学方程式。

【学生】学生代表书写。

【教师】如何确保铁丝在酒精灯上加热后，仍能保持热量，顺利地在氧气的集气瓶中燃烧呢？

【学生】系上一根火柴，帮助铁丝保持红热状态，等火柴快烧完时，把铁丝放进集气瓶里。

【教师】非常好，我们还可以把铁丝缠绕成螺旋状，增大铁丝的受热面积，让燃烧更充分。另外，由于燃烧剧烈，产物温度很高，请大家在集气瓶底部放一层细沙防止集气瓶炸裂。现在就请同学们以小组为单位进行实验。

【学生】学生自主实验，书写实验报告单。

环节四：二氧化锰催化过氧化氢制取氧气，排空气法收集氧气

【教师】我们学会了固固加热制氧气的方法后，大家思考一下，有没有哪个方法可以快速地制取氧气？

【学生】过氧化氢在二氧化锰作催化剂的条件下制取氧气。

【教师】很好，我们的黑板上也有这个反应的化学方程式，请大家写出反应物的状态、反应条件，绘制一个以这个反应为原理的实验装置图。

【学生】讨论。

【教师】哪个小组能分享一下成果？

【学生】展示。

【教师】非常好，但是这次我们不用排水法，我们用排空气法来进行氧气的收集。接下来请大家思考，如何进行验满呢？

【学生】带火星的小木条放在集气瓶口进行验满。

【教师】好的，现在请大家开始实验，要求收集两瓶氧气，完成实验后保持实验台干净。

【学生】以小组为单位进行实验，教师指导。

【教师】这次实验非常简单，但是让我们切身体会到了催化剂的魔力，老师也希望大家能够找到生活、学习的催化剂，让我们效率更高，心态更好。

环节五：木炭在空气和氧气中燃烧

【教师】接下来还有一个实验需要同学们体验，那就是木炭的加热，大家回忆一下木炭燃烧的化学方程式是什么？

【学生】学生代表书写化学方程式。

【教师】木炭燃烧热量大，在将红热的木炭伸进集气瓶时，就会出现集气瓶的氧气受热膨胀，逸出集气瓶，导致氧气的浓度太低，我们看不到明显的实验现象，但是我们又必须将木炭伸进氧气的集气瓶，这怎么办呢？

【学生】可以选用小一点的木炭，热量不会太大。

【教师】这是个好想法，还有没有其他方法呢？

【学生】往集气瓶底部放，那里氧气浓度大。

【教师】很好，请大家开始实验。要求：实验结束后清理实验台，废固和废液分开处理，所有仪器清洗干净并放回原来的位置，保证实验台干净整洁。

【学生】以小组为单位进行实验，教师指导。最后，清理实验台。

环节六：总结与交流

【教师】同学们，这次是我们第一次带着实验目的来到实验室，请大家想想，如果现在再让你进入实验室制取氧气，你会怎么做？

【学生】先明确实验目的，写出实验原理，选出实验仪器、药品，提前想好具体的实验操作注意事项，然后再进行实验，实验过程中要注意实验安全，最后要清理实验台。

【教师】非常好，其实总结起来就是：提出问题、形成假设、设计实验方案、进行实验并获取证据、分析与解释、反思与评价、表达与交流，这七个步骤也叫科学探究七环节，这是我们实验科学的基础思维，也是后面我们学习实验、做实验的关键思路。

（三）教学反思

本次实验教学容量相当大，涵盖基本的实验操作、固固加热制氧气、固液不加热制氧气、排水法、排空法、科学探究思维的培养、氧气的制取等实验室教学任务。因此，在设计教学时需要一根明线，即如何制取氧气并检验氧气的性质，需要一根暗线，即培养学生的科学探究思维框架，同时在讲授的过程中让学生时刻复习并深入理解实验室基本操作，这样，才能让整个课堂系统化、深刻化。

这次也是学生第一次带着具体实验目的来进行实验，对实验室既好奇又有些害怕，这也需要教师对学生进行言行的要求，并做好实验信心的建立，而本次实验教学成功与否也关系着后面二氧化碳的制取及性质检验等实验的基本思路框架能否建立。因此，在实验教学设计上，实验报告会以科学探究的框架给出，让学生对科学探究留下深刻印象。

三、素养诊断评价量表

"氧气的实验室制取与性质"评价量表分析

核心素养目标	评价内容	评价得分（0~4分）			量表分析	素养水平
		学生	同伴	教师		
化学观念	能正确写出高锰酸钾制氧气、过氧化氢制氧气、铁丝燃烧、木炭燃烧的化学方程式	4	4	4	能对简单的化学实验原理进行分析；能依据假设设计实验方案，选择实验器材，并运用适当方法完成实验	证据推理与模型认知水平2
	能描述氧气的性质	4	4	4		
	能合理解释实验室制氧气的注意事项	4	4	4		
	能明确科学探究七步骤在实验室制氧气中的具体体现	4	4	4		
科学思维	能说出科学探究的七个步骤	4	4	4		
	能正确设计实验过程，书写实验报告	4	4	4		

核心素养目标	评价内容	评价得分（0~4分）			量表分析	素养水平
		学生	同伴	教师		
科学探究与实践	能正确检查装置气密性	4	4	4	能在实验过程中观察到实验现象，收集实验证据，得出实验结论；能与同学合作融洽，建构实验探究思维	科学探究与证据推理水平2
	能正确组装高锰酸钾制氧气所需仪器和添加药品的方法	4	4	4		
	能正确使用酒精灯	4	4	4		
	能正确使用排水法收集氧气	4	4	4		
	能正确地先拆导管后拆灯	4	4	4		
	能正确组装过氧化氢制氧气的仪器，并添加药品	4	4	4		
	能正确验满氧气	4	4	4		
	能正确缠绕铁丝	4	4	4		
	能正确引燃铁丝	4	4	4		
	燃烧铁丝的集气瓶底部放有水或细沙	4	4	4		
	铁丝燃烧的现象明显	4	4	4		
	能正确引燃木炭	4	4	4		
	木炭燃烧现象明显	4	4	4		
	能正确使用坩埚钳	4	4	4		
	能及时清理实验台	4	4	4		
科学态度与责任	能正确处理废弃物	4	4	4	能树立化学服务于社会生活的意识	科学态度与责任水平1
	能做到节约药品	4	4	4		
	能做到安全实验	4	4	4		
	知道实验室意外处理的方法	4	4	4		

四、实作考查

九年级化学实验2：氧气的实验室制取与性质

实验用品：高锰酸钾、木炭、澄清石灰水、大试管、试管夹、单孔橡胶塞、胶皮管、玻璃导管；集气瓶、水槽、铁架台、酒精灯、玻璃片、坩埚钳、药匙、细铁丝。

动态评分标准参考量表

考查要点		操作要求及评分细则	分值 （100分）	得分
一、检查实验用品		（1）按要求认真检查仪器有无损坏（5分）； （2）清点实验用品是否齐全（5分）	10分	
二、进行实验	1. 仪器连接	（1）玻璃管润湿旋入橡胶管（5分）； （2）从左至右、从下往上装配好仪器（5分）	10分	
	2. 气密性检查	（1）连接好装置后，导管入水，手握试管（5分）； （2）观察导管口有无气泡逸出（5分）	10分	
	3. 粉末状药品的取用	（1）试管斜放，将盛有粉末状药品的药匙（或纸槽）伸到试管底部（5分）； （2）直立试管，抖动药匙（或纸槽）（5分）	10分	
	4. 加热固体药品	（1）试管口略向下倾斜，铁夹夹在管口约1/3处（5分）； （2）先预热，再集中加热（5分）	10分	
	5. 仪器洗涤	（1）洗净标志：内壁附着的水既不聚集成滴，也不成股流下（5分）； （2）试管倒放在试管架上（5分）	10分	
	6. 制取氧气	（1）装入药品（管口放棉花），固定装置，加热，待气泡连续且比较均匀逸出时，用排水法收集两瓶氧气（水下盖好，取出正放）（5分）； （2）撤离导管，熄灭酒精灯（5分）	10分	
	7. 验证氧气的性质	（1）木炭在氧气中的燃烧。用坩埚钳夹取木炭在酒精灯上加热至燃烧，再由上往下缓慢伸入装有氧气的集气瓶中（5分）； （2）注入适量澄清石灰水，盖好震荡，观察现象（5分）	10分	
		（1）用纱布除去细铁丝铁锈，并将细铁丝绕成螺旋状（5分）； （2）点燃系在细铁丝底端的火柴，待火柴快燃尽时，插入盛氧气的集气瓶中（集气瓶预先留少量水），观察现象（5分）	10分	
三、整理实验用品		（1）将废弃物倒入对应的烧杯中，将仪器洗涤干净并放回原处，并摆放整齐（5分）； （2）整理台面，做好清洁，实验后洗手（5分）	10分	

实验三 二氧化碳的实验室制取与性质

一、教材分析

在 2022 版新课标学习主题二《物质的性质与应用》中，"二氧化碳的实验室制取与性质"被安排为学生必做实验，学业质量要求为能设计简单实验，制备并检验二氧化碳。

（一）研读课标

《义务教育化学课程标准（2022 版）》要求：初步学习运用简单的装置和方法制取某些气体。二氧化碳的实验室制取与性质属于学生必做实验和实践活动，通过实验探究认识二氧化碳的主要性质，认识物质的性质与用途的关系；初步学习氧气和二氧化碳的实验室制法，归纳实验室制取气体的一般思路与方法。

（二）教材对比

1. 教材中位置的对比

在 6 个版本教材中，"二氧化碳的实验室制取与性质"实验均位于九年级上册，但是在教材中的具体章节有所不同，分布的位置分别是：人教版第 6 单元"碳和碳的氧化物"、沪教版第 2 章"身边的化学物质"、北京版第 8 章"碳的世界"、粤教版第 5 章"燃料"、鲁教版第 6 单元"燃烧与燃料"以及仁爱版专题 4"燃料与燃烧"。

在 6 个版本教材中，该实验在排版顺序上均安排在氧气制取和性质之后，学生通过"氧气的实验室制取与性质"的学习已具备了一定的实验室制取气体的知识和技能基础，教学中应基于学生已有的水平，组织有效的反思、对比及归纳整理活动，让学生在活动过程中初步形成对"实验室制取气体"的系统认知。

2. 实验原理选择的对比

北京版在处理实验室制取二氧化碳原理的探究时，设计了以下对比实验：①石灰石和稀硫酸；②石灰石和稀盐酸；③石灰石粉末和稀盐酸。观察比较 3 个生成二氧化碳的反应，记录反应时观察到的现象，提出思考讨论：①3 个反应的快慢为什么会有差异？②适合用于制取二氧化碳的反应具有什么特点？由实验操作到实验现象再到实验结论，引导学生从现象到理论层层深入分析思考，从而得出实验室制取气体时，原料选择上需要考虑以下因素：原料的来源、反应的速度、气体的纯度、气体收集的难易等，为以后化学学习过程中其他化学物质的制取提供分析思路。粤教版在这个板块的处理是让学生分析碳燃烧可以得到二氧化碳的反应是否适用于实验室制取二氧化碳。通过学生自主分析得出结论：这种方法制得的二氧化碳既不纯净又难收集，接着引导学生思考是否有更好的方法让产生的气体既纯净又便于收集。仁爱版在实验探究后面的问题与讨论中，设计了"为什么不能用稀硫酸代替稀盐酸制取二氧化碳"的问题。发挥学生的自主探究精神，在实验后进一步探究，自行思考和分析实验室制备气体时需要考虑的因素，具有一定的开放性，对学生自身素质要求也更高。其他 3 个版本在原料的选择上大同小异，在教材中直接给出：实验室里常用稀盐酸与石灰石反应来制取少量二氧化碳。

3. 实验装置的对比

人教版、北京版和粤教版在处理二氧化碳的装置时，基本相似：对比氧气的制取装置，制取二氧化碳的装置应当如何选择，引导学生完成二氧化碳和氧气的制取及相关性质比较，得出实验室制取气体发生装置需要考虑的因素：反应物的状态、反应条件；收集装置需要考虑的因素：气体的密度和溶解性。利用教材提供的仪器，学生也可以另选仪器或自备仪器，还可以利用代用品，设计制取二氧化碳的装置。粤教版和人教版提供的仪器大致相同，北京版增加了课外实践：实验室制取二氧化碳，当石灰石或大理石与稀盐酸接触时，就会产生二氧化碳，若二者分离，反应就会停止，用教材上提供的实验仪器，装配一个简易、可控制反应随时开始和停止的二氧化碳气体发生装置。

6 个版本教材中实验室制取二氧化碳的装置如下：北京版、沪教版和粤教版均采用了大试管、单孔塞和集气瓶组装实验室制取二氧化碳的装置，该装置的优点是：使用的仪器较少，操作简单方便；人教版、仁爱版采用了锥形瓶、双孔塞、长颈漏斗集气瓶组装实验室制取二氧化碳的装置，该装置的优点是：可以从长颈漏斗中随时添加液体药品，适用于收集较多量的二氧化碳气体；而鲁教版在人教版的基础上把长颈漏斗换成分液漏斗，改进后的优点是：可以通过控制添加液体的流速从而控制化学反应的速率。因此教师在授课时，可以合理安排，对比不同装置的优点和不足，引导学生在选择装置时，根据具体要求来选择。

4. 实验操作对比

6 个版本对学生实验开展的安排有所不同：

（1）在收集二氧化碳的仪器上，鲁教版采用了塑料矿泉水瓶（550 mL 3 个），烧杯（25 mL 2 只，500 mL 1 只），在细节上处理得更细致，由于收集的二氧化碳量比用集气瓶收集的更多，故在后续实验操作中，把二氧化碳倒入装有两支高低不同的、燃烧着蜡烛的烧杯中，使用软塑料瓶收集的二氧化碳实验现象更明显，实验成功率更高。

（2）在探究二氧化碳密度比空气大的物理性质时，北京版设计了一个杠杆原理的实验：在自制杠杆式天平两端挂上大小和质量相同的纸盒，调至平衡。将集气瓶中二氧化碳像倒水一样倒入其中一个纸盒。该实验让学生从操作和现象两个方面形象直观地感受到二氧化碳的密度比空气的大。

（3）在二氧化碳与水反应的性质处理时，沪教版设计了观察与思考：打开一个汽水瓶的盖子，套上导管的橡皮管，导管另一端伸入装有滴加了紫色石蕊试液的蒸馏水的试管中，轻轻震荡汽水瓶，观察实验现象。该设计把生活中的常见物品自然引入教学中，让学生感受到化学无处不在，拉近了学生与化学学科之间的距离，也更便于学生了解二氧化碳能够与水反应的化学性质。

（4）在验证二氧化碳不可燃不助燃、密度比空气大时，粤教版、仁爱版和沪教版设计的实验有相似之处：沿烧杯壁倾倒二氧化碳时，用玻璃片稍微遮挡，或采用通过喇叭形纸筒倒入，有效避免倒入的二氧化碳直接与上层蜡烛接触，从而观察到上层蜡烛先熄灭，而非蜡烛从下往上依次熄灭的现象。

二、教学设计

（一）教学流程图（图5-6）

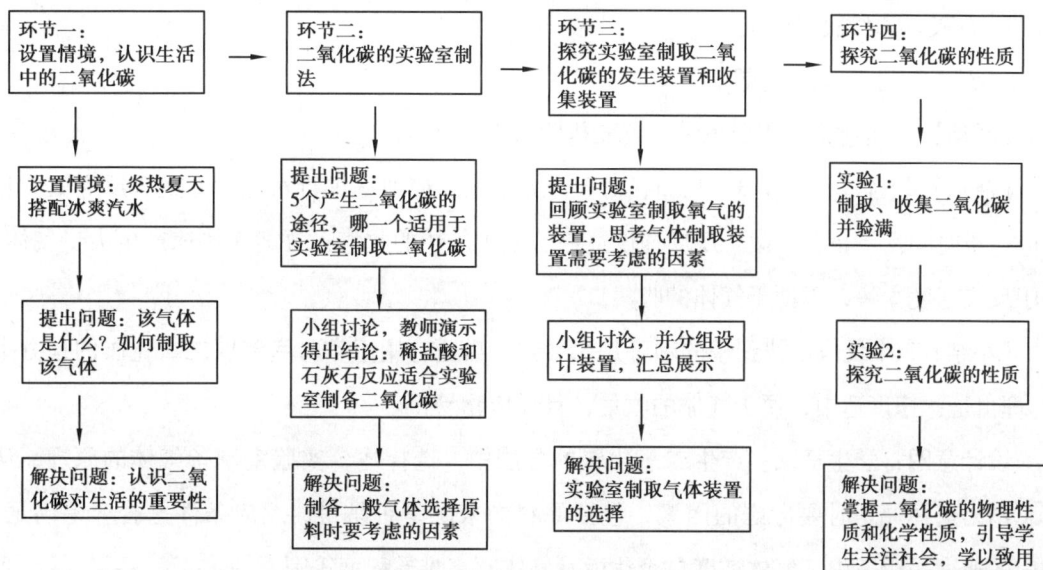

环节一：设置情境，认识生活中的二氧化碳	环节二：二氧化碳的实验室制法	环节三：探究实验室制取二氧化碳的发生装置和收集装置	环节四：探究二氧化碳的性质
设置情境：炎热夏天搭配冰爽汽水	提出问题：5个产生二氧化碳的途径，哪一个适用于实验室制取二氧化碳	提出问题：回顾实验室制取氧气的装置，思考气体制取装置需要考虑的因素	实验1：制取、收集二氧化碳并验满
提出问题：该气体是什么？如何制取该气体	小组讨论，教师演示得出结论：稀盐酸和石灰石反应适合实验室制备二氧化碳	小组讨论，并分组设计装置，汇总展示	实验2：探究二氧化碳的性质
解决问题：认识二氧化碳对生活的重要性	解决问题：制备一般气体选择原料时要考虑的因素	解决问题：实验室制取气体装置的选择	解决问题：掌握二氧化碳的物理性质和化学性质，引导学生关注社会，学以致用

图5-6　"二氧化碳的实验室制取与性质"教学流程图

（二）教学过程设计

环节一：设置情境，引出主角二氧化碳

【引入】在炎热的夏天，一瓶冰冻碳酸饮料会让人神清气爽、精神百倍。同学们，你们喝过碳酸饮料吗？

【展示】炎炎夏日图片、碳酸饮料图片、喝碳酸饮料的图片。

【提问】喝过碳酸饮料后有什么体验呢？你们知道打嗝出来的是什么气体吗？这样深受大家喜欢的碳酸饮料是如何制取的呢？

【讲述】通过生活常识和经验不难发现，碳酸饮料中所含气体是二氧化碳。二氧化碳是一种与人类生活、生产密切相关的气体。你一定很想知道怎样制取二氧化碳吧，在化学上能够产生二氧化碳的反应有很多种，究竟哪种反应可以作为实验室制取二氧化碳气体的方法呢？

设计意图：从学生日常生活中的碳酸饮料入手，激发学生的学习兴趣和探索欲望。

环节二：探究二氧化碳的实验室制法

【提问】以下产生二氧化碳的途径，哪种适用于实验室制取二氧化碳呢？

1. 碳燃烧

2. 人和动植物的呼吸

3. 石灰石和稀硫酸反应

4. 石灰石和稀盐酸反应

5. 石灰石粉末和稀盐酸反应

【活动】小组讨论，积极思考，首先排除方案 1 和 2。

【演示】教师演示方案 3、4、5，对 3 个方案的反应速率进行对比。方案 3 反应太慢且反应一段时间后停止；方案 4 反应速度适中，便于气体的收集；方案 5 快速产生大量气体，由于反应速度太快，不便于气体的收集。

【小结】3 个反应由快到慢的顺序是 5>4>3，最适合用于实验室制取二氧化碳的是方案 4，理由是：速度适中，便于气体的收集，且反应物易得。

设计意图：学生从众多产生二氧化碳的方法中，选择适合实验室制备气体的原理，从而总结出选择原理时要考虑的因素，包括原料的来源是否易得、反应条件是否容易满足、反应的速度是否适中、气体纯度是否达标、气体收集难易程度等因素。

环节三：探究二氧化碳的发生装置和收集装置

【引入】请学生回忆实验室制取氧气的原理，请学生写出相应的化学反应方程式以及各物质的状态。

【提问】我们已经学习过氧气的实验室制法。知道实验室制取气体的装置包括两部分——发生装置和收集装置，装置的选择与多种因素有关，确定实验室里制取气体发生装置和收集装置时需要考虑哪些因素？做出你的设想，完成表格。

【活动】小组讨论、汇总后展示。

例如：（1）加入物质的状态、反应的条件决定发生装置。

（2）气体的溶解性、气体的密度决定收集装置。

【追问】根据刚才的分析，可以利用教师提供的仪器，也可以另选或自制仪器，设计制取二氧化碳的发生装置和收集装置。

【活动】小组讨论、汇总后展示。

【总结】评讲每小组装置的优点和不足之处，归纳出3类制取二氧化碳的装置。第一类：操作简单型装置，但不便于添加液体药品；第二类：便于添加液体药品型装置，该类型分为两种，如果使用长颈漏斗则注意长颈漏斗下端要伸到锥形瓶底部，防止二氧化碳从长颈漏斗逸出，如果改用分液漏斗则既便于添加液体药品，又可以控制反应的速率，并且分液漏斗下端不需要伸到锥形瓶底部；第三类：可控制反应的发生与停止，这类装置的基本原理是利用装置内压强的增大，把液体和固体分开，从而达到控制反应发生与停止的目的。收集装置则只能采取向上排空气法，且要求导气管必须伸到集气瓶的底部，便于空气的排出。

设计意图：在核心素养导向下，用启发式、互动式、探究式教学，锻炼学生知识迁移能力，培养学生动手能力、小组合作能力以及问题解决能力。

环节四：探究二氧化碳的性质

【初探二氧化碳的性质】

【实验1】制取二氧化碳。

步骤1：连接好仪器，并检查装置的气密性；

步骤2：先装入石灰石再装入稀盐酸，观察并记录实验现象；

步骤3：将导气管伸到集气瓶底部，用向上排气法收集气体，过一会儿，用燃着的木条放在集气瓶口检验是否已集满二氧化碳。用玻璃片盖住已集满二氧化碳的集气瓶，正放在实验台上备用。

【实验2】我们能否使用刚收集到的二氧化碳气体，以及蜡烛、烧杯、软铜片、火柴等实验用品来验证二氧化碳的性质呢？

【实验3】学生分成5个小组讨论并制订实验方案，动手实验探究。

【展示1】第一组、第三组、第四组同学完成实验所用的仪器、用品，实验现象记录：蜡烛熄灭；实验结论记录：一般情况下二氧化碳不可燃、不助燃。

【展示2】第二组同学完成实验所用的仪器、用品，实验现象记录：蜡烛没有熄灭；实验结论记录：空白。

【提问】为什么这组同学没有看见蜡烛熄灭呢？

【分析】通过同学们的分析发现，蜡烛未熄灭的原因有：装置气密性不好，未收集到二氧化碳。改进措施：查找原因，重新组装仪器。

【展示3】第五组同学完成实验所用的仪器、用品，多使用了一个梯形铜片，实验现象记录：蜡烛从下往上依次熄灭；实验结论记录：二氧化碳密度比空气大，且不可燃、不助燃。

【总结】第五组的实验直观、形象地展示出了二氧化碳密度比空气大的物理性质，以及二氧化碳不可燃、不助燃的化学性质。

设计意图：培养学生动手实验、观察实验、记录实验、分析实验的能力，通过对实验结果的讨论与分析，培养学生纠错能力和问题解决能力。

【再探究二氧化碳的性质】

【实验4】（1）向两支试管中分别加入2 mL点蒸馏水，然后各滴入1~2滴石蕊溶液，观察试管中溶液的颜色。

（2）向其中一支试管中通入二氧化碳，观察现象。将通入二氧化碳的试管放在酒精灯火焰上加热，观察现象。

（3）另取一支试管，向其中注入少量澄清石灰水，然后通入二氧化碳，观察现象。

【提问】（1）为什么要向蒸馏水中滴入石蕊溶液，能否省略该步实验操作？

（2）为什么准备两支试管？实验过程中使用了哪些探究方法？

（3）通过实验操作你能够得到二氧化碳的哪些性质？

【展示1】往蒸馏水中滴入石蕊溶液，石蕊溶液不变色。往石蕊溶液中通入二氧化碳，石蕊溶液变红。对变红的石蕊溶液加热，溶液由红色变成紫色。得出结论：二氧化碳能与水反应，生成碳酸，而碳酸不稳定，加热易分解。

【讲解】喝下碳酸饮料后，易发生打嗝现象的原因：碳酸饮料中含有大量的碳酸，碳酸

在人体胃里不断被加热，发生分解反应，释放出大量的二氧化碳。

【展示2】向盛有少量澄清石灰水的试管中，通入二氧化碳，部分同学观察到石灰水变浑浊，部分同学没有观察到浑浊现象。

【追问】为什么往澄清石灰水中通入二氧化碳会出现不同的实验现象？利用上课前学生们收集到的关于二氧化碳的性质，找出其中的原因。

【讲解】二氧化碳与澄清石灰水中的氢氧化钙反应，生成不溶于水的碳酸钙，能看见澄清石灰水变浑浊。如果继续通入大量的二氧化碳，生成的碳酸钙沉淀会和二氧化碳、水继续反应，生成可溶性碳酸氢钙，沉淀就会消失。因此，在该实验过程中我们要注意通入的二氧化碳的量，不能过量，否则就看不见浑浊现象。

【小结】实验证明：二氧化碳能与水反应，生成碳酸，碳酸不稳定，易分解。二氧化碳能与澄清石灰水反应生成碳酸钙沉淀。

设计意图：通过二氧化碳性质实验的探究，进一步加深对二氧化碳性质的认识，构建出二氧化碳性质的网络图。通过实验培养学生用化学知识解释生活现象的能力。化学学科与地理学科相融合，加强学科间的相互关联，带动课程综合化实施，强化实践性要求。

（三）教学反思

整个教学过程中用到了以下教学手段：回顾迁移、对比分析、归纳总结。（1）回顾"实验室制取氧气"的方法，初步形成比较完整的实验室制取气体的思路，即①需要研究实验室制取气体的反应原理（反应物、反应条件、反应化学方程式）；②需要研究制取这种气体应采用的发生装置和收集装置；③需要研究制取这种气体的实验步骤；④需要对该气体进行检验和验满；⑤需要研究所制取气体的性质。（2）对比分析：①通过对比前面已学过的可产生二氧化碳的反应及进行对比实验，掌握实验室制取二氧化碳的反应原理，同时对"实验室制取气体"的药品选择依据有一个初步认识，即：反应速率要适中，便于气体收集；所制得的气体纯度要高，易分离；操作简单、安全，产物对环境无污染等。②对比实验室制取二氧化碳和制取氧气的反应原理，确定实验室制取二氧化碳的发生装置，明确选择发生装置时应考虑的主要因素，即反应物的状态和反应条件等。（3）对比氧气与二氧化碳的性质，确定二氧化碳的收集方法，明确选择收集方法时应考虑的主要因素，即被收集气体的溶解性、密度以及能否与水（或空气成分）发生反应等。

三、素养诊断

"二氧化碳性质的实验室制取和性质"素养诊断评价量表

核心素养目标	评价内容	评价得分（0~4分）			量表分析	素养水平
		学生	同伴	教师		
预习能力	看到课题后你想到了什么	4	4	4	能从物质及其变化的事实中提取证据，对有关的化学问题提出假设；能依据证据证明或证伪假设；能识别化学中常见的物质模型和化学反应的理论模型；能将化学事实和理论模型之间进行关联和合理匹配	证据推理与模型认知水平1
	关于二氧化碳，你知道些什么	4	4	4		
	设计实验来证明二氧化碳的密度比空气大还是小	4	4	4		
	你认为二氧化碳是否溶于水，你的猜想依据是什么	4	4	4		
	生活中你知道产生二氧化碳的途径有哪些，是否适用于实验室制取	4	4	4		
	你是否知道二氧化碳的检验方法	4	4	4		
设计能力	能积极参与此探究实验	4	4	4	能对简单化学问题的解决提出可能的假设；能依据假设设计实验方案，组装实验仪器	科学探究与创新意识水平2
	能独立完成实验方案的设计	4	4	4		
	能自主设计出较为合理的比照实验	4	4	4		
	能正确地设计并画出实验方案图示	4	4	4		
实验能力	能独立完成实验装置的组装	4	4	4	组装实验仪器，与同学合作完成实验操作，能运用多种方式收集实验证据，具有安全意识，逐步养成严谨求实的科学态度	科学探究与创新意识水平2
	能合理正确使用各种化学实验仪器	4	4	4		
	能按照实验步骤正确操作并进行实验	4	4	4		
	能观察到较为明显的实验现象	4	4	4		
	能根据实验探究过程及时调整实验方案，完善实验步骤与内容	4	4	4		
表达能力	观察意识较强，能在实验过程中捕捉到有价值的信息	4	4	4	与同学合作完成实验操作，基于实验事实得出结论，提出自己的看法，基于实验事实得出结论，提出自己的看法	证据推理与模型认知水平2
	能根据经验教训来观察和预测结果	4	4	4		
	语言表达能力强，分析有理有据，逻辑严密	4	4	4		
	善于应答，表述正确	4	4	4		

核心素养目标	评价内容	评价得分（0~4分）			量表分析	素养水平
		学生	同伴	教师		
创新能力	能学以致用，解决生活中遇到的实际问题，能发现问题和解决问题	4	4	4	能基于物质性质进行实验设计，依据课本实验，结合已有知识大胆质疑，敢于创新	科学探究与创新意识水平2
	有创新意识，敢于质疑，打破常规	4	4	4		
	不完全迷信课本，敢于创新实践	4	4	4		
合作能力	对他人的优秀表现作出赞赏	4	4	4	实验过程中与同学合作融洽，敢于陈述观点，表现自己	科学态度与社会责任1
	愿意向他人提供帮助	4	4	4		
	小组合作是否愉快	4	4	4		

四、实作考查

九年级化学实验3：二氧化碳的实验室制取与性质

实验用品：试管架、铁架台（带铁夹）、大小烧杯、大试管、带导管的单孔橡胶塞、集气瓶、玻璃片、酒精灯、镊子、盛放废弃物的大烧杯（2个）、抹布、试管刷、擦拭纸、木条、火柴、理石（或石灰石）、稀盐酸、澄清石灰水。

动态评分标准参考量表

考查要点	操作要求及评分细则	分值（100分）	得分
一、检查实验用品	（1）按要求认真检查仪器有无损坏（5分）；（2）清点实验用品是否齐全（5分）	10分	

续表

考查要点		操作要求及评分细则	分值（100 分）	得分
二、进行实验	1. 检查装置的气密性	（1）将带导管的橡胶塞塞入试管，有转动的动作（5 分）； （2）导管浸入水中，用手握住试管（或用微热试管的方法）（5 分）； （3）能观察到浸入水中的导管口有气泡产生（5 分）； （4）冷却后能观察到导管内会形成一段水柱（5 分）	20 分	
	2. 加石灰石	（1）用镊子夹取大理石（或石灰石）（5 分）； （2）试管先横放，大理石（或石灰石）放试管口，后慢慢竖立（5 分）	10 分	
	3. 加稀盐酸	（1）打开盛稀盐酸的试剂瓶，瓶塞倒放在桌面上（5 分）； （2）试剂瓶标签朝着手心，试剂瓶口与试管口紧挨，倒入稀盐酸，稀盐酸无外溢（5 分）； （3）用完稀盐酸后，立即盖好瓶塞，放回原处，标签向外（5 分）； （4）盐酸用量不超过试管容积的 1/3（5 分）	20 分	
	4. 固定装置收集气体	（1）铁夹夹在距试管口约 1/3 处，固定试管并竖直放置，操作时无仪器损坏（5 分）； （2）导管伸到接近集气瓶底部，用玻璃片盖住集气瓶口大部分（5 分）	10 分	
	5. 验满	（1）过一会儿，将燃着的木条放在集气瓶口处，确认集满（5 分）； （2）将导管撤出，用玻璃片盖好充满二氧化碳的集气瓶，再熄灭酒精灯（5 分）	10 分	
	6. 检验二氧化碳	（1）在集满二氧化碳的集气瓶中倒入适量的澄清石灰水，盖上玻璃片，手指按住玻璃片，轻轻震荡（5 分）； （2）观察到有较明显的实验现象（5 分）	10 分	
三、整理实验用品		（1）将废弃物倒入对应的烧杯中，将仪器洗涤干净并放回原处，并摆放整齐（5 分）； （2）整理台面，做好清洁，实验后洗手（5 分）	10 分	

实验四　常见金属的物理性质和化学性质

一、教材分析

（一）研读课标

在 2022 版新课标学习主题二《物质的性质与应用》中，"常见金属的物理性质和化学性质"被安排为学生必做实验，学业质量要求为：能运用研究物质性质的一般思路与方法，从物质类别的视角，依据金属活动性顺序初步预测常见金属的主要性质。

（二）教材中位置对比分析

1. 教材中位置的对比

金属的物理性质和某些化学性质在初中化学现行的 6 个版本教材中编排差异较大。一是编排的位置不同。沪教版编排于九年级上册，作为物质类性质探究的系列基础实验之一，其他版本均编排在九年级下册，作为综合性探究实验课程的代表。二是编排的章节不同。编排的章节分别为：人教版第 8 单元金属和金属材料实验活动 4 "金属的物理性质和某些化学性质"、北京版第 10 章金属 "学生实验天地"、沪教版第 5 章金属的冶炼与利用基础实验 4 "常见金属的性质"、鲁教版第 9 单元金属 "到实验室去探究金属的性质"、粤教版学生实验活动记录和报告实验 4 "金属的物理性质与化学性质"、仁爱版学生实验 8 "金属的性质"。三是编排的顺序不同。仁爱版、粤教版将实验课以专题形式编排在教材的最后，作为学生实验探究活动以及记录、报告填写的专项训练，人教版、北京版、沪教版、鲁教版均编排在金属（和金属材料）章节的后面，让学生学以致用，起到强化巩固知识的作用。

2. 实验用品对比分析

（1）金属的选择：各版本教材在实验设计中对金属选择的差异较大，主要表现在以下几个方面。一是所选金属的形状不同。人教版、粤教版、沪教版选择的是铜片、铁片等片状金属进行对比实验，北京版、鲁教版、仁爱版均选用铜丝、铁丝等丝状金属开展各项实验探究。二是所选金属的种类不同。除了选择铜、铁、铝、镁等常见金属，人教版和沪教版还选用了金属锌，鲁教版选用了金属钨，丰富了金属的种类。三是所选金属的作用不同。人教版、粤教版、沪教版中金属铜主要用于验证金属与氧气反应，鲁教版、仁爱版中的金属铜用于验证金属的导热性。

（2）溶液的选择：尽管各版本教材均选择了稀盐酸、稀硫酸、硫酸铜溶液、硝酸银溶液，然而各版本教材在实验设计中对溶液种类的选择还是有一定的差异，北京版还选择了硫酸锌溶液，粤教版还选择了硫酸铝溶液，仁爱版还选择了硫酸亚铁溶液（15%），鲁教版还选择了氯化钠溶液。

（3）其他用品的选择：北京版、沪教版、鲁教版使用了电池、导线、灯泡来验证金属的导电性，沪教版使用了食盐水、生石灰（或无水氯化钙）、蒸馏水来对比金属锈蚀的条件，仁爱版、鲁教版使用了磁铁来验证金属的磁性，鲁教版使用了白炽灯灯丝、订书钉等来观察金属的颜色与光泽，并使用了易拉罐、不锈钢餐具来探究金属的延展性。

相比之下，北京版、沪教版、仁爱版、鲁教版详细列举了实验过程中将用到的实验用品，有效引导学生根据实验设计的步骤展开实验探究。人教版罗列了部分实验用品，并要求学生补充自己在设计实验过程中还需用到的其他用品，自主灵活地主动优化实验方案，有效培养学生的实验设计能力。粤教版更为开放，所有实验用品均为学生自己梳理设计，给学生发挥的空间更大，对学生的理论知识和实验能力要求更高，反映出粤科版更注重对实验方案的设计能力和评价能力的培养。

3. 实验步骤对比分析

粤教版、沪教版、仁爱版以图表的形式详细列举了每个实验步骤，采用半命题实验形式引导学生流畅地完成实验，并填写实验记录进行结论分析。人教版、北京版、鲁教版开放性较强，要求学生自己设计实验步骤，开展实验探究，记录实验现象和结果，撰写实验分析和结论，掌握用设计实验来比较金属活动性强弱的方法，培养实验设计能力，学会实验方案评价。沪教版在探究铁钉锈蚀的条件时，所设计的实验以时间为节点（立即观察、1天后、3天后、1周后）进行对比，能直观有效地得出结论，铁锈蚀与水和氧气均有关，且食盐水能加快铁的锈蚀速率。

4. "思考与讨论"的对比分析

人教版针对铁片和铁粉的颜色差异引发学生进行深层次的思考，指导学生查阅资料，分享交流。北京版针对用砂纸把金属打磨光亮的原因进行提问，引导学生明确凡是开展金属相关实验均需除去金属表面的氧化物薄膜。粤教版针对金属物理性质的异同点和置换反应的共同特征提出 2 个问题，引导学生进行归纳小结。沪教版针对金属性质与用途的关系、金属导电性与导线用途的关联、归纳防止铁制品锈蚀的方法等提出 3 个问题，指出探究金属性质的目的，增强学生实验探究的成就感。仁爱版运用由个别到一般，再由一般到个别的逻辑，通过 3 个问题，针对实验现象，排列出金属活动性顺序，进而总结出金属活动性顺序排序原理，并通过小组讨论，总结出判断金属活动性顺序的一般方法，最后再设计实验排出 Cu、Fe、Al 的金属活动性强弱顺序，实现学以致用。鲁教版的"反思交流"针对性更强，通过连续 5 个问题，总结提炼全部金属的共性、性质与用途的关系，湿法冶金的原理，金属与盐溶液反应的规律，金属活动性判断的方法等。

二、教学设计

（一）教学流程图（图 5-7）

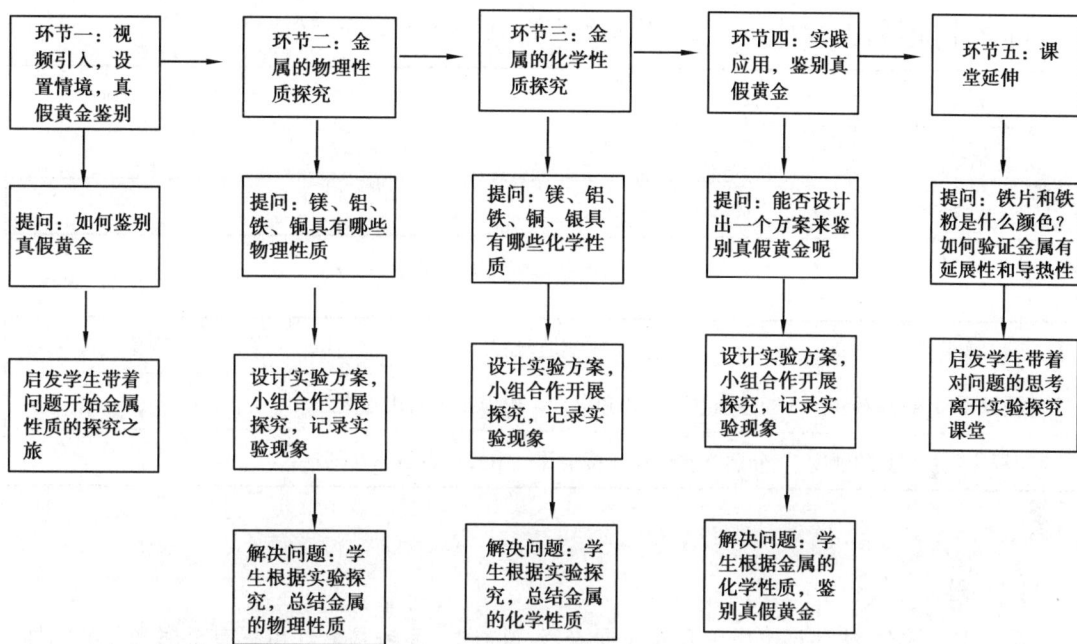

图 5-7　"常见金属的物理性质和化学性质"教学流程图

（二）教学过程设计

环节一：视频引入：设置情境，真假黄金鉴别

【引入】视频：黄铜（实为铜锌合金）从颜色、外观上看，与黄金极为相似，肉眼难以辨别。

【提问】我们如何鉴别真假黄金呢？

【小结】带着这样的问题开始我们的金属探究之旅。

设计意图：让学生感受到生活离不开化学，可以把化学知识运用到生活中去，能学有所用，培养学生理论联系实际的能力。

环节二：金属的物理性质探究

【提问】镁、铝、铁、铜这几种金属具有哪些物理性质？

【实验】实验方案设计：

（1）用砂纸分别将镁、铝、铁、铜打磨后，观察它们的颜色和光泽。

（2）采取相互刻划的方法，比较铜片和铝片，铜片和黄铜片的硬度。

（3）分别用镁丝、铝丝、铁丝、铜丝作为导线，将电池、小灯泡连成闭合电路，观察小灯泡是否发光（实验用品：电池、导线、小灯泡、镁条、锌粒、铝片、铁片、铜片、黄铜片、镊子、砂纸）。

【活动】根据实验设计分小组开展实验研究，填写实验记录。

金属	镁	铝	铁	铜
颜色				
光泽				

实验内容	实验步骤	现象
比较铜片和铝片的硬度	分别拿着铜片和铝片，用力在表面相互刻画	
比较铜片和黄铜片的硬度	分别拿着铜片和黄铜片，用力在表面相互刻画	

【小结】

（1）镁、铝、铁都是银白色具有金属光泽的固体，而铜是紫红色具有金属光泽的固体。

（2）铜片的硬度比铝片大，黄铜片的硬度比铜片大。

（3）小灯泡发光，说明金属具有导电性。

设计意图：培养学生合作意识，提高学生分析问题及解决问题的能力。

环节三：金属的化学性质探究

【提问】金属的化学性质又有哪些呢？

【实验】实验方案设计：

1. 金属与氧气反应：用坩埚钳夹取一块铜片，放在酒精灯火焰上加热，观察铜片表面变化。

2. 金属与酸反应：向5支试管中分别放入少量镁条、铝片、锌粒、铁片、铜片，然后分别加入5 mL稀盐酸，观察现象。

3. 金属与金属化合物溶液的反应：分别把用砂纸打磨过的铁片、洁净的银片浸入硫酸铜溶液中，观察现象。

实验用品：试管、试管夹、酒精灯、坩埚钳、火柴、镁条、锌粒、铝片、铁片、铁粉、铜片、稀盐酸、硫酸铜溶液、硝酸银溶液、镊子、砂纸。

【活动】根据设计的实验方案，小组合作开展实验探究，填写实验记录表。

酸	金属	反应现象	化学方程式
稀盐酸	镁		
	锌		
	铁		
	铝		
	铜		
实验结论		金属活动性强弱：	

实验操作	实验现象	化学方程式	实验结论
将铁片插入硫酸铜溶液中			金属活动性强弱：
将铜片插入硝酸银溶液中			金属活动性强弱：

设计意图：培养学生的化学实验操作技能，让学生在观察与讨论中发现问题、提出问题、解决问题，从而培养科学观察、规范表述和综合分析问题的能力。引导学生通过反应现象判断产物并能书写化学方程式，培养学生的归纳总结能力和动手实践能力。

环节四：实践应用，鉴别真假黄金

【提问】通过探究出的金属物理性质和化学性质，能否设计一个方案鉴别真假黄金？

【实验】实验方案设计。

（1）通过测密度，密度大的为黄金。

（2）硬度不同，相互刻划，不留下明显划痕的是黄铜。

（3）用火灼烧，变黑的是黄铜、不变色的是黄金。

（4）分别放入稀盐酸中，产生气泡的是黄铜，无变化的是黄金。

（5）分别放入硫酸铜溶液中，有红色固体析出的为黄铜，无变化的是黄金。

实验用品：黄铜片、试管、酒精灯、坩埚钳、火柴、稀盐酸、硫酸铜溶液。

【活动】根据设计的实验方案，小组合作开展实验探究。

【小结】通过金属的物理性质和某些化学性质，可以对金属材料实施鉴别。

设计意图：与课堂引入环节相呼应，从而引导学生将所学知识运用到生活中，让学生体会学有所用，激起学生探究的兴趣和欲望，让学生喜欢上化学这门学科。

环节五：课堂延伸

【提问】

1. 铁是银白色金属，在上述实验中，你观察到的铁片和铁粉分别是什么颜色？请于课后查阅资料，与同学交流。

2. 请设计实验，证明金属具有延展性和导热性。

【活动】

1. 学生查阅资料：应用光学解决问题，小组交流学习。

2. 学生设计实验：选择铜丝、铁丝、铝箔等金属制品，看是否容易弯曲、折断。选择铜丝、铁丝、铝箔，一端在酒精灯火焰上加热，用手感受另一端的热量变化，探究金属的导热性。

【小结】金属一般具有金属光泽，有良好的导热性和延展性。

设计意图：通过开放式学习任务提高学生学习和探究的兴趣，让学生在生活中更加关注化学，在化学中更加关注生活。

（三）教学反思

本节课是一堂活动探究课，学生通过参与活动探究课的学习，不仅进一步对金属物理性质和化学性质的相关知识加深理解，而且学会运用对比法进行实验探究，总结出金属的性质，解决具体的实际问题（鉴别真假黄金），同时为后面学习酸碱盐的相关性质做铺垫。

三、素养诊断评价量表

"金属的物理性质和某些化学性质"素养诊断评价量表

核心素养目标		评价内容	评价得分 (0~4 分)			量表分析	素养水平
			学生	同伴	教师		
实验探究与创新意识	金属的物理性质	打磨金属，观察它们的颜色和光泽	4	4	4	能基于金属性质进行实验设计，依据课本实验结合已有知识大胆质疑，敢于创新。依据设计实验方案，选择合适仪器并完成实验	科学探究与创新意识水平 2
		相互刻划，比较硬度	4	4	4		
		闭合电路，比较导电性	4	4	4		
		开展实验并填写记录	4	4	4		
宏观辨析与微观探析	金属的某些化学性质	金属与氧气反应	4	4	4	依据反应的难易程度判断金属的活动性，了解金属活动性在化学研究中的应用	宏观辨识与微观探析水平 4
		金属与酸反应	4	4	4		
		金属与某些金属化合物溶液反应	4	4	4		
证据推理与模型认知	金属的物理性质和某些化学性质	基于金属性质设计实验方案	4	4	4	能从金属性质的角度，推测金属活动性强弱；能在实验过程中收集实验证据，推测实验结论；通过真假黄金的鉴别，了解金属的活动性在生产实践中的应用	证据推理与模型认知水平 2
		实验仪器作用分析	4	4	4		
		依据实验现象分析比较金属活动性	4	4	4		
		基于金属性质分析金属活动性	4	4	4		
	鉴别真假黄金	真假黄金的物理性质对比	4	4	4		
		真假黄金的化学性质对比	4	4	4		

续表

核心素养目标	评价内容	评价得分（0~4分）			量表分析	素养水平
		学生	同伴	教师		
变化观念与平衡思想	金属的物理性质和某些化学性质	基于对比实验总结金属的物理性质	4	4	4	总结提炼金属的物理性质和某些化学性质，从变化观的角度推导金属活动性强弱	变化观念与平衡思想水平3
		基于置换反应的发生原理分析金属活动强弱	4	4	4		
社会责任		金属在生产生活中的应用	4	4	4	根据金属的性质将金属应用于生活	科学态度与社会责任水平1
科学探究与创新		勤于实践、敢于探究、敢于质疑，勇于创新	4	4	4	在实验探究过程中，勤于实践、善于合作，学会倾听的同时学会欣赏他人	科学探究与创新意识水平2
		善于合作，学会倾听、欣赏他人	4	4	4		

四、实作考查

九年级化学实验4：金属的物理性质和某些化学性质

实验用品：小铁片、小铜片、大铜片、黄铜片、稀盐酸、硫酸铜溶液、试管、试管架、小烧杯、酒精灯、坩埚钳、镊子、砂纸、火柴、试管刷、表面皿、盛放废弃物的大烧杯（2个）、抹布、擦拭纸。

动态评分标准参考量表

考查要点	操作要求及评分细则	分值（100分）	得分
一、检查实验用品	（1）按要求认真检查仪器有无损坏（5分）； （2）清点实验用品是否齐全（5分）	10分	

考查要点		操作要求及评分细则	分值（100分）	得分
二、进行实验	1. 比较颜色、光泽	（1）用砂纸打磨小铁片（5分）； （2）用砂纸打磨小铜片（5分）	10分	
	2. 比较硬度	（1）用大铜片在黄铜片表面进行刻画（5分）； （2）用黄铜片在大铜片表面进行刻画（5分）	10分	
	3. 金属与氧气反应	（1）用火柴点燃酒精灯，用灯帽盖灭燃着的酒精灯（5分）； （2）用坩埚钳夹取打磨好的小铜片在酒精灯上灼烧（5分）； （3）用酒精灯外焰灼烧（5分）； （4）灼烧后铜片变黑（5分）	20分	
	4. 金属与稀盐酸反应	（1）在一支试管中放入一块打磨好的小铜片（一横二放三慢竖）（5分）； （2）在另一支试管中放入一块打磨好的小铁片（一横二放三慢竖）（5分）； （3）向两支试管中加入适量稀盐酸（5分）； （4）两支试管取用稀盐酸体积基本一致（5分）	20分	
	5. 比较金属的活泼性	（1）用镊子夹取一块打磨好的小铁片轻轻放入一小烧杯中（5分）； （2）向小烧杯中加入适量硫酸铜溶液（5分）； （3）反应一段时间后，用镊子夹取小铁片观察（5分）； （4）小铁片上有红色物质生成（5分）	20分	
三、整理实验用品		（1）将废弃物倒入对应的烧杯中，将仪器洗涤干净并放回原处（5分）； （2）整理台面，摆放整齐，做好桌面清洁，实验后洗手（5分）	10分	

实验五　常见酸、碱的化学性质

一、教材分析

（一）研读课标

在 2022 版新课标学习主题二《物质的性质与应用》中，"常见酸、碱的化学性质"被安排为学生必做实验，学业质量要求为能运用研究物质性质的一般思路与方法，从物质类别的视角，依据中和反应，初步预测常见的酸和碱的主要性质。

（二）教材对比

1. 教材中位置对比分析

该实验在教材中的位置除鲁教版是位于在九年级上册外，在其他 5 个版本的教材中都位于九年级下册。每个版本除了教材正文有该实验，还在章节教学内容结束后安排了实验活动用于强化该实验的相关概念和操作，足以见得该实验在义务教育阶段化学教学中的重要性。

该实验在章节与章节之间的编排顺序上也有所不同。人教版、北京版、粤教版、沪教版关于酸、碱的教学内容编排在金属和金属材料教学内容之后，而鲁教版和仁爱版则编排在其之前，6 个版本的教材在实验内容编写上均设计了稀盐酸（稀硫酸）与活泼金属和金属氧化物铁锈的反应，因此，在教材的编排上将酸、碱化学性质的实验探究放在金属的化学性质之后，能让学生从实验现象延伸到实验反应历程，从而更好地理解活泼金属和金属氧化物与稀酸的反应。因此，建议使用鲁教版和仁爱版教材的教师在进行本节实验探究时，及时向学生补充和金属化学性质相关的知识。

该实验在章节内部的编排顺序上也有区别。鲁教版将酸、碱及其性质放在了章节的第一、二两节，先对酸、碱的化学性质进行实验探究后，再在章节的第三节介绍溶液酸碱性的验证方法和强弱判断，而其他 5 个版本的教材均是将溶液的酸碱性内容放在酸、碱化学性质的实验探究之前。

2. 实验用品对比分析

首先是实验仪器的使用。人教版、沪教版、鲁教版、仁爱版在酸、碱溶液与酸碱指示剂的反应中使用了点滴板。粤教版在教材正文中的学生"实验探究稀盐酸与活泼金属和硝酸银溶液的反应"中使用了点滴板。在粤教版教材实验下方的小字部分也对"微型化学实验技术"作出了解释——解释了点滴板使用的优点。鲁教版在实验后的"反思交流"中提出问题"实验中使用的是试管还是点滴板？哪种仪器更方便？"引导学生在实验探究的过程中选择合适的仪器。

在酸碱中和反应中，稀盐酸和氢氧化钠溶液的反应没有明显的实验现象，因此除鲁教版外，其他版本的实验设计中均使用了酚酞指示剂，利用溶液颜色的变化来证明酸碱中和反应的发生。鲁教版则使用 pH 计通过溶液 pH 值的变化来证明酸碱中和反应的发生。沪教版不仅用到了酚酞指示剂，还使用了温度计，通过溶液温度的变化来证明酸碱中和反应的发生，进一步延展出酸碱中和反应为放热反应。

其次是实验药品的选择。在酸、碱溶液与指示剂的反应中，鲁教版、仁爱版、沪教版、北京版增加了盐溶液与酸碱指示剂的对比实验，其中鲁教版只引入了呈中性的氯化钠与指示剂反应，而仁爱版、沪教版、北京版则是同时引入显碱性的碳酸钠溶液和呈中性的氯化钠溶液分别与指示剂反应的对比实验，使用上述 3 个版本教材的教师需向学生解释同样是盐，为什么有的显碱性，有的呈中性，而盐显碱性的原因是什么，这部分知识涉及高中的水解反应，如何让学生快速有效地理解盐的酸碱性，是需要教师多思考的地方。

在探究酸的化学性质的实验中，沪教版、仁爱版、粤教版在教材章节内容的编排上将酸、碱和盐的内容编写在了一章，鲁教版在教材的正文内容里提到了盐的定义。上述 4 个版本的教材中都有稀酸与碳酸盐的反应，这是初中化学的重点考查内容，便于学生形成完整的知识体系。粤教版选择的是稀盐酸和硝酸银的反应，这个实验主要体现的是氯离子和银离子的反应，但用这个反应来检验在溶液中能产生氯离子的化合物，并不能有效地体现酸中氢离子和盐溶液的反应。

3. 实验步骤对比分析

人教版、仁爱版、鲁教版会在实验步骤之前将酸碱的腐蚀性以"安全警示"或"友情提示"等方式告知学生，并提出如"佩戴护目镜"或"不慎洒落至皮肤或衣物，立即用水冲洗"等建议，在实验探究的过程中培养了学生严谨的化学实验操作素养。

粤教版、沪教版、鲁教版、人教版的实验过程都是以表格的形式呈现，将每步所做的实验步骤以文字的形式给出，学生根据实验操作对现象和结论进行填写。其中，粤教版的实验过程最为详细，每一个实验都是图文结合，不仅可以根据文字，还可以根据图像指引进行操作，从而完成实验探究。

实验步骤设计最为开放，要求最高的是北京版和仁爱版，在章节结束后的学生实验中都以物质鉴别的方式来强化知识的应用。北京版则需要学生自行设计实验方案并实施操作，从而鉴别出失去标签的未知溶液，这对学生化学学科基础知识的掌握和灵活运用以及综合素质都提出了较高的要求。其他地区的教师可以根据北京版的实验设计思路，针对化学基础和能力较强的学生进行综合实验思维模式的建立和锻炼，更全面地培养学生的化学学习素养。

4. "思考与讨论"的对比分析

人教版和沪教版针对具体的实验过程提出问题与讨论，学生在回答问题时容易找准方向和角度，分析出具体问题的具体答案，更注重学生化学学习过程中知识细节的把握。北京版则针对学生自行设计的实验方案进一步提出 3 个讨论，通过讨论的方式，展现不同的设计思路，扩展学生的实验思维宽度，更注重学生个人化学能力的提升。粤教版和仁爱版则以学生自我总结为主，如"总结鉴别酸碱溶液的常用方法""完整归纳酸和碱各自的化学通性"等，这类型的问题需要学生结合实验活动和知识点进行归纳总结，在小组讨论中优化答案，更注重学生个人化学知识体系的完善。鲁教版提出的则是更为开放性的问题，如"化学实验探究过程中的经验与教训分享"，更注重学生个人在化学活动中的感受。

5. 习题对比分析

人教版的题量相对较少，沪教版的题量相对较多，考查得也更为全面，题目考查的方式也较为开放，如第 10 题为叶脉书签的制作，第 12 题为绘制酸碱中和反应的温度变化图，再次在试题中强化酸碱中和反应的放热特质。粤教版练习八的第 9 题，鲁教版单元练习的第 6、10 题，北京版练习与运用第 14 题均为综合性的实验探究题，需要学生通过实验探究的方式来验证猜想并得出结论。仁爱版单元作业第 8 题为实验方案设计题，答案不唯一，方法较多，是一类开放性题目。

综上所述，各个版本的教材各有所长，各有侧重，只有充分了解每版教材的编写理念和思路，再根据学情取长补短，才能发挥教材最大化的功能，更好地为一线教师所用。

二、教学设计

（一）教学流程图（图5-8）

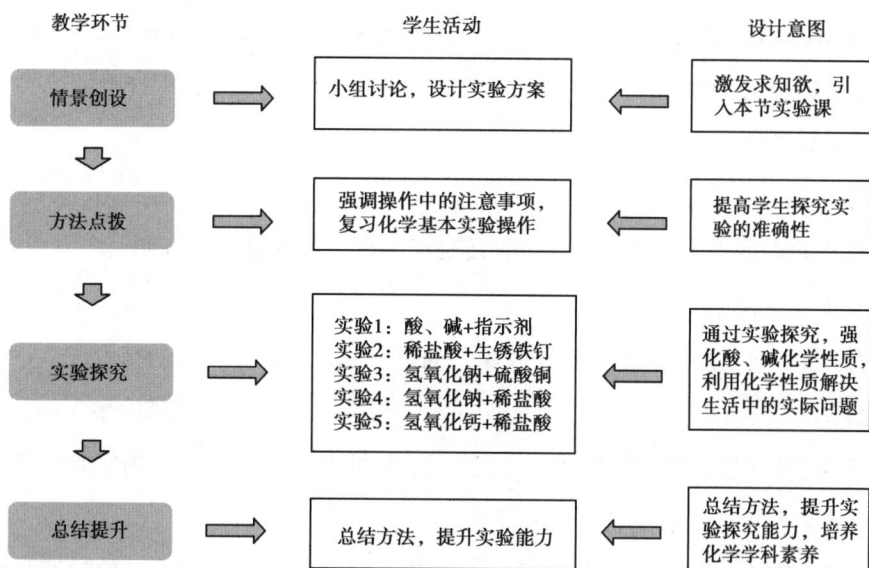

图5-8 "常见酸、碱的化学性质"教学流程图

（二）教学过程设计

环节一：创设情境，设计实验方案

【引入】现有两瓶失去标签的无色液体，一瓶为酸，一瓶为碱，如何鉴别它们呢？

【提问】

（1）结合已学知识，选择合适的化学实验药品和仪器，小组讨论设计实验方案。

（2）关注实验仪器和实验操作过程中的注意事项。

（3）复习块状固体放入试管中的方法。

【注意事项】

（1）实验使用的酸和碱有腐蚀性，实验时应注意安全，必要时可佩戴护目镜。

（2）液体取用遵循少量原则（1～2 mL）。

（3）镊子、药匙使用结束后要擦拭干净。

（4）将块状固体放入试管时，先将试管横放，用镊子或药匙将固体放在试管口，再将试管慢慢地竖起来，使药品缓缓滑到试管底部（一横二放三慢竖）。

设计意图：借助学生对鉴别两瓶液体的好奇心和求知欲，结合已经学过的化学知识，引入本节实验课。培养学生理论联系实际的能力，为学生进行本节实验课的探究活动做准备。

环节二：酸、碱与指示剂的反应

【实验】取 4 支试管分别倒入约 2 mL 盐酸、稀硫酸、氢氧化钠溶液、氢氧化钙溶液，向 4 支试管滴加 2 滴紫色石蕊溶液。在一块白色点滴板上滴入上述 4 种溶液，再滴加无色酚酞溶液，观察现象，对比分析。

【提问】

（1）在实验设计中，你使用的是试管还是点滴板，哪种仪器更方便？

（2）胶头滴管使用的注意事项。

【活动】学生动手操作，根据实验现象，通过交流讨论，得出实验结论。

【讨论】

（1）该实验使用点滴板更为方便，对于药品取量少且需多组对比的实验，使用点滴板可以直观且有目标性地观察到各个实验现象的区别。

（2）胶头滴管使用前需要先排空再吸液，滴液时需悬空垂直放在试管口滴加，不能伸入或与器壁接触。

【小结】酸遇石蕊试液变红色，遇酚酞试液不变色；碱遇石蕊试液变蓝色，遇酚酞试液变红色。

设计意图：通过实验及现象对比，加深学生对酸、碱溶液使指示剂变色情况的认识，归纳实验结论，根据实验具体操作，选择合适的实验仪器。

环节三：生锈的铁钉与稀盐酸的反应

【实验】在两个小烧杯中分别倒入一定量的稀盐酸，将两根生锈的铁钉分别放入烧杯中，观察现象。当观察到铁钉变得光亮时（表面的铁锈消失），用镊子将其中一个烧杯中的铁钉取出，洗净。继续观察另一烧杯中的实验现象，反应一段时间后用镊子将铁钉取出，洗净，观察两根铁钉的不同。

【提问】

（1）将铁钉放入试管中应如何操作。

（2）日常生活中用盐酸除铁锈能否长时间地浸泡？

【活动】学生动手操作，根据实验现象，通过交流讨论，得出实验结论，解决实际问题。

【讨论】

（1）将铁钉放入试管时，先将试管横放，把铁钉放在试管口，然后将试管慢慢竖起。用一根细线将铁钉拴住，便于将铁钉从试管中取出。

（2）不能长时间浸泡。根据实验现象，后取出的铁钉待表面铁锈除尽后，铁钉表面有气泡产生，同时对比两根铁钉，先取出的铁钉较粗，后取出的铁钉较细，说明酸不仅和金属氧化物发生反应，与活泼金属也会发生反应。

【小结】酸能与金属氧化物反应，也能与活泼金属反应。

$$6HCl+Fe_2O_3 \!=\!=\!= 2FeCl_3+3H_2O$$

$$2HCl+Fe \!=\!=\!= FeCl_2+H_2\uparrow$$

设计意图：通过实验现象证明酸溶液能与金属氧化物和活泼金属发生反应。让学生体验学以致用的快乐，使学生知道化学与生活紧密相连，培养学生解决实际问题的能力。

环节四：NaOH 与 $CuSO_4$ 的反应

【实验】

（1）向试管中倒入 2 mL $CuSO_4$ 溶液，滴入几滴 NaOH 溶液，观察实验现象。

（2）向上述试管中滴入稀盐酸，边滴边震荡，观察现象。

【现象】

（1）有蓝色絮状沉淀产生。

（2）蓝色沉淀逐渐溶解、消失。

【小结】NaOH 溶液和 $CuSO_4$ 溶液反应产生不溶于水的蓝色氢氧化铜沉淀，由于氢氧化铜沉淀属于碱类物质，故可以溶于盐酸，沉淀消失。

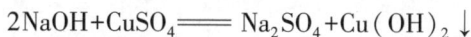

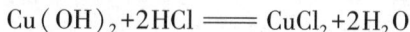

$$2NaOH+CuSO_4 \!=\!=\!= Na_2SO_4+Cu(OH)_2\downarrow$$

$$Cu(OH)_2+2HCl \!=\!=\!= CuCl_2+2H_2O$$

设计意图：通过实验证明碱溶液能与盐溶液发生反应，同时证明酸溶液能与难溶性碱发生反应。

环节五：氢氧化钠和盐酸的反应

【实验】

（1）取一支试管，加入 2 mL NaOH 溶液，滴入 2 滴酚酞试液。

（2）向试管中慢慢滴加稀盐酸，边滴边震荡，仔细观察溶液颜色的变化，溶液由红恰好变成无色，停止滴加。

（3）将试管中的溶液倒入蒸发皿中，用酒精灯加热，蒸干，观察实验现象。

【提问】

（1）氢氧化钠和盐酸的反应本身是否有明显的实验现象？该实验是如何证明氢氧化钠和盐酸发生了反应的？

（2）还有其他的方法来证明氢氧化钠和盐酸发生了反应吗？

（3）在实验过程中触摸试管壁，有什么变化？

（4）蒸发后得到的白色物质是什么？蒸发过程中需要注意的操作步骤有哪些？在该实验中是否可以简化过程？

【活动】学生动手实验，通过交流讨论，总结酸碱中和反应的特点、规律。

【讨论】

（1）可溶于水的氢氧化钠溶液与稀盐酸中和反应没有直接的反应现象，本实验是借助酸碱指示剂酚酞，通过溶液颜色的变化来证明反应的发生的。对于难溶性的碱如氢氧化铜与稀盐酸的反应，就有明显的现象。

（2）除了借助酸碱指示剂，也可以利用 pH 计，通过溶液 pH 值的变化来证明反应的发生。

（3）反应过程中试管壁微热，说明中和反应为放热反应，故可通过溶液温度的变化来证明反应的发生。

（4）蒸发后的固体为酸碱反应后所生成的氯化钠。蒸发过程中需注意用干净的玻璃棒不断搅拌，防止局部过热导致液体飞溅，待蒸发皿中有大量固体析出时，停止加热，用余温将剩余固体析出。

在本实验中蒸发过程不作为主要的实验操作步骤，因此可对该步骤进行一定程度的简化，取 1~2 滴盐酸和氢氧化钠反应后的溶液滴在铜片上，用酒精灯的外焰进行加热，观察实验现象，这样的简化可在不影响反应结果的前提下降低实验操作的难度，缩短实验操作的时间。

【小结】酸和碱可以发生中和反应生成盐和水。

$$NaOH+HCl == NaCl+H_2O$$

设计意图： 酸与碱反应可以生成盐和水，没有明显的现象，可借助其他化学试剂或者 pH 值、温度的变化来证明反应的发生，培养学生灵活运用化学手段解决化学问题的能力。

环节六：氢氧化钙与稀盐酸的反应

【实验】

（1）取两支试管，分别加入质量相同的 $Ca(OH)_2$ 粉末，在试管中加入 2 mL 水，震荡试管。

（2）在上述两支试管中各滴入 2 滴酚酞试液，震荡试管，观察现象。

（3）向其中一支试管滴加 2 mL 水，震荡试管，观察现象。

（4）向另一支试管滴加 2 mL 稀盐酸，震荡试管，观察现象。

【现象】

加水后的氢氧化钙试管出现白色浑浊液体，在氢氧化钙溶液中加酚酞后溶液变为红色，随后加盐酸，红色悬浊液体变为无色澄清溶液。

【提问】

氢氧化钙溶液与盐酸的反应需要借助指示剂来证明反应的发生吗？

【讨论】

氢氧化钙是微溶于水的，如果氢氧化钙溶解的量很少，形成透明的无色溶液则需要借助指示剂来证明反应的发生，如果氢氧化钙溶质溶解的量很多，形成悬浊液，则不需要借助指示剂，观察到溶液变澄清则可证明反应发生。

【小结】

氢氧化钙固体微溶于水，其水溶液显碱性，遇无色酚酞试液变红色，氢氧化钙与稀盐酸能发生中和反应

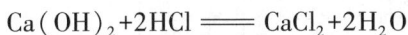

$$Ca(OH)_2 + 2HCl = CaCl_2 + 2H_2O$$

设计意图：通过实验现象推测物质性质。归纳酸与不同类碱（可溶性碱、微溶性碱、难溶性碱）的反应规律和反应通式，培养学生归纳总结能力和合作探究能力。

（三）教学反思

本节课是学生实验课，让学生进行分组实验、小组讨论，得出结论，这样既培养了学生动手的能力，又培养了学生的整体理解力。

三、素养诊断

"酸、碱的化学性质"实验素养诊断评价量表

核心素养目标	评价内容	评价得分（0~4分）			量表分析	素养水平
		学生	同伴	教师		
化学观念	深度探究酸、碱不同的本质原因	4	4	4	从定性的角度探究物质的组成及其变化，通过实例认知物质性质与应用的关系	证据推理与模型认知水平1
	归纳总结酸（碱）溶液的化学共性性质	4	4	4		
	依据反应现象推测物质性质	4	4	4		
	利用化学知识解决生活中的实际问题	4	4	4		

续表

核心素养目标	评价内容	评价得分（0~4分）			量表分析	素养水平
		学生	同伴	教师		
科学思维	依据实验现象总结酸、碱和指示反应的一般规律	4	4	4	通过观察、实验等手段，运用对比、归类等方法，初步建立物质及其变化的相关模型；根据实验现象预测物质性质，形成推理能力	宏观辨识与微观探析水平2
	依据反应现象总结酸和金属氧化物反应的一般规律	4	4	4		
	依据反应现象总结碱和盐反应的一般规律	4	4	4		
	依据反应现象总结酸和活泼金属反应的一般规律	4	4	4		
	酸和碱发生反应的一般规律	4	4	4		证据推理与模型认知水平1
	初步建立实验探究方法的模型	4	4	4		
	形成质疑能力、批判能力和创新意识	4	4	4		
科学探究与实践	基于物质性质设计实验方案	4	4	4	规范实验操作，科学使用实验仪器；独立或合作完成设计实验方案并完成实验探究任务，在探究的过程中能提出有价值的问题并对方案进行优化	科学探究与创新意识水平1
	培养归纳总结和合作探究的能力	4	4	4		
	酸和碱发生反应的现象探究	4	4	4		
	借助不同的化学试剂或仪器，证明酸碱反应的发生	4	4	4		
	根据实际情况优化实验方案	4	4	4		
	根据实际情况简化实验步骤	4	4	4		科学探究与创新意识水平2
	实验操作过程中的安全注意事项	4	4	4		
	胶头滴管使用的注意事项	4	4	4		
	铁钉放入试管中的实验操作方法	4	4	4		
	实验药品和仪器的选取	4	4	4		
	依据实验特点选择合适的实验仪器	4	4	4		
	蒸发实验步骤中的注意事项	4	4	4		
科学态度与责任	与同学合作、分享，善于听取他人的合理建议	4	4	4	实验过程中严谨求实、大胆质疑、追求真理，将化学知识运用于环境保护、资源节约中	
	体会酸、碱溶液对生活、环境、生态的意义	4	4	4		科学态度与社会责任水平3

四、实作考查

九年级化学实验 5：酸、碱的化学性质

实验用品：试管架、试管、试管刷、滴管、镊子、白色点滴板、玻璃棒、药匙、盛放废弃物的大烧杯（2 个）、抹布、擦拭纸、稀盐酸、石蕊试液、酚酞试液、锌粒、生锈铁钉、氢氧化钠溶液、碳酸氢钠溶液。

动态评分标准参考量表

考查要点		操作要求及评分细则	分值（100分）	得分
一、检查实验用品		（1）按要求检查仪器有无损坏（5分）； （2）清点实验用品是否齐全（5分）	10分	
二、进行实验	1. 酸与指示剂作用	（1）用滴管取用适量稀盐酸溶液滴入点滴板的两个凹槽中（5分）； （2）用滴管向其中一个凹槽中滴入 2~3 滴酚酞试剂（5分）； （3）用滴管向另一个凹槽中滴入 2~3 滴石蕊试剂（5分）	15分	
	2. 酸与金属的反应	（1）在一支试管中放入一粒锌粒（一横二放三慢竖）（5分）； （2）向试管中加入适量稀盐酸（5分）； （3）有气泡产生（5分）	15分	
	3. 酸与金属氧化物的反应	（1）在一支试管中放入一枚生锈铁钉（一横二放三慢竖）（5分）； （2）向试管中加入适量稀盐酸（5分）； （3）铁锈减少，观察到溶液颜色变化（黄色等）（5分）	15分	
	4. 酸与碱的反应	（1）向一支试管中加入适量氢氧化钠溶液（5分）； （2）用滴管向试管中滴加几滴酚酞试剂（5分）； （3）用滴管向试管中慢慢滴加稀盐酸溶液（5分）； （4）震荡正确，红色消失（5分）	20分	
	5. 酸与盐的反应	（1）向一支试管中加入适量碳酸氢钠溶液（5分）； （2）用滴管向试管中滴加几滴稀盐酸（5分）； （3）震荡正确，有气泡生成（5分）	15分	
三、整理实验用品		（1）将废弃物倒入相应的烧杯中，将仪器洗涤干净并放回原处（5分）； （2）整理台面，做好桌面清洁，摆放整齐，实验后洗手（5分）	10分	

实验六　一定溶质质量分数的氯化钠溶液的配制

一、教材分析

（一）研读课标

在 2022 版新课标学习主题二《物质的性质与应用》中，"一定溶质质量分数的氯化钠溶液的配制"被安排为学生必做实验，学业质量要求为能根据需要配制一定溶质质量分数的溶液。

（二）教材内容对比分析

1. 教材中位置对比

人教版：第九单元 溶液；实验活动 5 一定溶质质量分数的氯化钠溶液的配制

沪教版：第 6 章 溶解现象；基础实验 5 配制一定溶质质量分数的氯化钠溶液

北京版：第 9 章 溶液；学生实验天地 配制一定溶质的质量分数的溶液

粤教版：学生实验活动记录和报告；实验五 一定溶质质量分数的氯化钠溶液的配制和粗盐中难溶性杂质的去除

鲁教版：第三单元 溶液；到实验室去 配制一定溶质质量分数的溶液

仁爱版：学生实验；实验 5 一定浓度溶液的配制

通过以上位置对比分析，可以看出，本实验大都出自《溶液》章节，除粤教版的实验是与粗盐中难溶性杂质的去除在一堂课内容外，其他版本都是独立的实验。

2. 实验用品的选择对比

人教版：托盘天平、烧杯、玻璃棒、药匙、量筒、胶头滴管、氯化钠、蒸馏水。

沪教版：食盐、蒸馏水、托盘天平（含砝码）、纸片、药匙、烧杯、量筒、胶头滴管、玻璃棒等。

北京版：氯化钠固体、蒸馏水、托盘天平、烧杯（100 mL）、量筒（10 mL、100 mL）、玻璃棒、药匙、空的细口试剂瓶。

粤教版：需要学生自行填写。

鲁教版：托盘天平（电子秤）、烧杯、玻璃棒、药匙、量筒（10 mL、100 mL）、氯化钠、蒸馏水。

仁爱版：氯化钠、蒸馏水、托盘天平、烧杯（100 mL 和 50 mL）、量筒（50 mL 和 10 mL）、胶头滴管、药匙、玻璃棒、试剂瓶。

通过以上仪器和药品可以看出，基本上使用的都是氯化钠和托盘天平来进行称量，只有鲁教版向学生介绍了电子秤，并且只有沪教版在用品部分出现了纸片，人教版和粤教版则是在问题中反问学生称量中的注意事项，北京版和鲁教版在配图中出现了称量纸，说明称量时使用称量纸对学生来说已经是默认说明的规范操作。

3. 实验步骤对比

人教版：

实验总共分为两个部分：第一部分配制 50 g 6% 的氯化钠溶液；第二部分利用 6% 的氯化钠溶液配制 50 g 3% 的氯化钠稀溶液。

沪教版：

配制 50 g 溶质质量分数为 15% 的氯化钠溶液。要求学生计算需要的氯化钠的质量和需要水的体积。

北京版：

配制室温下含有 8 g 溶质的质量分数为 16% 的氯化钠溶液。特别要求学生注意标签的规范书写。

粤教版：

配制 50 g 质量分数为 10% 的氯化钠溶液，每个步骤都有对应的思考谈论问题：

▲计算公式是＿＿＿＿＿＿＿＿＿＿＿＿＿计算过程为＿＿＿＿＿＿＿＿＿＿＿＿＿＿＿＿

▲为什么水要量体积而不称质量？　＿＿＿＿＿＿＿＿＿＿＿＿＿＿＿＿＿＿＿＿＿＿

▲用托盘天平称氯化钠应注意什么？　＿＿＿＿＿＿＿＿＿＿＿＿＿＿＿＿＿＿＿＿

▲用量筒量取水应注意什么？　＿＿＿＿＿＿＿＿＿＿＿＿＿＿＿＿＿＿＿＿＿＿＿

这是粤教版第一部分的实验操作，还有第二部分："粗盐中难溶性杂质的去除。"

鲁教版：

配制 80 g 10% 的氯化钠溶液。没有过多的实验步骤描述，只有实验步骤操作流程图，学生按照图示的方法进行操作，留白的地方是最多的，整个实验步骤的描述，需要学生自行填写实验操作步骤：

步骤名称	操作方法
1. 计算	
2.	
3.	
4	

仁爱版：

整个溶液配制实验分为两个部分，第一部分配制5%的氧化钠溶液50 g，第二部分用5%的氯化钠溶液配制1%的氯化钠溶液50 g，这部分的安排和人教版类似。在实际操作中有部分关键词留白的实验报告，要求学生边完成实验，边填写实验报告册。

4. 思考与讨论的对比

人教版：【问题与交流】

（1）用托盘天平称量氯化钠时，有哪些注意事项？

（2）用量筒量取液体，读数时应注意什么？

（3）准确配制一定溶质质量分数的溶液，在实际应用中有什么重要意义？请举例说明。

沪教版：【问题讨论】

（1）在溶液配制过程中，使用玻璃棒的作用是什么？

（2）若要增大氯化钠的溶解速率，可以采取哪些措施？

（3）使用浓硫酸配制一定溶质质量分数的稀硫酸溶液，与配制氯化钠溶液进行比较，实验步骤上应有哪些变化？

北京版：【思考讨论以下问题，并完成实验报告】

（1）请查阅室温下氯化钠的溶解度；并经过简单计算，判断溶质的质量分数为16%的氯化钠溶液是饱和溶液还是不饱和溶液。

（2）本次实验如果出现配制的溶液中溶质的质量分数小于16%，你认为可能是哪些实验操作导致的实验误差？

粤教版：保证配制一定溶质质量分数溶液成功，应注意哪些问题？

鲁教版：你是否顺利地完成了本次实验？有哪些经验或教训需要与同学们分享？

仁爱版：（1）若用托盘天平称量氯化钠时，氯化钠和砝码的位置放颠倒了，对实验结果有何影响？

（2）若量取水时俯视或仰视读数，对实验结果有何影响？

通过以上问题与讨论可以看出，鲁教版从实验设计、操作、结论、讨论和思考等各个环节留给学生的空间是最大的，并且也是对学生综合素养要求最高的。

北京版要求学生结合溶解度，通过溶液质量分数换算判断出溶液是否达到饱和。仁爱版误差分析涉及面最广。

二、教学设计

(一) 教学流程图 (图 5-9)

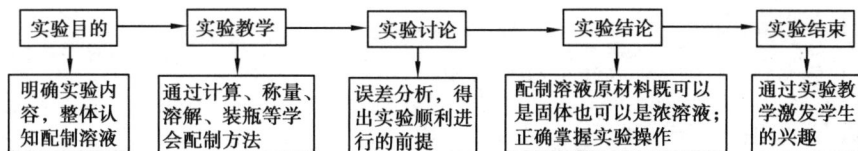

图 5-9　"一定溶质质量分数的氯化钠溶液的配制"教学流程图

(二) 教学过程设计

【引入】创设情境。

【教师】由医用生理盐水、医用酒精图片导入新课。

【学生】观赏几张图片。

设计意图：培养学生做化学实验的兴趣，为学生自主探究完成实验任务做铺垫。

【引入】整体感知，理清脉络。

【教师】展示学习目标。

设计意图：整体感知，明确学习任务。

【引入】利用"生理盐水的配制"引入学习任务。

【教师】教师展示第一个学习任务：配制 50 g 6% 的 NaCl 溶液。

【学生】5 分钟小组学习，配制 50 g 6% 的 NaCl 溶液。

设计意图：用情境教学法激发学生的学习兴趣。

【引入】问题的不断加深让学生进一步认识配制溶液的方法。

【教师】在完成任务的过程中，需要几个步骤？会用到哪些仪器？

【学生】小组讨论，展示实验设计步骤。

设计意图：利用问题激发兴趣，规范配制溶液的方法和步骤。

【引入】师生互动，得出结论。

【教师】教师板书。步骤：计算、称量、溶解、装瓶存放。仪器：托盘天平、药匙、量筒、胶头滴管、烧杯、玻璃棒。

【学生】由小组的代表发言，其他组给予建议。

设计意图：让学生积极思考，大胆猜测，主动参与到教学过程中。

【引入】关键步骤操作详解。

【教师】教师展示关键实验步骤的操作要点。

【学生】分小组讨论步骤出错可能会给实验带来的误差分析。

设计意图：复习基本实验关键操作步骤。

【引入】学生做实验。

【教师】选实验操作最规范的小组并照相。

【学生】学生独立完成实验。

设计意图：展示给同学们看，作为正面教材，印象深刻，效果明显。

【引入】师生互动，得出结论。

【教师】教师板书。步骤：计算、称量、量取、溶解、装瓶存放。仪器：量筒、胶头滴管、烧杯、玻璃棒。

设计意图：让学生积极思考，大胆猜测，主动参与到教学活动中。

【引入】补充问题探究。

【教师】（1）标签如何书写？（2）所配制的溶液应存放在哪类药品区？

【学生】小组活动讨论、小组展示。

设计意图：扩展实验探究，让学生学习的知识点得到迁移。

【引入】课堂小结。

【教师】围绕学习目标，师生共同小结本节课的内容。

【学生】回忆、总结所学知识，学生小结课堂内容。

设计意图：课堂小结，形成知识脉络。

【学生】学生延时自习完成。

设计意图：巩固实验内容。

（三）教学反思

掌握配制一定质量分数的溶液，以及进行药品的取用、称量、量取和溶解等基本实验技能是至关重要的。实验技能的培养是一个长期和反复的过程，学生需要进一步强化训练和规范化操作，以确保他们能够有效地提升实验动手能力，并在实践中加深对化学学科的理解。

三、素养诊断

"一定溶质质量分数的氯化钠溶液的配制"素养诊断评价量表

核心素养目标		评价内容	评价得分（0~4分）			量表分析	素养水平
			学生	同伴	教师		
化学观念	配制溶液的准备	实验仪器和药品的选取	4	4	4	能基于现有知识进行实验设计，依据课本实验结合已有知识大胆质疑，敢于创新。依据设计实验方案，选择合适仪器并完成实验	化学观念水平
		实验步骤设计合理	4	4	4		
		检查仪器和药品有无缺少	4	4	4		
		检查仪器有无损坏、是否清洁	4	4	4		
科学思维	实验过程分析	计算正确	4	4	4	依据信息能科学计算出溶质及溶剂的取用量。并根据实验操作步骤，推测实验过程中可能出现的问题，判断对实验结果造成的影响	科学的思维方法水平
		误差分析正确	4	4	4		
		小组讨论积极	4	4	4		
科学探究与实践	实验操作步骤	固体药品取用规范	4	4	4	能完整成功地操作溶液配制实验；小组合作，在实验过程中步骤准确熟练	科学探究与实践过程水平
		天平操作规范性	4	4	4		
		固体药品称量准确	4	4	4		
		液体药品量取规范	4	4	4		
		液体药品量取准确	4	4	4		
		药品转移过程无误	4	4	4		
		溶解搅拌的规范性	4	4	4		
		充分溶解，无液体溅出	4	4	4		
		过程中台面清洁	4	4	4		
		实验过程的安全性	4	4	4		
科学态度与责任	实验室素养	标签书写的规范性	4	4	4	注意实验室药品存放的要求，标签书写的规范性，实验结束后台面的清洁、整理，科学的责任态度	科学态度与责任水平
		药品分类整理规范正确	4	4	4		
		实验结束台面清洁度	4	4	4		

四、实作考查

九年级化学实验6：一定溶质质量分数的氯化钠溶液的配制

实验用品：固体氯化钠、蒸馏水托盘天平（带专用镊子）、大小相同的称量纸2张、药匙、烧杯、玻璃棒、50 mL量筒、胶头滴管、细口瓶、盛放废弃物的大烧杯（2个）、抹布。

动态评分标准参考量表

考查要点		操作要求及评分细则	分值 （100分）	得分
一、检查实验用品		（1）按要求检查仪器有无损坏（5分）； （2）清点实验用品是否齐全（5分）	10分	
二、进行实验	1. 称量	（1）将两张大小相同的称量纸放在天平的两个托盘上（5分）； （2）用镊子将游码置于零刻度处，观察天平左右是否平衡；若不平衡，调节天平两端的螺母直至平衡（5分）； （3）用镊子将游码拨动至3 g的刻度处（5分）； （4）拔下装氯化钠的瓶塞，倒放于桌面，用完及时盖上（5分）； （5）用药匙取氯化钠，用右手持药匙，左手轻轻敲打右手腕，逐渐添加在左盘的纸上（5分）； （6）药品无洒落在纸外，称量准确（5分）； （7）把称取的氯化钠倒入烧杯内，药品无洒落，纸上不留明显残留物（5分）； （8）用镊子将游码归零，再把镊子放回砝码盒（5分）	40分	
	2. 量取	（1）向量筒中倒入适量水（略小于所量体积，无洒落）（5分）； （2）用胶头滴管正确吸取水（有先排出空气的挤压动作）（5分）； （3）胶头滴管尖端没有伸入量筒内（5分）； （4）边滴边观察，加至凹液面的最低处与47 mL刻度线水平，观察时有平视的动作（5分）	20分	
	3. 溶解	（1）将量筒中的蒸馏水全部转移到烧杯中，无洒落（5分）； （2）玻璃棒搅拌操作正确，无玻璃棒多次碰撞烧杯内壁（5分）	10分	
	4. 装瓶	（1）取下细口瓶瓶塞，倒放于桌面（5分）； （2）将所配溶液倒入细口瓶中（液体无外溢），盖好瓶塞（5分）	10分	
三、整理实验用品		（1）洗净相应的仪器，并放回原处（5分）； （2）整理台面，摆放整齐，做好桌面清洁，实验后洗手（5分）	10分	

实验七　水的组成及变化的探究

一、教材分析

（一）研读课标

2022 年版化学新课标新增了学生必做实验"水的组成及变化的探究"，该实验属于学习主题 1 "科学探究与化学实验"中学生必做实验及实践活动。这是 8 个必做实验中唯一探究物质组成的化学实验探究活动，该实验承载了探究物质组成的基本认识、基本技能、基本经验的教育教学功能。让学生利用质量守恒定律，选择合适的化学反应，分析反应前后元素的种类，推测出物质的组成，形成研究物质组成的一般思路和方法。"水的组成及变化的探究"还属于学习主题 2 "物质的性质与应用"2.2.2 "水和溶液"，其目的是认识水的组成，知道水是一种常见的溶剂，了解常见的净水方法。

（二）教材内容对比分析

1. 教材中的位置对比

现行的 6 个版本教材中，"水的组成及其变化"都位于九年级上册，但编写顺序有所不同。除了沪教版，其他版本中对于水的认识都是独立章节（表5-7）。仁爱版、鲁教版、沪教版均位于第二章，通过第一章带领学生认识了什么是化学、学习化学的意义，第二章从化学的角度带领学生认识水，有利于深化学生对化学学科的认识和对研究和认识物质有新的思路，也为建立元素守恒观、质量守恒观做铺垫。但对于刚学习化学不久的学生而言，从微观原子分子的角度来认识水的组成及其变化，难度较大，对学生的微观抽象思维要求较高。北京版、粤教版、人教版编排在第四章，在前三章中，已经学习了空气、氧气的性质，氧气的制取，分子，原子，离子等知识，帮助学生积累了一定的化学基础知识，形成了认识物质的一般思路，初步建立了微粒观及元素守恒观，为认识水的组成及其变化降低了难度，也为后面学习化学式、化合价等基本概念埋下伏笔。

表5-7　6个版教材中"水的组成及其变化"位置编排

版本	章	节
仁爱版	专题2　空气和水	单元3　自然界的水
鲁教版	第二单元　探秘水世界	第二节　水分子的变化
沪教版	第2章　身边的化学物质	第3节　自然界中的水
北京版	第4章　常见的液态——水	第二节　水的变化
粤教版	第四章　生命之源——水	4.2　水的组成
人教版	第四单元　自然界的水	课题3　水的组成

2. 主要内容选取

根据新课标的内容要求，"水的组成及其变化"课题主要围绕水的性质及变化，实验探究水的组成，通过水的组成实验归纳出化学概念，追溯科学家探究水的组成的史实等。以下对不同版本教材中有关"水的组成及其变化"的主题内容、具体学科知识进行归类（共分为11个知识点），并进行比较，如表5-8所示。

表5-8　6个版本教材中"水的组成及其变化"具体学科知识

主要内容	具体学科知识	北京版	粤教版	仁爱版	人教版	鲁教版	沪教版
水的性质及变化	物理性质	√	√	√	×	×	√
	物理变化（三态转化）	√	×	×	×	×	√
	电解水实验	√	√	√	√	√	√
	氢气燃烧实验	×	×	×	√	√	√
水的组成	氢气的性质	√	√	√	√	√	√
	文字表征水的变化	√	√	√	√	√	√
	微观示意图表征水的变化	√	√	√	√	√	×
	化合反应、分解反应	×	×	×	√	√	×
	化学性质、物理性质	×	×	×	√	×	×
化学概念	物质的分类	×	×	×	√	×	×
化学发展史	揭秘水组成的史实	√	×	√	√	×	×

3. 教材编排结构

教材内容的组织编排反映了编写者的知识逻辑体系，体现了学生对知识建构的先后顺序，对课堂教学建构设计、实施评价具有重要的引导作用。不同版本的教材关于"水的组成及其变化"内容编排的整体思路如图 5-10 所示。

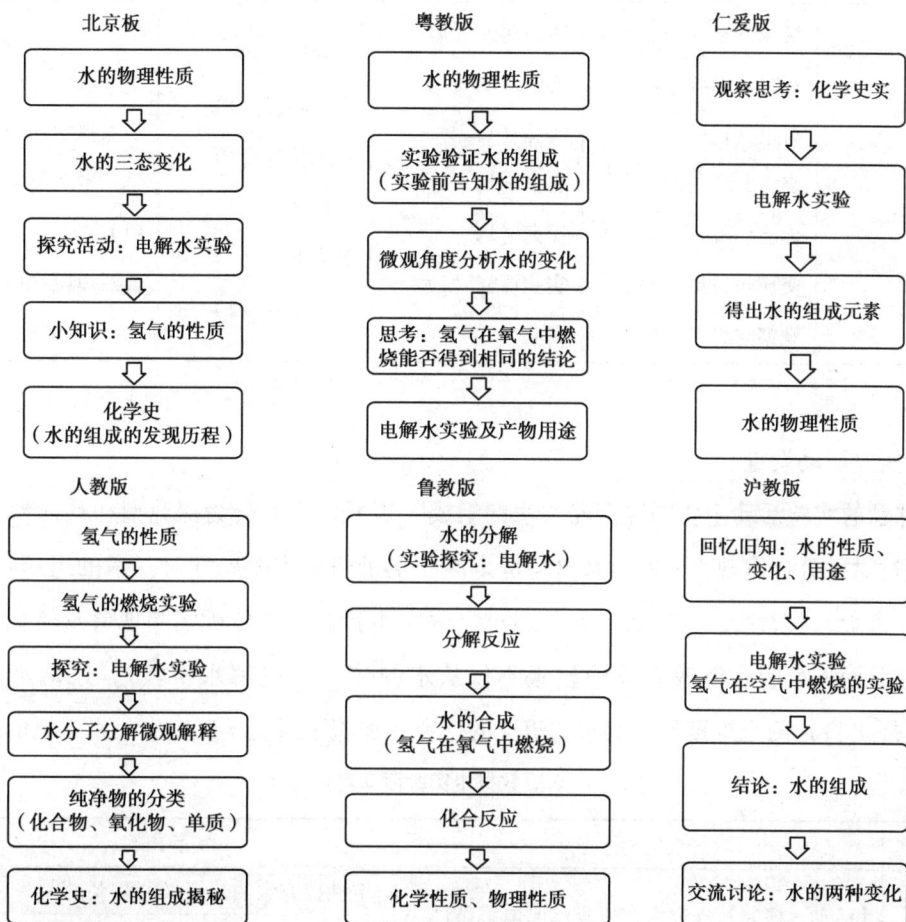

图 5-10 不同版本"水的组成及其变化"内容编排思路

北京版

水的物理性质
↓
水的三态变化
↓
探究活动：电解水实验
↓
小知识：氢气的性质
↓
化学史（水的组成的发现历程）

粤教版

水的物理性质
↓
实验验证水的组成（实验前告知水的组成）
↓
微观角度分析水的变化
↓
思考：氢气在氧气中燃烧能否得到相同的结论
↓
电解水实验及产物用途

仁爱版

观察思考：化学史实
↓
电解水实验
↓
得出水的组成元素
↓
水的物理性质

人教版

氢气的性质
↓
氢气的燃烧实验
↓
探究：电解水实验
↓
水分子分解微观解释
↓
纯净物的分类（化合物、氧化物、单质）
↓
化学史：水的组成揭秘

鲁教版

水的分解（实验探究：电解水）
↓
分解反应
↓
水的合成（氢气在氧气中燃烧）
↓
化合反应
↓
化学性质、物理性质

沪教版

回忆旧知：水的性质、变化、用途
↓
电解水实验氢气在空气中燃烧的实验
↓
结论：水的组成
↓
交流讨论：水的两种变化

图 5-10 不同版本"水的组成及其变化"内容编排思路

4. 内容呈现方式

1）栏目设置

栏目是教材的重要辅助资源，对课堂教学的开展与衔接具有重要作用。不同类型的栏目承接不同的教学功能，引导教学线索的延伸，对师生的教学方式产生积极的影响。依据教学功能可将栏目分为 4 类，包括问题讨论类、实验探究类、归纳总结类、信息资料类（表 5-9）。

表 5-9　6 版教材教学栏目的设置、分类及数量

版本	问题讨论类	实验探究类	信息资料类	归纳总结类
北京版	交流分享（1）	活动探究（1）	小知识（1）	本节收获（1）
粤教版	观察与思考（1）	观察活动（1）	史实在线（1）	要点提示（1）
仁爱版	讨论（1）	实验（1）	提示信息（1）	学完本课你应该知道（1）
人教版	交流共享（2）	实验（1）	知识链接（1）	
鲁教版	你已经知道什么（1）	探究（1）	名人名言（1）	长话短说（1）
沪教版	交流与讨论（1）	实验探究（2）	资料卡片（1）	
	观察与思考（1）	实验（2）		

2）实验活动设置

该课题的实验活动主要围绕探究"水的组成"展开，主要分为探究型和验证型（表 5-10）。通过对比分析发现，各版本教材均从定性和定量两个维度展开对"水的组成"探究。其中，北京版、粤教版、人教版主要是通过电解水实验，通过分析实验现象及体积比得出水的组成。而人教版、鲁教版及沪教版不仅从水的分解（电解水实验），还从水的合成（氢气燃烧实验）两个维度展开对水的组成的探究，加深了对化学反应中元素守恒的理解。

表 5-10　6 版教材中实验活动对比分析

教材版本	实验主题	实验内容
北京版	【活动·探究】探究水在通直流电电解条件下的变化	1. 定性探究水的分解（电解水） 2. 定量验证水的合成（2 体积氢气和 1 体积氧气反应生成水）
粤教版	【观察活动】知道水的电解产物 【实验】水的电解	1. 定性探究水的分解 2. 定量观察收集到的气体体积比
仁爱版	【实验 4-5】氢气的燃烧实验 【探究】水的组成	1. 定性探究水的分解 2. 定量观察收集到的气体体积比
人教版	【实验探究 2-2】水在直流电作用下的变化 【实验探究 2-3】氢气在空气中燃烧 【观察与思考】	1. 探究氢气的化学性质及水的组成 2. 定性探究水的分解 3. 定量观察收集到的气体体积比
鲁教版	实验 1：观察并思考水的电解实验 实验 2：氢气在空气中燃烧	1. 定性与定量探究水的分解及产物体积之比 2. 验证氢气在空气中的燃烧产物

教材版本	实验主题	实验内容
沪教版	［实验1］观察并思考水的电解实验	1. 研究水分解后的产物，认识水的组成
	［实验2］在空气中点燃纯净的氢气	2. 研究氢气在空气中燃烧，认识水的合成

二、教学设计

（一）教学流程图（图5-11）

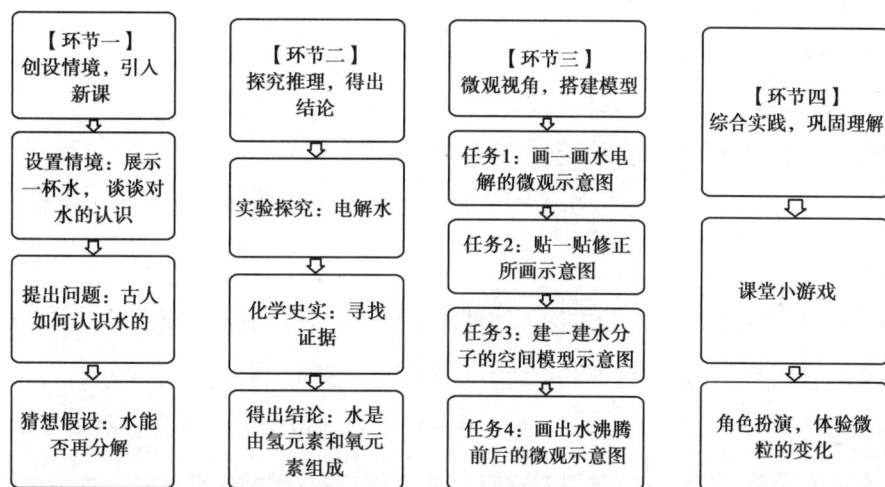

图5-11　"水的组成及变化的探究"教学流程图

（二）教学过程设计

环节一：创设情境，引入新课

教师活动：

【情境引入】用烧杯装一杯水，向学生进行展示，请大家谈谈对水的认识。

【过渡】远古时期人们是如何认识水的。

【展示史实】《国语·郑语》中提到金、木、水、火、土是构成万物的基本物质元素，不同的物质元素在一起，能相互作用，产生新物质。也就是说，如果只是同一种物质元素，那是不会产生新物质的。

【资料卡片】26个英文字母，60万个英文单词，100多种元素，上千多万种物质。

【引导】我们已经学习了一些物质之间的转化，这就足以证明不同物质之间有着相同的基本成分，那么基本成分是什么呢？

【提问】既然古人认为水是一种元素，那么水是否可以再分解呢？

学生活动：

【回答】物理性质、用途等。听课、思考。

【回答】元素。元素在化学反应中保持不变。提出猜想。

设计意图：以生活中常见事物导入，激发学生的求知欲。提供化学史实及资料卡片，通过引导启发的方式，引导学生思考，为下一环节做铺垫。

环节二：探究推理，得出结论

教师活动：

【学生实验】水的电解。

【讨论】水可不可以分解，为什么？

【教师】出现在两极的气体是什么？是水蒸气吗？

【展示史实】18世纪末，法国化学家拉瓦锡也做了这个实验，他发现水可以分解为氢气和氧气。

【提问】可以用什么样的实验方法证明两极所产生的气体是氢气或氧气，而不是水蒸气呢？请大家以小组为单位进行讨论并设计实验方案。

【知识链接】点燃的条件下，纯净的氢气可以在空气里安静地燃烧，产生淡蓝色火焰，燃烧产物是水。注意：氢气不纯，混有空气（或氧气），点燃时就有可能发生爆炸。

【讨论】如何检验氢气？

【史实介绍】化学家拉瓦锡通过实验发现，生成的氢气、氧气都不可以再分了，氢气是由氢元素组成，氧气是由氧元素组成。

【提问】那么，水的组成呢？

【结论】根据化学反应前后元素守恒观，结合实验证据和事实推理，可以得出水是由氢元素和氧元素组成。

学生活动：观察实验现象，提出猜想。

【回答】氧气用带火星的木条检验，若木条复燃则为氧气。

【回答】氢气和氧气反应生成水。

【回答】水由氢元素和氧元素组成。

设计意图：通过实验探究，寻找证据，得出正确结论，借此培养学生分析实验问题的能力，发展科学素养。

环节三：微观视角，搭建模型

教师活动：

【过渡】通过学习，我们从宏观的角度知道了水的组成元素。从微观的角度，我们怎么知道水分子的构成呢？

【资料】已知同温度同压下，等体积的不同气体含有相同数目的分子。

【提问】结合资料，可以知道一个水分子是如何构成的吗？

【任务1】请同学们试着从分子、原子的角度，画出水电解的微观变化示意图。

【任务2】修正所画示意图，利用手中的贴纸，在本子上形象地贴出该物质的变化。

【任务3】依据我们刚才贴出的微观模型示意图，利用桌面上的器材，搭建出水分子变化的三维模型。

【任务4】画出水沸腾前后的微观示意图，并从微观角度说明水沸腾过程与水电解过程有何区别？

学生活动：一个水分子由2个氢原子和1个氧原子构成：

【画一画】请学生分享。

【贴一贴】请同学分享。

【搭建模型】完成示意图。沸腾前后分子种类没有变，而电解前后分子种类发生了改变。

设计意图：以"一画二贴三建模"层层递进的方式，强化学生对微粒的认识。进一步巩固物质与分子的宏观、微观联系，加深理解，并从微观角度区分物理变化和化学变化。

环节四：综合实践，巩固理解

教师活动：

【小游戏】教师发口令，学生完成对应动作。6名同学分别扮演氢原子、氧原子。

（1）组成水分子（学生快速组合）。

（2）蒸发（水分子组合间距变大）。

（3）降温（水分子组合间距变小）。

（4）通电，左边正极右边负极（水分子破裂，变成原子，再重新组合成新的氢分子[负极]，氧分子[正极]）。

（5）点燃（氢分子、氧分子破裂，变成原子，再重新组合成新的水分子）。

（6）蒸馏（水分子组合间隔先变大，再变小）。

（7）滴入红墨水（无明显变化，只需要做不断运动的动作）。

学生活动： 6 名同学上台完成指令动作，其余同学进行评价。

设计意图： 课堂小游戏的设置，旨在考查学生对水的变化的理解，同时提高课堂氛围，激发学生的学习兴趣。

课堂小结： 我们这堂课是如何通过自己搜集的信息自主学习，成功探究出水分子的结构的？我们运用了哪些方法去探究？今后的学习中我们还可以用这种方法研究什么？

学生活动： 分小组讨论、展示发言。

（三）教学反思

以电解水的实验为载体，学生能够直接观察到水电解的两个重要现象：氢气的产生和氧气的产生，以及它们在电极上的产生方式。这不仅帮助学生直观地理解水电解的过程，也加深了他们对化学反应中分子和原子变化的理解。在教学中应该更多地引导学生进行实验后的思考和讨论。例如，可以让学生思考水电解的微观过程，或者讨论水电解与燃烧的异同等。这样可以帮助学生更好地理解水电解的本质，并加深他们对化学反应和物质性质的认识。

三、素养诊断

"搭建微观模型认识水的组成及其变化"评价量表分析

核心素养目标	评价内容	评价得分（0~4分）			量表分析	素养水平
		学生	同伴	教师		
化学观念	水的组成猜想				能基于现有知识和教师所给的信息，大胆提出元素、原子、分子以及水的组成；小组能够独立讨论，有理有据地展示自我猜想	化学观念水平
	元素概念认识准确度	4	4	4		
	分子原子的概念准确	4	4	4		
	小组讨论中组员参与度	4	4	4		
	小组发言准确性	4	4	4		
科学思维					根据历史实验信息，较为准确地得出水的组成元素；根据实验现象推断出水的组成元素	科学的思维方法水平
	水的分解产物分析	4	4	4		
	水的元素组成分析	4	4	4		
	小组讨论情况	4	4	4		

核心素养目标		评价内容	评价得分 (0~4分)			量表分析	素养水平
			学生	同伴	教师		
科学探究与实践	水分子模型搭建	纸上绘制电解水示意图	4	4	4	能根据本堂课所学知识搭建各种水分子模型；能够准确表述电解水的过程；小组合作，在游戏中准确模拟水的变化，组员游戏配合度考评	科学探究与实践过程水平
		贴纸展示电解水的变化	4	4	4		
		搭建水分子球棍模型	4	4	4		
	小组模拟水的变化游戏	小组组员组成水分子模型	4	4	4		
		小组模拟水的蒸发	4	4	4		
		小组模拟水的冷凝	4	4	4		
		小组模拟电解水	4	4	4		
		小组模拟氢气氧气和燃烧生成水	4	4	4		
		小组模拟蒸馏过程	4	4	4		
		小组模拟水中滴墨水	4	4	4		
科学态度与责任	小组总结本堂课的探究心得	学生总结信息的搜集过程和总结过程	4	4	4	能通过活动，总结信息的搜集和整理，探究问题的基本方法，并能够提出新的探究问题	科学态度与责任水平
		总结从已知知识出发探究未知领域的方法	4	4	4		
		能否提出新的探究问题，用科学探究的方法设计新的问题探究	4	4	4		

四、实作考查

九年级化学实验7：搭建微观模型认识水的组成及其变化

实验用品：水电解器、直流电源、导线、木条、火柴蒸馏水、硫酸钠或氢氧化钠溶液等。

动态评分标准参考量表

考查要点	操作要求及评分细则	分值 (10分)	得分
一、检查实验用品	（1）按要求检查仪器有无损坏（5分）；（2）清点实验用品是否齐全（5分）	10分	

续表

考查要点		操作要求及评分细则	分值 (10分)	得分
二、 进行 实验	1. 电解水	(1) 能正确地向玻璃管内注水 (5分); (2) 在玻璃管中正确加入硫酸钠溶液 (5分); (3) 能正确连接导线 (5分); (4) 能观察到明显的现象 (5分)	20分	
	2. 正、负极产物的检验	(1) 能正确判断两极气体 (5分;) (2) 能正确点燃负极的气体 (5分); (3) 用干燥烧杯罩住火焰 (5分); (4) 能观察到明显的现象 (5分)	20分	
		(1) 酒精灯使用正确 (5分); (2) 制作带火星木条 (5分); (3) 木条放置位置正确 (5分); (4) 观察到带火星的木条复燃 (5分)	20分	
	3. 水分子模型搭建	(1) 水分子模型组装正确 (5分); (2) 氢分子模型组装正确 (5分); (3) 氧分子模型组装正确 (5分); (4) 能演示水分子的形成与分解 (5分)	20分	
三、整理实验用品		(1) 将废弃物倒入相应的烧杯中,将仪器洗涤干净并放回原处 (5分); (2) 整理台面,做好清洁,摆放整齐,实验后洗手 (5分)	10分	

实验八　燃烧条件的探究

一、教材分析

"燃烧条件的探究"实验在"科学探究与化学实验""物质的化学变化"这两个学习主题中被安排为学生必做实验,学业质量要求是通过实验探究认识燃烧的条件,理解燃烧和灭火的原理及其在生活中的应用,初步体会调控化学反应的重要意义。

（一）研读课标

在"科学探究与化学实验"学习主题中希望通过该实验让学生学习控制变量和对比实验的设计方法，并通过该实验形成的探究思路与方法，结合物质的组成及变化等相关知识，分析解决真实情境中的简单问题。而在"物质的化学变化"学习主题中则希望学生通过实验探究认识燃烧的条件，理解燃烧和灭火的原理及其在生活中的应用，初步体会调控化学反应的重要意义。为了落实课标的要求，6 个版本的教材中都安排了"燃烧条件的探究"实验。

（二）教材对比

1. 教材中的位置对比

在 6 个版本的教材中，该实验均位于九年级上册，但是编写顺序有所不同，分别位于：人教版第七单元"燃料及其利用"实验活动 3；粤教版第三章"维持生命之气——氧气"学生实验探究；沪教版第四章"认识化学变化"基础实验 3；仁爱版专题 4"燃料与燃烧"实验 3；鲁教版第五单元"定量研究化学反应"到实验室去；北京版第六章"燃烧的学问"第一节"探索燃烧与灭火"活动探究。

其中，人教版、沪教版、仁爱版都是在学习完"燃烧与灭火"的相关知识后进行学生实验，而粤教版、北京版是在新课讲授过程中对燃烧条件进行探究，鲁教版是在学习"燃烧与灭火"之前进行的实验。

结合《义务教育化学课程标准（2022 年版）》，笔者认为粤教版、北京版和鲁教版对"燃烧条件的探究实验"编排在学习新课"燃烧与灭火"过程中或学习新课"燃烧与灭火"之前，更符合学生对燃烧条件探究的认知规律。另外 3 个版本都安排在学习完"燃烧与灭火"之后，更倾向于对燃烧条件的验证或通过实验加深对燃烧条件的认识。

2. 实验用品的选择对比

在探究"可燃物"这个条件时，人教版、沪教版、鲁教版都是用酒精和水进行对比，不同的是人教版是用棉花分别蘸取，鲁教版是用木条分别蘸取，沪教版是用玻璃棒进行蘸取，并且沪教版还增加了棉花与玻璃（或石棉绒）的对比；粤教版是用蜡烛、煤块、火柴与沙子、石块、水泥砖进行对比；仁爱版是用木条和石子进行对比；北京版由于直接探究的是可燃物燃烧的条件，因此没有涉及探究"可燃物"这个条件的实验。

在探究"温度达到着火点"这个条件时，人教版是通过加热滤纸碎片和乒乓球碎片进行对比；沪教版是通过加热小木条和小煤块进行对比；仁爱版是通过加热蘸有水和没蘸水的棉花团进行对比；粤教版是通过对比室温下的蜡烛和点燃后的蜡烛以及火柴点蜡烛和点燃煤块的难易程度进行的两次对比；鲁教版是通过加热纸船和装水的纸船到燃烧所需时间长短进行比较；北京版根据给到的实验用品可以设计出两种对比，可以利用加热蜡烛和纸盒所需时间长短进行对比，也可以通过直接加热纸盒和加热装水纸盒所需时间长短进行对比。

在探究"与氧气（或者空气）接触"这个条件时，人教版、沪教版、仁爱版、粤教版、北京版都是利用蜡烛、火柴、酒精灯和烧杯（北京版用的是集气瓶）来完成实验的。而鲁教版则是用钢丝棉、火柴、酒精灯、坩埚钳和一瓶氧气来完成实验的，通过现象"钢丝棉在空气中不燃烧而在氧气中火星四射"，除得出"物质燃烧需要氧气"的结论外，引导学生思考"空气中也有氧气为什么钢丝棉没有燃烧？"让学生对燃烧条件有一个新的认识，即"物质燃烧需要足够浓度的氧气"。就这一点，北京版是在探究实验结束后直接给出的，笔者认为这样的认识对于学生来说更有实际意义。

另一个值得探讨的是仁爱版教材中有一组实验用到了白磷，在笔者看来，由于白磷的保存要求很高，很多学校并不一定有白磷，因此，建议不做该实验，或用其他实验来代替该实验。而且从环境保护角度来看，也应该减少该实验的开展。

3. 实验步骤对比

6 个版本中，北京版是让学生根据提供的用品自行设计实验方案探究"可燃物燃烧的条件"，学生的实验分为 2 个环节：探究"温度达到着火点"和"与氧气（或空气）接触"。而其余的 5 个版本则分成 3 个环节：探究"可燃物""温度达到着火点""与氧气（或空气）接触"。

当然 5 个版本在探究燃烧的 3 个条件时，鲁教版、人教版、仁爱版是按照"可燃物→温度达到着火点→与氧气（或空气）接触"的步骤进行的。而沪教版、粤教版则是按照"可燃物→与氧气（或空气）接触→温度达到着火点"的步骤进行的。无一例外，"可燃物"这个条件始终是探究的第一个步骤，因此，让学生认识到不是所有的物质都能燃烧，再进行后续条件探究时，所选的必须是可燃物。

在探究"温度达到着火点"这个条件时，人教版和粤教版的实验步骤很值得借鉴。粤教版使用的是生活中常见的物质蜡烛和煤块。通过两组对比：①常温下的蜡烛不燃烧和点燃后蜡烛燃烧进行对比；②用火柴点燃蜡烛和点燃煤块的难易程度，得出结论，燃烧的条件是要让温度达到着火点，而且各种物质要求的温度不同。这样做可以让学生对着火点有更好的体会和理解。人教版使用的也是生活中的物质滤纸碎片和乒乓球碎片，但由于学生对乒乓球碎片是否能够燃烧没有生活经验的积累，在同时加热滤纸碎片和乒乓球碎片之前，教材在实验步骤上可以先安排用坩埚钳直接夹取滤纸碎片和乒乓球碎片在酒精灯上加热，让学生知道乒乓球碎片也是可燃的，再根据两者先后燃烧的现象，引导学生思考背后的原因。不难发现不同物质燃烧所需的温度是不同的，得出燃烧需要使可燃物达到着火点。

在探究"与氧气（或空气）接触"这个条件时，鲁教版和北京版的做法值得我们参考。鲁教版通过钢丝棉在空气中用酒精灯加热只能出现红热现象与红热的钢丝棉迅速插入氧气瓶中能够看到火星四射的现象进行对比，学生会发现物质燃烧时对氧气的含量是有要求的，不是只要与氧气接触就能燃烧，而是要与足够浓度的氧气（或空气）接触才能够燃烧。北京版虽然根据提供的实验材料无法设计出类似的实验，但在学生的探究实验结束后，还是提出了可燃物必须与足够浓度的氧气（或空气）接触才能燃烧。笔者认为，这样的结论对学生认识燃烧更有帮助。

进行"燃烧的条件探究"实验时，学生会接触到酒精灯和大量可燃物，因此，安全无疑很重要，人教版、仁爱版、鲁教版都对点燃操作、沸水使用、燃烧过程的安全进行提示。无论教师使用哪个版本的教材都需要进行安全提示，树立学生的实验安全意识。

4. "思考与讨论"对比

在不同版本的教材中，实验结束后都会有几个与该实验有关的思考问题，每个版本栏目的名称不同，这里统一称为"思考与讨论"。通过对比6个版本的教材，发现除了北京版在实验之后没有提出思考问题，其他5个版本都提出了思考问题。其中有两个问题出现的频率最高，第一个是结合实验让学生谈一谈对燃烧条件的认识，这个问题在沪科版、鲁教版、粤教版3个版本中出现。第二个是让学生谈灭火方法并分析灭火原理，这个问题在沪科版、鲁教版、粤教版、仁爱版4个版本中出现。与其他3个版本不同的是，粤教版并没有结合真实情景来分析，只是在燃烧条件的基础上追问"如果缺少一个条件会怎么样？"通过这两个典型问题的讨论，可以让学生感受到化学反应是可以人为调控的，合理的调控可以让化学反应更好地服务于人们的生活。

在6个版本的"思考与讨论"中，鲁教版中的问题"当我们对某一个燃烧条件进行探究时，要注意什么问题才能保证实验的可靠性、结论的科学性？"希望学生复盘，利用实验进行科学探究的过程，即从问题出发确定探究目标，设计和实施探究方案，获取证据并分析得到结论，最终用合理的方式将其表述出来并与大家交流，这对发展学生的科学探究与实践的学科素养有很大的帮助。人教版中的两个问题"（1）上述实验步骤1中，如果在酒精灯上加热时间较长，会发生什么现象？你能解释原因吗？""（2）如果将实验步骤2（2）

中的乒乓球碎片和滤纸碎片换成木屑和煤粉进行实验，会有什么现象发生？说明了什么？"这两个实验问题紧紧围绕实验操作提出，希望以此激发学生的好奇心和探究欲，再次进行实验并进行新的探究，而不是凭空想象，这样可以养成学生注重实证、严谨求实的科学态度，从而发展学生的科学态度与责任。

从以上的对比分析可以看出，每个版本的教材各有优势，教师教学应结合学生学情对教学内容进行安排，如此才能实现教学效果的最优化，更好地为学生的发展服务。

二、教学设计

（一）教学流程图（图 5-12）

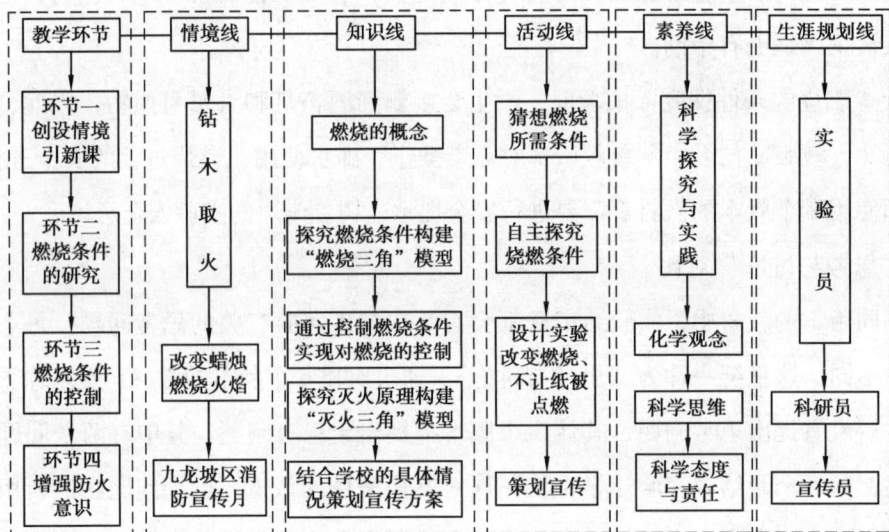

图 5-12　"燃烧条件的探究"教学流程图

（二）教学过程设计

环节一：创设情境引新课

【情境】火在我们日常生活中很常见，今天老师就用人类最早的技术革命——钻木取火，带大家穿越到 200 多万年前，让大家感受第一缕火给人类带来的价值。

【教师演示】钻木取火（电钻、宣纸等）。

【学生】仔细观察教师的演示实验。

【教师】火不仅给我们带来了光明，还给我们带来了能量。既然这一缕火这么重要，今天我们就一起来研究一下燃烧的条件。

设计意图：采用先行组织者策略，将新知蕴含在情境中，激发学生的学习兴趣和探索欲望。

环节二：燃烧条件的研究

【教师】为什么能够"钻木取火"？

【学生】有可以燃烧的物质：木头；有支持燃烧的物质：空气中的氧气；温度：通过摩擦产生。

【教师】上述3个条件和燃烧有什么关系？是满足一个或两个条件就可以燃烧呢，还是要同时满足3个条件呢？

【学生猜想1】满足一个或两个条件即可。

【学生猜想2】3个条件同时满足。

【教师】首先请同学们阅读"安全提示"和"利用控制变量法进行实验研究的方法指导"，然后请同学们小组讨论，自行设计方案，并用给出的药品和仪器证明你们的猜想。

【学生活动】思考、讨论，进行实验方案的设计，然后进行实验，根据现象推理得出结论。

（1）关于燃烧需要可燃物的探究。

【学生小组1】设计方案，进行实验操作，根据现象推理得出结论。

学生方案1

方案	现象	结论
分别将滴有5滴蒸馏水和酒精的2支粉笔放在酒精灯火焰上2 s后移开，观察两种物质是否可燃	酒精燃烧，蒸馏水不燃烧	酒精具有可燃性，蒸馏水不具有可燃性，燃烧条件之一是需要可燃物

【学生小组2】设计方案，进行实验操作，根据现象推理得到结论。

学生方案2

方案	现象	结论
用坩埚钳分别夹取等大小的粉笔头和棉花球放在酒精灯火焰上灼烧，观察两种物质是否可燃	棉花球燃烧，粉笔头不燃烧	棉花具有可燃性，粉笔不具有可燃性，燃烧条件之一是需要可燃物

【学生小组3】设计方案，进行实验操作，根据现象推理得出结论。

学生方案 3

方案	现象	结论
取少量面粉、葡萄糖粉、碳酸钙粉，分别放在燃烧匙中，在酒精灯火焰上加热，观察 3 种物质是否可燃	面粉、葡萄糖粉燃烧，碳酸钙粉不燃烧	面粉具有可燃性，葡萄糖粉具有可燃性，碳酸钙粉不具有可燃性，燃烧条件之一是需要可燃物

（2）关于燃烧需要与空气（或氧气）接触的探究。

【学生小组 4】设计方案，进行实验操作，根据现象推理得到结论。

学生方案 4

方案	现象	结论
点燃两个蘸有酒精的棉花球，用小烧杯盖住其中 1 个，观察变化	开始时两个棉花球均燃烧，罩上小烧杯的棉花球过一会儿就熄灭，未罩小烧杯的棉花球继续燃烧	罩烧杯后，棉花球熄灭的原因是隔绝了空气（或氧气），燃烧条件之一是需要与空气（或氧气）接触

【学生小组 5】设计方案，进行实验操作，根据现象推理得出结论。

学生方案 5

方案	现象	结论
取蘸有酒精的棉花球于两个燃烧匙中，其中 1 个用粉笔灰将其覆盖，在酒精灯火焰上加热，观察现象	未覆盖粉笔灰的棉花球被点燃，覆盖粉笔灰的棉花球未被点燃	用粉笔灰覆盖的棉花球不能燃烧的原因是隔绝了空气（或氧气），燃烧条件之一是需要与空气（或氧气）接触

（3）关于燃烧需要温度达到着火点的探究。

【学生小组 6】设计方案，进行实验操作，根据现象推理得出结论。

学生方案6

方案	现象	结论
加热铜片上的面粉和葡萄糖粉（保证药粉的质量尽量相同，而且尽可能距火焰的位置相同）	葡萄糖粉先燃烧，面粉后燃烧	葡萄糖粉燃烧所需要的温度低于面粉燃烧所需的温度，燃烧条件之一是温度需要达到着火点

【学生】相互交流展示实验目的、实验方案、实验现象、实验结论，组间互评。

【教师】刚刚老师提出的问题大家有答案了吗?

【学生】一般情况下，物质燃烧必须同时具备可燃物、温度达到着火点、与空气（或氧气）接触3个条件。

设计意图：通过让学生大胆提出猜想，增强学生的分析能力。教师引导学生深入理解燃烧的3个条件缺一不可，同时在探究过程中，体会控制变量的思想。

环节三：燃烧条件的控制

【教师】燃烧需要同时满足3个条件，如果我们改变燃烧的条件，能否实现对火的控制呢? 下面请同学们利用资料卡片和实验盒中的药品和仪器来控制蜡烛的燃烧，想办法让烧杯中的蜡烛燃烧更旺或者燃烧更微弱。请同学们先讨论出合适的实验方案。

【学生活动】思考、讨论，进行实验方案的设计，然后进行实验，实现对火的控制。

【学生小组1】设计方案，改变燃烧条件，实现对火的控制。

学生方案1

方案	现象	原理分析
将二氧化锰放入烧杯中，再将蜡烛点燃放入烧杯中，最后倒入过氧化氢溶液	蜡烛燃烧得更旺	二氧化锰催化过氧化氢分解产生氧气，增大氧气的浓度，使燃烧更旺

【学生小组2】设计方案，改变燃烧条件，实现对火的控制。

学生方案2

方案	现象	结论
将泡腾片研碎后放入烧杯中，再将蜡烛点燃放入烧杯中，最后倒入水	蜡烛燃烧得更弱	泡腾片和水反应产生少量二氧化碳，降低氧气的浓度，使蜡烛燃烧更微弱

【教师】同学们通过对燃烧条件中"氧气浓度"的调控，实现了对燃烧的控制。

【教师】演示：铁粉在空气中的燃烧实验。请同学们思考铁丝在空气中不能被点燃，但是铁粉却可以，这是为什么呢？

【学生】增大可燃物与氧气的接触面积。

【教师】教师是通过对燃烧条件中"可燃物与氧气接触面积"的调控，实现了对燃烧的控制。通过实验我们发现，化学反应是可以通过对反应条件的改变来调控化学反应为我们所用的。

【教师】演示：点燃两根火柴，一根火柴头竖直向上，一根火柴头竖直向下。请同学们观察两根火柴的燃烧情况，思考现象不同的原因。

【学生】当火柴头斜向下时，燃烧产生的热量能给火柴梗预热，容易达到其着火点。而火柴头向上时，燃烧产生的热量随热空气上升，不能给火柴梗加热，火柴梗达不到其着火点，容易熄灭。

【教师】请同学们利用桌上提供的物品，设计实验方案，让纸在酒精灯火焰上灼烧10 s而烧不坏？

【学生活动】思考、讨论，进行实验方案的设计，然后进行实验，分析原因。

【学生小组1】设计方案，改变燃烧条件，实现对火的控制。

学生方案1

方案	现象	原理分析
将纸片浸入烧杯中的水里约10 s，稍稍挤干至不再滴水，尝试在酒精灯火焰上点燃	纸未被点燃	纸上的水受热蒸发，吸收大量的热，使纸的温度很难升高，不能燃烧

【学生小组2】设计方案，改变燃烧条件，实现对火的控制。

学生方案2

方案	现象	结论
将纸折成纸船，向其中注入约一半的水，放在铁架台的铁圈上，用酒精灯加热	纸船未被点燃	由于水的沸点低于纸的着火点，因此纸船温度达不到其着火点，不能燃烧

【教师】同学们通过破坏燃烧的条件，让可燃物无法同时满足另外两个条件，因此燃烧

未能发生，这其实就是灭火的原理。要想实现灭火，需要破坏燃烧的几个条件？是要同时破坏还是只要破坏其中的一个或者两个就可以让燃烧停止呢？

【学生】缺少一个就可以。

【教师】没错，缺少一个条件即可灭火，这就是"灭火三角"模型。相信大家都跃跃欲试了，下面进入抢答环节，请结合今天所学，分析两个问题。第一个问题：为什么用扇子扇煤炉越扇越旺，而用扇子扇烛火一扇就灭。

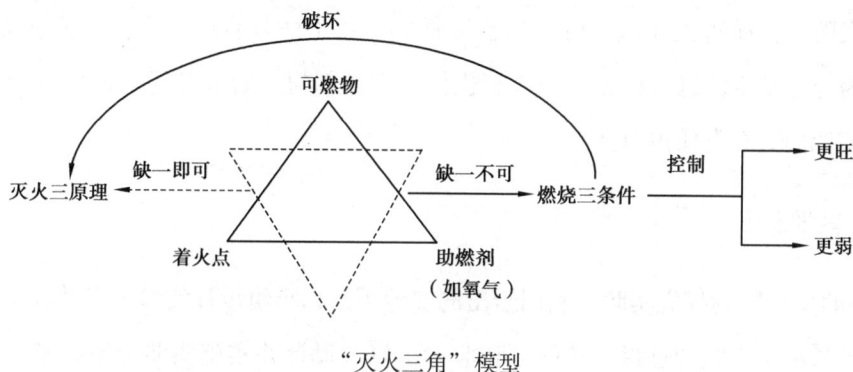

"灭火三角"模型

【学生】炉火中可燃物量大，放出热量大，用扇子扇时鼓入的空气不能将温度明显降低，起到的主要作用是补充氧气；而蜡烛燃烧时可燃物少，放出的热量也少，用扇子扇时虽然也补充了氧气，但空气流动，加快了热量的散失，主要起到降温作用，当温度降至着火点以下，蜡烛也就熄灭了。

【教师】第二个问题：能不能想出多种方法让一根燃着的蜡烛熄灭呢？

【学生】小组讨论，形成结果（见下表）。

熄灭蜡烛的方案

方法	原理
吹蜡烛	降低温度至着火点以下
用水浇灭	降低温度至着火点以下
罩烧杯	隔绝空气（氧气）
用沙子覆盖火焰	隔绝空气（氧气）
剪断烛芯	隔离可燃物

设计意图：在掌握燃烧条件的基础上，让学生通过实验活动和分组讨论，感受对燃烧条件的调控，实现对燃烧的控制和灭火。让学生初步体会调控化学反应的重要意义的同时，明白化学反应造福人类的独特价值。

环节四：增强防火的意识

【教师】相信没有人愿意去经历火灾现场的逃生，与其在燃烧后去破坏燃烧条件来灭火，不如在燃烧之前去破坏燃烧的条件来防火，因此我们都应该树立防火意识，防患于未然。在这里老师希望同学们课后可以行动起来，人人都树立起安全防火意识！用火防火不失火，为国为家为你我！课下请同学们以小组为单位根据学校的实际情况，结合本节课所学和防火宣传单上的防火方法，给学校保卫科的老师们提出可行的防火建议。

设计意图：传递防火知识，树立社会责任感。将生命教育引入课堂，充实教学内容，让课堂成为与日常生活息息相关的一个有机体。人人都树立防火意识，从而养成学生的科学态度，使他们具有责任担当。

（三）教学反思

"燃烧的条件"的探究实验，利用给出的实验用品，小组设计实验方案并验证，让每一位学生都经历科学探究的过程。从问题和假设出发，设计并实施实验方案，基于获取的证据进行分析推理并形成结论，有利于发展学生科学探究的学科核心素养。

"控制蜡烛火焰大小"的探究实验有一定的开放性，在掌握燃烧条件的基础上，让学生通过调控燃烧条件实现对化学反应的调控。有了对火的控制，才会有化学反应造福人类的独特价值，从而发展学生科学态度与社会责任的学科核心素养。

三、素养诊断

"燃烧条件的探究" 评价量表分析

核心素养目标	评价内容	评价得分（0~4分）			量表分析	素养水平
		学生	同伴	教师		
科学探究与实践	分析钻木取火的原因	4	4	4	能综合运用化学等学科知识和方法，参与科学探究全过程，意识到解决同一个问题可以有不同的方案，发展发散思维	科学探究与实践水平2
	小组交流，汇报原因	4	4	4		
	分析燃烧的条件	4	4	4		
	小组交流，做出猜想	4	4	4		
	设计探究"燃烧的条件"实验方案	4	4	4		
	小组交流，汇报方案	4	4	4		
	选择探究燃烧条件之——可燃物所需的实验用品	4	4	4		

核心素养目标	评价内容	评价得分（0~4分）			量表分析	素养水平
		学生	同伴	教师		
科学探究与实践	选择探究"燃烧条件之一——温度达到着火点"所需的实验用品	4	4	4	能综合运用化学等学科知识和方法，参与科学探究全过程，意识到解决同一个问题可以有不同的方案，发展发散思维	科学探究与实践水平2
	选择探究"燃烧条件之一——与空气（或氧气）接触"所需的实验用品	4	4	4		
	设计控制蜡烛燃烧的实验方案	4	4	4		
	小组交流，汇报方案	4	4	4		
	选择让蜡烛燃烧得更旺的实验用品	4	4	4		
	选择让蜡烛燃烧得更弱的实验用品	4	4	4		
	设计不让白纸烧起来的实验方案	4	4	4		
	小组交流，汇报方案	4	4	4		
	选择不让白纸烧起来的实验用品	4	4	4		
	分工协作、沟通交流，合作解决问题	4	4	4		
科学思维	分析火柴头竖直向上、火柴头竖直向下时燃烧现象不同的原因	4	4	4	能基于事实进行思考，从而提炼出研究物质及其变化规律的思路和方法，建构认知模型	科学思维水平2
	小组交流，汇报原因	4	4	4		
	分析让一根蜡烛熄灭的方法	4	4	4		
	小组交流，汇报方法	4	4	4		
	基于实验事实，建构"燃烧三角"模型	4	4	4		
	基于实验事实，建构"灭火三角"模型	4	4	4		
化学观念	能通过改变条件来调控化学反应	4	4	4	能体会到化学是可调控的	化学观念水平1
科学态度与责任	积极参与防火宣传	4	4	4	能利用化学知识传播正确的生活习惯，共筑防火长城	科学态度与责任水平1

四、实作考查

九年级化学实验 8：燃烧的条件

实验用品：烧杯、镊子、坩埚钳、酒精灯、三脚架、薄铜片、酒精、棉花、乒乓球、滤纸、蜡烛、火柴、剪刀、水等。

动态评分标准参考量表

考查要点		操作要求及评分细则	分值（100分）	得分
一、检查实验用品		（1）按要求检查仪器有无损坏（5分）； （2）清点实验用品是否齐全（5分）	10分	
二、进行实验	1. 探究燃烧的条件之一：物质具有可燃性	（1）用棉花蘸酒精（5分）； （2）用棉花蘸水（5分）； （3）分别用坩埚钳夹住（5分）； （4）放到酒精灯火焰上加热片刻，观察现象（5分）	20分	
	2. 探究燃烧的条件之二：温度需达到可燃物的着火点	（1）取一小块乒乓球碎片（5分）； （2）取一小块滤纸碎片（5分）； （3）分别用坩埚钳夹住（5分）； （4）放在酒精灯火焰上加热，观察现象（5分）； （5）从乒乓球上剪下一小片（5分）； （6）从滤纸上剪下一小片（同样大小）（5分）； （7）分别放在薄铜片的两侧（5分）； （8）加热铜片的中部，观察现象（5分）	40分	
	3. 探究燃烧的条件之三：可燃物与空气（或氧气）接触	（1）点燃蜡烛（5分）； （2）片刻后将烧杯罩在蜡烛的火焰上方（5分）； （3）由远及近向火焰慢慢移动（5分）； （4）反复几次，观察现象（5分）	20分	
三、整理实验用品		（1）将废弃物倒入相应的烧杯中，将仪器洗涤干净并放回原处（5分）； （2）整理台面，做好清洁，摆放整齐，实验后洗手（5分）	10分	

第二节　高中化学必修课程学生必做实验案例

实验九　配制一定物质的量浓度的溶液

一、教材分析

（一）研读课标

新课标必修课程分为 5 个主题，选择性必修分为 3 个模块，选修课程分为 3 个系列。"配制一定物质的量浓度的溶液"实验位于必修课程主题 1 "化学科学与实验探究"中，为学生必做实验。其学业质量要求是：认识化学实验是研究和学习物质及其变化的基本方法，是科学探究的一种重要途径；初步学会物质检验、分离、提纯和溶液配制等化学实验基础知识和基本技能。为了落实新课标的要求，4 个版本的教材均安排了"配制一定物质的量浓度的溶液"实验。

（二）教材对比

1. 教材中的位置对比

在 4 个版本的教材中，该实验均位于高中化学必修一，而且都是安排在物质的量章节，但编写顺序不同，分别位于：人教版第二章海水中的重要元素、鲁科版第一章认识化学科学、苏教版第一章物质的分类及计量、沪教版第一章化学研究的天地。

物质的量及其相关概念是高中化学学习的重要工具，鲁科版、苏教版和沪教版在高中化学第一章即引入物质的量及相关概念，有利于降低后续氧化还原反应和离子方程式的认知难度。但需要注意的是，物质的量本身就是必修阶段甚至整个高中阶段的重难点，过早引入可能增加学生的认知负担。或许正是基于这样的考虑，人教版将物质的量及其相关概念放在离子反应和氧化还原反应之后引入。

在章节内部，编排顺序也有区别，人教版、苏教版和沪教版是在介绍完物质的量浓度概念之后安排本实验，让学生学以致用，起到强化巩固知识的作用；而鲁科版是通过本实验先让学生有直观的感受，体会物质的量浓度相比于质量分数的便捷，再引出了物质的浓度这一概念，探究的成分更重一些。

2. 实验用品的选择对比

容量瓶：通过本实验，学生要掌握容量瓶的原理及其操作方法，人教版是以虚拟示意图的形式呈现，可以清楚地看到刻度线、容量和温度，并以栏目"资料卡片"的形式介绍其特征和注意事项；苏教版则是实物图，更加真实，并以正文形式介绍不同规格的容量瓶，以及容量瓶的使用注意事项，但是刻度线不明显；鲁科版呈现了4种常见规格容量瓶的实物图，并在栏目"方法引导"中详细介绍了容量瓶的特征和使用注意事项，以栏目的形式分模块呈现，更能吸引学生的注意，分条罗列便于学生阅读，只是图片偏小很难看清上面的温度值；沪教版则呈现了5种常见规格容量瓶的实物图，刻度线明显但温度不明显，并设置栏目"想一想"，通过问题的形式让学生思考使用容量瓶时的注意事项，例如，容量瓶设计成细颈的好处是什么？为什么对温度有精度要求？颇具新意。因此，教师在这一环节的教学中应取长补短，使用人教版时有必要补充不同规格的容量瓶以及选取的原则，使用鲁科版、苏教版和沪教版时教师有必要结合实物图强调刻度线和温度等关键信息。

其他仪器和药品：人教版、鲁科版和沪教版选取氯化钠进行配制，苏教版则选用碳酸钠进行配制，两种物质均为易溶于水的钠盐且原料安全、易得。其他所需要的仪器人教版、苏教版和沪教版均直接给出。

3. 实验步骤对比

4个版本的教材中开放性最强的是鲁科版，以表格的形式布置任务：计算、称量、溶解、转移。既不讲具体的操作步骤，也不指出所需仪器，对学生实验探究能力要求最高。而人教版、苏教版和沪教版的步骤则非常详细，例如，详细介绍了溶解和定容的操作要领和注意事项等。不仅如此，人教版、苏教版和沪教版3个版本的教材还有过程示意图，学生不仅可以根据文字，还可以根据图像指引进行操作，学生按照指引即可顺利完成实验。三者的不同点在于人教版采用的仍是虚拟示意图，细节的呈现非常精准，例如，转移时用玻璃棒引流且在刻度线以下，定容时视线应平视凹液面最低处等细节。而苏教版和沪教版采用实景图更加真实，易于模仿，但以上细节不易察觉。值得一提的是，沪教版的照片还戴了手套，更加规范。人教版在实验后设置了"思考与讨论"栏目，并提出3个问题，引导学生思考每一步操作的含义以及误差分析。除此之外，人教版在章末"实验活动"中还增加了浓溶液配制稀溶液的实验，帮助接受能力强的学生及时完成知识的进阶。建议使用人教版、苏教版和沪教版的教师可以根据学生情况增加实验的探究性，特别是对于基础较好和能力较强的学生，可以参照鲁科版思路进行教学。

4. "思考与讨论"的对比分析

人教版在实验活动中针对洗净、转移、定容步骤提出了 3 个思考问题；沪教版针对洗净、定容步骤提出了 2 个思考问题；苏教版没有单独的问题提出；鲁科版针对仪器用途、操作注意事项、溶液组成的表示提出了 3 个思考问题。从所提出问题的角度看，主要集中在操作和误差分析两类问题上，例如，为什么要进行洗涤操作？定容时，滴加蒸馏水超过了刻度线、转移时溶液不慎洒到容量瓶外、仰视或者俯视容量瓶上的刻度线，所配制溶液的实际浓度比要求浓度大还是小了？

5. 习题对比分析

人教版共 10 个习题，其中与物质的量浓度相关的有 4 题：第 3 题为公式的应用，第 6 题为浓溶液配稀溶液计算，第 4 题和第 8 题分别为判断血糖含量和根据矿泉水标签计算离子物质的量浓度，学以致用联系生活。苏教版共 9 题，因该部分习题配套物质的量浓度章节，所以 9 题均与其相关。其中，第 1、2、7、8 题为公式的运用，第 9 题为质量分数与物质的量浓度之间关系的推导及应用，第 3、4、5、6 题为实验规范的考查及误差分析，旨在加深学生对实验步骤的掌握。鲁科版习题设置与人教版类似，是针对整个物质的量章节，共 10 题，其中与物质的量浓度相关的有 4 题：第 3 题和第 5 题为概念的应用，第 9 题为计算矿泉水样品中离子物质的量浓度，第 10 题为浓溶液配稀溶液问题。沪教版共 5 题，其中第 3 题与物质的量浓度相关，以瓶装水矿物质成分表为考查背景，要求学生计算成人每天钙的参考摄入量并进行单位的换算，联系生活并强化计算，弥补了上述实验步骤中未让学生动手计算的遗憾。

从上述对比可知，苏教版习题数量最多，考查最细致，且涉及了质量分数与物质的量浓度之间关系的转化。建议使用人教版和鲁科版的教师补充质量分数与物质的量浓度之间的关系这一知识点，同时适当补充基础概念强化训练和实验规范考查习题。沪教版习题最少，建议予以补充，以满足不同程度学生的学习需求。

从以上对比分析可知，每个版本的教材各有所长，只有充分认识每本教材的编排思路和特点，并根据学情予以调整，才能实现教材功能的最大化，从而更好地为教与学服务。

二、教学设计

（一）教学流程图（图 5-13）

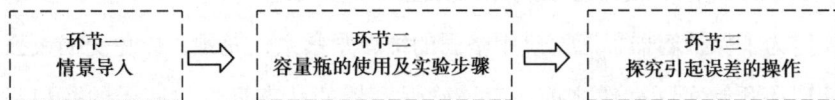

图 5-13　"配制一定物质的量浓度的溶液"教学流程图

（二）教学过程设计

环节一：情境导入

随着科技的发展，许多物质的应用越来越广泛，比如，75%的酒精可以用来消毒，0.9%的氯化钠能够制备生理盐水。通过使用各种不同的化学试剂，我们能够轻松地确定某种特定物质的浓度，从而进行实验。

【回顾】我们在初中时就学习了如何配制 NaCl 溶液，其质量分数为 0.9%，这一过程的实验仪器和步骤包括哪些？

【学生1】配制 100 g 质量分数 0.9% 的 NaCl 溶液需要的实验仪器有托盘天平、烧杯、量筒、玻璃棒。

【学生2】实验步骤：计算→称量→量取→溶解→装瓶。

【教师】评价、强调。

【预习】为了配制 100 mL 1.00 mol/L NaCl 溶液，我们需要哪些主要仪器和步骤？

【学生1】需准备的仪器包括：容积为 100 mL 的瓶子、托盘天平（电子天平或分析天平），以及烧杯、玻璃棒、胶头滴管和量筒。

【学生2】配制步骤：①查漏；②称量或量取；③溶解；④转移（冷却）；⑤洗涤；⑥定容；⑦摇匀；⑧装瓶（贴签）。

设计意图：回顾旧知，预习新知，创设生活真实情景，激发学生的学习兴趣和探究的欲望。

环节二：容量瓶的使用及实验步骤

【过渡】配制一定物质的量浓度的溶液需要使用容积精确的仪器——容量瓶。

【问题1】为了获得准确的物质浓度，我们需要仔细研究它的哪些特点和使用要求？

【学生1】磨砂玻璃塞、细长的颈部、梨形瓶身，以及刻有精确刻度线的瓶口，上面还印有容量和温度。

【学生2】常用规格：50 mL、100 mL、250 mL、500 mL、1 000 mL。

【学生3】在配制 480 mL 的溶液时，应该按照等大或稍大的原则来选择，因此可选用 500 mL。

【教师】评价、追问：使用容量瓶时，要注意哪些问题？

【学生1】为了保护容器，瓶塞应用坚固的细绳紧紧系住瓶颈，以免受损或丢失。

【学生2】在开始实际操作之前，应该确保容器的状态良好，瓶子的瓶口没有漏出液体。具体的操作步骤如下：倒立，旋转 180°，倒立，查漏，正立。

【学生3】当所有的容器都被清洁和晒干后，为了防止它们之间的黏合，建议将一张纸放置在瓶塞和瓶口之间，这样可以有效地避免它们之间的黏合。

【教师】投影、实物展示并强调容量瓶使用"四不能"

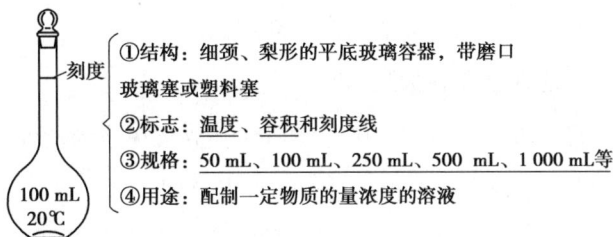

①结构：细颈、梨形的平底玻璃容器，带磨口玻璃塞或塑料塞
②标志：温度、容积和刻度线
③规格：50 mL、100 mL、250 mL、500 mL、1 000 mL等
④用途：配制一定物质的量浓度的溶液

【问题2】应用探究：结合教材提示配制 100 mL 1.00 mol/L NaCl 溶液。

【教师】边讲边实验，并追问：需要的主要仪器有哪些？

【学生】需准备的仪器包括：托盘天平（分析天平）、烧杯、玻璃棒、容量瓶、胶头滴管、量筒。

【教师】实验步骤分别是什么？

【学生】计算：
$$m\ (NaCl) = n\ (NaCl) \cdot M\ (NaCl)$$
$$= c\ (NaCl) \cdot V\ (NaCl) \cdot M\ (NaCl)$$
$$= 1.00\ mol/L \times 0.1\ L \times 58.5\ g/mol = 5.85\ g$$

因此需要 NaCl 固体的质量为 5.85 g。

【教师】用托盘天平能称量 5.85 g 吗？

【学生】称量时，用托盘天平不能准确称取 5.85 g，只能准确称取 NaCl 固体 5.9 g。

【教师】使用托盘天平应注意哪些问题？

【学生】①在测量过程中，请按照 NaOH 的标准进行测量；②请务必准备一张称重的纸，以便准确测定 0.1 g 的数据；③请勿将其放置在易受污染的容器中，以免造成损害。

【教师】使用托盘天平精确测量 5.9 g NaCl 固体，并且探究它在何处被溶解为 NaCl 固体？

【学生】把准备就绪的 NaCl 倒进烧杯里，加上一定比例的清水，然后使用玻璃棒混合，最后让它在室温下稳定。

【教师】重点提醒：氢氧化钠固态或浓硫酸，要冷却到室温才能转移。

【学生】移液：将烧杯中的溶液转移到容量瓶中。

【教师】在洗涤步骤中要注意什么问题？

【学生】洗涤：用适量的蒸馏水彻底清洗烧杯内壁，然后将清洁液均匀地倒入容量瓶中，轻轻搅拌，以保证清洁液均匀混合。

【教师】如何定容?

【学生】为确保容器内的液体保持在刻度线以内,当液面离容量瓶颈刻度线下 1~2 cm 时,改用胶头滴管滴加蒸馏水至液面与刻度线相切。

【学生】摇匀:盖好瓶塞,反复上下颠倒,摇匀。

【教师】溶液配好后能保存在容量瓶吗?

【学生】不能。应将溶液倒入试剂瓶中,然后将其放置在适当位置,并进行标记。

【问题3】归纳总结:结合实验过程,进行知识点整理。

【教师】投影图示:

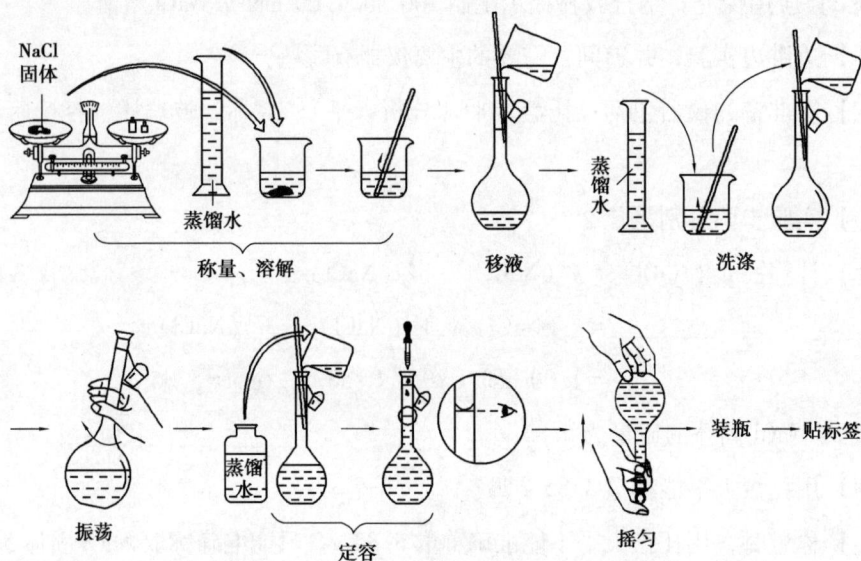

【教师】请对图示进行解读,并回答每步操作要注意哪些问题。

设计意图:结合实验图示,进一步加深对实验操作方法及注意事项的认知,从而培养学生的化学核心素养。检测与评价,通过问题反馈,调控课堂教学,提高课堂教学效率。

环节三:探究引起误差的操作

【过渡】实验过程中,很多不规范的操作都可能引起实验误差,下面我们一起来总结一下。

【学生】分小组讨论后,填写下表内容。

会引起误差的一些操作		m	V	c
托盘天平	天平的砝码沾有其他物质或已生锈			
	药品、砝码左右位置颠倒,且使用了游码			
	称量易潮解的物质(如 NaOH)时间过长			

续表

会引起误差的一些操作		m	V	c
量筒	用量筒量取液体时，仰视读数			
	用量筒量取液体时，俯视读数			
烧杯和玻璃棒	搅拌时部分液体溅出			
	未洗涤烧杯和玻璃棒			
容量瓶	溶液未冷却到室温就注入容量瓶定容			
	向容量瓶转移溶液时有少量液体流出			
	定容时，水加多了，用滴管吸出			
	定容时，俯视刻度线			
	定容时，仰视刻度线			

【教师】评价、讲解。

【问题】在定容的情况下，仰视或俯视刻度线会产生什么样的影响？

【教师】投影图示、分析讲解：

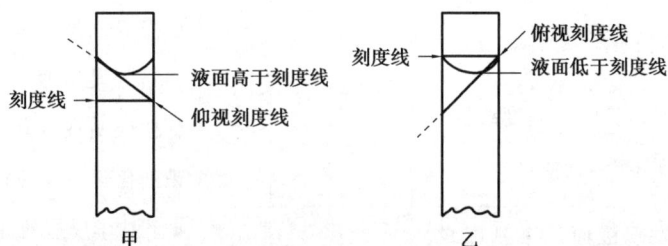

甲　　　　　　　乙

【学生1】观察图甲中的刻度线，发现当操作时，它的位置比液面的位置要低。因此，如果在这种情况下过多地添加了水，将会使溶液的体积增大，同时也会降低其中的浓度。

【学生2】从图乙的俯视角度来看，刻度线明显高于实际液面，这就意味着，由于加水量不足，溶液的体积减小，而浓度却增加了。

【教师】评价、强调：在利用仰视或俯视讨论对实验结果的影响时，要注意根据实验仪器和实验前后等不同情况具体问题具体分析，不能一概而论。

设计意图：本次实验旨在通过归纳总结，深入了解物质的量浓度和溶液误差分析，例如，仰视或俯视操作对实验的影响，以此来培养化学核心素养。检测与评价，发现问题，调控课堂，提高效率。

（三）教学反思

本节课是在初中学习了一定质量分数的溶液的配制和物质的量浓度的概念后安排的又

一重要的化学实验。教学从认识新仪器容量瓶入手，结合教材图示和实物展示，认识其结构特点、规格，在教师的引导下，了解实验注意事项。通过对 NaCl 溶液的配制和实验，我们将深入了解如何正确地操纵和维护它，并让我们的学生在课堂上独立思考，在课下进行互动讨论，从而提高他们的科研能力和创新精神。再通过归纳总结，形成配制一定物质的量浓度的完整操作步骤。最后，从物质的量浓度的定义出发，分析误差原理，再根据具体实验操作分析可能产生的误差，通过对应训练，检测教学效果。通过提出问题、讨论、归纳总结、实践操作，让学生在学习知识的同时，培养他们独立思考、协作交流的能力，以及根据研究目标制订有效研究方案的能力，并将其应用于实际化学实验中的科学探索精神。

三、素养诊断

"配制一定物质的量浓度的溶液"评价量表分析

核心素养目标	评价内容	评价得分（0~4分）			量表分析	素养水平
		学生	同伴	教师		
证据推理与模型认知	实验中若缺少洗涤步骤，分析对所配溶液浓度的影响	4	4	4	能从物质及其变化的事实中提取证据，对有关的化学问题提出假设，能依据证据证明或证伪假设；能识别化学中常见的物质模型和化学反应的理论模型，能将化学事实和理论模型之间进行关联和合理匹配	证据推理与模型认知水平1
	观察液面时，若俯视刻度线会导致所配溶液浓度如何变化	4	4	4		
	摇匀后，发现液面低于刻度线，若补加蒸馏水，分析对所配溶液浓度影响	4	4	4		
科学探究与创新意识	正确计算所需 NaCl 固体质量	4	4	4	能对简单化学问题的解决提出可能的假设，能依据假设设计实验方案，组装实验仪器，与同学合作完成实验操作，能运用多种方式收集实验证据，基于实验事实得出结论，提出自己的看法	科学探究与创新意识水平2
	溶解、转移、洗涤和定容操作正确	4	4	4		
	及时记录实验现象，正确填写实验报告	4	4	4		

核心素养目标	评价内容	评价得分（0~4分）			量表分析	素养水平
		学生	同伴	教师		
科学态度与社会责任	实验前清点并检查实验所需器材、物品、药品是否齐全、完好	4	4	4	具有安全意识，逐步养成严谨求实的科学态度；具有"绿色化学"的观念，主动关心与环境保护、资源开发等有关的社会问题；能依据实际条件并运用所学的化学知识和方法解决生产生活中简单的化学问题	科学态度与社会责任水平1
	检查容量瓶是否漏液	4	4	4		
	实验结束将废弃物倒入指定的容器中，将仪器洗涤干净并放回原处；整理台面，保持整洁，实验后洗手	4	4	4		
	思考该原理可以解决生产生活中的哪些问题	4	4	4		

四、实作考查

必修课程学生必做实验1：配制一定物质的量浓度的溶液

实验用品：托盘天平、纸片（相同质量的两张）、药匙、胶头滴管、量筒、烧杯、玻璃棒、100 mL 容量瓶、细口试剂瓶、盛放废弃物的大烧杯（2个）、标签一张、抹布；NaCl 固体、蒸馏水。

动态评分标准参考量表

考查要点	操作要求及评分细则	分值（100分）	得分
一、检查与整理	（1）实验前清点并检查实验所需器材、物品、药品是否齐全、完好。若有问题举手示意（5分）； （2）实验完毕，将废弃物倒入指定的容器中，将仪器洗涤干净并放回原处。整理台面，保持整洁，实验后洗手（5分）	10分	

续表

考查要点		操作要求及评分细则	分值 （100 分）	得分
二、 进行 实验	1. 计算、取样 溶解	（1）根据要求〔配制 100 mL 0.50 mol/L NaCl（Mr＝58.5 g/mol）溶液〕列式计算所需 NaCl 固体的质量。将已称好的 NaCl 固体放入烧杯中，加入适量蒸馏水（蒸馏水超过 100 mL 需重配）（5 分）； （2）用玻璃棒搅拌加速溶解，无明显连续碰壁声响（5 分）； （3）NaCl 固体全部溶解（5 分）	15 分	
	2. 检查容量瓶 是否漏液	（1）在容量瓶内装入一定量水，塞紧瓶塞，用右手食指顶住瓶塞，左手五指托住容量瓶底，将其倒立（瓶口朝下），观察容量瓶是否漏水（5 分）； （2）将瓶正立且将瓶塞旋转 180°，重复上述操作，观察容量瓶是否漏水（5 分）	10 分	
	3. 移液	（1）将烧杯中的溶液注入容量瓶，转移时应用玻璃棒引流（5 分）； （2）转移溶液时无液体洒落在外（5 分）	10 分	
	4. 洗涤	（1）能正确用少量蒸馏水洗涤玻璃棒及烧杯内壁（5 分）； （2）将洗涤液正确注入容量瓶（转移时应用玻璃棒引流）（5 分）； （3）转移溶液时无液体洒落在外（5 分）； （4）重复操作一次全部正确（5 分）； （5）轻轻摇动容量瓶，使溶液混合均匀（5 分）	25 分	
	5. 定容	（1）将蒸馏水注入容量瓶，使液面在容量瓶颈刻度线下 1～2 cm（5 分）； （2）改用胶头滴管悬空滴加蒸馏水至液面凹液面与刻度线相切（5 分）； （3）视线平视刻度线，有下蹲读数动作（5 分）	15 分	
	6. 摇匀，装瓶	盖好瓶塞，反复上下颠倒，摇匀。将配制好的溶液装入已贴好标签的试剂瓶中（5 分）	5 分	
三、完成实验记录		（1）合理准确填写实验操作中观察到的实验现象（5 分）； （2）正确填写实验结论并合理分析（5 分）	10 分	

实验十　铁及其化合物的性质

一、教材分析

（一）教材中的位置对比

在 4 个版本的教材中，本节内容位于人教版必修一第三章"铁、金属材料"第一节，鲁科版第三章"物质的性质与转化"第一节，苏教版必修二专题九"金属与人类文明"第二单元，沪教版第五章"金属及其化合物"第一节和第二节。人教版和鲁科版是介绍完典型的金属元素和非金属元素后归纳元素周期律，是"例—归"的编排思路；苏教版和沪教版是先学习非金属元素，再学习元素周期律，最后学习金属元素，是"例—归—例"的编排思路。前者的优点是例子充足，便于学生归纳出科学结论，后者的优点是先通过例子构建认知模型，再应用模型解决问题，学以致用，提升能力。建议各版教材使用教师根据学情适时调整顺序，以实现教材为教学服务的目的。

（二）实验用品的选择对比

人教版：实验 3-1 选用氯化铁溶液、硫酸亚铁溶液和氢氧化钠溶液；实验 3-2 选用氯化铁溶液、氯化亚铁溶液和硫氰化钾溶液；实验 3-3 选用氯化铁溶液、铁粉、硫氰酸钾和氯水。探究 1 选用电子工业中常用覆铜板和氯化铁溶液。

鲁科版：活动探究 1 选用硫酸亚铁溶液、氯化铁溶液、氢氧化钠溶液、酸性高锰酸钾溶液、氯水、硫氰酸钾溶液、碘化钾溶液、淀粉溶液、铁粉、锌片、铜片；活动探究 2 选用某补铁口服液、稀硫酸、氢氧化钠溶液、酸性高锰酸钾溶液、氯水、硫氰酸钾溶液。

苏教版：基础实验 1 选用氯化亚铁、氯化铁、硫氰酸钾、铁粉、氯水。实验探究 1 选用氯化铁溶液、毛笔和铜片；实验探究 2 选用硫酸亚铁溶液和氢氧化钠溶液。

沪教版：实验探究 1 选用氯化铁溶液和氢氧化钠溶液；实验探究 2 选用氯化铁溶液、硫氰酸钾溶液、铁粉、氯水和铜粉。

基于上述实验用品的选择，可以看出鲁科版选用的实验用品最为丰富，探究性最强。

（三）实验步骤对比

4 个版本的教材中，开放性最强的是鲁科版，既不介绍具体的操作步骤，也不指出所需仪器，对学生实验探究能力要求最高。而人教版、苏教版和沪教版的步骤则非常详细。人教版的每个实验都有对应的实验现象图，鲁科版和沪教版则将图片置于正文中，并未与实验逐一对应，苏教版没有设置对应图片。给出图片的优点是更加直观地呈现现象，但可能会降低学生自己动手探究的意愿。

（四）"思考与讨论"的对比分析

人教版：①分析已知方程式中铁的化合价变化及原因；②讨论铁粉和水蒸气反应的原理和产物；③思考如何制备氢氧化亚铁；④不同价态的铁，哪些可以做氧化剂？归纳"铁三角"转化模型；⑤写出利用覆铜板制作图案的方程式及使用后的"腐蚀液"。

鲁科版：①说明思路、预测现象、总结性质；②如何保存硫酸亚铁；③补铁剂中铁元素的转化设计方案涉及哪些含铁物质的转化？④能否利用氢氧化钠检验铁元素的价态？⑤补铁剂含有的其他成分是否影响实验结果的可靠性？

苏教版：①思考制备氯化铁的实验方案；②如何防止二价铁的氧化；③如何制备氢氧化亚铁？

沪教版：①配制硫酸亚铁时为什么加铁粉？②如何用氯化铁制作简易的印刷电路板？

分析上述问题和任务可知，思考与讨论栏目的设置旨在为不同程度的学生提供思维进阶的平台，同时作为正文的补充。例如，探究性强的鲁科版在此栏目中要求学生说明思路、预测现象及总结性质，便于教师对学生进行过程性评价。人教版问题 1 基于学生已知方程式分析价态变化及原因，为学生搭建思维的"脚手架"，照顾基础薄弱的学生。

（五）习题对比分析

人教版：共设 6 题，涉及方程式书写、鉴别与除杂、价态转化、推断题。

鲁科版：共设 12 题，分为学习理解和应用实践两个模块，涉及物质用途、物理性质、化学性质、检验、鉴别、转化、除杂、工业流程中的应用。

苏教版：共设 8 题，涉及转化、鉴别、方程式书写和实验方案设计。

沪教版：共设 4 题，涉及鉴别和在生活中的应用。

从习题数量和涉及知识点来看，鲁科版数量最多且涉及的知识点最全面，能够对学生核心知识的掌握情况进行较为全面的诊断。建议沪教版和人教版教师适当补充习题数量。从题型来看，各教材亮点纷呈，教师可以根据学情选用，例如，人教版第 5 题以表格的形式探究铁及其化合物的氧化性或还原性，帮助学生梳理思路，在对比中促进知识的结构化。

鲁科版以电子工业中制造印刷电路板的过程为背景，以工业流程图的形式呈现考查学生的核心知识，贴近生产实践，使学生感受到知识的实用价值，提升学生的综合思维。沪教版以某品牌补铁剂说明书为素材，设计问题考查铁的相关知识，贴近生活的素材更容易激发学生的兴趣，同时帮助学生养成科学健康的生活方式。

总之，每个版本的教材各有所长，只有充分认识其编排思路和特点，取长补短，因材施教，才能更好地发挥教材的教学作用。

二、教学设计

（一）教学流程图（图 5-14）

教学过程	情境任务	教学目标
环节一	认识暖宝宝	回顾旧知
	探究成分和原理	问题驱动
环节二	鉴别 Fe、Fe^{2+} 与 Fe^{3+}	认识鉴别的方法
	探究 Fe^{2+} 与 Fe^{3+} 转化	认识转化的本质
环节三	选择合适的氧化剂和还原剂	学以致用解决问题

图 5-14　"铁及其化合物的性质"教学流程图

（二）教学过程设计

环节一：触发问题——暖宝宝的成分

【教学活动】观察感知暖宝宝使用前后的物理变化，探究成分及其化学变化的本质。

【创设情境】展示暖宝宝的成分，引导学生思考，暖宝宝中的铁单质发生了怎样的变化？

设计意图：让学生直观感受暖宝宝使用前后发生变化的宏观事实，包括温度、固体颜色等，激发学生的兴趣，思考探究其微观本质，了解其中蕴含的科学精神与社会责任。

环节二：科学探究——铁离子与亚铁离子的性质

【教学活动】探究暖宝宝的工作原理。猜想铁元素存在的价态有哪些？设计实验方案，依据实验现象和事实，推出实验结论，验证猜想。

【问题1】在使用过的暖宝宝中，铁元素的价态会发生什么变化？

【做出猜想】引导学生做出猜想：Fe、Fe^{2+}、Fe^{3+}。

【检验铁单质的实验设计方案】

方案 1：用磁铁。

方案 2：稀硫酸，产生气泡证明存在铁单质。

【学生探究实验活动方案】

试剂：$FeSO_4$ 溶液、H_2O_2、KSCN 溶液、$KMnO_4$（H^+）溶液、新制氯水溶液。

方案 1：取一支洁净的试管，加入少量 $FeSO_4$ 溶液，然后滴加 1~2 滴 KSCN 溶液，溶液无变化。滴加 H_2O_2，随即变为血红色。

方案 2：首先，在一支试管中添加适量的 $FeSO_4$ 溶液；然后，滴入 2 滴 KSCN 溶液，观察其颜色是否发生了改变；最后，滴入几滴 $KMnO_4$（H^+）或新制的氯水，观察其颜色是否呈现血红色。

方案 3：取一支试管，添加少量 $FeSO_4$ 溶液，随即滴加几滴 H_2O_2，再滴加 1~2 滴 KSCN 溶液，直至溶液呈现明显的血红色。

实验探究 1：

【教师演示实验】将稀硫酸滴加到盛有暖宝宝成分的试管中，发现有气泡产生。

结论：引导学生从现象推导出实验结论，使用后的暖宝宝仍然存在未反应完全的铁单质。

【问题 2】如何检验 Fe^{2+} 与 Fe^{3+} 的存在？

设计方案：为检验 Fe^{2+} 与 Fe^{3+} 的存在，需要将暖宝宝中的固体溶解，如何设计这一过程？

【设问】如何检验溶液中的铁离子和亚铁离子的存在？

（1）沉淀法：氢氧化钠。

分析：引导学生对实验方案进行评价：氢氧化铁为红褐色沉淀，会影响氢氧化亚铁的颜色，无法检验是否存在亚铁离子。

（2）KSCN 溶液（Fe^{3+}）、$KMnO_4$（Fe^{2+}）溶液。

分析：溶液变红，有铁离子，用高锰酸钾检验亚铁离子的存在，高锰酸钾溶液褪色，亚铁离子被氧化。

实验探究 2：

滴加几滴 KSCN 溶液到待检测溶液中，溶液颜色变成血红色。

实验探究 3：

将待测液滴加到 $KMnO_4$（H^+）溶液中，溶液褪色。

【证据推理】

使用后的暖宝宝存在 3 种价态的铁元素，结合化学反应方程式介绍暖宝宝发热的原理（解释：Fe^{3+} 来源于氧化铁，Fe^{2+} 可能是没有完全除去的铁单质与酸反应产生的）。

设计意图： 遵循科学探究的一般过程，设计实验探究检验铁单质的存在、Fe^{2+} 与 Fe^{3+} 的存在。注意结合宏观证据进行科学推理，渗透"证据推理与模型认知"的教学思想。

环节三：证据推理——应用 Fe^{2+} 与 Fe^{3+} 的相互转化模型解决问题

【教学活动】思考如何回收利用暖宝宝中的铁元素？体会工业流程中的价值追求，从经济、效率、环保、是否引入杂质等角度选择最佳的氧化剂用于回收暖宝宝中的铁元素。

【问题3】如何回收其中的铁元素？

教师通过问题引导学生思考回收利用暖宝宝中铁元素的方法，工业中都是将固体溶解，在溶液中进行各种操作。

提出回收硫酸铁和硫酸亚铁的具体方案，展示硫酸铁与硫酸亚铁的回收利用价值。

【性质预测 Fe^{3+} 转化成 Fe^{2+}】从氧化还原的角度，根据价态规律，铁离子有氧化性，可以加入还原剂将铁离子转变成亚铁离子。

【实验验证】取一支洁净的试管，加入少量 $FeSO_4$ 溶液，滴加 1 滴 KSCN 溶液，溶液变为红色，再加入铁粉（或 Cu 粉、KI 溶液）。

【证据推理】引导学生根据实验现象推导出铁粉或者铜单质等可以将 Fe^{3+} 氧化成 Fe^{2+}。

【总结规律】常见的还原剂有 Fe、Cu、I^-。

【还原剂的选择】从经济成本、工作效率、绿色环保、是否引入杂质等角度，引导学生思考如何回收暖宝宝中的铁元素，若以硫酸亚铁的形式回收，应选取哪些还原剂？

【分析】铁粉既环保、经济，又不引入杂质，应该选择铁粉作为还原剂。

【性质预测】从化合价的角度，思考铁离子、亚铁离子的氧化性和还原性。

【实验验证】取一支试管，加入 $FeSO_4$ 溶液，滴加 1 滴 KSCN 溶液，溶液没有出现明显的变化，随后添加几滴 H_2O_2 溶液，溶液颜色变红。证据推理：过氧化氢将亚铁离子氧化成铁离子，亚铁离子具有还原性。学生书写离子反应方程式。

【规律总结】常见的氧化剂：O_2、Cl_2、Br_2、H_2O_2、$KMnO_4$ 都可以将 Fe^{2+} 氧化成 Fe^{3+}。

【氧化剂的选择】考虑因素：经济成本、工作效率、绿色环保、是否引入杂质等。

【分析】根据"环保、经济、不引入杂质"等价值判断，最终可以选择 H_2O_2 作为氧化剂。

【学生活动】画出不同价态铁元素的知识关系图谱，解决相关习题。

设计意图： 结合工业生产情境引入 Fe^{2+} 与 Fe^{3+} 如何相互转化的问题，从回收利用物质的角度出发，渗透科学价值观、科学精神与社会责任的教学思想。

（三）教学反思

本节课基于真实情境"暖宝宝"中所包含的铁的知识，以任务驱动学生在解决问题的过程中掌握核心知识、认识科学方法、培养科学思维、提升学科核心素养。例如，在氧化剂和还原剂的选取环节，部分学生只考虑到原理而忽视了成本，通过小组讨论，提升了考虑问题的全面性。值得注意的是，探究活动相对于讲授课，对课堂的组织管理提出了更高的要求，授课教师需根据学情适时予以引导，从而更好地实现教学目标。

三、素养诊断

"铁及其化合物的性质"评价量表分析

核心素养目标	评价内容	评价得分（0~4分）			量表分析	素养水平
		学生	同伴	教师		
宏观辨识与微观探析	溶液颜色变化	4	4	4	能根据实验现象辨识物质及其反应；能运用化学符号描述常见简单物质及其变化；能从物质的宏观特征入手对物质及其反应进行分类和表征	宏观辨识与微观探析水平1
	正确书写对应的离子方程式	4	4	4		
	运用氧化还原反应的基本原理分析以上方程式	4	4	4		
证据推理与模型认知	取一支试管，向试管中倒入约2 mL 1mol/L 氯化铁溶液，再滴加少许 KSCN 溶液，观察实验现象并记录	4	4	4	能收集证据并依据证据从不同视角分析问题，推断出合理的结论；能理解、描述和表示化学中常见的认知模型，并运用模型解释或推测物质的组成、结构、性质与变化	证据推理与模型认知水平2
	向步骤1的试管中加入适量还原性铁粉，震荡，充分反应，观察实验现象并记录	4	4	4		
	将步骤2的试管静置，把上层清液倒入另一试管，再滴加适量新制氯水（或双氧水），震荡，充分反应，观察实验现象并记录	4	4	4		

续表

核心素养目标	评价内容	评价得分（0~4分）			量表分析	素养水平
		学生	同伴	教师		
科学探究与创新意识	Fe^{3+} 的检验	4	4	4	具有较强的问题意识，能在与同学讨论的基础上提出探究的问题和假设；能依据假设提出实验方案，独立完成实验，收集实验证据，基于现象和数据进行分析并得出结论，交流自己的探究成果	科学探究与创新意识水平3
	Fe^{3+} 转化为 Fe^{2+}	4	4	4		
	Fe^{2+} 转化为 Fe^{3+}	4	4	4		
科学态度与社会责任	实验前清点并检查实验所需器材、物品、药品是否齐全、完好	4	4	4	具有安全意识，逐步养成严谨求实的科学态度；具有"绿色化学"的观念；能依据实际条件并运用所学的化学知识和方法解决生产生活中简单的化学问题	科学态度与社会责任水平2
	实验结束后将废弃物倒入指定的容器，将仪器洗涤干净并放回原处；整理台面，保持整洁，实验后洗手	4	4	4		
	思考该原理可以解决生产生活中的哪些问题	4	4	4		

四、实作考查

必修课程学生必做实验2：铁及其化合物的性质

实验用品：试管架、药匙或纸槽、胶头滴管、试管、盛放废弃物的大烧杯（2个）、抹布；1 mol/L 氯化铁溶液、还原性铁粉、KSCN 溶液、新制氯水（或双氧水）。

动态评分标准参考量表

考查要点	操作要求及评分细则	分值（100分）	得分
一、检查与整理	（1）实验前清点并检查实验所需器材、物品、药品是否齐全、完好。若有问题举手示意（5分）； （2）实验完毕将废弃物倒入指定的容器中，将仪器洗涤干净并放回原处。整理台面，保持整洁，实验后洗手（5分）	10分	

续表

考查要点		操作要求及评分细则	分 值 （100 分）	得分
二、 进行 实验	1. 液体药品 的取用	（1）取一支试管，向试管中倒入约 2 mL 1 mol/L 氯化铁溶液。取液体药品时将瓶塞倒放在桌面上（5 分）； （2）倾倒液体药品时标签向着手心（5 分）； （3）倾倒时瓶口紧挨试管口（5 分）； （4）倾倒后盖上瓶塞，放回原处，标签向着人（5 分）； （5）倾倒液体无洒出，试管中液体无明显超量（5 分）	25 分	
	2. Fe^{3+} 的 检验	（1）用胶头滴管悬空滴加少许 KSCN 溶液，滴加时无液体洒出（5 分）； （2）专用滴管放回原瓶（5 分）； （3）用手腕的力震荡试管（5 分）	15 分	
	3. Fe^{3+} 转化为 Fe^{2+}	（1）用药匙或纸槽加入少量铁粉（5 分）； （2）不洒出铁粉（5 分）； （3）用手腕的力震荡试管，充分反应（5 分）	15 分	
	4. 液体的转移	（1）静置，把上层清液倒入另一支试管，倾倒时一支试管的试管口紧挨另一支试管的试管口（5 分）； （2）倾倒时无液体洒出（5 分）	10 分	
	5. Fe^{2+} 转化为 Fe^{3+}	（1）用胶头滴管悬空滴加几滴新制氯水（或双氧水）（5 分）； （2）用手腕的力震荡试管（5 分）； （3）专用滴管放回原瓶（5 分）	15 分	
三、完成实验记录		（1）合理准确填写实验操作中观察到的实验现象（5 分）； （2）正确填写实验结论并合理分析（5 分）	10 分	

实验十一　不同价态含硫物质的转化

一、教材分析

（一）研读课标

本实验位于必修课程主题2"常见的无机物及其应用"中。其"内容要求"中有3个条目与此实验相关。"2.5 非金属及其化合物"中，课标要求：结合真实情境中的应用实例或者通过实验探究，了解硫及其重要化合物的主要性质。"2.6 物质性质及物质转化的价值"中，课标要求：结合实例认识非金属及其化合物的多样性，了解通过化学反应可以探索物质性质、实现物质转化，认识物质及其转化在自然资源综合利用和环境保护中的重要价值。2.7 学生必做实验中列出了本实验属于必修内容"主题2：常见的无机物及其应用"中学生必做的3个实验之一。

（二）教材对比

1. 教材中的呈现方式和位置对比

在呈现方式上，4个版本教材各自以不同的栏目呈现此实验内容。人教版中，本实验在必修第二册第五章"化工生产中的重要非金属元素"第一节正文的"探究"栏目中，以提示的形式给出常用的氧化剂，让学生自主选择试剂去完成探究活动，同时，在章末的"实验活动5"中，还以单独的实验活动的形式给出，彰显了其重要地位。鲁科版中，本实验位于必修第一册第3章"物质的性质与转化"第二节"硫的转化"中，在正文中以"活动·探究"栏目形式给出。沪科版的呈现形式比较特别，没有安排一个单独的实验来展现不同价态含硫物质的转化，而是在必修第一册中用"二氧化硫的性质""二氧化硫的还原性""浓硫酸与铜的反应"3个实验来实现不同价态的硫的转化关系，3个实验在正文中以"实验探究"栏目给出，而且在正文"黑火药中的硫磺"小节中，"硫与铁的反应"也是在实验探究中出现的。苏教版同沪科版类似，没有单独设置实验活动，而是在必修·上册专题4"硫与环境保护"第二单元"硫及其化合物的相互转化"正文中介绍相关转化，在"学科提炼"栏目给出了硫及其化合物的相互转化关系图。

在章节安排上，苏教版安排在必修·上册学习了金属钠和非金属氯之后，"硫与环境保护"为单独的一章。沪科版安排在必修第一册学习了"海洋中的卤素资源"之后的第3章，

"硫及其重要化合物"是其中的第一节内容。鲁科版在必修第一册第3章"物质的性质与转化"中，此章包含了 Fe、S、N 元素相关知识的学习，"硫的转化"位于第二节，其重点在于"转化"，与 Fe、N 一样都属于变价元素，其价态转化关系是前一章氧化还原相关知识的体现。人教版的编排是最靠后的，位于必修第二册第五章，本章包括 S、N、Si 等非金属元素相关知识，较为集中地学习了非金属及其化合物的性质。

对于课标要求的必做实验，不同的教材体现了不同的编排智慧。从栏目的重要性来说，人教版在两个模块中出现，并且以单独的实验活动栏目给出，对此实验重视程度最高。从章节编排来看，苏教版对硫及相关物质的性质最为重视，为单独的一章，而其他几个版本都是一章或者一个单元的一节内容，同时，苏教版也是唯一一个没有给出具体实验指导的教材。从灵活性来说，沪科版的编排最为灵活，其按照课标将"不同价态含硫物质的转化"实验列为学生必做实验，但是在附录中，将其细分为3个实验——"二氧化硫的性质""二氧化硫的还原性""浓硫酸与铜的反应"，用二氧化硫、浓硫酸性质探究代替单独的"转化"实验，体现了过程教学的思想。

2. 实验用品的选择对比

人教版"实验活动"中"不同价态含硫物质的转化"，有关氧化还原的药品使用了共计9种试剂。鲁科版用到的药品共计12种试剂。沪科版涉及的4个实验，用到的药品共计11种试剂。苏教版虽然没有指明具体的实验内容，其正文中涉及的相关实验为"二氧化硫的性质""浓硫酸的性质"，用到的药品共计9种试剂。从药品的种类来看，鲁科版的12种药品是最丰富的。各版本教材所用的试剂如表5-11所示。

表5-11 4个版本的教材关于"不同价态含硫物质的转化"实验药品

教材版本	人教版	鲁科版	沪科版	苏教版
相同药品	浓硫酸 氢氧化钠溶液	浓硫酸 氢氧化钠溶液	浓硫酸 氢氧化钠溶液	浓硫酸 氢氧化钠溶液
不同药品	硫粉 铁粉 硫化钠溶液 酸性 $KMnO_4$ 溶液	硫化钠溶液 酸性 $KMnO_4$ 溶液 亚硫酸钠溶液 氯水 碘化钾溶液 淀粉溶液 稀硫酸	铁粉 硫粉 酸性 $KMnO_4$ 溶液 3% H_2O_2 溶液 氯化钡溶液 稀盐酸	3% H_2O_2 溶液 氯化钡溶液 稀盐酸

续表

教材版本	人教版	鲁科版	沪科版	苏教版
差异药品	铜片 亚硫酸溶液 品红溶液	铜片 二氧化硫水溶液 品红溶液	铜丝 二氧化硫 二氧化硫水溶液 0.1%品红溶液	铜片 二氧化硫水溶液 品红溶液

注：相同药品是指描述完全相同的药品，不同药品是指4个版本的教材并未都使用的药品，差异药品是指同样的物质
　　以不同形式给出的药品。

可以看出，4个版本的教材完全相同的实验药品只有浓硫酸和氢氧化钠溶液。表中还列出了差异药品，是指使用的是同样的物质，但不同版本教材给出的物质形态或描述不尽相同的药品。4版教材都用到了铜，但沪科版给出的是螺旋状铜丝，其他3版给的均为铜片（人教版在正文介绍铜和浓硫酸反应时也用的铜丝），可抽拉的铜丝对于控制反应发生和停止是很方便的，也能尽量减少二氧化硫的产生，是比较推荐的用法。在描述使用二氧化硫时，人教版描述的是亚硫酸溶液，鲁科版和苏教版描述的是二氧化硫水溶液，沪科版用的是二氧化硫和二氧化硫水溶液两种状态的试剂，描述虽有差异，但实质没有区别。4个版本的教材均使用了品红溶液，人教版、鲁科版、苏教版均直接描述为品红溶液，只有沪科版指明了是0.1%的品红溶液，对于浓度的准确描述有利于实验准备以及学生形成定量的学科思想。

其他仪器和药品：人教版铁和硫的反应实验中，提到了将"0.5 g硫粉和1.0 g铁粉均匀混合，放在石棉网（或陶土网）上堆成条状"。而在沪科版"硫与铁的反应实验探究"中，使用了研钵将铁粉和硫粉充分混合，对如何混合以及混合时使用的仪器进行了具体描述，实验操作指导性更强。另外，沪科版还使用了石英试管进行加热，对于有条件的学校是可以借鉴的。在浓硫酸和铜的反应实验中，沪科版用到了双连球这个仪器，用于驱赶装置中残留的二氧化硫。这个实验细节其实在考试题中经常有类似的操作出现，体现了绿色化学的思想。

3. 实验步骤对比

4个版本的教材开放性最强的是鲁科版，只给出了实验目的、实验用品和方案设计与实施的空白表格。没有具体操作步骤，也没有实验装置图，对学生设计实验、动手能力要求最高。人教版的实验活动给出了3个实验步骤分别对应3个实验，药品用量都全部给出，铜和浓硫酸反应还给出了实验装置图。沪科版和苏教版分散的几个实验都给出了详细的操

作步骤和实验用量。以铜和浓硫酸反应实验为例，人教版给出的操作步骤为"向试管中加入 1 mL 浓硫酸和一小块铜片，塞上带导管的单孔橡胶塞，加热"，对操作过程有基本的描述。苏教版的操作为"将一小片铜片放入试管中，然后加入 2 mL 浓硫酸，用如图 4-4 所示的实验装置进行实验"，其对铜片和浓硫酸的添加顺序有明确建议，但是没有后续塞橡胶塞操作的指导。沪科版的实验步骤介绍是最详尽的，用 7 行文字描述了整个实验过程。从试管中溶液的添加，到铜丝的插入，到尾气的处理，以及最后反应液的稀释，都有非常细致的步骤。在反应完后，验证产物有硫酸铜时，人教版"实验活动"模块没有提及，但正文中有"冷却后，将试管里的物质慢慢倒入盛有少量水的另一支试管里，观察溶液的颜色"，沪科版采用的是"打开橡皮塞，用长滴管吸取试管中的悬浊液，小心注入另一支盛有少量水的试管中，观察溶液颜色"。两种方式对比起来，沪科版的操作更简单，安全性也更强。

在给出的实验装置图方面，人教版和苏教版给出的是示意图，且都只给出了铜和浓硫酸反应的装置示意图，区别是吸收尾气的 NaOH 溶液，人教版是以浸 NaOH 溶液的棉团堵在试管口，苏教版是用试管装 NaOH 溶液以洗气的方式处理尾气。相对而言，人教版的装置更简单，操作更方便。沪科版给出的是实物图，从反应前到反应后都给出了清晰的图片。沪科版中装置图中酒精灯加热的试管是直立放置的，一般试管是斜向上放置，可能是为了方便双连球的放置。相较而言，示意图更加简洁，背景干净，实物图更加形象，展现出的仪器装置更立体，所看到的溶液颜色更有参考意义。

从实验用量上，人教版非常好地体现了节约药品的思想，取用的液体药品都是 1 mL，沪科版为 2~3 mL，苏教版为 2 mL。固体药品如硫和铁，人教版是 0.5 g 硫粉，1.0 g 铁粉，沪科版是 4 g 铁粉和 2.5 g 硫粉。而其他试剂，如品红溶液、氢氧化钠溶液、高锰酸钾溶液等，只有沪科版的用量是非常明确地给出的。

对于学生能力比较强的地区或学校，以培养学生自主探究和创新能力为导向，可以采用鲁科版的模式，给予学生最大的自主空间，但是教师应对实验细节有具体的把握，在需要时能及时给予指导。对于学生动手实践能力还有所欠缺的学生，在实验步骤中，可以参考沪科版的设计，尽量详细地指导学生完成实验，训练他们对化学实验的熟悉度，在熟能生巧的基础上再提升自主探究的能力。

4. "问题与讨论"的对比分析

人教版在实验活动最后有"问题与讨论"环节，提出了 3 个问题，前两个是关于实验原理的讨论，包括"硫元素价态发生了怎样的变化""铁粉和硫粉在空气中混合燃烧时可能发生哪些化学变化"，第三个问题关注实验过程"在实验中你遇到了哪些问题？你是如何解决的?" 3 个问题开放性逐渐增强,提示学生去思考化学原理的相关知识以及实验操作的过程分析。鲁科版在实验最后设置了"思考"环节,也提出了 3 个问题,第一个是"用图示的方法表示不同价态硫元素之间的相互转化关系",第二个是"总结二氧化硫和浓硫酸的化学性质",第三个是"谈谈你对元素不同价态之间的转化与相关物质氧化性、还原性关系的认识"。鲁科版的思考题更注重学生思维的锻炼,提出的问题都比较开放。沪科版和苏教版都不是单独的实验活动环节,都穿插于正文中,沪科版没有思考题环节,苏教版在铜与浓硫酸反应实验后,有 3 个思考问题,第一个是"指出反应中的氧化剂、还原剂,分析元素价态变化",第二个是"经常利用浓硫酸作为干燥剂,试解释其原因。对被干燥的物质而言,有何要求?"第三个是"为什么可将浓硫酸装在钢罐中运输?"

5. 习题对比分析

人教版的习题设计类型丰富,在第五章第一节的习题中,将正文中没有涉及的蔗糖与浓硫酸反应的实验设计为一道习题,通过 3 个问题将实验原理和硫的价态变化渗透其中。在章末习题中,第 4 题是连续氧化的推断题,其中一个角度是关于硫的价态转化的(另一个角度是 N 元素的价态变化);第 5 题是木炭与浓硫酸反应的实验题,给出了完整的实验装置图,实验的目的是检验 3 个气体产物;第 6 题是关于硫的化合物的框图推断题,还有计算题也是关于二氧化硫氧化还原的。

沪科版的第三章第一节后习题第 4 题为单独的硫的价态转化的题,考查学生典型价态转化的方程式的书写。章末习题中,1、2 两个选择题是关于硫的转化的,后续关于硫的价态变化都是以实际问题为背景给出的,比如,第 6 题超低硫柴油的应用,第 8 题酸雨的形成路径,更关注硫在真实情景下的相关变化。苏教版和鲁科版关于硫的价态转化的习题较少,主要以真实情景为载体体现一些转化的知识,如燃煤脱硫、酸雨形成等内容,也是落实新课标的体现。

以上对比分析可知,每个版本对于"不同价态含硫物质的转化"实验的安排各有千秋,人教版对实验地位极其重视,鲁科版对探究方式高度开放,沪科版对实验操作指导详细,苏教版对硫元素浓墨重彩,4 版教材以各自的理解和态度阐释着对新课标的执行。无论教与学,均需要研读课标,在对课标有深刻认识的基础上,借鉴教材给出的素材,在各种版本教材之间取长补短,找到适合学生或学情的教学模式,才是能够最大化利用教材的方式。

二、教学设计

（一）教学流程图（图 5-15）

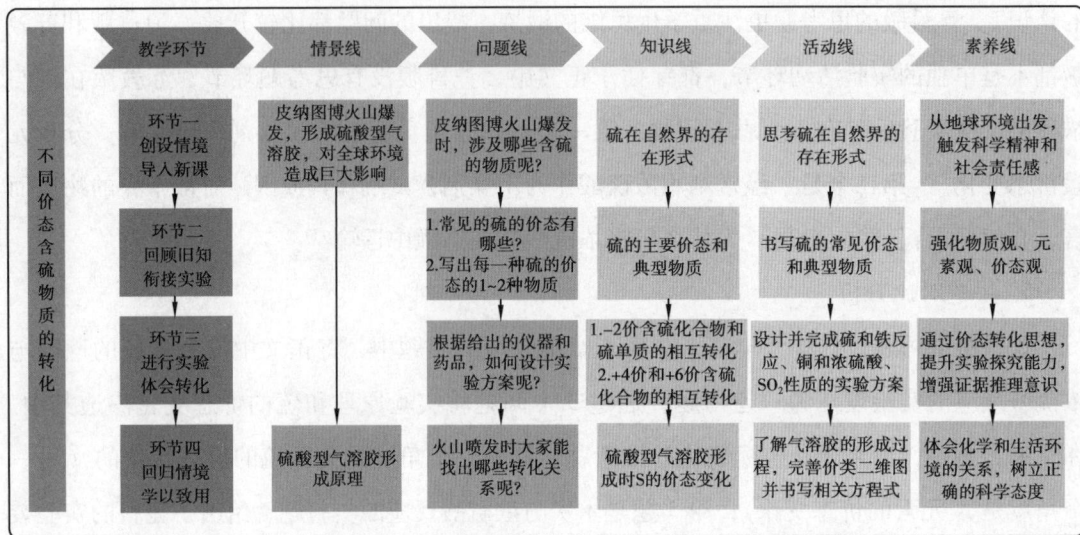

图 5-15 "不同价态含硫物质的转化"教学流程图

（二）教学过程设计

环节一：创设情景 导入新课

【创设情境】1991 年，菲律宾的皮纳图博火山爆发，百亿吨岩浆、两千万吨 SO_2 以及大量的其他物质随之逸出，对当地经济、社会、环境造成了巨大的损失。这次火山爆发导致当年全球平均气温下降约 0.5 ℃，同时硫酸型气溶胶颗粒遍布全球，导致雾霾加重。其产生的气溶胶和灰尘扩散到了平流层，导致平流层温度比往年上升，并且加剧了臭氧层的破坏。

【提问】在刚刚提到的大事件中，涉及哪些含硫的物质呢？

【学生】硫酸、二氧化硫、硫酸盐……

【讲解】展示火山附近主要物质图片，补充火山口还喷发 H_2S、SO_3 等物质，同时硫元素还会以含硫矿石等形式分散到岩石中。

【讲述】大家了解到在自然界中，硫以多种形式、不同的价态存在，并且在一定条件下可以相互转化。今天这节课我们就从实验的角度体验不同价态含硫物质的转化。

设计意图：从火山爆发切入，引起学生关注硫及其相关物质和地球生态环境的密切关系。从自然界过渡到实验室，让学生带着实际应用的背景来进行实验，感受化学学科的价值。

环节二：回顾旧知　衔接实验

【提问】常见的硫的价态有哪些呢？

【展示】常见硫的价态。

【提问】写出每一种硫的价态的 1~2 种物质。

【学生】书写不同价态的硫的物质。

【展示】硫的价类二维图。硫的价态如此丰富，除单质外，每个价态都对应着不同类型的物质，如酸、盐、氧化物等，我们今天选择以下几个典型的实验来感受硫的价态的转化过程。

设计意图：实验前回顾课堂所学关于硫的理论知识，巩固旧知的同时为后续实验做好铺垫。

环节三：进行实验　体会转化

实验一：−2 价含硫化合物和硫单质的相互转化

【学生】清点实验仪器和药品。

【提问】根据给出的仪器和药品，如何设计实验方案呢？

【学生】小组讨论并制订方案，并分享。

【展示】实验参考步骤：

（1）将 2.0 g 铁粉和 1.0 g 硫粉在研钵中充分混合，装入干燥的石英试管中。在试管口塞上带长玻璃导管的单孔橡皮塞，并在导管末端塞入一团浸有氢氧化钠溶液的棉花。加热试管，待混合物出现红热现象时，立即移开酒精灯，观察现象。

（2）向试管中加入 1 mL 硫化钠溶液，再加入 1 mL 亚硫酸钠溶液，观察现象；随后滴入几滴稀硫酸，再次观察。

【学生】参考教师给出的实验步骤，修订实验方案完成实验，观察并记录现象。

实验二：+4 价和+6 价含硫化合物的相互转化

【展示】

实验药品：铜丝、浓硫酸、0.1% 品红试液、酸性高锰酸钾溶液、氯水、硫化钠溶液、氢氧化钠溶液、氯化钡溶液、稀盐酸、3% 过氧化氢溶液。

实验仪器：试管、双连球、铁架台、烧杯、导管、酒精灯、长胶头滴管、三通管、橡皮管。

【提问】根据给出的仪器和药品，请小组讨论并设计实验装置和方案。

【学生】小组讨论并制订方案，绘制并分享所设计的装置图。

【分析】根据学生所画装置图，分析优缺点，改进装置图。

【展示】实验步骤：

（1）搭好装置，关闭双连球的活塞，在 1 号试管中加入 2～3 mL 浓硫酸，2 号试管中加入 2 mL 0.1% 品红试液，3 号试管中加入 2 mL 高锰酸钾溶液，4 号试管加入 2 mL 氯水，5 号试管加入 2 mL 硫化钠溶液，6 号和 7 号试管加入 2 mL 水，烧杯中加入 30 mL 氢氧化钠溶液。将插在橡皮塞上的铜丝慢慢旋入浓硫酸中，加热试管。打开三通活塞，将三通下面的导管依次伸入 2～6 号试管，观察现象。

（2）反应后，将铜丝慢慢旋出液体，打开双连球上的活塞，用双连球将装置内残留的气体吹入氢氧化钠溶液。打开橡皮塞，用长胶头滴管吸取 1 号试管中的悬浊液，小心注入 7 号试管，观察溶液颜色。

（3）向 6 号试管中滴入几滴氯化钡溶液，观察现象；再向试管中滴加 2 mL 3% 的过氧化氢溶液，震荡，放置片刻后滴加几滴稀盐酸，观察现象。

【学生】参考教师给出的实验步骤，修订实验方案完成实验，观察并记录现象。

设计意图：培养学生实验前清点仪器和药品的习惯，提升设计实验方案的能力。通过实验方案改进和讨论，培养学生的团队协作能力和质疑精神，让学生实践科学探究。

环节四：回归情境　学以致用

【提问】实验前提到的火山喷发时含硫物质的分布情况，大家能找出哪些转化关系呢？

【学生】找出图中硫的转化关系。

【讲解】硫酸型气溶胶的形成过程如下图所示，其中涉及不同价态含硫物质的转化过程。化学反应每天都在身边，了解它们，调控它们，我们的生活可以因为化学更美好！

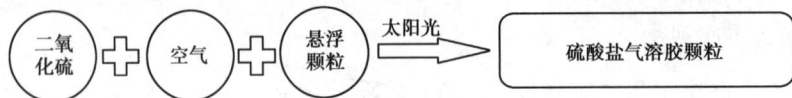

（三）教学反思

实验过程中，可以多放手让学生去实践，但是要注意安全防护。特别是二氧化硫，刺激性气味重，且对人体有害，因此，在尾气处理、制备用量等方面尤其需要提醒学生注意，避免在一片"乌烟瘴气"中完成课堂教学。

课后进行价类二维图的完善是必要的，能够很好地帮助学生形成良好的学科观念。

三、素养诊断

"不同价态含硫化合物的转化"评价量表分析

核心素养目标		评价内容	评价得分（0~4分）			量表分析	素养水平
			学生	同伴	教师		
科学探究与创新意识	-2价含硫化合物和硫单质的相互转化	铁粉与硫粉混合研磨	4	4	4	能基于含硫物质价态进行实验设计；结合已有知识大胆猜想，敢于探索；依据设计实验方案，选择合适仪器并完成实验	科学探究与创新意识水平3
		硫化钠与亚硫酸钠溶液是否反应	4	4	4		
		硫化钠与亚硫酸钠在稀硫酸条件下反应	4	4	4		
	+4价和+6价含硫化合物的相互转化	铜和浓硫酸反应	4	4	4		
		铜与浓硫酸反应后溶液中产物鉴定	4	4	4		
		二氧化硫与氯化钡是否反应，加过氧化氢后是否反应	4	4	4		
宏观辨析与微观探析	-2价含硫化合物和硫单质的相互转化	铁粉与硫粉反应	4	4	4	能从物质类别和价态两个角度分析反应是否能够发生	宏观辨识与微观探析水平4
		硫化钠与亚硫酸钠在稀硫酸条件下反应	4	4	4	能从物质类别和价态两个角度分析反应是否能够发生，并从离子的视角认识反应本质	
	+4价和+6价含硫化合物的相互转化	铜和浓硫酸反应	4	4	4		
		二氧化硫与酸性高锰酸钾溶液反应	4	4	4		
		二氧化硫与氯水反应	4	4	4		
		二氧化硫与硫化钠溶液反应	4	4	4		
		二氧化硫与氯化钡是否反应，加过氧化氢后是否反应	4	4	4		
		二氧化硫与品红溶液反应	4	4	4	能从微观粒子变化角度辨识二氧化硫漂白性和还原性的区别	

续表

核心素养目标	评价内容		评价得分（0~4分）			量表分析	素养水平
			学生	同伴	教师		
证据推理与模型认知	-2价含硫化合物和硫单质的相互转化	基于硫价态转化设计实验方案	4	4	4	能从实验现象总结出不同价态的硫转化规律；能在实验过程中收集实验证据，推测实验结论；能通过模型构建，理解二氧化硫漂白性和还原性的本质区别；能通过实验对比，认识溶液酸碱性对反应进行方向的影响	证据推理与模型认知水平2
		依据实验现象分析-2价硫和硫单质价态转化规律	4	4	4		
	+4价和+6价含硫化合物的相互转化	基于硫价态转化设计实验方案	4	4	4		
		根据实验现象分析+6价硫与+4价硫转化规律	4	4	4		
		根据实验现象验证二氧化硫的还原性	4	4	4		
		根据实验现象验证二氧化硫的漂白性	4	4	4		
		根据实验现象理解二氧化硫被氧化后与氯化钡反应原理	4	4	4		
变化观念与平衡思想	-2价含硫化合物和硫单质的相互转化、+4价和+6价含硫化合物的相互转化	硫化钠与亚硫酸钠溶液，硫化钠、亚硫酸钠和稀硫酸，二氧化硫与硫化钠溶液反应对比	4	4	4	能从变化和平衡的角度认识反应条件对反应的影响	变化观念与平衡思想水平3
科学态度与社会责任		实验过程注重尾气处理，避免环境污染	4	4	4	能够在实验过程中关注环境污染问题，形成绿色化学思维	科学态度与社会责任水平2
		硫在自然界的存在形态和典型物质	4	4	4	了解硫在自然界的形成和变化，关注环境问题，养成正确的社会责任感	
		了解硫酸型气溶胶的形成过程和影响因素	4	4	4		

四、实作考查

必修课程学生必做实验 3：不同价态含硫物质的转化

实验用品：试管架、坩埚、药匙、胶头滴管、试管、酒精灯、火柴、木条、盛放废弃物的大烧杯（2 个）、抹布；1 mol/L 硫化钠溶液、稀盐酸、氯化钡溶液、新制氯水（或双氧水）。

动态评分标准参考量表

考查要点		操作要求及评分细则	分值（10 分）	得分
一、检查与整理		(1) 实验前清点并检查实验所需器材、物品、药品是否齐全、完好，若有问题举手示意（5 分）； (2) 实验完毕将废弃物倒入指定的容器中，将仪器洗涤干净并放回原处。整理台面，保持整洁，实验后洗手（5 分）	10 分	
二、进行实验	1. 液体药品的取用	(1) 取一支试管，向试管中倒入约 2 mL 1 mol/L 硫化钠溶液。取液体药品时将瓶塞倒放在桌面上（5 分）； (2) 倾倒液体药品时标签向着手心（5 分）； (3) 倾倒时瓶口紧挨试管口（5 分）； (4) 倾倒后盖上瓶塞，放回原处，标签向着人（5 分）； (5) 倾倒液体无洒出，试管中液体无明显超量（5 分）	25 分	
	2. S^{2-} 转化为 S	(1) 用胶头滴管悬空滴加少许新制氯水溶液，滴加时无液体洒出（5 分）； (2) 专用滴管放回原瓶（5 分）； (3) 用手腕的力震荡试管（5 分）	15 分	
	3. S 转化为 SO_2	(1) 用药匙在坩埚中加入少量硫粉（5 分;） (2) 用燃着的木条点燃硫粉（5 分）； (3) 扇闻产生的气体（5 分）	15 分	
	4. SO_3^{2-} 转化为 SO_4^{2-}	(1) 取一支试管，向试管中倒入约 2 mL 1 mol/L 亚硫酸钠溶液。取液体药品时将瓶塞倒放在桌面上（5 分）； (2) 倾倒时无液体洒出（5 分）； (3) 用胶头滴管悬空滴加几滴新制氯水（或双氧水）（5 分）； (4) 用手腕的力震荡试管，专用滴管放回原瓶（5 分）	20 分	
	5. 检验 SO_4^{2-}	用胶头滴管悬空先滴加稀盐酸，再滴加氯化钡溶液（5 分）	5 分	

续表

考查要点	操作要求及评分细则	分值 （10分）	得分
三、完成实验记录	（1）合理准确填写实验操作中观察到的实验现象（5分）； （2）正确填写实验结论及合理分析（5分）	10分	

实验十二　用化学沉淀法去除粗盐中的杂质离子

一、教材分析

"用化学沉淀法去除粗盐中的杂质离子"实验位于必修课程主题2"常见的无机物及其应用"中，为学生必做实验，学业质量要求：能利用典型代表物的性质和反应，设计常见物质制备、分离、提纯、检验等简单任务的方案；能从物质类别和元素价态变化的视角说明物质的转化路径。为了落实新课标的要求，4个版本的教材均安排了"用化学沉淀法去除粗盐中的杂质离子"实验。

（一）教材中的位置对比

在4个版本教材中，除了人教版将该实验设置在高中化学必修二中，其余3个版本教材均位于高中化学必修一中，安排的章节有很大差异，具体如下：

人教版位于必修二第五章"化工生产中的重要非金属元素"整理与提升后的实验活动4"用化学沉淀法去除粗盐中的杂质离子"，是以专门的探究性实验活动的形式，放在必修一、必修二系统学习完化学基本概念、金属元素/非金属元素化合物知识后。

鲁科版位于必修一第二章"元素与物质世界"第2节电解质中"3.离子反应的应用"部分，学习完第一章认识化学学科（含走进化学学科、研究物质性质的方法和程序、物质的量）、第二章元素与物质世界（含元素与物质分类、电解质的电离和离子反应）之后，以活动·探究的形式呈现，属于第二章第2节正文的一部分。

苏教版位于必修上册专题三"从海水中获得的化学物质"中第三单元海洋化学资源的综合利用，在前面已学习了物质的分类及计量、研究物质的基本方法、氯气及氯的化合物、金属钠及钠的化合物的相关知识。

沪教版必修一第二章《海洋中的卤素资源》"2.1　海水中的氯",是在介绍完第一章物质的分类、物质的量、化学中常用的实验方法之后。

(二)实验用品的选择对比

人教版:粗盐、蒸馏水、$0.1\ mol/L\ BaCl_2$ 溶液、$20\%\ NaOH$ 溶液、饱和 Na_2CO_3 溶液、$6\ mol/L$ 盐酸、pH 试纸。

托盘天平、钥匙、量筒、烧杯、玻璃棒、胶头滴管、漏斗、滤纸、蒸发皿、坩埚钳、铁架台(带铁圈)、石棉网(或陶土网)、酒精灯、火柴。

鲁科版:粗食盐水、稀盐酸、稀硫酸、$NaOH$ 溶液、$Ba(OH)_2$ 溶液、Na_2CO_3 溶液、$BaCl_2$ 溶液。

烧杯、漏斗、玻璃棒、表面皿、滤纸、pH 试纸、试管、胶头滴管、铁架台(带铁圈)。

苏教版:粗盐中含有可溶性杂质($CaCl_2$、$MgCl_2$、Na_2SO_4),请选择合适的仪器和试剂,完成粗盐提纯实验。

沪教版:氯化钡溶液、氢氧化钠溶液、碳酸钠溶液以及盐酸等。

提供的实验用品最为详细的是人教版和鲁科版,其中人教版的特点是药品要求非常精细,有指明具体的溶液浓度;鲁科版的特点是提供的酸、碱、盐均有两种,需要学生根据具体情况自行选择,对学生的要求更高。

苏教版和沪教版都是以开放性实验的形式呈现,实验用品不限制,需要学生自由选择,但沪教版在实验后面提供了问题分析,有指明除杂需要用到的具体试剂及添加顺序。

(三)实验步骤对比

4 个版本的教材,只有人教版的步骤非常详细,从用托盘天平称取 5 g 粗盐加水溶解得到粗盐水,到最后得到去除了杂质离子的精盐,整个实验共 9 步。鲁科版、苏教版、沪教版均是以开放性的探究实验的形式呈现。其中开放性最强的是苏教版,只提到了粗盐中含有可溶性杂质($CaCl_2$、$MgCl_2$、Na_2SO_4),然后以表格的形式布置任务:杂质、加入的试剂、离子方程式,需要学生自己设计实验操作步骤,完成粗盐提纯实验。沪教版在实验的开放度上跟苏教版差不多,但在正文中有提出问题"试剂加入的先后顺序、每种试剂加入的量是否会影响除杂效果",引导学生思考结果,设计粗盐提纯的实验方案,并以实验报告:实验目的(已写明)、实验原理、实验用品、实验步骤、数据处理与实验结果、问题与讨论的方式呈现出来。鲁科版在实验设计上最为多元,实验方案的设计是以流程图的形式呈现，要求学生先用流程图的形式确定实验操作流程，并用表格的形式填写实验方案的具体实施过程，包括所用试剂及实验操作、实验现象、解释和结论；并且还提供了"利用离子反应除去杂质的基本思路"方法导引的小卡片，卡片中只给了思路方法，并没有提到具体实验需要的试剂及顺序。

建议使用人教版的教师可以根据学生情况增加实验的探究性，特别是对于基础较扎实和能力较强的学生，可以参照鲁科版思路进行教学；而使用鲁科版教材的教师则可以在学生遇到困难时适当给学生提供指导和辅助资料，引导学生完成实验。

（四）"思考与讨论"的对比分析

4 个版本的教材均围绕试剂作用、试剂加入顺序等设置了思考题，人教版提出了 3 个问题：

①本实验中加入试剂的顺序是什么？按照其他顺序加入试剂能否达到同样的目的？

②为什么每次所加试剂都要略微过量？第 7 步加入盐酸的目的是什么（向所得滤液中加盐酸直至没有气泡冒出，用 pH 试纸检验溶液呈微酸性）？

③第 6 步和第 7 步的操作顺序能否颠倒？为什么？

（五）习题对比分析

在 4 个版本的教材中，鲁科版习题数量最多，考查最细致，且涉及了化学沉淀法中沉淀剂的选择及其添加顺序，以及物质鉴别与除杂实验方案的设计。苏教版在上一章节有一个粗盐提纯思想的综合练习题，建议调一下位置。人教版和沪教版均未涉及粗盐提纯的相关习题，建议予以补充，以满足不同程度学生的学习需求。4 个版本的教材中，除鲁科版以外，其余 3 个版本的教材均建议添加化学沉淀法除去可溶性杂质离子的相关练习，建议既有基础原理的应用，又有解决生活中的实际问题。

从以上对比分析可知，每个版本的教材各有所长，只有充分认识每本教材的编排思路和特点，并根据学情予以调整，才能实现教材功能的最大化，从而更好地为教与学服务。

二、教学设计

（一）教学流程图（图 5-16）

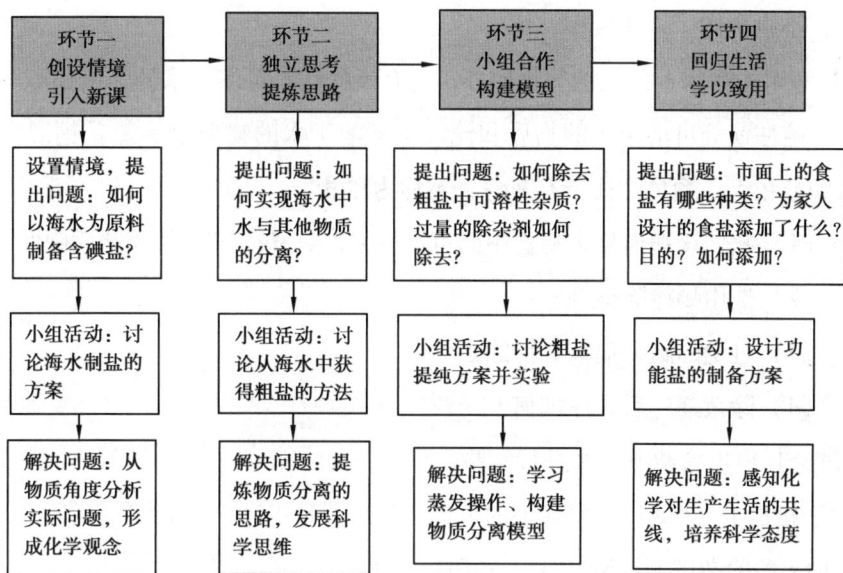

图 5-16　"用化学沉淀法去除粗盐中的杂质离子"教学流程图

（二）教学过程设计

环节一：创设情境　引入新课

【创设情境】食盐是重要的民生物资。我国曾经是严重的碘缺乏症国家，后来政府通过推行食盐中加碘（我国通常添加碘酸钾），成功解决了这一问题，提高了人口素质。

【提问】那么如何从海水到餐桌上的含碘盐呢？

【展示】海水、食盐、含碘盐的主要成分。

【讲述】通过分析我们不难发现，需要解决的是去除海水中的水和少量其他物质，并在氯化钠中添加碘酸钾这两个步骤。实际上，每一种纯净物都有独特的性质，人们根据需求选择性质合适的物质来使用。由于自然界中的物质大多以混合物的形式存在，所以人们会通过分离提纯获得相对纯净的物质；但是当一种物质的性质不能满足人们的需求时，人们又会把性质合适的不同物质混合在一起，以获得我们需要的、有特殊功能的混合物。

环节二：独立思考　提炼思路

【提问】如何实现海水中水与其他物质的分离呢？

【展示】汉代煮盐、自贡燊海井图片。

【讲述】可见，进行物质分离时，我们首先要考虑需要被分离的物质与混合物中其他物质在性质上的差异，并利用这种差异使被分离的物质与混合物中的其他成分处于不同状态，从而达到分离的目的。

环节三：小组合作　构建模型

【过渡】海水中除水、氯化钠等物质外，还有硫酸镁等可溶于水的物质和不溶于水的物质。晒干后，硫酸镁等可溶于水的物质和泥沙等不溶于水的物质会和氯化钠混在一起，这样得到的盐颗粒粗大，颜色往往带有灰色，被称为粗盐。

【提问】（1）我们该如何除去粗盐中的可溶性 Ca^{2+}、Mg^{2+}、SO_4^{2-} 等杂质呢？

（2）选用哪些除杂剂？

（3）过量的除杂剂该如何除去？

（4）除杂剂先后顺序如何？

【小组讨论】得出除杂方案并进行实验。

（1）对于粗盐水（NaCl），要除去的可溶杂质离子是：Ca^{2+}、Mg^{2+}、SO_4^{2-}。

选择要加入的除杂试剂：Na_2CO_3、$NaOH$、$BaCl_2$。

引入了新的离子：CO_3^{2-}、OH^-、Ba^{2+}。

（2）粗盐水需要进行的除杂操作：溶解→除杂（Ca^{2+}、Mg^{2+}、SO_4^{2-}）→过滤→调节 pH 值→蒸发结晶。

①溶解：用托盘天平称取 5 g 粗盐，放入 100 mL 烧杯中，然后加入 20 mL 水，用玻璃棒搅拌，粗盐全部溶解，得到粗盐水。

②除去 SO_4^{2-}：向粗盐水中滴加过量的 $BaCl_2$ 溶液（约 2~3 mL），使 SO_4^{2-} 与 Ba^{2+} 完全反应生成 $BaSO_4$ 沉淀，静置。片刻后，沿烧杯壁向上层清液继续滴加 2~3 滴 $BaCl_2$ 溶液，若不出现浑浊，表明 SO_4^{2-} 沉淀完全；若出现浑浊，继续滴加 $BaCl_2$，直至 SO_4^{2-} 沉淀完全。

$$Na_2SO_4+BaCl_2=\!=\!=\!BaSO_4\downarrow+2NaCl$$

③除去 Ca^{2+}、Mg^{2+} 和过量的 Ba^{2+}：向粗盐水中滴加过量的 NaOH 溶液（约 0.5 mL），使 Mg^{2+} 与 OH^- 完全反应生成 $Mg(OH)_2$ 沉淀；然后滴加过量的饱和 Na_2CO_3 溶液（2~3 mL），使 Ca^{2+}、Ba^{2+}（请思考：Ba^{2+} 是从哪里来的？）与 CO_3^{2-} 完全反应生成沉淀，用与上一步相同的方法检验离子是否沉淀完全。

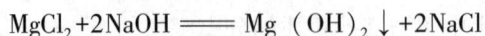

$$CaCl_2+Na_2CO_3=\!=\!=\!CaCO_3\downarrow+2NaCl$$

$$MgCl_2+2NaOH=\!=\!=\!Mg(OH)_2\downarrow+2NaCl$$

$$BaCl_2 + Na_2CO_3 === BaCO_3 \downarrow + 2NaCl$$

④调节 pH 值，除去过量的 NaOH 和 Na_2CO_3：将烧杯静置，然后过滤，除去生成的沉淀和不溶性杂质。向所得滤液中滴加盐酸，用玻璃棒搅拌，直到没有气泡冒出，并用 pH 试纸检验，使滤液呈中性或酸性。

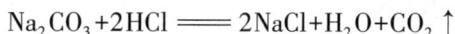

$$NaOH + HCl === NaCl + H_2O$$

$$Na_2CO_3 + 2HCl === 2NaCl + H_2O + CO_2 \uparrow$$

⑤蒸发结晶：将滤液倒入蒸发皿中，用酒精灯加热，同时用玻璃棒不断搅拌溶液，待出现较多固体时停止加热，利用蒸发皿的余热使滤液蒸干。用坩埚钳将蒸发皿夹持到石棉网（或陶土网）上冷却，得到去除了杂质离子的精盐。

【总结】粗盐提纯的注意事项：粗盐提纯时，除了要除去不溶杂质外还要除去易溶杂质；除去易溶杂质时，除要考虑加入的试剂外，还需要考虑试剂的用量和加入试剂的先后顺序以及过量试剂的处理等问题。

【问题讨论 1】本实验加入试剂的顺序是什么？

加入除杂试剂的顺序可以是：

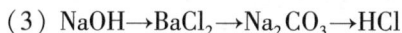

（1）$BaCl_2 \rightarrow NaOH \rightarrow Na_2CO_3 \rightarrow HCl$

（2）$BaCl_2 \rightarrow Na_2CO_3 \rightarrow NaOH \rightarrow HCl$

（3）$NaOH \rightarrow BaCl_2 \rightarrow Na_2CO_3 \rightarrow HCl$

规律：（1）只要 Na_2CO_3 加在 $BaCl_2$ 之后便合理；（2）最后加入的 HCl 只能适量。

【问题讨论 2】为什么每次所加的试剂都要略微过量？课本第 7 步加入盐酸的目的是什么？

【问题讨论 3】第 6 步和第 7 步的操作顺序能否颠倒？为什么？

（三）教学反思

首先通过海水提取食盐，重温蒸发结晶实验。通过小组合作讨论，设计除去粗盐中可溶性杂质离子的实验方案，特别注意几个细节问题，优化后进行实验操作。在掌握粗盐提纯实验的基础上，总结物质分离与提纯的思维始末，并学以致用，引导学生思考市面上各种功能性实验的目的。

三、素养诊断

"用化学沉淀法除去粗盐中的杂质离子"评价量表分析

核心素养目标	评价内容	评价得分（0~4分）			量表分析	素养水平
		学生	同伴	教师		
探究创新	收集并筛选与粗盐中的杂质相关的资料	4	4	4	能就简单的问题收集资料进行分析整理，陈述观点，根据已有经验提出假设，具有一定的探究创新意识；能依据假设设计实验方案、选择合适的实验仪器、运用适当的方法完成实验等	科学探究与创新意识水平2
	小组成果汇报展示	4	4	4		
	溶解操作仪器选用及正确操作	4	4	4		
	过滤操作仪器选用及正确操作	4	4	4		
	蒸发操作仪器选用及正确操作	4	4	4		
	取用药品操作仪器选用及正确操作	4	4	4		
	实验药品、仪器的选取	4	4	4		
	实验流程、实验方案的制订	4	4	4		
	药品的添加顺序	4	4	4		
	药品的用量	4	4	4		
	酒精灯的正确操作	4	4	4		
	实验方案的不足与改进	4	4	4		
证据推理	实验仪器问题分析	4	4	4	能在实验过程中收集实验证据，推理得出实验结论；能从定性与定量结合的视角对实验进行误差分析，并对实验提出改进意见；能根据实验流程得出配制一定物质的量浓度溶液的一般规律，建构认知模型	证据推理与模型认知水平2
	实验过程、结果和问题分析	4	4	4		
	根据实际情况调整实验方案	4	4	4		
	实验创新与改进	4	4	4		
模型建构	简述实验步骤间的关系	4	4	4		
	简述除杂过程中药品使用的注意事项	4	4	4		
	建构粗盐提纯的实验模型					
社会责任	从海水中获得精盐的整体思路	4	4	4	能将化学知识运用于生活，直观体会化学与生活的联系	科学度与社会责任水平1
	了解功能性食用盐的作用	4	4	4		

续表

核心素养目标	评价内容	评价得分（0~4分）			量表分析	素养水平
		学生	同伴	教师		
探究创新	探究问题的兴趣与信心、战胜问题的决心、自我价值的实现	4	4	4	实验过程中善于倾听他人意见，与同学合作融洽，敢于陈述观点，表现自己	科学探究与创新意识水平2
	敢于表达，有理有据地陈述观点	4	4	4		
	互相帮助、倾听和思考他人建议	4	4	4		
	成员配合密切，分工明确，气氛融洽	4	4	4		

四、实作考查

必修课程学生必做实验4：用化学沉淀法去除粗盐中的杂质离子

实验用品：托盘天平、药匙、量筒、烧杯、玻璃棒、胶头滴管、漏斗、滤纸、蒸发皿、坩埚钳、铁架台（带铁圈）、石棉网（或陶土网）、酒精灯、火柴；粗盐、蒸馏水、0.1 mol/L $BaCl_2$ 溶液、20% NaOH 溶液、饱和 Na_2CO_3 溶液、6 mol/L 盐酸、pH 试纸。

动态评分标准参考量表

考查要点	操作要求及评分细则	分值（100分）	得分
一、检查与整理	（1）实验前清点并检查实验所需器材、物品、药品是否齐全、完好，若有问题举手示意（5分）； （2）实验完毕将废弃物倒入指定的容器中，将仪器洗涤干净并放回原处，整理台面，保持整洁，实验后洗手（5分）	10分	

续表

考查要点		操作要求及评分细则	分值（100分）	得分
二、进行实验	1. 溶解粗盐	（1）取 5 g 粗盐，放入 100 mL 烧杯中，加入 20 mL 水（5分）； （2）用玻璃棒搅拌，使粗盐全部溶解（5分）	10分	
	2. 沉淀 Ba^{2+}，并检验是否沉淀完全	（1）向粗盐水中滴加过量的 $BaCl_2$ 溶液，充分反应后，将烧杯静置（5分）； （2）静置后，沿烧杯壁向上层清液中继续滴加 2~3 滴 $BaCl_2$ 溶液，看是否产生沉淀，检验 Ba^{2+} 是否沉淀完全（5分）	10分	
	3. 沉淀 Mg^{2+}、Ca^{2+} 和过量 Ba^{2+}	（1）向粗盐水中滴加过量的 NaOH 溶液（5分）； （2）然后滴加过量的饱和 Na_2CO_3 溶液，充分反应（5分）	10分	
	4. 滴加盐酸并用 pH 试纸检验反应后溶液	（1）将烧杯静置，倾倒部分上层清液（约 10 mL）于另一烧杯中（5分）； （2）向所得溶液中滴加适量盐酸，用玻璃棒搅拌，直到没有气泡产生（5分）； （3）用 pH 试纸检验所得溶液呈中性或微酸性：取一小段 pH 试纸于洁净干燥的玻璃片上（5分），用玻璃棒蘸取少量待测液于试纸中部（5分），显色后与标准比色卡对比，读数（5分）	25分	
	5. 蒸发	（1）将烧杯中的溶液倒入蒸发皿中，将蒸发皿置于铁架台（带铁圈）上加热（5分）； （2）同时用玻璃棒不断搅拌（5分）； （3）当蒸发皿中出现较多固体时（5分），停止加热，利用蒸发皿的余热使滤液蒸干（5分）； （4）用坩埚钳将蒸发皿夹持到陶土网上冷却（5分）	25分	
三、完成实验记录		（1）合理准确填写实验操作中观察到的实验现象（5分）； （2）正确填写实验结论及合理分析（5分）	10分	

实验十三　同周期、同主族元素性质的递变

一、教材分析

（一）研读课标

"同周期、同主族元素性质的递变"实验位于必修课程主题3"物质结构基础与化学反应规律"中3.5学生必做实验。在"3.1　原子结构与元素周期律"中的学业质量要求是：知道元素周期表的结构，以第三周期的钠、镁、铝、硅、硫、氯，以及碱金属和卤族元素为例，了解同周期和主族元素性质的递变规律；体会元素周期律（表）在学习元素化合物知识与科学研究中的重要作用。为了落实新课标的要求，4个版本的教材均设置了"同周期、同主族元素性质的递变"的学生必做基础实验。

（二）教材对比

1. 教材中的位置对比

在4个版本教材中，"同周期、同主族元素性质的递变"实验均位于"元素周期表和元素周期律"章节，只有在沪科版教材中该实验拆分成了"比较氯、溴、碘单质的活泼性"和"钠、镁、铝元素性质的递变"两部分，其中"比较氯、溴、碘单质的活泼性"位于"溴和碘的提取"章节。

苏教版、鲁科版、沪科版对该实验的引入均分成金属性质与非金属性质两部分分别穿插在元素周期表和元素周期律相关章节知识学习的"基础实验""活动·探究（学生必做实验）"或"实验探究"中，更多地体现了学生实验探究能力的培养，通过实验探究得出相关知识结论。人教版对该实验的引入是在学习新知中的"思考与讨论""探究"部分提出相关问题，先进行讨论与演示实验，再在章节末尾单独设置的"实验活动3（学生实验）"对同周期、同主族元素性质的递变进行探究，利于学生深入系统地理解掌握该章节前述的元素周期律（表）的理论知识，并加以应用。

"同周期、同主族元素性质的递变"实验是对"元素周期表和元素周期律"知识的重要应用，4个版本的教材在编排的顺序、章节内部位置略有不同，但均在高中化学必修课程学完元素化合物部分之后引入该实验，并通过比较钠、镁、铝等元素的金属性和氯、溴、碘等元素的非金属性得出了同周期、同主族元素性质递变的规律，有利于学生在已有元素

化合物相关知识的基础上更加系统地理解及构建元素周期表和元素周期律的理论知识，将元素化合物相关知识学以致用，并起到归纳提升的作用。

2. 实验用品的选择对比

"同周期、同主族元素性质的递变"实验在不同版本教材中的实验用品大体相似，但具体存在些许差异。在苏教版和沪科版中，该实验均穿插在学习新知的实验探究中，实验用品并未单独罗列出来，仅在实验步骤中提及，学生需自我发现和提取，对学生的理论知识和实验能力要求更高。人教版教材中该实验是一个独立的学生实验活动，在该实验活动中的实验用品栏罗列出了具体的实验仪器和试剂，但对于同周期元素金属性的探究，实验中只给出了镁条，省略了金属钠和铝条，金属钠与水反应的实验通过学生回忆解决，省略了铝条与水的反应，少了钠、镁、铝与水反应的直观对比；在同主族元素非金属性的探究中，实验用品中也没有提供检验卤素单质的四氯化碳、淀粉溶液等，但该实验提供了点滴板，使氯、溴、碘三者单质活泼性的实验现象更便于观察、更加直观。鲁科版教材中，该实验虽然分设在两个活动探究中，但具体的实验用品也是单列出来的，且同时提供了金属钠、镁条、铝条及盐酸等试剂，在卤族元素性质的探究中还提供了淀粉溶液、四氯化碳等，学生可供参考的实验用品更多，在这一点上鲁科版的实验用品选择更加全面和完善，对学生实验探究能力的要求更高。

3. 实验步骤对比

"同周期、同主族元素性质的递变"实验的实验步骤在 4 个版本教材中开放性最强的是鲁科版，以表格的形式列出实验目的（预测及依据）、实验内容（方案）、实验现象、实验结论等框架布置实验任务，仅告知实验目的或完全开放地设置预测实验目的，且不明确指明所需实验仪器和试剂，学生要自主地从上述所列实验用品中进行选择与设计，对学生的理论知识和实验探究能力要求很高。而人教版、苏教版和沪科版教材中，该实验的实验步骤则比较常规，以明确的步骤详细地指明了实验一步步怎么操作，只有苏教版在"比较氯、溴、碘单质的活泼性"中设置了根据实验编号 1 的提示设计后续实验步骤；人教版则以点滴板的图示提示学生如何操作；苏教版和鲁科版还同时以表格的形式引导学生记录实验现象，学生可根据文字和表格指引顺利完成实验操作、记录实验现象并分析实验原理（书写离子方程式）。

在具体的实验步骤中，4 个版本教材中对于氯、溴、碘单质的活泼性实验探究的步骤及内容大体一致，但对于钠、镁、铝元素性质的实验探究，具体实验内容及步骤略有不同，人教版教材只探究了镁条与冷水、热水的反应，同时省略了铝条与冷水、热水的反应，意在通过学生回忆钠与水反应的实验来比较，而铝条与热水的反应都极其微弱，故做此设置。苏教版、鲁科版和沪科版均在此实验中同时设置了钠、镁、铝分别与水或盐酸反应的实验步骤，使学生同时实验操作、观察对比实验现象，更加直观鲜明地得出钠、镁、铝元素性质的递变规律。

总的来说，"同周期、同主族元素性质的递变"实验的实验步骤在不同版本的教材中具体内容和形式略有不同，但都通过一些表格和图示提示学生自主探究递变规律，培养分析问题和解决问题的能力。

4. "思考与讨论"对比

对于"同周期、同主族元素性质的递变"实验，人教版在该部分教材新知的学习中设置了"思考与讨论"，提出了氯、溴、碘在化学性质上的相似性和递变性讨论，通过注释提示了非金属性强弱比较的依据；在该学生实验活动中，"实验步骤"后单独设置了"问题和讨论"：①实验中所用的氯水为什么要用新制的？②通过上面两组实验，你能得出什么结论？你对原子结构与元素性质的关系及元素周期律（表）有什么新的认识？意在引导学生通过实验探究后总结出元素周期律的规律，建构"位、构、性"三者间的关系，认识元素周期律（表）的重要应用。苏教版、鲁科版和沪科版均没有单独设置"思考与讨论"，但苏教版和沪科版均是在该实验探究前以"方法导引"或"资料库"的形式呈现了判断金属性和非金属性强弱的依据，旨在引导学生根据上述信息找到实验探究设计的依据；而鲁科版则是在该实验探究后以"方法导引"的形式引导学生归纳最高价氧化物对应水化物的碱性比较元素的失电子能力，以及通过单质与氢气的反应、最高价氧化物对应水化物的酸性比较元素的得电子能力，旨在引导学生归纳、总结并形成理论知识，同时鲁科版还通过"安全提示"特别强调了该实验操作的安全注意事项。

苏教版和沪科版在此板块的设置更注重学生对"判断金属性和非金属性强弱的依据"等资料、信息的提取与应用，而人教版和鲁科版更注重学生通过实验探究后对知识的总结与归纳，人教版更是没有给出判断金属性强弱的依据，学生需完全自主探寻规律，并总结归纳出相应的依据。

5. 习题对比

人教版教材中共 8 个习题，其中与同周期、同主族元素性质递变相关的习题有 5 个：第 1 题为知识填空，第 2 题（3）为非金属强弱的比较，第 4 题为金属性、非金属性的综合比较，第 5 题为最高价氧化物酸、碱性强弱判断，第 6 题为陌生元素性质的推断。苏教版教材中共 9 个习题，其中有 4 个习题与同周期、同主族元素性质递变相关：第 1、3、5、7

题均与元素的金属性、非金属性强弱判断相关。鲁科版教材中共 6 个习题，因为该实验是放在元素周期表的应用章节，故 6 个习题均与其相关。沪科版教材中该实验分设在两个不同的章节，2.3 节后有 4 个习题，第 2、4 题均与氯、溴、碘单质间活泼性有关；4.1 节后有 4 个习题，其中第 1、2、4 题均与同周期、同主族元素性质递变相关。

综上所述，4 个版本的教材对"同周期、同主族元素性质的递变"实验的编排各有特点、各有所长，一线教师必须充分熟悉和认识各个版本教材的编排思路和意图，根据各地、各校实际情况具体分析、具体调整，因材施教，才能将教材功能最大化，以教促学，充分带动学生的主体意识，培养学生科学探究与创新意识，更好地落实新课标的要求，培养学生化学学科素养。

二、教学设计

（一）教学流程图（图 5-17）

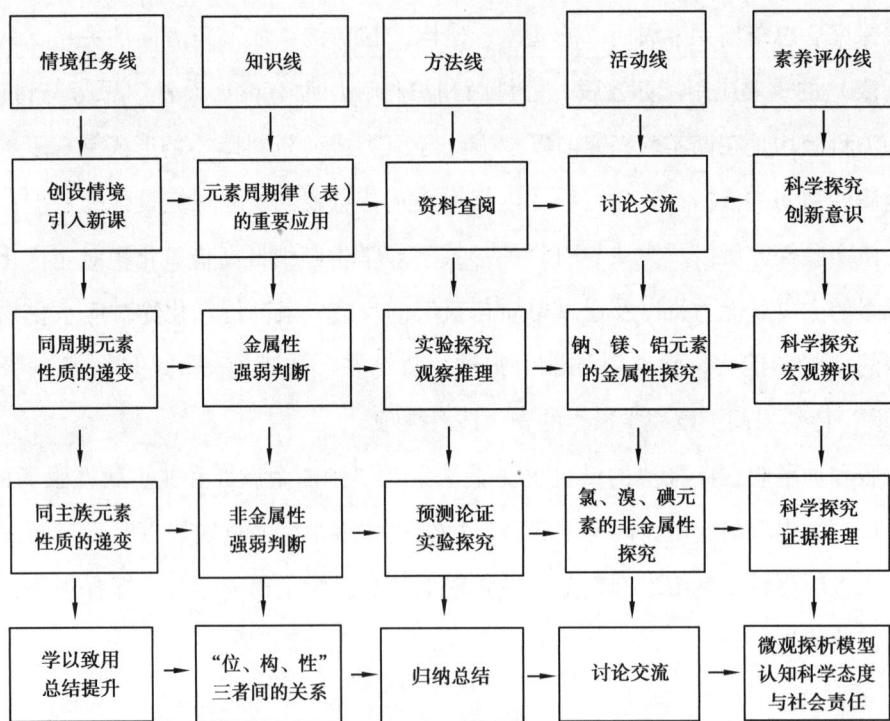

图 5-17　"同周期、同主族元素性质的递变"教学流程图

（二）教学过程设计

环节一：创设情境　引入新课

【创设情境】元素周期表和元素周期律在学习元素化合物知识、科学研究中具有重要指导作用。同学们课前收集了哪些关于元素周期表和元素周期律在发现新元素、制造新物质、开发新材料等方面的应用呢？

【提问】请同学们思考：要比较钠、镁、铝等同周期金属元素的性质及氯、溴、碘等同主族非金属元素的性质可以从哪些方面入手呢？

【引导】学生归纳总结判断金属性与非金属性强弱的依据。

【学生小结】

金属性强弱判断依据：

①元素原子失电子能力/单质的还原性强弱/金属活动性顺序表；

②单质与水或酸反应置换出氢气的难易程度；

③元素最高价氧化物的水化物的碱性强弱。

非金属性强弱判断依据：

①元素原子得电子能力；

②单质与氢气化合的难易程度以及生成气态氢化物的稳定性；

③元素最高价氧化物的水化物的酸性强弱。

设计意图： 从元素周期表和元素周期律在发现新元素、制造新物质、开发新材料等方面的应用入手，激发学生的学习兴趣和探索欲望。引导学生复习巩固已学知识，构建思维模型。

环节二：同周期元素性质的递变

【展示】所提供的实验用品。

试管、试管夹、试管架、烧杯、量筒、胶头滴管、酒精灯、白色点滴板、镊子、小刀、玻璃片、滤纸、砂纸、火柴。

金属钠（切成小块）、表面积相同的镁条和铝条稀盐酸、$MgCl_2$ 溶液、$AlCl_3$ 溶液、1 mol/L NaOH 溶液、酚酞溶液、新制的氯水、溴水、碘水、NaCl 溶液、NaBr 溶液、KI 溶液、四氯化碳、淀粉溶液。

【引导】请同学们分小组讨论，根据所提供的实验用品，按下表提示列表设计实验方案。

实验目的	实验方案	实验现象	实验结论
钠、镁、铝与水的反应			
钠、镁、铝与酸的反应			
比较氢氧化钠、氢氧化镁、氢氧化铝碱性的强弱			
……			

【学生活动】学生思考、小组讨论交流、设计实验方案、分组汇报

【强调】学生注意实验操作安全，展开小组实验操作。

【学生活动】学生操作实验、观察实验现象并记录实验结果，分享展示。

【提问】钠、镁、铝元素金属性强弱及递变规律如何呢？

【学生小结】金属性：钠>镁>铝

设计意图： 引导学生"制定实验目的，说明制订依据→设计实验方案"，发展学生的科学探究思维与创新意识。引导学生体验实验过程，考查学生实验操作能力、观察分析能力及善于合作、敢于分享等能力。引导学生根据宏观实验现象，总结归纳同主族元素性质递变规律。

环节三：同主族元素性质的递变

【过渡】我们探究了钠、镁、铝等同周期金属元素的性质递变规律，那么又如何根据所提供的实验用品设计实验方案，探究氯、溴、碘等同主族非金属元素的性质递变规律呢？

【提问】同学们可否从上述探究钠、镁、铝元素的性质递变实验中预测一下氯、溴、碘元素的非金属强弱呢？

【提示】可按下表提示列表设计方案：

预测结论及依据	实验方案	实验现象	实验结论

【学生活动】小组讨论交流、制订实验方案、分组汇报。

预测结论及依据	实验方案	实验现象	实验结论
非金属性：$Cl_2 > Br_2 > I_2$	在 3 支试管中分别加入 1~2 mL 新制氯水、NaBr 和 KI 溶液，然后再分别向 NaBr 和 KI 溶液中加入 1~2 mL 新制氯水，震荡、静置		
	在 2 支试管中分别加入 1~2 mL 溴水和 KI 溶液，然后再向 KI 溶液中加入 1~2 mL 溴水，震荡；加入少量四氯化碳，震荡，静置		
……			

【提示】也可将试管换成白色点滴板，进行微型实验，注意药品取用量大约 3 滴。

【强调】学生注意实验操作安全，展开小组实验操作。

【学生活动】学生操作实验、观察实验现象并记录实验结果，展示分享。

设计意图：引导学生"预测元素性质，说明预测依据→设计实验方案，说明实验设计依据→利用实验现象论证假设"，发展学生的科学探究能力与团队协作能力。

环节四：学以致用　总结提升

【过渡】你对原子结构与元素周期律（表）及元素性质的关系有什么新的认识呢?

【学生活动】学生思考、总结

①同周期元素性质递变规律。

②同主族元素性质递变规律。

③元素"位、构、性"三者间的关系。

设计意图：引导学生结合原子结构、元素周期表和元素周期律等知识建立"位、构、性"三者间的关系思维模型。

（三）教学反思

"同周期、同主族元素性质的递变"实验是高中化学新课程标准必修课程中的学生必做实验。本课首先通过创设元素周期律（表）的重要应用情境，激发学生探究同周期、同主族元素性质递变的兴趣；再通过小组活动根据所提供的实验用品进行交流讨论、设计并评价优化探究实验方案，通过实验探究宏观辨识、证据推理同周期、同主族元素的性质递变，结合原子结构微观探析其性质递变规律，进而形成"位、构、性"三者间关系的模型认知；最后学以致用、总结提升，深入体会元素周期律（表）的重要应用。

三、素养诊断

"同周期、同主族元素性质的递变"评价量表分析

核心素养目标	评价内容	评价得分（0~4分）			量表分析	素养水平
		学生	同伴	教师		
科学探究与创新意识	元素周期表和元素周期律的应用的资料收集	4	4	4	在实验中，能"预测元素性质，说明预测依据→设计实验方案，说明实验设计依据→利用实验现象论证假设"，进而了解同周期和主族元素性质的递变规律	科学探究与创新水平2
	元素的金属性强弱判断依据	4	4	4		
	元素的非金属性强弱判断依据	4	4	4		
	实验目的的制定	4	4	4		
	实验方案的讨论与完善	4	4	4		
	检查实验所提供的仪器、物品、药品是否完好	4	4	4		
	实验试剂和仪器的选取	4	4	4		
	金属钠的取用与放回注意事项	4	4	4		
	镁条、铝条使用前要用砂纸去氧化膜	4	4	4		
	注意氯水、溴水的挥发性，实验时打开抽风机或换风扇	4	4	4		
	注意氯水、溴水的强腐蚀性，实验时佩戴护目镜、橡胶手套等	4	4	4		
	实验取用药品、仪器的摆放及试管使用等操作规范	4	4	4		
	实验完毕，对废弃物的处理，仪器的清洗与整理，台面的清洁	4	4	4		

核心素养目标	评价内容	评价得分（0~4分）			量表分析	素养水平
		学生	同伴	教师		
证据推理	实验现象的观察、记录与分析	4	4	4	能用原子结构解释元素性质及其递变规律；能利用元素在元素周期表中的位置和原子结构，分析、预测、比较元素及其化合物的性质	证据推理与模型认知水平2
	实验结论的推定	4	4	4		
	小组成果展示与交流	4	4	4		
	实验方案根据实际情况灵活调整	4	4	4		
	阐述实验步骤间的关系	4	4	4		
宏观辨识与微观探析	透过实验现象，结合原子结构、元素周期表、元素周期律归纳总结同周期、同主族元素性质的递变规律	4	4	4		宏观辨识与微观探析水平2
模型认知	建构"位、构、性"认识模型与元素化合物认识模型之间的关系	4	4	4	发展学生建立"位、构、性"认识模型与元素化合物认识模型之间的关系	证据推理与模型认知水平2
社会责任	体会原子结构与元素性质的关系及元素周期律（表）的应用	4	4	4	体会元素周期律（表）在学习元素化合物知识与科学研究中的重要作用	科学态度与社会责任水平1
创新意识	小组成员分工协作、密切配合	4	4	4	实验过程中善于合作，勤于实践，敢于质疑，勇于创新	科学探究与创新水平2
	敢于分享，善于表达，观点有理有据	4	4	4		
	倾听他人分享，思考分析优劣并加以评价	4	4	4		
	实验探究的逻辑与条理，自主设计的创新性	4	4	4		

四、实作考查

必修课程学生必做实验5：同周期、同主族元素性质的递变

实验用品：试管、试管夹、试管架、量筒、胶头滴管、酒精灯、白色点滴板、镊子、砂纸、火柴；镁条、新制的氯水、溴水、NaBr 溶液、NaCl 溶液、$MgCl_2$ 溶液、$AlCl_3$ 溶液、1 mol/L NaOH 溶液、酚酞溶液。

动态评分标准参考量表

考查要点		操作要求及评分细则	分值（100 分）	得分
一、检查与整理		（1）实验前清点并检查实验所需器材、物品、药品是否齐全、完好，若有问题举手示意（5 分）； （2）实验完毕将废弃物倒入指定的容器中，将仪器洗涤干净并放回原处，整理台面，保持整洁，实验后洗手（5 分）	10 分	
二、进行实验	1. 同主族元素性质的递变	（1）在点滴板的 3 个孔穴中分别滴入 3 滴 NaBr 溶液、NaCl 溶液和新制的氯水（5 分）； （2）向 NaBr 溶液和 NaCl 溶液中各滴入 3 滴新制的氯水，观察颜色变化（5 分）； （3）与氯水的颜色进行比较（5 分） （4）在点滴板的两个孔穴中分别滴入 3 滴 NaCl 溶液和溴水（5 分）； （5）向 NaCl 溶液中滴入 3 滴溴水，观察颜色变化（5 分）； （6）与溴水的颜色进行比较（5 分） （7）将两支盛有少量冷水的试管置于试管架上，向其中一支试管中加入一块绿豆大小的钠块（5 分）； （8）向另一支试管中加入一小块已用砂纸打磨好的镁条（5 分）； （9）分别向两支试管中滴入 3 滴酚酞溶液，观察现象（5 分）	45 分	
	2. 同周期元素性质的递变	（1）向一支试管中加入少量冷水，并加入一小块已用砂纸打磨好的镁条（5 分）； （2）用酒精灯加热至液体沸腾，滴入 3 滴酚酞溶液（5 分）； （3）观察现象，并与镁和冷水的实验反应对照（5 分）	15 分	
		（4）向一支试管中加入少量 $MgCl_2$ 溶液； （5）逐滴滴加 1 mol/L NaOH 溶液直至过量，观察现象（5 分）	10 分	
		（6）向另一支试管中加入少量 $AlCl_3$ 溶液（5 分）； （7）逐滴滴加 1 mol/L NaOH 溶液直至过量，观察现象（5 分）	10 分	

考查要点	操作要求及评分细则	分值（100分）	得分
三、完成实验记录	（1）合理准确填写实验操作中观察到的实验现象（5分）； （2）正确填写实验结论及合理分析（5分）	10分	

实验十四　化学反应速率的影响因素

一、教材分析

（一）研读课标

"化学反应速率的影响因素"实验位于必修课程主题3"物质结构基础与化学反应规律"中3.5学生必做实验，其学业质量要求是："知道化学反应平均速率的表示方法，通过实验探究影响化学反应速率的因素；认识化学变化是有条件的，学习运用变量控制方法研究化学反应，了解控制反应条件在生产和科学研究中的作用。"学业质量要求提到"能运用变量控制的方法探究影响化学反应速率的因素，能初步解释化学实验和化工生产中反应条件的选择问题"。为了落实新课标的要求，4个版本的教材均安排了"化学反应速率的影响因素"实验。

（二）教材对比

1. 位置对比

在4个版本的教材中，该实验均位于高中化学必修二，而且均处于必修教科书较为靠后的位置，在"化学反应"章节；但编写题目与顺序有所不同，分别位于：人教版第六章"化学反应与能量"第二节"化学反应的速度与限度"、鲁科版第二章"化学键、化学反应"第三节"化学反应的快慢与限度"、苏教版专题6"化学反应与能量变化"第一单元"化学反应速率与反应限度"、沪教版第六章"化学反应速率和化学平衡"6.1"化学反应速率"。

4个版本的教材在设计该节内容时均通过引用日常生产生活中的例子帮助学生意识到调控化学反应速率的必要性，人教版、鲁科版与沪教版也详细介绍了催化剂在我国化工生产中的重要意义，希望学生通过该节内容的学习，初步掌握调控化学反应的能力，使其更好地为日常社会生产生活服务。与此同时，学生在学习该节内容知识过程中，可以通过大量科学探究实验，锻炼学生的实验设计、动手操作、处理并分析数据、归纳总结等能力，促进学生创新意识与科学探究、科学态度与社会责任感等核心素养的培养。

在章节内部，4版教材所涵盖的知识点也有所不同，除4版教材均提到的温度、反应物浓度及催化剂等外界因素外，人教版、鲁科版与沪教版对于压强等因素会影响有气态物质参与的化学反应速率也进行了介绍，苏教版、鲁科版与沪教版普及了光、超声波、反应物的接触面积等其他因素对化学反应速率的影响，苏教版、鲁科版与人教版也对探究化学反应速率主要涉及的"变量控制思维"进行了概念介绍与方法应用，对学生的知识面进行了进一步扩展。

2. 实验用品的选择对比

4版教材在选择"探究化学反应速率的影响因素"实验上所选择的化学反应大多一致，均用到了过氧化氢分解的化学反应原理，这是因为该反应的快慢可以较为容易地通过观察生成气泡的快慢来进行观察；人教版和沪教版均用到了硫代硫酸钠与酸的化学反应原理，这是因为该反应会生成硫单质，故而可以通过出现黄色浑浊的快慢来进行观察；人教版与鲁科版均使用了碳酸钙与盐酸的反应原理，沪教版与鲁科版均应用了金属与酸的反应原理，同样也是因为这两个反应均为生成气态物质的化学反应，故而学生可以较容易地通过观察气泡生成的快慢来判断化学反应速率。可以注意到，苏教版在进行探究化学速率影响因素的实验时，仅应用了过氧化氢分解实验，这有利于节约实验药品，减少实验时长，适合在实验资源较为欠缺、实验时间较为紧张的情况下进行；而人教版、鲁科版与沪教版则应用到多种化学反应原理来进行实验探究，这有助于学生从多个视角来判断化学反应速率，深入体会化学反应速率大小。

4版教材在"化学反应速率的影响因素"实验中所用仪器与药品如表5-12所示。

表5-12　4版教材在"化学反应速率的影响因素"实验中所用仪器与药品

教材版本	人教版	沪教版	苏教版	鲁科版
实验药品	过氧化氢溶液、盐酸、大理石、硫代硫酸钠、稀硫酸、氯化铁溶液	镁、稀盐酸、硫代硫酸钠、过氧化氢溶液	过氧化氢溶液	镁、铁、碳酸钙、过氧化氢、二氧化锰、盐酸

教材版本	人教版	沪教版	苏教版	鲁科版
实验仪器	烧杯、试管、量筒、试管架、胶头滴管、温度计、药匙、秒表	Y形试管、铁架台、压强传感器、计算机、试管、水浴锅、秒表、烧杯	试管、量筒、水浴锅	试管、镊子、酒精灯、胶头滴管、温度计、药匙、火柴

值得注意的是，在实验仪器的选择上，不同于其他 3 版教材主要使用的定性方法——肉眼观察法，沪教版对化学速率的测定使用了较为精密的定量仪器——压强传感器，该仪器有助于学生更为直观、清晰地认知化学反应的快慢，因为该知识较为抽象，学生理解起来较为困难，并且在某些实验中反应条件差距并不大，故而无法用肉眼辨别化学反应的快慢。因此需要借助数字化仪器对化学反应速率进行精确的测定，该类定量实验不仅可以调动学生的学习兴趣，使学生更加积极地参与到课堂活动之中，并且可以使得学生通过计算来强化对"化学反应速率的计算"这一概念的深入理解，培养学生的定性与定量思维，扩展学生的科学视野。

除此之外，在实验装置上，沪教版也摒弃了常规实验所用到的试管或烧杯，而是考虑到镁与盐酸一接触就开始反应的特点，利用 Y 形管设计了较为新颖的实验装置，不仅有效解决了该问题，还通过使用这种非传统的实验装置来培养学生的创新思维与意识，调动学生积极思考解决问题的能力。因此，建议教师在资源较为充足的情况下参考沪教版的实验装置开展实验，并在实验开展过程中对学生不熟悉的装置与仪器进行补充讲解，这样不仅可以帮助学生加深对实验原理的进一步理解，还有助于扩展学生的化学知识面。

3. 实验步骤对比

苏教版与沪教版在叙述实验步骤的时候较为细致，详细地为学生讲述了实验操作的顺序，甚至包括所用溶液的体积与"摇匀、震荡"等一些实验操作过程中的小细节，并详细地为学生设计了记录实验结果所需要的表格，学生仅需要按照实验步骤进行操作后，根据实验表格所需进行填写，在这个过程中主要对学生的实验操作能力、记录数据并分析数据的能力进行考查，比较适合基础较为薄弱、化学实验能力还处于初级阶段的学生作为实验参考，教师也可在课堂中对一些细节问题进行提问，比如，开展"探究浓度对化学反应速率的影响"实验时，提到需向两支试管加入相同体积的稀硫酸，教师可以在课堂上对学生进行随机提问"为什么需要控制所滴加稀硫酸体积一致？这一步骤体现了什么思想？"，避免学生在实验过程中仅停留在机械地依照实验步骤进行实验层次，引导学生对实验步骤的众多细节进行深入思考。

不同于其他两个版本的教材，人教版在实验步骤上则为学生提出了阶梯式的要求，在探究"化学反应温度的影响"时，则详细阐述了具体的实验步骤，为学生展示了一个规范的模板，然后在探究"反应物浓度的影响"时，则引导学生根据实验室所提供的用品与相关提示，独立设计实验方案。而鲁科版在"探究化学反应速率的影响因素"中则均未详细地陈述实验的设计与实验步骤，而是引导学生从选择化学反应、确定待研究的影响因素、设计改变影响因素的操作、确定观测反应快慢的指标4个角度进行实验方案的设计，开展实验后从实验内容、实验现象、实验结论3个方面记录实验过程，在这个过程中充分发挥学生学习的主体性，要求学生对实验目的以及反应原理有充分、深入的了解，对学生的实验设计能力、变量控制思维等有更高层次的考验，并且也避免了学生进行"漫无目的""天马行空"的思考，而是为学生的思考方向指明了基本方向，有助于培养学生在实验设计过程中形成一套有逻辑、有条理的可参考的思考流程。因此，鲁科版和人教版较适合对化学反应速率与探究实验有一定基础的学生参考，教师也可在学生思路遇到阻碍的时候进行适当的引导与讲解。

4. "思考与讨论"的对比分析

4版教材在"探究化学反应速率的影响因素"实验中所提问题如表5-13所示。

表5-13　四版教材在"探究化学反应速率的影响因素"实验中所提问题

版本	人教版	沪教版	苏教版	鲁科版
问题	1. 通常情况下，铁与冷水或热水都不发生反应，但是红热的铁与水蒸气可发生反应，从反应条件的角度思考并解释这一事实； 2. 思考影响化学反应速率的因素还有什么，并设计实验验证	1. 上述实验如何进行变量控制？ 2. 如何反映速率大小？ 3. 如果要定量测定化学反应速率，如何设计或改进实验？	通过以上实验，对影响过氧化氢分解反应速率的因素有何认识？	1. 预测哪些因素会对化学反应的速率产生影响？如何影响？ 2. 在学过的化学反应中继续为实验结论寻找证据

4版教材在实验活动中均提出了问题，所提出的问题主要分为化学反应速率知识、实验改进与创新、应用化学原理3个层次，4版教材均达到了第一个层次，即学生通过该实验需要意识到化学反应速率的影响因素有哪些以及该实验设计的基本思路，沪教版还对学生定

量反应化学速率提出了具体要求。在实验改进与创新上，沪教版在已有的实验基础上对学生提出更高一步的要求，即"定量测定化学反应速率"，引导学生对已有实验进行改进或设计出新的实验方案，有助于培养学生用辩证的眼光来看待教材上已有的实验，强化对表示化学反应速率公式的进一步理解，激发学生的深入思考，提高学生的创新思维与实验设计能力。在应用化学原理层次上，人教版提出了"在通常情况下，铁与冷水或热水都不发生反应，但是红热的铁与水蒸气可发生反应，从反应条件的角度思考并解释这一事实"的问题，引导学生通过对比不同反应条件下相同反应物发生的化学反应不同这一事实，进一步意识到反应条件对化学反应的重要性和在日常生产生活中调控化学反应的重要意义；鲁科版引导学生在学过的化学反应中继续为实验结论寻找证据，进一步要求学生对该实验所涉及的知识有足够的理解后，回忆过去所学知识进行判断，这不仅可以帮助学生从多角度看待已经学过的知识，还可以锻炼学生对本节知识的应用能力，加深对化学反应速率的影响因素的理解。

5. 习题对比分析

4 版教材习题设置较为相似，均是在该节末尾与该章末尾处设置习题，故本研究均选取关于"化学速率"该节后的巩固习题作为对比。人教版共 12 个习题，其中与化学反应速率相关的有 7 题，第 1、第 2、第 3 题均为化学反应速率影响因素的理解与简单判断，主要考查了温度、浓度、反应物的接触面积、催化剂、压强等因素，第 8、第 10 题考查了该概念在日常生活中的应用，要求学生利用所学知识进行解释，第 9 题为图像应用题，考查学生对曲线的理解与分析，第 12 题为实验探究题，要求学生对实验现象进行解释，并根据所给实验目的进行实验设计。鲁科版习题共 7 题，其中与化学反应速率相关的有 3 题，第 1 题考查学生对化学反应速率影响因素的简单理解与判断，第 4 题为图像理解题目，考查学生对化学反应速率图像的简单判断以及概念的理解，第 5 题考查了学生对探究化学反应速率实验的理解。苏教版共 6 题，有 5 个题均与其相关。其中第 1、第 2 题为化学反应速率影响因素的简单理解与判断，第 3 题为概念应用，要求学生应用概念对日常生产生活中的现象进行解释。第 4 题为化学反应速率的相关计算，第 6 题为扩展题，要求学生查阅资料了解酶催化的特点，考查学生的知识收集能力，旨在拓宽学生的科学视野。沪教版共 5 题，因该部分习题配套化学反应速率章节，故 5 题均与其相关，第 1、第 2 题为概念理解，简单考查学生对化学反应速率影响因素的了解，第 3、第 4 题考查学生对化学反应速率的计算公式的理解，第 5 题为实验探究题目，要求学生对实验数据进行处理与分析，并意识到实验设计思路，独立设计实验方案。

4 版教材在"化学反应速率"章节中习题涉及的知识点如表 5-14 所示。

表 5-14　4 版教材在"化学反应速率"章节中习题涉及的知识点

教科书类别	人教版	沪教版	苏教版	鲁科版
化学反应速率影响因素	有	有	有	有
化学反应速率的计算	无	有	有	无
探究化学反应速率的影响因素实验	有	有	无	有

从以上对比分析可知，每个版本的教材各有所长，只有充分认识每版教材的编排思路和特点，并根据学情予以调整，才能实现教材功能的最大化，从而更好地为教与学服务。

二、教学设计

（一）教学流程图（图 5-18）

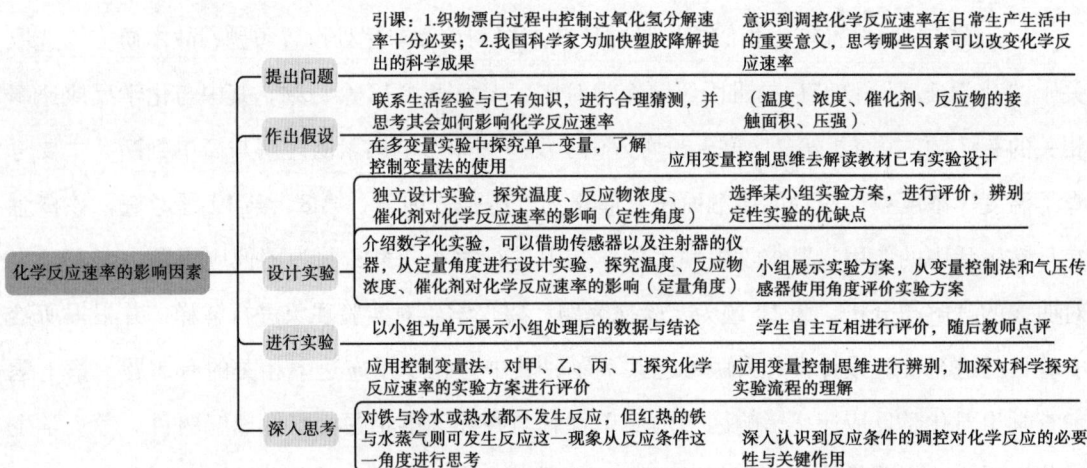

图 5-18　"化学反应速率的影响因素"教学流程图

（二）教学过程设计

提出问题

【课堂引入】介绍日常生产生活中需要调控化学反应速率的例子

（1）印染工业中，纺织品的漂白需要用到双氧水，因为双氧水可以破坏色素分子结构，从而使纺织品显白色，因此在使用时需要降低双氧水的分解速率，否则漂白效果将大大降低，但双氧水若分解过慢，也会使纺织品中纤维素氧化受损，使织物的韧性与强度受到影响，因此在实际应用中，必须人为对双氧水的分解速率进行控制。

（2）塑料废物是世界环境污染难题，大部分塑料一次性使用后即被丢弃，并且塑料产品由于化学结构稳定，在自然环境中需要数十年至数百年才能被分解，因此如何加快塑料的分解反应是一个迫在眉睫、十分重要的课题。华东师范大学姜雪峰课题组通过铀酰光催化机制，在常温常压下实现了 9 种塑料的降解。

【教师提问】借助以上两个例子，我们了解到控制化学反应速率在我们人类日常生产生活中十分重要，中国科学家为此提出了很多可行性意见，做出了重要贡献。因此，我们想要调控化学反应，就必须先了解影响化学反应快慢的因素有哪些。同学们可以根据我们平日里的生活经验（如夏天食物腐烂的速度比冬天快）和我们已有的化学知识进行猜测。

设计意图：通过向学生介绍日常生产生活中的例子，帮助学生意识到调控化学反应速率的必要性与重要性，并对中国科学家降解塑料的重要成果进行了相关介绍，有助于培养学生科学态度与社会责任感的核心素养，扩展学生的科学视野。

【小组讨论】学生根据以前所学过的过氧化氢分解等知识以及生活经验，推测影响化学反应速率的因素以及影响趋势，并呈现推测结果。

化学反应速率影响因素	温度	反应物浓度	反应物表面接触面积	催化剂	压强
影响趋势	正比	正比	正比	正比	正比

设计意图：让学生根据已有知识找到影响化学反应速率的因素，以学生为主体，引导学生通过小组讨论进行推测，可以锻炼学生的语言表达、逻辑思维以及小组合作等能力，加深学生对化学反应速率的影响因素的思考程度，发展学生证据收集和证据推理能力，培养学生平衡观念与变化思维的核心素养。

【教师提问】根据同学们的推测结果，我们可以知道影响化学反应速率的影响因素并不是只有一种，而是有多种。那么对于这种含有多变量的实验，在探究过程中如何清晰地辨别其中某一种变量的影响呢？

【方法介绍】在科学研究中，对于多因素（多变量）的问题，常常采用只改变其中的某一个因素，控制其他因素不变的研究方法，使多因素的问题变成几个单因素的问题，分别加以研究，最后再将几个单因素问题的研究结果加以综合。这种变量控制的方法是科学探究中常用到的方法。例如，在探究反应物浓度对化学反应速率的影响时，需要控制温度等其他因素均完全相同，因此教材所设计的实验均遵循了变量控制法，请同学们分析教材设计的实验在哪些地方体现了变量控制法。

设计意图：帮助学生培养"控制变量"的科学思维，并且帮助学生应用该科学思维去辨别已有实验中的自变量与因变量，为后续学生独立进行实验设计打好基础。

【教师提问】教材中探究温度与反应物浓度所基于的实验原理均为硫代硫酸钠与稀硫酸的反应，请以镁与金属的反应为实验原理，以探究温度、反应物浓度、反应物的接触面积3个因素对化学反应速率的影响为实验目的，进行定性实验设计，并完善下表。

实验原理			
研究的影响因素			
设计改变影响因素的操作			
确定观测反应快慢的指标			
实验步骤			

设计意图：引导学生参考已有实验设计，结合镁和盐酸的反应特点，应用"变量控制思维"进行实验设计，锻炼学生的科学探究能力，培养学生实验设计的能力，并在将设计方案外显的过程中，培养学生的概括总结、书写实验报告的能力，发展科学探究与创新意识核心素养。

【教师提问】在科学研究中，简单辨别化学反应的相对快慢还不够，因为在外界因素差距并不大的情况下，比如当反应物浓度差距并不大时，化学反应速率的差别用肉眼辨别是并不准确的，因此我们需要从更为精确的定量的角度来测定化学反应速率。请同学们思考可以利用哪些仪器来准确地测定化学反应速率的大小。

【仪器介绍】在实际实验过程中，往往会因溶液浓度过低、实验试剂的取量不合适等问题较难观察到清晰的实验现象。为了增强实验演示效果，数字化实验仪器如传感器被广泛应用。传感器根据其测量物理量不同，分为多种，中学阶段主要使用的传感器有气压传感器、温度传感器、浊度传感器等，如气压传感器是用于测量气体的绝对压强的仪器，主要用于与气体压强相关的物理实验，如气体定律等，也可以在生物和化学实验中测量干燥、无腐蚀性的气体压强。因此，本实验利用气压传感器从而测定在密闭容器中氢气的产生速率进而测定该反应的化学速率。

【教师提问】请学生利用所提供的气压传感器，从定量的角度探究温度、反应物浓度、反应物的接触面积3个因素对化学反应速率的影响。

设计意图：帮助学生体会实际科学研究过程中的重要思路，即从定性和定量两个角度进行实验探究，并引导学生应用所学化学反应速率计算公式来直观、准确呈现化学反应速率，培养学生计算能力，让学生了解科学探究的一般思路，发展科学探究与创新意识核心素养。

【学生活动】班级学生分为三大组，从定性和定量两个角度分别探究温度、反应物浓度、催化剂 3 个因素对化学反应速率的影响，并在 3 个小组中选取一名代表，展示小组的实验实施步骤、数据以及结论。

设计意图：通过让学生亲手操作实验，锻炼学生的动手能力与实验技能，培养学生数据处理与分析能力，让学生亲历"提出问题、作出假设、设计实验、进行实验、得出结论"的探究实验过程，帮助学生更深入理解控制变量法，初步构建探究实验的认知模型，培养科学探究与创新意识核心素养。并且在小组汇报成果过程中，有助于学生了解其他组的实验进展，强化化学反应速率的影响因素的知识点。

深入思考

【教师提问】在通常情况下，铁与冷水或热水都不发生反应，但红热的铁与水蒸气则可发生反应，生成四氧化三铁和氢气，试从反应条件的角度思考并解释这一现实。

设计意图：引导学生从本节课所学的"外界条件可以改变化学反应速率"这一概念对上述铁与水的反应进行思考，意识到控制外界条件对控制化学反应速率的重要作用，进一步加深学生对于调控化学反应的必要性的理解，并强化化学反应速率的相关知识。

【教师总结】通过本节课的学习，我们初步了解影响化学反应速率的影响因素有温度、反应物浓度、催化剂等，并应用控制变量法思维来设计实验证实了我们的猜测，完整地经历了"提出问题、作出假设、设计实验、进行实验、得出结论"实验探究过程，更为清楚地知道这些影响因素是如何影响化学反应速率的。下表提供了甲、乙、丙、丁 4 位同学为了探究影响化学反应速率的因素而设计的实验，请学生进行评价。

实验组	实验方案
甲	在相同条件下，等质量的大理石块和大理石粉分别与相同浓度的盐酸反应时，大理石粉的反应更快
乙	将相同大小、相同形状的镁条和铝条分别与相同浓度的盐酸反应时，二者的化学反应速率相等
丙	将相同浓度、相同体积的浓硝酸分别放在暗处和强光处，会发现光照可以加快浓硝酸的分解
丁	室温下，向两支试管中分别加入相同浓度、相同体积的双氧水，再向其中一支试管中加入少量二氧化锰粉末，二者产生氧气的快慢不同

（三）教学反思

本节课充分发挥学生在课堂学习中的主体地位，给予学生充分的思考空间与讨论时间，带领学生应用"控制变量""科学思维"，亲历"提出问题、作出假设、设计实验、进行实验、得出结论"科学探究流程，并考虑到肉眼观察法并不精确，优化了实验方案，从定性与定量两个角度引导学生对化学反应速率的影响因素进行了探究，也借用我国科学家提出加快塑料降解反应速率的成果引导学生意识到调控化学反应速率的影响，有助于培养学生变化观念与平衡思想。

三、素养诊断

"化学反应速率的影响因素"评价量表分析

核心素养目标	评价内容	评价得分（0~4分）			量表分析	素养水平
		学生	同伴	教师		
社会责任	了解过氧化氢漂白织物以及塑料降解过程中化学反应速率调控的重要性	4	4	4	具有理论联系实际的观念，有将化学成果应用于生产、生活中的意识，能依据实际条件并运用所学的化学知识和方法解决生产、生活中简单的化学问题	科学态度与社会责任水平3
	了解我国科学家为加快塑料降解塑料而提出的科学成果	4	4	4		
	思考加快塑料降解塑料的其他办法	4	4	4		
	意识到化学反应的调控在日常生产生活中的重要性	4	4	4		
科学探究与创新意识	定性设计实验方案来探究温度、浓度、催化剂对化学反应速率的影响	4	4	4	能够依据假设提出实验方案，独立完成实验，收集实验证据，给予现象和数据进行分析并得出结论，交流自己的探究成果	科学探究与创新意识水平3
	定量设计实验方案来探究温度、浓度、催化剂对化学反应速率的影响	4	4	4		
	完成探究温度、浓度、催化剂对化学反应速率的影响实验	4	4	4		

核心素养目标	评价内容	评价得分（0~4分）			量表分析	素养水平
		学生	同伴	教师		
科学探究与创新意识	收集并处理实验数据，给出实验结论	4	4	4	能够依据假设提出实验方案，独立完成实验，收集实验证据，给予现象和数据进行分析并得出结论，交流自己的探究成果	科学探究与创新意识水平3
	小组展示所得实验结论	4	4	4		
	辩证看待定性实验的优缺点，清楚定量化实验的优点	4	4	4		
	根据气压传感器所得数据，计算出该反应的化学反应速率	4	4	4		
	设计实验，探究压强对化学反应的影响	4	4	4		
	结合定性实验的优缺点，优化实验装置与仪器	4	4	4		
证据推理	联系生活经验推测化学反应速率的影响因素	4	4	4	能从物质及其变化的事实中提取证据，对有关的化学问题提出假设，依据证据证明或伪证假设，将化学事实与理论模型之间进行关联与合理匹配，能定性与定量结合地收集证据，能通过定性分析和定量计算得出合理的结论	证据推理与模型认知水平3
	从实际生产生活中意识到调控化学速率的必要性	4	4	4		
	分析定性实验判断影响化学反应速率的因素	4	4	4		
	计算定量实验所得结果，分析影响化学反应速率的因素	4	4	4		
变化观念	根据铁与水在不同温度下的反应结果分析原因	4	4	4	形成化学变化是有条件的观念，认识到反应条件对化学反应速率和化学平衡的影响，初步学会运用变量控制的方法研究化学反应	变化观念与平衡思想水平3
	应用控制变量法辨别化学实验方案是否合理	4	4	4		
	意识到化学变化是否发生很大部分取决于反应条件	4	4	4		
	应用变量控制法研究温度、催化剂、浓度对化学反应速率的影响	4	4	4		
	意识到铁与水在高温下可以反应是因为反应条件改变的原因	4	4	4		

四、实作考查

必修课程学生必做实验6：化学反应速率的影响因素

实验用品：药匙、胶头滴管、试管及试管架、盛有热水的烧杯、抹布、盛放废弃物的大烧杯（2个）；5% H_2O_2 溶液、10% H_2O_2 溶液、1 mol/L 氯化铁溶液、二氧化锰固体粉末。

动态评分标准参考量表

考查要点		操作要求及评分细则	分值（100分）	得分
一、检查与整理		(1) 实验前清点并检查实验所需器材、物品、药品是否齐全、完好，若有问题举手示意（5分）； (2) 实验完毕将废弃物倒入指定的容器中，固液分开，将仪器洗涤干净并放回原处。整理台面，保持整洁，实验后洗手（5分）	10分	
二、进行实验	1. 温度对反应速率的影响	取两支试管，分别倒入约2 mL 10% H_2O_2 溶液。 (1) 取液体药品时将瓶塞倒放在桌面上，倾倒液体药品时标签向着手心，取完后，盖好瓶塞，放回原处，标签向人（5分）； (2) 倾倒时瓶口紧挨试管口，液体无洒出（5分）； (3) 两支试管中溶液体积大致相同（5分）； (4) 其中一支试管放入热水中，另一支试管处于室温下，有对比观察两支试管中反应剧烈程度的操作（5分）	20分	
	2. 浓度对反应速率的影响	取一支试管倒入约2 mL 5% H_2O_2 溶液。 (1) 取液体药品时将瓶塞倒放在桌面上，倾倒液体药品时标签向着手心，取完后，盖好瓶塞，放回原处，标签向人（5分）； (2) 倾倒时瓶口紧挨试管口，液体无洒出（5分）； (3) 所取溶液体积与考查要点1中大致相同（5分）； (4) 室温下，在5% H_2O_2、10% H_2O_2（考查要点1中室温下的试管）溶液中分别用胶头滴管悬空滴加2滴1 mol/L $FeCl_3$ 溶液，滴加时无液体洒出，专用滴管放回原瓶（5分）； (5) 正确用手腕的力震荡试管（5分）； (6) 对比观察两支试管中反应剧烈程度的操作（5分）	30分	

考查要点		操作要求及评分细则	分值 （100分）	得分
二、进行实验	3. 催化剂对反应速率的影响	取3支试管，分别倒入约 2 mL 5% H_2O_2 溶液。 （1）取液体药品时将瓶塞倒放在桌面上，倾倒液体药品时标签向着手心，取完后，盖好瓶塞，放回原处，标签向人（5分）； （2）倾倒时瓶口紧挨试管口，液体无洒出（5分）； （3）3支试管中溶液体积大致相同（5分）； （4）正确使用药匙向其中一支试管中加入少量 MnO_2 固体粉末，无洒出（5分）； （5）其中一支试管中用胶头滴管悬空滴加 2 滴 1 mol/L $FeCl_3$ 溶液，滴加时无液体洒出，专用滴管放回原瓶（5分）； （6）对比观察3支试管中（不加催化剂、加 MnO_2 固体、加 $FeCl_3$ 溶液）反应剧烈程度的操作（5分）	30分	
三、完成实验记录		（1）合理准确地填写实验操作中观察到的实验现象（5分）； （2）正确填写实验结论及合理分析（5分）	10分	

实验十五 化学能转化成电能

一、教材分析

（一）研读课标

学生必做实验"化学能转化为电能"在高中化学选择性必修课程主题3"物质结构基础与化学反应规律"中，其学业质量要求，"知道化学反应可以实现化学能与其他能量形式的转化，以原电池为例认识化学能可以转化成电能，从氧化还原反应的角度初步认识原电池的工作原理"，"能列举出化学能转化为电能的实例，能辨别简单原电池的构成要素，并能分析简单原电池的工作原理，能举例说明化学电源对提高生活质量的重要意义"。

（二）教材对比

1. 教材中的位置对比

在4个版本的教科书中，该实验均位于高中化学必修二，所在章节有所不同，如人教版、苏教版和鲁科版均将"化学能转化成电能"放置于"化学反应"这一章节中，但沪教版将该节内容放置于"金属及其化合物"章中；且编写题目与章节位置也并不相同，分别位于：人教版第六章"化学反应与能量"第一节"化学反应与能量变化"、鲁科版第2章"化学键、化学反应"第2节"化学反应与能量转化"、苏教版专题6"化学反应与能量变化"第三单元"化学能与电能的转化"、沪教版第五章"金属及其化合物"5.3"化学变化中的能量"。

在编写顺序上，四版教材都较为一致地将"化学能与电能的转化"章节排布在"化学能与热能"章节的后面，引导学生从多视角来认识化学变化，意识到化学变化并不仅仅是为了制备目标物质，其能量也有重要的用途，可以转化成其他能量的形式应用在实际日常生活中。

在章节内部，四版教材在设计该内容时均重点强调了化学电源在实际生产生活中的重要地位，引导学生意识到化学能与电能转化对于现代化的重要意义。但扩展深度和方向有所不同，人教版为学生介绍了燃料电池、研发新电池的重要意义以及电池研发人员的职业普及，沪教版和鲁科版则简单为学生介绍了化学电源的分类以及优缺点，苏教版则额外向学生普及了简易燃料电池的制作过程。

2. 实验用品的选择对比

四版教材在"化学能与电能"章节中均较为统一地选择了锌铜-稀硫酸原电池为例向学生介绍原电池的基本构造与工作原理，仅鲁科版向学生补充讲解了氢氧燃料原电池的构成要素及工作原理。这主要是因为锌铜-稀硫酸原电池反应较为简单，且一般无副反应，学生对其也较为熟悉，可以帮助学生较为容易地总结出原电池装置的必需条件，也为后续选修部分双液原电池的讲解做了铺垫。但不可否认，锌铜原电池作为教科书上的典型原电池，也会导致学生对原电池的理解有一定的局限性，比如学生可能会形成以下误区："所有原电池电极材料必须不同""活泼性强的金属一定做负极"等。因此，原电池的学习仅仅利用一个单一的原型实验是远远不够的，教师在实际教学过程中需要同时利用多种原电池原型来帮助构建学生对原电池的认知模型，不断更换电极、电解质等，激发学生的学习兴趣，培养学生的科学探究能力，发展学生模型认知、概括总结的能力。

在实验种类上，人教版和苏教版除铜锌原电池的实验外，还额外增加了实验类别，加深学生对原电池知识的理解，激发了学生的学习兴趣与创造意识，如苏教版在讲解完原电池的基本工作原理和构成条件后，提供废旧干电池中拆取的铜片与锌片，以及白醋或橙子、芦柑等日常生活中材料引导学生制作一个简易电池，这一过程不仅极大地激发了学生的学习兴趣，还有助于促进学生对原电池知识的理解，培养学生应用知识解决实际问题的能力。除此之外，人教版通过引导学生展开更换电极材料（如用石墨替代铜片等）的原电池实验，促进学生理解原电池的根本工作原理，激发学生的求知欲与探究思维，发展学生的科学探究与创造能力核心素养。因此，教师在进行实际教学时可根据学生的实际学情，利用生活中的常见的物品，适当增加相关原电池实验，深化学生对原电池装置的理解。四版教材的"化学能与电能"实验分布如表5-15所示。

表5-15　四版教科书的"化学能与电能"实验分布

教科书类别	人教版	沪教版	苏教版	鲁科版
实验分布	铜锌原电池实验 水果电池 简易原电池 原电池的趣味实验 电极材料的实验 原电池实验	铜锌原电池实验	铜锌原电池实验简易电池制作	设计原电池
实验材料	锌片、铜片、石墨棒、稀硫酸、电流表、水果、食盐水、滤纸、金属片、导线、小型用电器（发光二极管、电子音乐卡或小电动机等）	锌片、铜片、石墨棒、稀硫酸、电流表	锌片、铜片、石墨棒、稀硫酸、电流表、纯碱溶液、废旧干电池、白醋（或橙子、芦柑等）	锌片、铜片、石墨棒、稀硫酸、电流表、开关

3. 实验步骤对比

四版教材在描述原电池的相关实验步骤时，各有不同。沪教版在描述锌-铜原电池的相关实验时，不仅向学生展示了实际装置图，讲述也较为细致，这可能是因为学生此时还并不了解原电池的工作原理和基本构造，需要一个基本模型与知识来展开实验，搭建原电池的装置。鲁科版有所不同的是，在做锌铜原电池实验之前，学生已经通过教科书上对简易氢氧燃料电池的简单讲解初步了解了原电池的基本构造和原理，因此对已经有了一定基础的学生，实验的开放性和难度可以有所升级，故鲁科版为学生提供了一个基本的实验装置搭建框架后要求学生自主选择合适的正负极材料与电子、离子导体，发展学生应用知识的能力，促使学生对原电池基本装置有进一步的认识与理解。

不同于以上两版教材，人教版和苏教版关于原电池的相关实验是阶梯式的。在本节开头，由于学生对原电池的原理及构成并不了解，故学生进行锌铜原电池实验时，教材对实验步骤的讲解均较为细致，并配套了实验装置的图片，帮助学生初步了解原电池的基本构成。随后，教材在讲完原电池的具体工作原理后，两版教材均引导学生利用生活中常见的材料独立设计并制作一个简易的原电池，此时教材中并没有给出相关的实验步骤，仅附上了一个参考的电池装置图，充分给予学生思考的空间，鼓励学生应用自己所学的知识发挥想象力，这有利于培养学生的创造意识与能力。

4. "思考与讨论"的对比分析

四版教科书中，除了苏教版，其余三版教科书均在原电池实验中提出了相关问题，这些问题可以从提问的角度分为原电池的工作原理和原电池的基本构成两种类别，例如人教版中所提的第1—3和第5个问题均是关于原电池的基本构成，其目的是希望学生通过观察已有的原电池装置来发现形成原电池的基本构造，在学生思考问题的过程中培养学生归纳概括、模型构建、积极思考的能力，不同于教师的直接讲授，经由学生独立思考后教师再进行补充讲解的教学过程更加符合以学生为主体的课堂，更有利于发展学生的核心素养。鲁科版所提的第2个问题同样也属于这个类型，但问题难度略大于人教版，其要求学生真正理解原电池的基本构造，明确每个构成在原电池工作中的具体作用。因此，教师在实际教学过程中需要根据学生对原电池基本构造的掌握情况适当进行选择，在学生的最近发展区内提出恰当难度的问题，激发学生的求知欲（表5-16）。

表5-16　四版教材在"探究化学反应速率的影响因素"实验中所提问题

教科书类别	人教版	沪教版	苏教版	鲁科版
问题	1. 水果电池中，水果的作用是什么？ 2. 比较不同电极材料的原电池，电极材料的选择有什么需要注意的？ 3. 电池不可或缺的构成成分有哪些？ 4. 根据实验，说明原电池的工作原理和构成要素，以及组装原电池的操作注意事项。 5. 能否用铁片作为电极代替锌片？为什么？	锌铜原电池实验中灵敏电流计的指针为什么会发生偏转？		1. 锌铜原电池的工作原理？ 2. 在锌铜原电池中，锌片、铜片和稀硫酸是否可以被替换为其他物质却同样能产生电流呢？

5. 习题对比分析

四版教材设置方式基本相同，其习题主要分布在两处，既有针对该节内容的位于每节内容之后的习题，在章节结束之处也有关于整个章节而设置的习题，故本文将两处习题均计算在内，题目总数则为两处题目数量之和，具体分布情况如表 5-17 所示。

表 5-17　四版教材在"化学反应速率"章节中习题涉及的知识面

教科书类别	人教版	沪教版	苏教版	鲁科版
习题总数	9+11	3+6	8+10	11+14
与本节有关习题数	5+4	1+0	8+5	5+3
习题类型	化学能与电能 锌铜原电池 水果电池实验题目 综合题目 自制电池 查阅资料	水果电池选择题	化学能与电能 电子转移计算 制作水果电池 了解电池发展 综合应用题	解读原电池 设计原电池 综合应用题

沪教版关于原电池的习题并不多，仅有一道是关于解读简单水果原电池的，故教师在进行实际教学时应该根据学生情况进行适当补充；而人教版、苏教版和鲁科版题目数量相对来说都较为适量，且题型较为丰富，均涉及了解读学生较为熟悉的锌铜原电池和让学生根据题目中所给的信息自主推断一个未见过的原电池的正负极及其电极反应等综合应用题目，这需要学生对原电池的基本构成的理解达到一定深度，明白正负极电极材料的性质并了解常见电极材料的化学性质，较符合高考卷题目的特点，培养学生应用知识、迁移所学知识的能力。另外，三版教材中的习题均涉及了要求学生根据题目要求设计新的原电池装置题目，这也要求学生对原电池相关概念要建立起一个基本的概念模型，根据题目要求选择合适的电极材料与离子导体，不能仅停留在一个能听懂课堂知识的阶段，这与"在实际日常生活中需要根据实际需要构建一个合适的原电池"的设计思路是比较吻合的。

除此之外，人教版和苏教版均专门设置习题向学生强调原电池的能量转化本质以及要求学生查阅资料了解电池的发展或新型原电池的工作原理等题目，在这个过程中锻炼了学生的资料搜集能力，拓宽了学生的科学视野。另外，苏教版特别对与电子转移相关的计算设置了相关题目进行考查，与高考的相关考点重合，题目多样性较强。因此，教师在实际教学过程中,应该结合四版教材的习题所涉及的知识面,综合利用,不断促进学生对原电池的学习,帮助学生在解答多种类型的题目过程中不断加深对原电池的理解程度。

二、教学设计

(一)教学流程图(图 5-19)

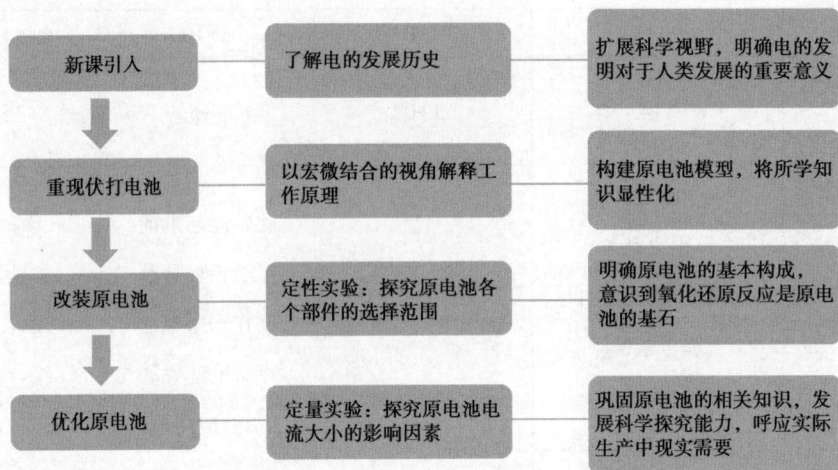

新课引入	→	了解电的发展历史	—	扩展科学视野,明确电的发明对于人类发展的重要意义
重现伏打电池	→	以宏微结合的视角解释工作原理	—	构建原电池模型,将所学知识显性化
改装原电池	→	定性实验:探究原电池各个部件的选择范围	—	明确原电池的基本构成,意识到氧化还原反应是原电池的基石
优化原电池	→	定量实验:探究原电池电流大小的影响因素	—	巩固原电池的相关知识,发展科学探究能力,呼应实际生产中现实需要

图 5-19 "化学能转化为电能"教学流程图

(二)教学过程

1. 新课引入

【课堂引入】介绍电的发展历史

18 世纪初期,科学家发现了静电的一些基本性质。18 世纪末,意大利化学家亚历山大·伏打于 1800 年发明了伏打电池,其作为第一个可产生持续电流的装置,标志着电学研究进入了一个新的阶段。19 世纪中叶,英国物理学家法拉第发现了电磁感应现象,为后来的电力生成和传输奠定了基础。

设计意图:介绍电发展的历史,拓展学生的科学视野,使得学生耳濡目染科学家的科学精神、科学品质和科学的思维方法,并意识到化学原电池对人类社会发展的重要性。

2. 重现伏打电池——初探锌铜原电池的工作原理

【教师提问】身处 21 世纪的我们,尤其更为知道"电"在我们日常生活中有着无可替代的重要地位,那么科学家最早发现"产生可持续电流"的伏打电流装置现在可以很容易地复刻出来,请同学们利用教师所提供的材料搭建该装置,并小组讨论该实验装置导电时宏观物质发生反应所显现出来的现象与微观变化之间的联系。

【学生实验】锌铜-稀硫酸原电池实验

【小组讨论】学生根据前面所学的知识，从宏观辨识与微观探析的角度详细阐述锌铜-稀硫酸原电池的工作原理，教师可以邀请学生以示意图的形式展现在黑板上，并请学生具体阐述每个部分在原电池中发挥的作用（参考教材图6-7），以表格形式呈现。

锌铜-稀硫酸原电池各部分的具体作用

原电池部件	铜片	锌片	稀硫酸	导线	电流表
作用					

设计意图：引导学生回忆、整理所学知识并以示意图、表格等形式将原电池的工作原理显性化，一方面有效帮助教师检验学生学习成果，判断学生可能存在的迷思概念，另一方面可以帮助学生捋清自己的思路，有条理、有逻辑地去整理自己所学知识，建立基本模型，发展学生构建模型、概括总结的能力。

3. 改装原电池——再探原电池的基本构成

搭建新的原电池装置

【教师提问】如果我们只是重复先人的科学成果是不能取得很大进步的，电之所以可以发展到如今这个阶段，是因为科学家们不断探索、不断创新的精神。因此，我们也应该学习科学家们的精神，同学们请思考：对于如此经典的铜锌-稀硫酸原电池，我们是否可以更换其中的一些材料，使之可以形成新的原电池呢？或者我们是否可以省去部分装置使得该装置被优化？请同学们以小组为单位进行讨论，如何更换表15.4中的某些部件使得其仍然可以构成原电池。

【方法导引】在科学研究中，对于多因素（多变量）的问题，常常采用只改变其中的某一个因素，控制其他因素不变的研究方法，使多因素的问题变成几个单因素的问题，分别加以研究，最后再将几个单因素问题的研究结果加以综合。这种变量控制的方法是科学探究中常用到的方法。例如，原电池由多个部件组成，我们在探讨更换其中一个部件是否可以构成新的原电池时，要注意控制其他部件不要发生变化，应用变量控制思维进行实验设计，以帮助我们更好地认识每一个部件对原电池组成的作用。

【设计意图】通过引导学生从他们熟悉的原电池出发，更换或减少一些材料使其变成新的原电池，在这个过程中不仅考查学生对原电池的基本构成是否掌握，也极大地激发了学生的科学探究思维与学习兴趣，使得学生可以体验科学发展的一般思路，发展学生科学探究与创新意识核心素养，并且在小组讨论的过程中，互相帮助，互相启迪，培养学生小组合作以及沟通交流的能力。除此之外，教师还专门介绍了在该实验设计过程中变量控制思维的应用，培养学生使用科学、理性的思维去设计实验方案。

【学生实验】通过电流表指针是否偏转来判断下表中的组合是否可以构成原电池，并通过该实验总结形成原电池的基本构成。

原电池组合 1	铜片	锌片	稀硫酸	导线	电流表
原电池组合 2	铜片		稀硫酸	导线	电流表
原电池组合 3		锌片	稀硫酸	导线	电流表
原电池组合 4	铜片	石墨	稀硫酸	导线	电流表
原电池组合 5	石墨	锌片	稀硫酸	导线	电流表
原电池组合 6	铜片	铜片	稀硫酸	导线	电流表
原电池组合 7	铁片	锌片	稀硫酸	导线	电流表
原电池组合 8	铁片	锌片		导线	电流表
原电池组合 9	铜片	锌片	硫酸铜溶液	导线	电流表
原电池组合 10	铜片	锌片	乙醇	导线	电流表
原电池组合 11	铜片	锌片	稀硫酸	直接接触	电流表
原电池组合 12	铜片	锌片	稀硫酸		电流表

【学生总结】学生以小组为单位，分析实验结果，并总结出形成原电池的基本条件。

设计意图：通过学生自主进行实验，检验其猜想是否可以构成原电池，锻炼学生的动手操作能力，并激发学生对原电池的基本构成的求知欲，引导学生进行自主思考并深入剖析为什么有些猜想无法构成原电池，进而发展学生的探究思维与模型构建能力，加深学生对原电池的基本构成的理解。

【教师总结】通过刚刚我们所得实验结果，我们可以得到以下几个结论：

（1）原电池的发生需要有自发进行的氧化还原反应发生，并且该氧化还原反应的氧化反应和还原反应应该分别在负极与正极进行。

（2）电极材料由两种金属活动性不同的金属或由金属与其他导电的材料（如石墨等非金属或某些氧化物等）组成。

（3）离子导体：作反应介质，传输电荷，在溶液中构成闭合回路。

（4）电子导体：两电极之间需要有导线或直接接触，传输电子，形成闭合回路。

4. 优化原电池——探究原电池电流大小的影响因素

【教师提问】在实际生产生活中，我们当然希望原电池的电流可以为我们所调控，当需要保证电路安全时电流可以稍低，当需要供给多个用电器的正常工作时我们希望电流可以稍大。那么请同学们从原电池的工作原理和基本构成两个角度思考，猜想哪些因素会影响原电池的电流大小。

【学生讨论】学生猜想的影响因素可能有：两个电极活动性差距的大小；离子导体的选择；导线的导电能力；电极与溶液的接触面积；两个电极之间的距离。

【设计意图】结合日常生产生活的实际需要，提出该问题并引导同学进行思考与猜想，充分体现化学学科的学科价值，有助于学生重新审视原电池的基本构造，充分发动学生的想象力以及证据推理能力，引导学生去发现有价值的问题，促进学生深度思维的发展。

【教师提问】同学们的想法都非常好，但由于课堂时间有限，我们今天选取电极活动性差距大小、离子导体的种类和两个电极之间的距离3个因素作为我们今天主要探究的，请同学们思考我们如何设计实验呢？在设计实验的过程中需要注意什么呢？我们如何检测原电池所形成的电流大小呢？请同学们分成3个小组，每个小组分别探究其中一个因素，给出你们小组的实验方案，等会我们在课堂上共同讨论。

【小组讨论并展示】每个小组向全班同学介绍自己小组的实验方案，并请另外两个小组对实验方案进行点评，共同完善实验方案，若有不妥，教师再进行补充。

【学生实验】请学生按照调整后的实验方案进行实验，并准确记录实验数据，分析实验数据后得出结论。

设计意图：教师在引导学生进行实验时，将学生分成3个小组分别探讨3个原因，不仅有效地提高了课堂的效率，还重点强调了在本实验中"控制变量法"的使用，有助于学生设计出较为合理的实验方案。随后学生通过小组讨论呈现实验方案，这一步可以培养学生的小组合作能力和语言表达能力，并且在小组互评中，也可以有效地使不同研究对象的学生参与到对方的研究中进行评价，充分体现了学生在课堂学习中的主体地位。

5. 课堂小结

【教师总结】本节课我们通过应用控制变量法，从定性的角度认识了原电池中每个部件对其是否能够形成原电池的重要作用，从定量的角度判定了影响原电池电流大小的因素，如电极活动性差距越大，原电池电流越强，本节课的学习对我们在实际生产生活中根据实际需要选取合适的部件组装原电池，并调控电流的大小有着重要意义。

（三）教学反思

本节课以电的发展历史创设情境引导学生从宏观辨识与微观探析的角度去深入理解原电池的工作原理，带领学生从定性和定量两个角度去探究原电池的基本构成和相关性质，完整体验科学探究的基本流程，逐渐强化对原电池相关知识的理解，使学生意识到本堂课背后所蕴含的化学学科价值。

三、素养诊断

"化学能转化成电能"评价量表分析

核心素养目标	评价内容	评价得分（0~4分）			量表分析	素养水平
		学生	同伴	教师		
宏观辨识与微观探析	以锌铜原电池为例，将其化学现象与微观变化联系解释	4	4	4	将化学变化的宏观现象与微观特征进行联系与分析，运用化学符号说明物质的化学变化，分子物质化学变化和伴随发生的能量转化与物质微观结构的关系	宏观辨识与微观探析水平3
	用示意图等形式将原电池的工作原理形象化	4	4	4		
	从微观角度去理解原电池的工作原理	4	4	4		
	分析原电池过程中的化学变化与能量转化	4	4	4		
科学探究	探究原电池中各部件的作用，并提出方案进行证实	4	4	4	能够依据假设提出实验方案，完成实验，收集实验证据，给予现象和数据进行分析并得出结论，交流自己的探究成果	科学探究与创新意识水平2
	小组讨论实验方案的可行性	4	4	4		
	探究不同部件组合起来所构成的实验装置是否形成原电池实验	4	4	4		
	从实验现象入手，深入剖析原电池的基本构成					
	设计实验方案，从定量角度探究电极活动性差距、离子导体、正负电极距离是否影响原电池的电流大小	4	4	4		
	完成探究电极活动性差距、离子导体、正负电极距离是否影响原电池的电流大小实验	4	4	4		
	分析实验数据，并得出结论	4	4	4		

续表

核心素养目标	评价内容	评价得分（0~4分）			量表分析	素养水平
		学生	同伴	教师		
模型构建	从宏观和微观结合的角度来理解原电池的工作原理	4	4	4	能从宏观和微观相结合的角度收集数据，能理解、描述和表示化学中常见的认知模型，并从定性和定量结合上收集数据，能通过定性分析和定量计算推出合理的结论，能说明模型的使用条件和适用范围	证据推理与模型认知水平3
	用示意图的形式描述原电池的工作原理	4	4	4		
	分析定性实验结果，探究形成原电池的基本构成	4	4	4		
	根据定性实验结果，剖析原电池所适用的化学反应种类	4	4	4		
	根据定性实验结果，剖析原电池电极的选择范围	4	4	4		
	根据定性实验结果，归纳总结离子导体的适用范围	4	4	4		
	处理定量实验所得结果，分析原电池电流大小的影响因素	4	4	4		
科学态度	了解电的发展历史	4	4	4	了解常见的科学历史，养成严谨求实的科学态度，崇尚科学真理，了解完整的科学研究过程，了解所学知识对日常生产生活的重要作用	科学态度与社会责任水平2
	学习科学家的思维方法和科学精神	4	4	4		
	体验科学探究的完整流程	4	4	4		
	应用变量控制法设计实验	4	4	4		
	意识到电对人类发展的重要意义	4	4	4		
	了解化学能转化成电能在实际生产生活中的重要价值	4	4	4		

四、实作考查

必修课程学生必做实验7：化学能转化成电能

实验用品：烧杯、导线、电流表；锌片、铁片、铜片、石墨棒、稀硫酸、硫酸铜。

动态评分标准参考量表

考查要点		操作要求及评分细则	分值（100分）	得分
一、检查与整理		（1）实验前清点并检查实验所需器材、物品、药品是否齐全、完好，若有问题举手示意（5分）； （2）实验完毕将废弃物倒入指定的容器中，将仪器洗涤干净并放回原处。整理台面，保持整洁，实验后洗手（5分）	10分	
二、进行实验	1. 铜、锌电极材料的实验	（1）用导线将电流表与锌片相连接（5分）； （2）用导线将电流表与铜片相连接（5分）； （3）使锌片与铜片接触（5分）； （4）用石墨棒代替铜片进行上述实验（5分）	20分	
		（5）将锌片插入盛有稀硫酸的烧杯（5分）； （6）再插入铜片（5分）； （7）取出铜片，插入石墨棒（5分）； （8）电极材料从烧杯中取出，防止液体带出（5分）	20分	
	2. 原电池实验	（1）用导线将电流表分别与锌片、铜片相连接（5分）； （2）同时插入稀硫酸的烧杯里（5分）； （3）用石墨棒代替铜片进行上述实验（5分）； （4）用石墨棒代替锌片进行上述实验（5分）； （5）每次更换实验前，电极材料用清水冲洗（5分）	25分	
		（6）用导线将电流表分别与铁片、铜片相连接（5分）； （7）同时插入盛有硫酸铜的烧杯（5分）； （8）电极材料插入烧杯的深度和距离大致相同（5分）	15分	
三、完成实验记录		（1）合理准确填写实验操作中观察到的实验现象（5分）； （2）正确填写实验结论及合理分析（5分）	10分	

实验十六　搭建球棍模型认识有机化合物分子结构的特点

一、教材分析

（一）研读课标

学生必做实验"搭建球棍模型认识有机化合物分子结构的特点"位于高中化学选择性

必修课程主题 4 "简单的有机化合物及其应用"中。课标"教学策略"提出：通过模型拼插等活动引导学生认识有机化合物中碳原子的成键特点、价键类型及简单分子的空间结构。学业质量要求是：能描述 CH_4、C_2H_4、C_2H_2 的分子结构特征，并能搭建甲烷和乙烷的立体模型。为了落实新课标的要求，4 个版本的教材均有与搭建、制作或观察有机物分子结构模型来认识有机物分子结构的特点相关的实验。

（二）教材对比

1. 教材中的位置对比

在 4 个版本的教材中，相关实验均位于高中化学必修二"认识有机化合物"单元，单元所处教材编排位置大致相同。4 个版本的教材"认识有机化合物"内容基本都处于必修二的第三章节。

2. 章节内部编排顺序对比

人教版将该实验安排在教材"整理与提升"板块，是学生必做实验之一，其他 3 个版本的教材都穿插在章节正文部分，其中鲁科版安排在第 1 节认识有机化合物，实验名称为"搭建有机化合物分子的球棍模型"，是学生必做实验；苏教版安排在第 1 节化石燃料与有机化合物，实验名称分别为"搭建甲烷的球棍模型""比较乙烯、乙烷结构上的差异"都是学生必做实验；沪教版安排在第 1 节饱和烃的实验探究，实验名称为"制作甲烷等分子空间结构的模型"。

3. 实验用品对比

该实验用品具有可替代性，人教版和鲁科版明确提出了用分子结构模型，或用橡皮泥、黏土、泡沫塑料、牙签、火柴等代用品。苏教版对实验用品未作说明，沪教版实验用的信封折叠。

4. 实验内容对比

由于该实验具有开放性且不需化学试剂，所以实验步骤和内容也是各不相同。人教版是先搭建甲烷的球棍模型，并以表格的形式完成甲烷的分子式、结构式、结构特点，然后再搭建乙烷、乙烯和乙炔的分子球棍模型，同样再以表格的形式完成三者的分子式、结构式、结构特点，并重点比较三者空间结构的异同，通过对比了解碳碳单键、双键、三键的中碳原子的成键特点和空间构型的异同。鲁科版的要求是动手搭建有机化合物分子的球棍模型，并写出相应的结构式或结构简式，步骤分别是先搭建甲烷的球棍模型，然后尽可能多地搭建含两个或 3 个碳原子的烃分子的球棍模型，接着在甲烷球棍模型的基础上搭建一氯甲烷、乙醇和乙酸分子的球棍模型，鲁科版实验中配有学生搭建球棍模型的照片以及学生搭建的球棍模型的作品示例的照片。苏教版是在甲烷的学习中穿插了搭建甲烷球棍模型的实验，实验中配有甲烷球棍模型的图片，根据图示观察碳和氢原子的空间位置关系，搭建模型并说明甲烷分子结构的特点，然后在乙烯的学习中穿插了比较乙烯、乙烷结构上的差异，此实验配有的是乙烯、乙烷的球棍模型和空间填充模型的图片，同样观察图示并搭建乙烯、乙烷的球棍模型，比较两者的差异，并预测乙烯可能具有的性质。沪教版沿用了之前的方式，用一个信封折叠出正四面体，实验中用图文结合的方法给出详细的折叠步骤，同时在实验中也提出了准备好一个分子模型或身边适宜的材料为后续搭建乙烯、乙炔、乙醇、乙酸分子的球棍和空间填充模型做好准备。4 个版本的教材对比，人教版实验更具系统性；鲁科版更具有开放性。

5. "思考与讨论"的对比分析

人教版在实验活动后的问题与讨论中分别对碳原子的成键特征、同分异构体、探究含 4 个碳原子的烃的结构等提出了 3 个思考问题；鲁科版提出了碳原子以哪些方式满足了"碳四价"原则 1 个思考问题；苏教版在实验后的课程内容是观察思考甲烷的性质，体会结构和性质之间的密切关系；沪教版在实验后的课程内容同样是甲烷的性质，以及在甲烷的氯代反应后提出了思考问题二氯甲烷有怎样的空间结构。其中，人教版的问题更详细、全面，既有课上思考，也有课后探究讨论；苏教版和沪教版侧重的是建立结构和性质之间的联系。建议教师综合各版本教材的优点，对教材中的思考与讨论进行整合，全面细致、层层递进地设问，从而培养学生证据推理和模型认知、科学探究等核心素养。

6. 习题对比分析

人教版共 10 个习题，其中与有机物分子结构相关的有 6 个：第 1、第 4 题与碳原子的成键特点相关；第 2 题是甲烷分子结构特点填空；第 5、第 7 题是同分异构体的判断和书写；第 10 题是甲烷结构式发现历程并对其进行评价。鲁科版共 7 个习题：与有机物分子结构相关的有 4 个，其中第 3 题写出陌生有机分子结构中单键和双键、第 4、第 5 题判断同分异构体、第 7 题调查分析家中有哪些有机化合物，写出它们的分子式或结构式，并标出官能团。苏教版共 8 个习题，与有机物分子结构相关的有 1 个，第 6 题为判断同分异构体，其余 7 个题基本都与有机物的性质相关。沪教版共 8 个习题，与有机物分子结构相关的有 1 个，第 7 题是搭建戊烷的同分异构体，这也跟苏教版和沪教版教材编排理念相符，与结构相关问题穿插在教材正文部分，课后习题更多的是侧重于有机物性质和有机基本概念的判断，同时也建议补充一些相关习题，以满足不同程度的学生的学习需求。

7. 实验延伸和拓展建议

首先，教师可以搭建苯的结构，让学生观察，让学生初步体会苯环中碳原子的成键特点，描述其结构特点，以及为后面有机物共线共面问题做好铺垫。

其次，在同分异构体方面，除实验中提出二氯甲烷认识其是否同分异构体外，可以从乙烷、乙烯、乙炔的结构认识碳碳单键、双键、三键的旋转情况，从而解决丁烷、戊烷的同分异构体问题。

最后，有机物的共线共面问题既是重点也是学生理解的难点，实验中可以在学生理解甲烷、乙烷、乙烯、乙炔、苯的结构特点后，通过用不同结构相互拼插的方式让学生更直观地理解较复杂有机分子中的共线、共面问题。

二、教学设计

（一）教学流程图（图5-20）

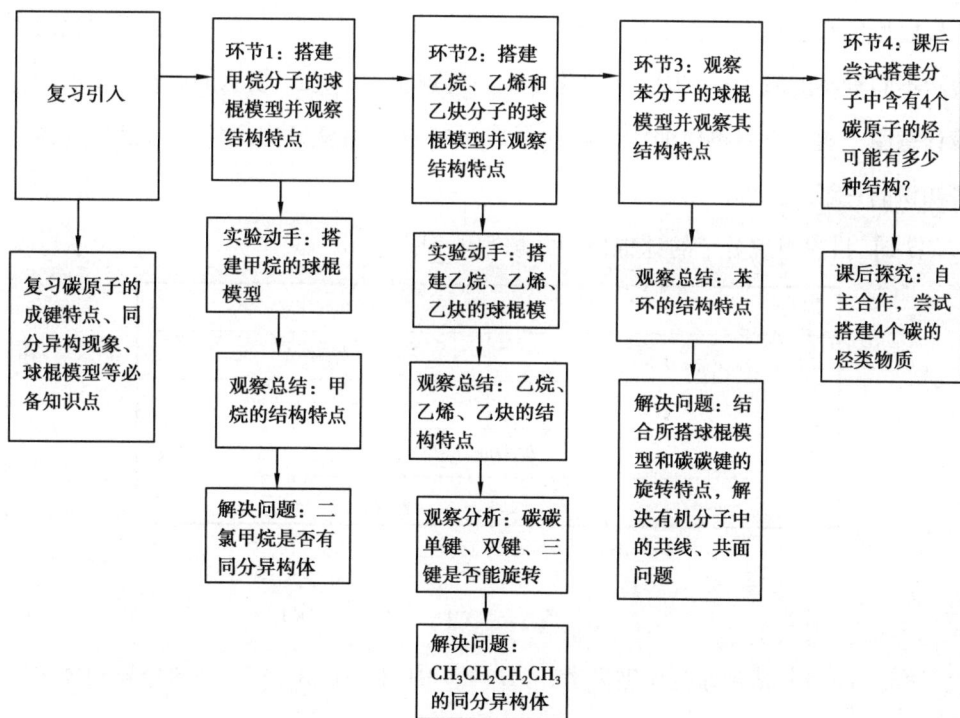

图5-20 "搭建球棍模型认识有机化合物分子结构的特点"教学流程图

（二）教学过程

【复习】

1. 碳原子的成键特点

$$C—C、C = C、 C \equiv C$$

单键、双键、三键

2. 同分异构现象和同分异构体

化合物具有相同的分子式，但具有不同结构的现象称为同分异构现象。具有同分异构现象的化合物互称为同分异构体。

3. 有机分子中的共线、共面问题

"共线"是指有机分子内的某些原子位置分布在一条直线上；

"共面"是指有机分子内的某些原子位置分布在同一个平面内。

4. 球棍模型

球棍模型用来表现化学分子的三维空间分布。其中，"球"代表原子，用颜色或大小的区别表示不同种类的原子；"棍"代表化学键，可连接以"球"表示的原子中心。

设计意图：通过复习再次加深对碳原子成键特点、同分异构现象、同分异构体、球棍模型等知识的理解与掌握。

【环节1】搭建甲烷分子的球棍模型并填写下表。

甲烷	
分子式	结构式
结构特点	

【问题与讨论1】结合球棍模型思考，$H—\underset{\underset{Cl}{|}}{\overset{\overset{Cl}{|}}{C}}—H$ 和 $H—\underset{\underset{H}{|}}{\overset{\overset{Cl}{|}}{C}}—Cl$ 是同分异构体吗?

【思考】对同分异构体中的"构"有什么新的认识?

【学生】空间结构

设计意图： 通过搭建甲烷的球棍模型，认识甲烷的空间结构，并用空间模型解决 CH_2Cl_2 是否有同分异构体，从而进一步理解同分异构体中的"构"，为选修模块学习构造异构和立体异构奠定基础。

【环节2】搭建乙烷、乙烯和乙炔分子的球棍模型，比较三者的空间结构并填写下表。

乙烷		乙烯		乙炔	
分子式	结构式	分子式	结构式	分子式	结构式
结构特点		结构特点		结构特点	

【问题与讨论2】结合球棍模型，观察上述烃分子中碳碳键的旋转情况（"√"表示"是"，"×"表示"否"）。

烃分子名称	碳碳键是否可以旋转
乙烷	
乙烯	
乙炔	

【结论】碳碳单键可以旋转，碳碳双键和三键不可以旋转。

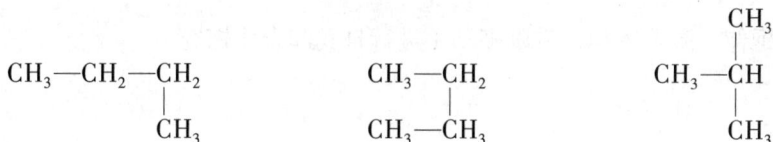

$$CH_3-CH_2-CH_2 \atop \quad\quad CH_3 \qquad\qquad CH_3-CH_2 \atop \quad CH_3-CH_3 \qquad\qquad CH_3-CH \atop \quad\quad CH_3$$

【问题与讨论3】结合碳碳键的旋转特点，$CH_3CH_2CH_2CH_3$ 和以下哪种物质是同分异构体？

设计意图： 通过动手搭建模型，认识乙烷、乙烯、乙炔的结构特点，并掌握单键、双键、三键的旋转特点，并用结构再次理解同分异构体问题。

【环节3】观察苯分子（⬡）的球棍模型，苯有怎样的结构特点？

【生】平面正六边形，键角为120°，12个原子共面，且处在对角线上的原子在同一直线上。

设计意图：认识苯环的结构特点。

【问题与讨论4】结合球棍模型和碳碳键的旋转特点，回答下列问题：

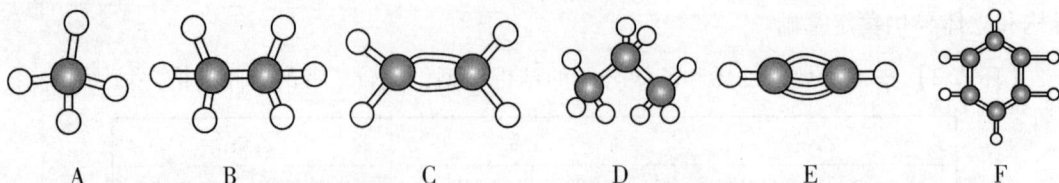

A   B   C   D   E   F

①下列化合物分子中的所有原子一定都处于同一平面的是（   ）。

A.溴苯（ 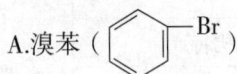 ）   B.甲苯（ CH_3 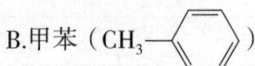 ）

C.苯乙烯（ 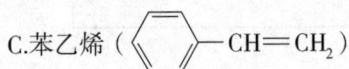 —CH＝CH_2 ）   D.丙烯（ CH_2＝CH—CH_3 ）

②CH_2＝$CHCH_2CH_3$ 最多有_____个原子共面。

③CH≡CCH＝$CHCH_3$ 最多有_____个原子共面，_____个原子共线。

④已知某有机物的结构简式为：H_3C —C≡C—CH＝CH_2，则该分子中：

a. 可能共面的原子最多有_____个，一定共面的原子最多有_____个；

b. 共线的原子有_____个。

设计意图：综合利用甲烷、乙烷、乙烯、乙炔、苯环的结构理解有机物共线共面问题，用结构解决实际问题。

【环节4】分子中含有4个碳原子的烃可能有多少种结构？尝试用球棍模型进行探究。

设计意图：课后延伸，激发兴趣，鼓励多动手进行自我和合作探究。

（三）教学反思

"搭建球棍模型，认识有机化合物分子结构的特点"是新课标规定的学生必做实验之一，也是有机部分唯一一个建构模型的实验。此实验重点培养学生建构模型的能力从而培养建模思维，在帮助学生认识有机化合物结构特点的同时发展学生的空间想象与认知能力，为学习有机化合物奠定结构认知的基础。

本实验在教材实验内容的基础上扩大了素材选取的范围，包含了"同分异构现象""有机分子中共线、共面问题"等内容要素，进一步丰富了实验的教学功能。

三、素养诊断

"搭建球棍模型认识有机化合物分子结构特点"评价量表分析

核心素养目标	评价内容	评价得分（0~4分）			量表分析	素养水平
		学生	同伴	教师		
宏观辨识和微观探析	甲烷、乙烷、乙烯、乙炔、苯结构相关资料收集	4	4	4	能就简单的问题收集资料并进行分析整理，陈述观点，根据已有经验提出问题，具有一定的宏观辨识和微观探究的能力	宏观辨识和微观探析水平1
	碳原子成键特点辨析	4	4	4		
	同分异构体、同分异构现象概念辨析	4	4	4		
	有机物共线共面问题概念辨析	4	4	4		
	球棍模型概念辨析	4	4	4		
	小组成果汇报展示	4	4	4		
	实验用品的选取	4	4	4		
	实验流程、实验方案的制订	4	4	4		
	运用资料搭建甲烷分子球棍模型并分析结构特点	4	4	4		
	运用资料搭建乙烷、乙烯、乙炔分子球棍模型并对比分析结构特点	4	4	4		
	运用模型碳碳单键、双键、三键旋转特点	4	4	4		
	观察苯分子球棍模型并分析其结构特点	4	4	4		
证据推理	各类烃分子的化学键类型	4	4	4	能在实验过程中收集实验证据，推理得出实验结论	证据推理与模型认知水平2
	二氯甲烷是否有同分异构体	4	4	4		
	丁烷、戊烷同分异构体的判断	4	4	4		
	甲苯等共线共面问题的判断	4	4	4		
模型建构	简述实验步骤间的关系	4	4	4		
	认识有机物分子结构的特点，建构碳原子成键特征和分子空间结构之间的关系模型	4	4	4		

续表

核心素养目标	评价内容	评价得分（0~4分）			量表分析	素养水平
		学生	同伴	教师		
科学探究	体会结构与性质的关系和对学习有机的重要意义、表达看法	4	4	4	实验过程中善于倾听他人意见，与同学合作融洽，敢于陈述观点，表现自己	科学探究与创新意识水平2
	探究问题的兴趣与信心、战胜问题的决心、自我价值的实现	4	4	4		
	敢于表述，有理有据地陈述观点	4	4	4		
	互相帮助、倾听和思考他人建议	4	4	4		
	成员配合密切，分工明确，气氛融洽	4	4	4		

四、实作考查

必修课程学生必做实验8：搭建球棍模型认识有机化合物分子结构的特点

实验用品：不同颜色的小球若干，长短不一的小棍若干（也可用橡皮泥和牙签代替）。

动态评分标准参考量表

考查要点		操作要求及评分细则	分值（100分）	得分
一、检查与整理		（1）实验前清点并检查实验所需器材、物品是否齐全、完好，若有问题举手示意（5分）； （2）实验完毕将实验用品归位。整理台面，保持整洁（5分）	10分	
二、进行实验	1. 拼接有机物甲烷、乙烷、乙炔的球棍模型	（1）根据原子半径大小准确选择不同的球代表不同的原子（黑色小球表示碳原子，白色小球表示氢原子）（5分）； （2）甲烷球棍模型正确（5分）； （3）乙烷球棍模型正确（5分）； （4）乙炔球棍模型正确（5分）	20分	

考查要点		操作要求及评分细则	分值 （100 分）	得分
二、进行实验	2. 拼接甲烷和氯气，并将两者发生取代反应的过程表示出来	（1）根据原子半径大小准确选择不同的球代表不同的原子（黑色小球表示碳原子，白色小球表示氢原子，绿色小球代表氯原子）（5 分）； （2）氯气球棍模型正确（5 分）； （3）取代产物一氯甲烷球棍模型正确（5 分）； （4）取代产物氯化氢球棍模型正确（5 分）； （5）取代产物二氯甲烷球棍模型正确（5 分）； （6）取代产物三氯甲烷球棍模型正确（5 分）； （7）取代产物四氯化碳球棍模型正确（5 分）	35 分	
	3. 拼接乙烯和溴化氢，并将两者发生加成反应的过程表示出来	（1）根据原子半径大小准确选择不同的球代表不同的原子（黑色小球表示碳原子，白色小球表示氢原子，红色小球代表溴原子）（5 分）； （2）乙烯球棍模型正确（5 分）； （3）溴化氢球棍模型正确（5 分）； （4）加成产物溴乙烷模型正确（5 分）； （5）将模型拆分，分类放置（5 分）	25 分	
三、完成实验记录		（1）合理准确填写实验报告（5 分）； （2）正确填写实验结论及合理分析（5 分）	10 分	

实验十七　乙醇、乙酸的主要性质

一、教材分析

学生必做实验"乙醇、乙酸的主要性质"位于高中化学必修课程主题 4"简单的有机化合物及其应用"中。课标"教学策略"是：提倡采用观察实验现象、联系生产生活实际、归纳总结等策略对典型的有机化合物的结构、性质及应用进行教学。学业质量要求：能描述乙烯、乙醇、乙酸的主要化学性质及相应性质实验的现象，能书写相关的反应式，能利用这些物质的主要性质进行鉴别。

（一）教材中的位置对比

在 4 个版本的教材中，乙醇、乙酸的性质实验均位于高中化学必修第二册（或必修下册）与高中化学选修第三册，但具体分布位置有差异。

人教版：高中化学必修第二册第七章第三节乙醇与乙酸，设计了乙醇与钠反应实验、乙醇的催化氧化实验、乙酸乙酯的制备实验；并在章末设计了实验活动——乙醇、乙酸的主要性质；高中化学选修三第三章烃的衍生物第二节醇酚、第四节羧酸、羧酸衍生物，设计了乙醇的消去实验、乙醇与酸性重铬酸钾溶液的反应；羧酸的酸性。

苏教版：高中化学必修下册专题 8 第二单元食品中的有机化合物，乙醇的性质设计了乙醇与钠反应实验、乙醇的催化氧化实验；乙酸的性质设计了乙酸与石蕊溶液和碳酸钠溶液反应、乙酸与乙醇的酯化反应；高中化学选修三专题 4 生活中常用的有机物——烃的含氧衍生物，乙醇中羟基氢原子的活泼性实验——乙醇与钠、水与钠、乙醚与钠对比实验、乙醇与氢卤酸反应、乙醇的脱水反应、乙酸乙酯的制备与性质。

鲁科版：高中化学必修第二册第 3 章简单的有机化合物，探究乙醇的性质——乙醇的燃烧、乙醇的催化氧化、乙醇与酸性高锰酸钾溶液、乙醇与钠；探究乙酸的化学性质——乙酸的酸性、乙酸与乙醇的反应；高中化学选修 3 第 2 章官能团与有机化学反应、烃的衍生物，乙酸乙酯的制备和性质。

沪教版：高中化学必修 2 第 7 章常见的有机化合物 7.3 乙醇和乙酸，乙醇、水与钠反应的实验对比，乙醇的催化氧化；乙酸的化学性质；高中化学选修三第 3 章烃的含氧衍生物 3.3 羧酸及其衍生物，乙酸和乙醇的酯化反应。

（二）实验用品的选择对比

4 个版本的实验用品大致一致，选择了实验室常用的试管、胶头滴管、酒精灯、铁架台、导管、烧杯等。

人教版：实验均基本以文字描述实验步骤和实验图片展示所需实验用品。

苏教版：乙醇与钠、水与钠、乙醚与钠对比实验以文字描述实验步骤自然阐述实验用品；乙醇的催化氧化实验、乙酸与乙醇的酯化反应、乙醇与氢卤酸反应、乙醇的脱水反应、乙酸乙酯的制备与性质等实验则以实验图片展示所需实验用品。

鲁科版：在栏目"活动探究"中提供了可能用到的实验用品，学生自己选择设计实验。

沪教版：乙醇、水与钠反应的实验对比，乙醇的催化氧化，乙酸和乙醇的酯化反应以文字描述实验步骤和实验图片展示所需实验用品。酯化反应中出现了磁力搅拌器。乙酸的化学性质则以开放式实验探究呈现，提供了一系列实验用品，学生自己设计实验方案探究。

（三）实验步骤对比

4 个版本的教材开放性与灵活性最强的是鲁科版，即使整个教学环节实验只有两组，但均以"活动探究"形式呈现且注明"学生必做实验"。两组实验均以表格形式展示；实验目的、实验用品、实验方案实施（或设计与实施）、实验记录、实验结论思考等步骤层层递进，特别是乙酸乙酯的制备与性质实验，要求学生先确定反应原理、选择实验装置、设计操作方案并实施，对学生实验探究与动手能力要求最高。其次是沪教版，在选择性必修三教材中乙酸的化学性质也是一个开放式探究实验，学生自己选择实验用品自己设计实验方案和步骤完成探究，但该实验是针对学生熟悉的乙酸的酸性性质，难度不大。而人教版、苏教版，包括沪教版实验步骤都非常详细，3 个版本的教材都配有实验装置图，其中人教版每个实验都配有图片，这样学生不仅可以根据文字步骤，还可以参考实验装置图片进行操作，只需认真阅读教材即可顺利完成实验。

（四）"思考与讨论"的对比分析

人教版：必修第二册"思考与讨论"针对乙酸的酸性提出问题——食醋除水垢、乙酸与碳酸和盐酸酸性强弱比较，并要求学生根据生活经验设计实验方案。章末实验活动提出"问题与讨论"——乙醇催化氧化实验中加热铜丝及将它插入乙醇的操作为什么要反复进行几次、酯化反应中浓硫酸和饱和碳酸钠的作用、饱和碳酸钠发生的变化；选择性必修 3 "思考与讨论"对乙酸乙酯的实验中，如何提高乙酸乙酯的产率提出讨论。

苏教版：思考与讨论出现在实验方案末，必修下册乙醇的性质实验提出问题——钠与煤油、乙醇是否反应、实验得到什么启示、铜丝颜色变化、铜丝作用等。选择性必修 3 乙醇与氢卤酸的反应中提出能否判断反应产物，设计实验证明。乙酸乙酯的制备与性质中提出 4 个问题，激发了学生思考实验的兴趣。

鲁科版：必修 2 在乙酸部分设计了"迁移应用"，提出问题——水垢与食醋反应原理。选择性必修 3 在乙酸乙酯的制备实验后提出思考如何更好完成该实验需要考虑哪些问题、实验中哪些操作体现了对这些问题的思考、乙醇多于乙酸的量的原因等。

沪教版：选择性必修 3 乙酸和乙醇的酯化反应后提出问题：结合勒夏特列原理思考本实验哪些措施提高了乙酸乙酯的产率。

（五）习题对比分析

人教版："练习与应用"必修第二册共 9 个习题，没有涉及乙醇和乙酸性质实验的习题。选择性必修 3 两节习题分别 10 个，但也没有涉及实验的习题，章末"复习与提高"11 题涉及实验设计——自行设计实验方案鉴别苯、乙醇、乙酸、甲酸溶液和苯酚溶液。

苏教版："理解应用"必修下册 7 个习题，但均未涉及实验问题，选择性必修 3 两部分共 12 个习题，其中一节 3 题设计实验区分乙醇、乙醛、乙酸的水溶液。

鲁科版："练习与活动"必修 2 共 9 个习题，其中第 9 题为动手实践，完成乙醇在酒精灯上的催化氧化实验并分析归纳。选择性必修 3 共 7 个习题但没有涉及该部分实验。

沪教版："练习巩固"必修 2 共 4 题，选择性必修 3 共 10 题，两版教材中只有一题有所涉及——鉴别乙醇、乙醛、乙酸（选择题）。

二、教学设计

（一）教学流程图（图 5-21）

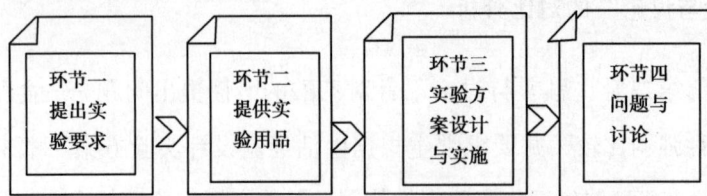

图 5-21　"乙醇、乙酸的主要性质"教学流程图

（二）教学过程

环节一：实验要求

探究乙醇、乙酸的主要性质。

环节二：实验用品

无水乙醇、95% 乙醇、冰醋酸、乙酸、乙醚、酸性 $KMnO_4$ 溶液、酸性 $K_2Cr_2O_7$ 溶液、饱和 Na_2CO_3 溶液、浓硫酸、金属钠、铜丝、石蕊试液、Mg、CaO、NaOH、$NaHCO_3$、$CaCO_3$、溴化钠粉末；

试管、试管夹、量筒、胶头滴管、玻璃导管、乳胶管、橡胶塞、铁架台（带铁夹）、试管架、酒精灯、火柴、沸石（碎瓷片）、滤纸、小刀、玻璃片、pH 试纸、药匙、烧杯。

设计实验所需其他用品 _____。

环节三：实验方案设计与实施

乙醇的性质

实验内容	实验1：乙醇羟基活性检验	实验2：乙醇的氧化反应	实验3：乙醇与卤化氢反应	实验4：乙醇的脱水反应	实验5：乙酸的酸性	实验6：乙酸和乙醇的酯化反应
实验目的						
实验方案设计						
实验用品选择						
实验步骤与操作						
实验现象记录与结论						

环节四：问题与讨论

（1）实验1中，金属钠与煤油、无水乙醇是否发生反应？从实验中能得到什么启示？

（2）实验2中，若有铜丝参与，加热铜丝及将它插入乙醇里的操作为什么要反复进行几次？请问铜丝颜色先后发生什么变化？综合整个反应，铜丝的作用是什么？

（3）实验3如何得到氢溴酸？根据实验现象，你能判断出乙醇与氢溴酸反应的产物吗？请设计实验证明试管中收集到的产物是卤代烃。

（4）查阅资料，该实验还有适用的催化剂，设计方案，比较不同催化剂的催化效果。

（5）经过分析探究，你能判断实验3和实验4中乙醇发生的反应是什么类型吗？

（6）在实验5中，比较乙酸与碳酸酸性强弱，请设计实验比较盐酸、乙酸、碳酸、苯酚的酸性强弱。

（7）实验6的操作过程中，需要注意什么问题？从实验现象得出什么结论？

（8）实验中添加试剂的顺序和用量需注意什么？这些又是为什么？乙酸和乙醇发生的酯化反应是可逆反应，请根据化学平衡原理设计增大乙酸乙酯产率的方法。

（9）通过此次实验探究活动，你对有机化学反应有了哪些新的认识？

（三）教学反思

乙醇、乙酸是生活中非常常见的两种有机化合物，同学们对他们并不陌生，但融入到实验课堂中特别是开放性的实验设计中还是有一定难度。在教学中一定要注意引导学生层层推进，首先要从物质的结构分析与猜测其性质，再结合所给实验用品启发思维，通过讨论合作，完成实验方案的设计。想实现方案与实际操作的完美结合对学生要求能力较强，失败不可怕，要多鼓励多指导学生，找出问题解决问题，那我们的实验探究活动就实现其真正的价值与意义了。

三、素养诊断评价量表

"乙醇、乙酸的主要性质"评价量表分析

核心素养目标	评价内容	评价得分（0~4分）			量表分析	素养水平
		学生	同伴	教师		
探究创新	乙醇、乙酸资料收集与筛选	4	4	4	能就生活中简单的问题收集资料并进行分析整理，提出新的问题，陈述观点，具有一定的探究创新意识；能依据实验要求设计实验方案、选择合适的实验用品、设计合理的实验方案并完成实验等	科学探究与创新意识水平2
	小组成果汇报展示	4	4	4		
	实验原理的理论分析	4	4	4		
	乙醇性质的实验方案设计	4	4	4		
	乙酸性质的实验方案设计	4	4	4		
	实验药品、仪器的选取	4	4	4		
	实验操作的正确性与规范性	4	4	4		
	实验方案的创新性	4	4	4		
	实验结论的分析与延伸	4	4	4		
证据推理	实验原理分析	4	4	4	能在实验过程中观察记录并思考收集实验证据，推理得出实验结论；能从定性的视角对实验方案进行设计，并对实验提出创新与改进；能根据实验流程得出定性实验的一般规律，建构认知模型	证据推理与模型认知水平2
	实验仪器、过程、结果问题分析	4	4	4		
	根据实际情况调整实验方案	4	4	4		
	实验创新与改进	4	4	4		
模型建构	简述实验操作中的注意问题及原因	4	4	4		
	构建定性实验思维	4	4	4		
社会责任	认识乙醇、乙酸在生活生产中的重要作用	4	4	4	能将化学知识运用于生活，直观体会化学与生活的联系	科学度与社会责任水平1
	体会有机物性质实验的重要意义	4	4	4		

核心素养目标	评价内容	评价得分（0~4分）			量表分析	素养水平
		学生	同伴	教师		
探究创新	探究问题的兴趣与信心、分析问题的勇气、自我价值的实现	4	4	4	实验过程中与同学合作融洽，敢于陈述观点，表现自己	科学探究与创新意识水平2
	敢于表达，能有理有据地陈述观点	4	4	4		
	讨论合作、交流心得	4	4	4		

四、实作考查

必修课程学生必做实验9：乙醇、乙酸的主要性质

实验用品：乙醇、乙酸、饱和 Na_2CO_3 溶液、浓硫酸、铜丝，试管、试管夹、量筒、胶头滴管、玻璃导管、乳胶管、橡胶塞、铁架台、试管架、酒精灯、火柴、碎瓷片。

动态评分标准参考量表

考查要点		操作要求及评分细则	分值（100分）	得分
一、检查与整理		（1）实验之前，清点并检查实验所需器材、物品、药品是否齐全、完好，若有问题举手示意（5分）； （2）将废弃物倒入指定的容器，将仪器放回原处，整理台面，保持整洁（5分）	10分	
二、进行实验	1. 探究乙醇的物理性质	（1）向试管中加入少量乙醇，乙醇试剂瓶瓶塞倒放在桌面上，一手拿试剂瓶，标签向着手心，试剂瓶口紧挨量筒口，倾倒液体无洒落，倾倒后盖上瓶塞，放回原处，标签向着人（5分）； （2）观察乙醇状态，闻其气味（5分）	10分	
	2. 验证乙醇的燃烧产物	（1）正确取少量乙醇于蒸发皿中，点燃，取一只干冷的烧杯罩在火焰上方，观察现象（5分）； （2）向烧杯中加入澄清石灰水，震荡，观察现象（5分）	10分	

续表

考查要点		操作要求及评分细则	分值（100分）	得分
二、进行实验	3. 乙醇的氧化反应	（1）用外焰灼烧螺旋状铜丝，表面由红色变黑色，及时将铜丝缓慢插入盛有乙醇的试管中，尽量使铜丝不碰试管壁（5分）； （2）能观察到铜丝表面由黑色变成亮红色，反复操作几次，正确采用扇闻法闻生成物的气味（5分）	10分	
	4. 证明乙酸具有酸的通性，并比较乙酸与碳酸的酸性强弱	（1）向试管中加入少量乙酸，观察其状态，小心地闻其气味（5分）； （2）向石蕊溶液中加入一定量的乙酸，震荡，观察现象（5分）； （3）向铁和三氧化二铁粉末混合固体中加入乙酸，震荡，观察现象（5分）； （4）向碳酸钠溶液中加入乙酸，震荡，观察现象（5分）； （5）向生石灰中加入乙酸，震荡，观察现象（5分）； （6）向滴有石蕊的乙酸溶液中加入氢氧化钠溶液，震荡，观察现象（5分）	30分	
	5. 乙酸与乙醇间的酯化反应	（1）乙醇、浓硫酸、乙酸、碎瓷片加入顺序正确（5分）； （2）加入饱和 Na_2CO_3 溶液、装置连接顺序正确（5分）； （3）加热操作正确，有明显实验现象（5分）； （4）震荡操作正确，静置，能观察到溶液分层，上层有油状液体，能正确闻取气味（5分）	20分	
三、填写实验记录表		（1）合理准确填写实验操作中观察到的实验现象（5分）； （2）正确填写实验结论及合理分析（5分）	10分	

第三节 高中化学选择性必修课程学生必做实验案例

实验十八 简单的电镀实验

一、教材分析

（一）研读课标

"简单的电镀实验"位于选择性必修课程，模块1"化学反应原理"，主题1"化学反应与能量"中的1.4学生必做实验。在1.3中有具体的内容和学业质量要求：了解电解池的工作原理，认识电解在实现物质转化中的具体应用；能分析、解释电解池的工作原理，能设计简单的电解池。

（二）教材对比

1. 教材中的位置对比分析

4个版本教材的"简单的电镀实验"均位于高中化学选择性必修1的电解原理应用板块，在必修阶段学生已经掌握了氧化还原反应、电解质等相关的基础知识，为学习本内容起到了知识支撑的作用。但4个版本的编排顺序不同，分别位于：人教版第四章第二节电解池、苏教版专题1第二单元化学能与电能的转化、鲁科版第1章第3节电能转化为电能——电解、沪教版第4章第3节电解池（表5-18）。

表5-18 简单的电镀实验在4个版本教材中的位置

版本	人教版	苏教版	鲁科版	沪教版
章节排布	第四章 化学反应与电能	专题1 化学能量与变化	第一章 化学反应与能量变化	第4章 氧化还原反应与电化学
	第二节 电解池	第二单元 化学能与电能的转化	第三节 电能转化为化学能——电解	第3节 电解池
	第二部分 电解原理的应用	电解池的工作原理及应用	第二部分 电解原理的应用	第二部分 电解原理的应用

苏教版和鲁科版将电解池编排在选择性必修 1 的第一章，这样编排的优点是将化学能与其他能量的转化阐述更为完整，化学能不仅可以和热能相互转化，也可以和电能相互转化。缺点是学生没有学习化学平衡以及水溶液中的离子反应与平衡，在理解放电顺序以及电极反应方程式的书写上会有负担，不能透彻地掌握原电池和电解池的工作原理。

比较典型的两个问题：第一，电解饱和食盐水时，阴极电极反应方程式为 $2H^+ + 2e^- \rule[0.5ex]{2em}{0.4pt} H_2 \uparrow$ 呢？还是 $2H_2O + 2e^- \rule[0.5ex]{2em}{0.4pt} H_2 \uparrow + 2OH^-$ 呢？我们知道氢离子来源于水，水是极弱的电解质，是不能拆解的，所以后者更科学一些。但苏教版和鲁科版将电解池编排在了第一章，学生没有掌握水分子在中性环境下的存在形式，给出了前者的阴极电极反应式，这样会给后续学习水溶液中的离子反应造成困扰。第二，苏教版中的电镀实验是铁钉镀锌，锌离子和氢离子氧化能力强弱与离子浓度有关，由于水的离子积很小（$K_w = 1 \times 10^{-14}$，25 ℃），中性溶液中氢离子浓度约为 1×10^{-7} mol/L，浓度太小，所以是锌离子在阴极放电，这也增加了学生在第一章中的学习难度。

或许正因为有这些问题存在，所以人教版和沪教版将电解池编排在第四章，位于化学平衡和水溶液中的离子反应平衡之后。学生在有了弱电解质的电离平衡、水溶液中的离子浓度大小比较，以及氧化还原反应中氧化性还原性强弱比较等知识的基础上，更容易理解电解池的放电顺序和电极反应方程式的书写，对电解池的工作原理有更深刻的认识。

在章节内部，实验的编排也有不同。人教版、苏教版、沪教版都是先介绍电镀的概念，原理以及在生活中的实际应用，后让学生动手实验，强化对电镀知识的认识。鲁科版是先通过电镀实验探究，有直观的感受，再分析电镀的工作原理，引出电镀的概念，对学生的要求更高，探究性学习更重。

2. 实验内容和实验用品的选择对比分析

（1）实验内容选择。简单的电镀实验 4 个版本教材选择的实验内容不完全相同：人教版选择的是铁制镀件镀铜，苏教版选择的是铁钉镀锌，鲁科版选择的是铁钉镀铜，沪教版选择的是铜钥匙镀锌（表 5-19）。镀件上镀铜和镀锌，都是日常生活中常见的电镀应用，能让学生切身感受到电镀就在我们身边。细节处理上，人教版、苏教版、沪教版都有电镀原理图，更方便学生理解电镀的原理；沪教版的原理图是实物图，镀件是铜钥匙，更贴近生活。

表 5-19　4 个版本教材选择的简单的电镀实验的实验内容

版本	人教版	苏教版	鲁科版	沪教版
实验内容	铁制镀件镀铜	铁钉镀锌	铁钉镀铜	铜钥匙镀锌

（2）实验用品选择。4 个版本的简单的电镀实验涉及的实验用品如表 5-20 所示。苏教版的实验用品用到了托盘天平，对实验的精确度要求更高一些；实验药品用到了 KCl、硼酸等电镀液中的助剂，对镀件的预处理更精细一些。实验室条件较好的学校可以借鉴苏教版的电镀实验，并与人教版或鲁教版的电镀实验进行效果对比。

表 5-20　4 个版本的简单的电镀实验涉及的实验用品和药品

版本	人教版	苏教版	鲁科版	沪教版
实验用品	烧杯、砂纸、导线、2 ~ 3 V 的直流电源	托盘天平、烧杯、试管、玻璃棒、镊子、药匙、砂纸、6 ~ 9 V 直流电源	烧杯、导线、电源	烧杯、砂纸、导线、1 ~ 2 V 的直流电源
实验药品	铁制镀件、铜片、电镀液（以 $CuSO_4$ 溶液为主配制）、1 mol/L NaOH 溶液、20% 盐酸	铁钉、锌片、2 mol/L NaOH 溶液、浓盐酸、$ZnCl_2$、KCl、硼酸、浓硝酸	铁钉、铜片、石墨棒、$CuSO_4$ 溶液	铜钥匙、锌片、0.3 mol/L $ZnSO_4$ 溶液

（3）实验步骤对比。4 个版本的教材中，人教版、苏教版、沪教版都是直接给出了具体的操作步骤和实验原理示意图。其中，苏教版的电镀液配制更贴近工业生产，所以配制起来相对复杂，而且对镀件的处理不仅用了 NaOH 溶液、浓盐酸、硝酸，而且还给了每一步操作具体的时间，对于学生来讲，更有可操作性。人教版在配制电镀液时，以备注的形式提示学生在 $CuSO_4$ 溶液中加入一些氨水，制成铜氨溶液，可使镀层光亮。实验步骤相对简单明了，易于操作，而且电镀所需时间比较短，5 ~ 10 分钟就可以看到明显的现象。沪教版的实验步骤最简洁，优点是实验示意图是实物图，更加真实，易于模仿。鲁科版的探究性最强，给出实验用品，让学生根据表格提示和方法引导，自己设计实验方案，包括确定阴极、阳极材料，离子导体和电子导体的选择，画出实验装置图，描述实验现象，并分析实验装置的工作原理，对学生实验探究能力要求最高。

（4）"问题和讨论"对比分析。人教版针对电极材料的选择提出了问题：如果铜片和铁制镀件与外接电源接反了会看到什么现象？通过分析阴极和阳极的电极反应式，进一步理解为什么镀件金属只能作阴极。沪教版侧重于电镀的延伸：提高电镀质量的方法通常要加入助剂，引导学生自己查阅资料进行拓展，有一定的开放性。鲁科版由于是探究性实验，问题的设计侧重于引导学生如何设计实验，也让学生讨论了如何提高镀层质量，但是问题比较宽泛，讨论性比较强，需要学生大量查阅资料。苏教版没有设计"问题与讨论"栏目，但是设计了"拓展视野"，介绍了塑料电镀，如何将不导电的塑料镀上一层金属层。建议教学时间宽裕的学校借鉴苏教版的塑料电镀，开阔学生的视野。

（5）习题对比分析。人教版"习题与应用"共9个习题，其中与电镀实验有关的有第2题和第3题，第2题为分析电镀铜和电解精炼铜的异同，并巩固电极反应方程式，第3题为电镀实验的变式，在铁制镀件上镀金属镍，强化电镀的工作原理。鲁科版"练习与活动"共5个习题，其中与电镀实验有关的是第3题，考查了镀件上镀银的工作原理和电极反应式，让学生学以致用。苏教版"理解应用"共5个习题，其中与电镀实验有关的是第2题，考查了铜片上镀银实验的阴极、阳极材料、电镀液的选择，电极方程式的书写，进一步巩固了电镀的工作原理。沪教版"巩固练习"共4个习题，其中与电镀有关的是第3题，以铁钉上镀镍的工作原理巩固电镀实验。4个版本的教材在习题的选择上，由于电镀实验本身与生活联系很紧密，所以不约而同地选择了镀件上镀镍或者镀铜来巩固电镀原理，建议结合4个版本对同一个实验设置不同的问题，不仅落实电极反应的书写，也要落实离子导体的浓度变化，以及外电路通过的电子的数目的计算。也可以借鉴人教版，将电镀与电解精炼进行对比学习。

通过以上5个角度的对比分析可知，4个版本在对简单的电镀实验的排版上都匠心独运，各有所长，一线教师在备课的时候可以参考4个版本的教材的思路和特点，并根据学生的具体情况，取长补短，才能使课堂教学效果更好。

二、教学设计

（一）教学流程图（图 5-22）

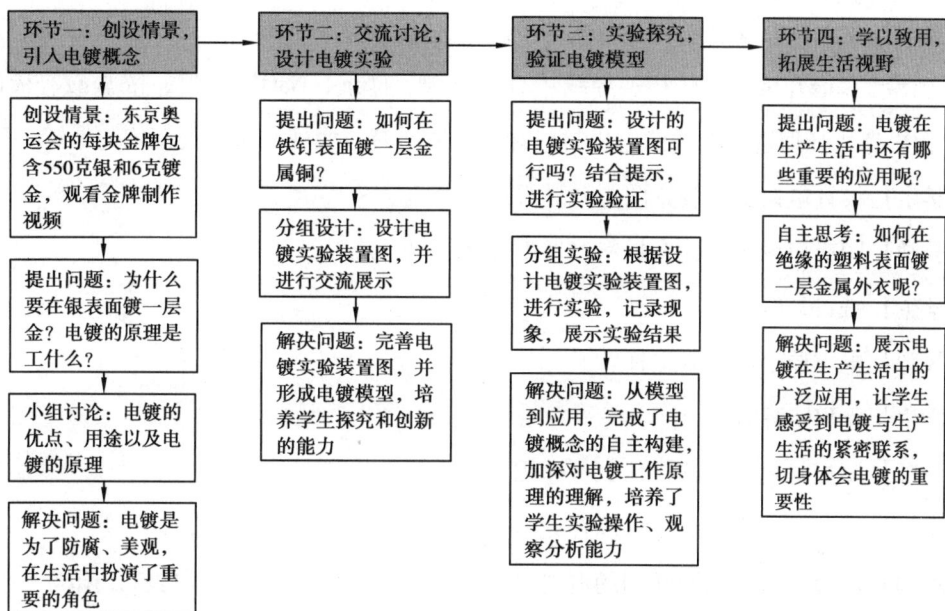

图 5-22 "简单的电镀实验"教学流程图

（二）教学过程

环节一：创设情境，引入电镀概念

【教师】2021 年，在东京奥运会上一共产生了 339 枚金牌，每块金牌包含 550 克银和 6 克镀金，同学们知道这些金牌是如何制作的吗？请同学们看一段视频（播放金牌制作过程的视频）。

【学生】观看视频，了解金牌的制作过程，感受电镀的应用。

【教师】制作金牌的过程叫作电镀。通过观看视频，同学们知道电镀的原理是什么吗？

【学生】电解池原理。

【教师】你是如何判断的？

【学生】电镀需要通电。

【教师】对的，电镀是电解池原理的应用之一。为什么要在金牌表面镀一层金属呢？

【学生】为了好看、美观，同时降低成本。

【学生】为了防止金属腐蚀。

【教师】同学们说得很好！大多数时候，为了防止金属腐蚀，可以在其表面镀上一层其他种类的金属。例如，我们常用锌镀层来防止铁的生锈。

设计意图：通过观看奥运金牌的制作过程，让学生感受电镀在生活中的应用。

环节二：交流讨论，设计电镀实验

【教师】今天我们要现场模拟铁钉镀铜，现在给同学们提供的实验用品有：铁钉、铜片、石墨棒、$CuSO_4$ 溶液、烧杯、导线、直流电源、砂纸、NaOH 溶液、浓盐酸、稀硝酸。请同学们思考，如何选择合适的电极材料和电解质溶液，实现在铁钉表面均匀地镀一层铜。

【学生】设计电镀实验装置图，并进行展示交流。

【教师】阴极应该选择什么材料？发生什么电极反应？

【学生】铁钉，$Cu^{2+}+2e^- \!=\!\!=\!\!= Cu$。

【教师】电解质溶液怎么选择？

【学生】$CuSO_4$ 溶液。

【教师】阳极材料最好选择什么？原因是什么？

【学生】铜片，铜作阳极，可以补充 Cu^{2+}，使溶液中的 Cu^{2+} 浓度基本不变。

【教师】电镀模型：从同学们的电镀设计图可知，镀件一般是阴极材料，阳极一般是镀层金属，离子导体是含镀层金属的电解质溶液。当电流通过电镀池时，阳极金属发生迁移后沉淀在阴极上，最终在阴极表面形成一层薄而致密的金属膜。

设计意图：应用电解池原理设计电镀模型，培养了学生探究能力和科学创新思考的素养。

环节三：实验探究，验证电镀模型

【教师】请同学们根据自己设计的电镀实验图，进行分组实验，记录现象，分析现象原因，验证电镀模型是否科学合理。

【提示】：因为镀层在洁净材料表面的附着能力更强，所以需要对镀件进行预处理，先用 NaOH 溶液浸泡 5 分钟除油污，用浓盐酸浸泡 20 分钟除铁锈，再用稀硝酸浸泡 3 ~ 5 秒，取出，洗净。

【学生】展示结果：阳极铜片质量减少，阴极有红色固体析出，初步证明电镀模型是有效的。

【学生】我们这组的镀层不均匀，边缘发黑，原因是什么？

【教师】可能是电子密度分布不均，导致单位时间析出的铜的厚度不均，电压控制在 2 V 比较好，发黑可能是铜离子浓度的问题，需要加入氨水将 pH 值控制在 9 左右。

设计意图：实现了从模型到应用，完成了电镀概念的自主构建，加深了对电镀工作原理的理解，培养了学生实验操作、观察分析能力。

环节四：学以致用，拓宽生活视野

日常生活中电镀的应用很广泛，比如一张畅销 CD 的制作也需要电镀工艺，在刻有二进制信号的玻璃母盘上，先通过银镜反应附着一层金属银，使玻璃母盘能导电，然后用电镀工艺镀上一层金属镍，再将金属镍与玻璃母盘分开，获得金属母盘，最后将数据信息印在熔融的聚碳酸酯上，做出子盘。

【教师】教师这里有一颗漂亮的金属的纽扣，但这颗纽扣很轻，没有金属质感，其实是塑料材质，塑料的金属外衣是电镀上去的。塑料能做阴极材料吗？

【学生】应该不能，塑料是绝缘体，不导电。

【教师】这位同学分析得很好，在塑料上镀一层金属并不容易，但这难不倒化学科学家，他们发明了已知名为"ABS"的新型塑料，先将这种塑料粗化，然后在塑料表面的微孔内沉积一层能导电的金属薄膜，这样就使塑料导电了，从而在其表面镀一层镍、铬等金属外衣了。

设计意图：展示电镀在生产生活中的广泛应用，让学生感受电镀与生产生活的紧密联系，切身体会电镀的重要性。

（三）教学反思

在教学中，有些问题要引导学生提，有些话要留给学生讲，有些事要让学生做。

在分组实验过程中，有一组学生发现镀层不均匀，边缘发黑，对这个现象的产生有了疑问，是学生兴趣的生长点。教师不应该直接告诉他们原因，应该引导他们分析出现该现象可能的影响因素，比如电压、溶液的铜离子浓度等。然后用控制变量法，分别讨论电压和铜离子浓度对电镀实验的影响。先控制铜离子浓度相同，改变电压，并用实验验证在不同电压下的电镀效果，从而寻找出最佳的电镀电压。然后控制电压相同，用氨水改变铜离子浓度，同时测定溶液的 pH 值，并用实验验证在不同铜离子浓度下的电镀效果，找出最佳的铜离子浓度。这样设计，不仅教学氛围很活跃，也进一步让学生感受到了控制变量法在实验探究中的应用，学会如何在实验中寻找最佳实验条件，培养创新思维。

三、素养诊断

"简单的电镀实验"评价量表分析

核心素养目标	评价内容	评价得分（0~4分）			量表分析	素养水平
		学生	同伴	教师		
探究创新	生活中电镀相关资料的收集与筛选	4	4	4	能就简单的问题收集资料并进行分析整理，陈述观点，根据已有经验提出假设，具有一定的探究创新意识；能依据假设设计实验方案、选择合适的实验仪器、运用适当的方法完成实验等	科学探究与创新意识水平2
	小组成果汇报展示	4	4	4		
	将电镀和电解的概念辨析	4	4	4		
	电镀实验方案的不足与改进	4	4	4		
	镀件预处理的使用注意事项	4	4	4		
探究创新	实验药品、仪器的选取	4	4	4	能就简单的问题收集资料并进行分析整理，陈述观点，根据已有经验提出假设，具有一定的探究创新意识；能依据假设设计实验方案、选择合适的实验仪器、运用适当的方法完成实验等	科学探究与创新意识水平2
	实验流程、实验方案的制订	4	4	4		
	运用电解原理选择合适的电极材料和电解质溶液	4	4	4		
	电镀实验的正确操作	4	4	4		
	实验现象的正确记录	4	4	4		
	实验结束后整理实验仪器和药品	4	4	4		
	实验现象分析	4	4	4		
证据推理	实验仪器、过程、结果问题分析	4	4	4	能在实验过程中收集实验证据，推理得出实验结论；能从定性与定量结合的视角对实验进行误差分析，并对实验提出与模型认识改进；能根据实验流程得电镀的一般规律，建构认知模型	证据推理与模型认知水平2
	根据实际情况调整实验方案	4	4	4		
	实验创新与改进	4	4	4		
模型建构	建构电镀模型	4	4	4		

核心素养目标	评价内容	评价得分（0~4分）			量表分析	素养水平
		学生	同伴	教师		
社会责任	体会电镀对生活的意义、表达看法	4	4	4	能将化学知识运用于生活，直观体会化学与生活的联系	科学度与社会责任水平1
探究创新	探究问题的兴趣与信心、战胜问题的决心、自我价值的实现	4	4	4	实验过程中善于倾听他人意见，与同学合作融洽，敢于陈述观点，表现自己	科学探究与创新意识水平2
	敢于表达，有理有据陈述观点	4	4	4		
	成员配合密切，分工明确，气氛融洽	4	4	4		

四、实作考查

选择性必修课程学生必做实验1：简单的电镀实验

实验用品：烧杯、砂纸、导线、2~3 V的直流电源、电流表；铁制镀件、铜片、电镀液（以 $CuSO_4$ 溶液为主配制）、1 mol/L NaOH 溶液、20%盐酸、蒸馏水。

动态评分标准参考量表

考查要点	操作要求及评分细则	分值（100分）	得分
一、检查与整理	（1）实验之前，清点并检查实验所需器材、物品、药品是否齐全、完好，若有问题举手示意（5分）； （2）将废弃物倒入指定的容器中，将仪器放回原处。整理台面，保持整洁（5分）	10分	

续表

考查要点		操作要求及评分细则	分值 （100分）	得分
二、 进行 实验	1. 清洗镀件	（1）用砂纸将铁制镀件打磨干净（5分）； （2）在烧杯中倒入一定量 1 mol/L NaOH 溶液（5分）； （3）将铁制镀件放入烧杯中震荡，除去油污（5分）； （4）倒出烧杯中的 NaOH 溶液（5分）； （5）向烧杯中注入蒸馏水洗净铁制镀件（5分）； （6）在烧杯中倒入一定量20%盐酸溶液（5分）； （7）震荡，除锈（5分）； （8）几分钟后取出，并用蒸馏水洗净（5分）	40分	
	2. 在铁制镀件表面上镀铜	（1）把铁制镀件与2~3 V的直流电源的负极相连（5分）； （2）铜片与直流电源的正极相连（5分）； （3）在烧杯中倒入一定量 CuSO₄ 溶液（5分）； （4）将两极平行浸入电镀液中（5分）； （5）两极间距调整为5 cm（5分）； （6）通电5~10 min（5分）； （7）关闭电源，取出镀件（5分）； （8）观察镀件表面发生的变化（5分）	40分	
三、填写实验记录表		（1）合理准确填写实验操作中观察到的实验现象（5分）； （2）正确填写实验结论及合理分析（5分）	10分	

实验十九　制作简单的燃料电池

一、教材分析

（一）研读课标

　　"制作简单的燃料电池"位于选择性必修课程模块1化学反应原理主题1"化学反应与能量"中的1.4学生必做实验。在1.3中有具体的内容和学业质量要求：了解电解池的工作原理，认识电解在实验物质转化中的具体应用；能分析、解释电解池的工作原理，能设计简单的电解池。

（二）教材对比

1. 教材中位置对比分析

人教版在选择性必修 1 的第四章"化学反应与电能"介绍了氢氧燃料电池的结构图和原理图，在后面的"实验活动 5"里面设计了"制作简单的燃料电池"学生实验活动。

鲁科版在选择性必修 1 的第一章"化学反应与能量转化"有学生必做实验："制作一个简单的燃料电池"。在此部分要求学生学出设计思路，绘制装置图，实施并且记录实验现象。

苏教版在选择性必修 1 的专题 1"化学反应与能量变化"设计了学生"基础实验"，详细介绍了"制作简单的燃料电池"的实验准备、实验步骤、燃料电池装置图，最后记录实验现象。

沪科版在选择性必修 1 的第 4 章"氧化还原反应和电化学"实验探究部分设计了学生"自制燃料电池"环节，给出了装置图照片以及实验操作步骤。

2. 实验用品对比分析

人教版：U 形管、石墨棒（石墨棒使用前应该经过烘干活化处理）、3～6 V 的直流电源、鳄鱼夹、导线和开关、电流表（或发光二极管、音乐盒等）、1 mol/L H_2SO_4 溶液、酚酞溶液。

鲁科版：长颈漏斗、U 形管、橡胶塞、导线、石墨棒、电流表、电源、KOH 溶液、稀硫酸、K_2SO_4 溶液。

苏教版：学生电源、U 形管、铁架台、橡胶塞 2 个、石墨棒 2 支、玻璃导管两支、小时钟、鳄鱼夹、导线若干、6 mol/L 稀硫酸。

沪科版：支管 U 形管、石墨碳棒（经表面预处理）、低压直流电源、橡皮塞、导线、铁架台、发光二极管、2 mol/L 稀硫酸。

综上分析，装置用品都比较相似，人教版的药品硫酸浓度最低，苏教版和沪科版的浓度较高，可能考虑到溶液导电性问题，节约实验时间，在药品选择方面鲁科版的药品种类最多，学生选择面最广。

3. 实验步骤对比分析

在人教版中详细地描述了燃料电池实验步骤，大步骤分为电解水和氢氧燃料电池的制作，配有完整的电池示意图、电路图，有完整的步骤，学生可以通过操作步骤完成实验，同时记录实验现象。在人教版的实验设计中，石墨电极必须首先进行高温多孔处理。

鲁科版燃料电池由于在必修 2 中已经出现过一次燃料电池装置图。设计学生的探究活动，只有实验目的和用品的选择，并没有严格完整的实验步骤和装置图，要求学生：写出设计思路，绘制实验装置图，实施实验并记录实验现象，学生需要完成如下表格。

设计目的	设计思路及依据		实验装置	实验现象
	选择实验用品	选择实验用品的目的		
获得氢气和氧气				
制作氢氧燃料电池				

苏教版也给出了详细的燃料电池实验步骤，并且配有实验装置图，实验装置图较人教版有所改进，选用了比人教版浓度较高的硫酸，为了安全，装置密封，可以让液体药品使用更安全，密封性更好，电解的时间就可以缩短，但是在组装装置的时候难度比人教版的大，需要调整橡胶塞上玻璃导管的插入位置。该装置留有氢气和氧气的储存空间，就不用刻意处理石墨电极，用电器选用了时钟，可以更好地增强学生的兴趣。

沪科版燃料电池在学生实验时给出了详细的实验步骤和实验装置图，使用了相同的多孔石墨电极，需要预处理，但是装置较人教版密封性强，使用的电压比人教版高，节约实验时间，但是学生需要严格控制电解水的时间，以防产生的氢气和氧气过多出现安全事故。

4. "思考与讨论"的对比分析

人教版中设计的"问题和讨论"要求学生列表比较氢氧燃料电池的工作原理和电解水的原理。

鲁科版中学生在进行实验设计时，要求学生思考：

（1）设计电池的基本思路是什么？

（2）氢氧燃料电池中，正负极反应物分别是什么？如何活动这些反应物？（旁边提示了可以利用初中电解水的方法和装置）

（3）哪些物质可以用作氢氧燃料电池的电极材料？哪些物质可以用作氢氧燃料电池的离子导体？

讨论：

（1）尝试分析你设计的氢氧燃料电池的工作原理，写出电极反应式。

（2）若选择不同的电解质溶液（离子导体），对于电极反应有哪些影响？

（3）你认为还可以从哪些方面来改进所设计的电池？

苏教版的思考与讨论结合了实验现象，要求思考：

（1）连接时钟时，如何判断燃料电池的正负极？请说明理由。

（2）什么现象可以证明处于不同电极的氢气和氧气发生了反应？

沪科版实验中的思考与讨论主要是要求学生写出电极半反应和总反应。在后面的学习指南中介绍了甲醇燃料电池并分析了甲醇燃料电池工作原理和电极反应。

5. 习题对比分析

燃料电池实验在课本上的习题练习都相对较少，只是新型燃料电池或者不同燃料电池的变式习题较多。

人教版中燃料电池的习题主要是甲醇燃料电池的电极反应方程判断正误，复习题中出现微生物葡萄糖氧化电池，但习题没有提及微生物燃料电池。

鲁科版在燃料电池的实验过程中涉及的问题多，而且问题都比较开放，重点考查学生科学探究思维和实验素养，实验后也补充了在不同环境中 O_2 电极的不同产物电极方程式，内容比较全面，但在后面的习题中却没有涉及燃料电池的习题。

苏教版在习题中还是重点考查氢氧燃料电池的电极方程式、阐述氢氧燃料电池的优点，后面出现了一道熔融碳酸盐燃料电池的原理示意图，并根据信息书写电极方程式、判断电子转移数目、阴阳离子运动方向等重要问题。

沪科版在最后的习题中出现了一个类似人教版的生物燃料电池，并且书上注明了为"生物燃料电池"，主要还是考查电极反应方程式、离子移动方向、电极反应类型等常规问题，在后面学生活动的"体验·分享"环节中，出现了一个组装氢动力小车，测试小车行驶效果，学生通过动手组装、交流心得，进一步了解水的电解和燃料电池工作原理，活动比较开放与时俱进。

通过以上对比分析，可以看出各个版本在编写意图上都有共同点，那就是夯实氢氧燃料电池的基础部分，但是燃料电池作为重要新型电池，在每个版本的教材中又有所侧重，主要有以下几种特点：

（1）就探究创新和模型构建来说，鲁科版是做得最为突出的，重点考查学生探究能力和创新思维能力，但是对学生素养要求比较高；其次是苏教版，其在思考和讨论时设计的问题也比较开放，而沪教版和人教版则比较中规中矩。

（2）在知识点上，鲁科版燃料电池内容补充的问题也是比较全面的，特别是氧气的不同环境的产物比较，其他几个版本在知识点上都是着重于氢氧燃料电池的基础电极反应和电池原理、离子移动等。

（3）在装置的安全性、新颖性以及方便性上，各有所长，所以在实验设计的创新性上可以借鉴鲁科版，在安全性上可以借鉴鲁科版和苏教版，在反应的速度和效果上可以借鉴沪科版和苏教版，在实验现象的全面性以及装置简图的设计上可以参考人教版。

二、教学设计

（一）教学流程（图 5-23）

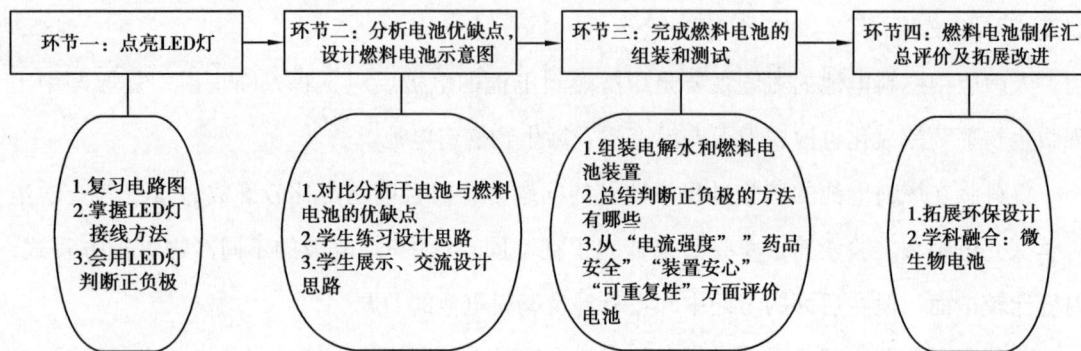

图 5-23 "制作简单的燃料电池"教学流程图

（二）教学过程

环节一：点亮 LED 灯

【项目活动】利用所给仪器设计电路点亮 LED 灯。

【学生活动】利用干电池正负极搭配，点亮 LED 灯。

【教师】通过实验我们发现 LED 灯的长短脚必须接对应的电极才能发光，同学们的结论是什么？

【学生小结】LED 灯的长脚必须接正极，短脚接负极才能发光，我们学习了一种新的判断电源正负极的办法。

环节二：分析电池优缺点，设计燃料电池示意图

【项目活动】分析干电池的结构，大量使用干电池的后果，设计较为环保的燃料电池。

【学生展示】干电池主要由正负极电极材料、电解质、辅助材料组成，大量使用后废弃的干电池电解液、重金属离子等常常会造成环境污染。较为环保的电池是学过的氢氧燃料电池。

【教师展示】电池污染：日本的水俣病和痛痛病；每年世界电池的销量。

【项目设计】学生分小组写出设计思路：

（1）利用所给材料绘制制取氢气、氧气两种反应物的装置。

（2）燃料电池的装置设计，如何判断燃料电池的正负极（LED 灯）？

（3）氢氧燃料电池中正负极反应物分别是什么？电极反应是什么？

（4）选用燃料电池的离子导体（电解液）的思路：

设计目的	设计思路及依据		实验装置	实验现象	问题和讨论
	选择实验用品	选择实验用品的目的			
获得氢气和氧气					
制作氢氧燃料电池					

【学生展示】学生小组代表展示交流。

环节三：完成制作燃料电池的设计和组装测试

【项目活动】分小组完成自行设计的燃料电池的组装和测试评价，主要从"电流强度""药品安全""装置安全""可重复性"方面进行评价，得出燃料电池装置设计和药品选用对电池性能的影响。

【学生活动】组装并测试电池，多种电解液随意选择。实施实验并记录实验现象，看电流表变化以及驱动 LED 灯，小组总结实验结果。

【展示交流】学生小组代表展示小组测试结果。

环节四：燃料电池制作汇总评价及其拓展改进

【项目总结】学生小组代表上台展示结果，教师完成总结。

（1）在燃料电池的电解液选择上，安全性盐优于酸；效果上浓度高优于浓度低、离子电荷多优于离子电荷低。

（2）燃料电池装置的组装上，由于都是液体电解液，所以用橡胶塞密封的装置优于敞口装置，但是密封的装置要有平衡气压的设计，以免发生危险。

（3）在可重复性上，选用钙盐的装置在正极容易出现氢氧化钙，如果密封性不好则容易产生碳酸钙沉淀，破坏电解质。

【拓展与创新】

（1）本次实验对于清洁能源来说还有什么不足之处？如何改进？

（2）学科融合：微生物发酵生物燃料电池介绍（人教版教材 120 页复习与提高第 8 题）。

（三）教学反思

燃料电池在每个版本的教材中出现的位置以及重要程度都非常相似，也是当前继干电池、充电电池以后的常见电池，所以是学生运用自身知识储备学以致用的一个重要环节的实验，在当前的新课改背景下，各位教师完全可以通过身边的案例或者新闻等信息渠道，将这节课设计成项目式学习，让学生进行更多、更综合的对比探究学习，不仅可以巩固燃料电池相关重点知识，而且也可以拓展学生探究、评价思路，拓宽学生视野。

三、素养诊断

"制作简单的燃料电池"评价量表分析

核心素养目标	评价内容		评价得分（0~4分）			量表分析	素养水平
			学生	同伴	教师		
证据推理与模型认知	点亮LED灯	复习电路图	4	4	4	通过点亮熟悉的 LED 灯，知道原电池正负极的判断	证据推理与模型认知2
		掌握 LED 灯的接线方法	4	4	4		
		用 LED 灯判断正负极	4	4	4		
实验探究与创新意识	设计燃料电池示意图	复习燃料电池	4	4	4	通过学生小组合作设计燃料电池示意图，进一步加深对燃料电池的理论认知	实验探究与创新意识4
		对比分析干电池和燃料电池的优缺点	4	4	4		
		燃料电池正负极选择	4	4	4		
		分析燃料电池正负极反应物	4	4	4		
		分析燃料电池电解	4	4	4		
		交流设计思路	4	4	4		
宏观辨析与微观探析	燃料电池的组装和测试	组装燃料电池	4	4	4	通过亲自组装燃料电池，培养学生动手能力和实验操作能力，加深对燃料电池的认识	宏观辨析与微观探析2
		总结、判断正负极的方法	4	4	4		
		选择多种电解液测试电池	4	4	4		
科学态度与社会责任	燃料电池的拓展改进	交流组装燃料电池的经验	4	4	4	在实验探究过程中，勤于实践、善于合作，学会倾听的同时学会欣赏他人	科学态度与社会责任水平1
		总结组装燃料电池的优缺点	4	4	4		
		讨论改进方案	4	4	4		
		微生物发酵电池	4	4	4		
		勤于实践、敢于探究、敢于质疑、勇于创新	4	4	4		
		善于合作、学会倾听、欣赏他人	4	4	4		

四、实作考查

选择性必修课程学生必做实验2：制作简单的燃料电池

实验用品：U 形管、石墨棒（石墨棒使用前应该经过烘干活化处理）、3～6 V 的直流电源、鳄鱼夹、导线和开关、电流表（或发光二极管、音乐盒等）；1 mol/L Na$_2$SO$_4$ 溶液、酚酞溶液。

动态评分标准参考量表

考查要点		操作要求及评分细则	分值（100分）	得分
一、检查与整理		（1）实验之前，清点并检查实验所需器材、物品、药品是否齐全、完好，若有问题举手示意（5分）； （2）将废弃物倒入指定的容器中，将仪器放回原处，整理台面，保持整洁（5分）	10分	
二、进行实验	1. 电解水	（1）将 U 形管固定在铁架台上（5分）； （2）在 U 形管中注入 1 mol/L Na$_2$SO$_4$ 溶液（5分）； （3）在 U 形管中滴加 1～2 滴酚酞溶液（5分）； （4）用带鳄鱼夹的导线连接两支石墨棒（5分）； （5）用鳄鱼夹夹住电源的正负极（5分）； （6）在 U 形管的两边分别插入一根石墨棒（5分）； （7）闭合 K$_1$，接通直流电源开始电解（5分）； （8）观察 U 形管两边的实验现象（5分）	40分	
	2. 制作一个氢氧燃料电池	（1）通电 1～2 分钟（5分）； （2）打开 K$_1$，断开直流电源（5分）； （3）从直流电源的正负极取下鳄鱼夹（5分）； （4）将从直流电源的正极取下鳄鱼夹与电流表正极相连（5分）； （5）将从直流电源的负极取下鳄鱼夹与电流表负极相连（5分）； （6）闭合 K$_2$（5分）； （7）观察电流表指针变化情况（5分）； （8）观察 U 形管两边的实验现象（5分）	40分	
三、填写实验记录表		（1）合理准确填写实验操作中观察到的实验现象（5分）； （2）正确填写实验结论及合理分析（5分）	10分	

实验二十　探究影响化学平衡移动的因素

一、教材分析

（一）研读课标

"探究影响化学平衡移动的因素"是 2017 版高中化学课标中，对于选择性必修课程模块 1 化学反应原理、主题 2 化学反应的方向、限度和速率有明确要求的学生必做实验。课标明确提出"通过实验探究，了解浓度、压强、温度对化学平衡状态的影响"的内容要求。学业质量要求：能运用浓度、压强、温度对化学平衡的影响规律，推测化学平衡移动方向及浓度、转化率等相关物理量的变化，能讨论化学反应条件的选择和优化。

（二）教材对比

1. 实验所处位置的比较

4 个版本的教材均将本实验置于"化学平衡"或"化学反应的限度"中。人教版以"实验活动"的形式编排在章末，鲁科版、苏教版、沪科版均采取"分散编排+特殊标记"的形式，穿插于相应的教学片段中。其中，苏教版将化学平衡移动单独成节，前接"化学反应速率""化学反应的方向与限度"的教学，而在本章末节中，通过"化学平衡的移动"的专题学习，落实该必做实验；鲁科版与沪科版对此实验所处位置的设计一致，均将此实验置于"化学反应的限度"一节，前接"化学反应的方向"的教学，鲁科版将此实验设计为"反应条件对化学平衡的影响"，沪科版对应实验则为"压强对化学平衡的影响"；人教版则延续其特色，将"探究影响化学平衡移动的因素"学生必做实验活动置于章末，但在章中也穿插了 3 个小探究实验。

2. 内容选取的比较

4 个版本的教材对于该实验探究的影响因素的设计各有侧重，选取的探究实验也有所不同（表 5-21）。

表 5-21　各版本教材"探究影响化学平衡移动的因素"内容选取对比

教材版本	影响因素	选取的反应
人教版	浓度	$Fe^{3+}+3SCN^- \Longrightarrow Fe(SCN)_3$ $Cr_2O_7^{2-}+H_2O \Longrightarrow 2CrO_4^{2-}+2H^+$
	温度	$2NO_2 \Longrightarrow N_2O_4$ $[Cu(H_2O)_4]^{2+}+4Cl^- \Longrightarrow [CuCl_4]^{2-}+4H_2O$
	压强	$2NO_2 \Longrightarrow N_2O_4$（非必做）
苏教版	浓度	$2CrO_4^{2-}+2H^+ \Longrightarrow Cr_2O_7^{2-}+H_2O$
	温度	$[Co(H_2O)_6]^{2+}+4Cl^- \Longrightarrow [CoCl_4]^{2-}+6H_2O$
鲁科版	浓度	$Fe^{3+}+3SCN^- \Longrightarrow Fe(SCN)_3$（未指明）
	温度	$2NO_2 \Longrightarrow N_2O_4$（未指明）
沪科版	压强	$2NO_2 \Longrightarrow N_2O_4$

　　如表中所示，在探究的影响因素选取上，人教版、苏教版与鲁科版的必做实验栏目均只设计了浓度、温度两个影响因素的探究活动，其中苏教版、人教版均将该实验拆分，以"探究浓度对化学平衡的影响"及"探究温度对化学平衡移动的影响"两个小实验的形式呈现，而压强对化学平衡的影响则不设置为必做实验，弱化了对压强影响因素的探究，鲁科版虽也只探究浓度、温度两个影响因素，但并未对实验进行拆分。与之相反，沪科版则只设置了"压强对化学平衡的影响"的实验探究活动，略去了浓度、温度影响因素的探究。

　　在选取探究的具体反应上，不同教材也有所差异，对于浓度影响因素的化学探究，鲁科版选择了 $FeCl_3$ 溶液与 KSCN 溶液的反应，苏教版则选择了 $Cr_2O_7^{2-}$ 在水溶液中的化学平衡，而人教版将两个反应均纳入教材；对于温度影响因素的探究，鲁科版选择了 NO_2 与 N_2O_4 的转化反应，苏教版选择了 $CoCl_2$ 溶液中的平衡来实施探究，人教版在两者的基础上，选取了 NO_2 与 N_2O_4 的转化反应以及 $CuCl_2$ 溶液中的平衡；对于压强影响因素的探究，沪科版选择了 NO_2 与 N_2O_4 的转化反应，人教版中穿插的实验设计也选择了此反应。

　　3. 实验条件、实验用品的比较

　　在实验条件与用品的选择设计上，4 个版本的实验选择均具有科学性和严谨性。

　　在实验条件方面，各版本教材大体上具有一致性，如在探究温度对化学平衡的影响实验中，鲁科版、苏教版及人教版均通过提供热水、冰水混合物的方式来改变温度这一变量，而人教版则提供酒精灯进行直接加热；当然，在部分用品的选择上，不同教材也有所差异，在探究浓度对化学平衡的影响实验中，同样是 $FeCl_3$ 溶液与 KSCN 溶液的反应，人教版与鲁科版提供的实验药品无种类上的差异，而在具体的设计上，人教版仅提供单一浓度的 $FeCl_3$ 溶液与 KSCN 溶液，鲁科版则分别提供了两种不同浓度的 $FeCl_3$ 溶液与 KSCN 溶液。值得一提的是，沪科版在实验条件与用品的选择上更为先进，同样利用 NO_2 与 N_2O_4 的转化来探究，其他版本的教材均直接通过颜色变化来判断平衡移动方向，而在实际教学中通常会出现颜色变化不明显、难对比的问题，沪科版的实验选择则可规避该问题，其通过利用色度传感器测 NO_2 与 N_2O_4 混合气体吸光度，得到科学直观的数据图表，反映平衡移动的方向，这样的实验设计无疑是更加科学准确的，也是值得借鉴的。

4. 探究活动开放度的比较

人教版：明确提示了用于探究不同影响因素的具体实验，如利用 $FeCl_3$ 溶液与 KSCN 溶液的反应、$Cr_2O_7^{2-}$ 在水溶液中的平衡来探究浓度对化学平衡的影响，通过 $CuCl_2$ 溶液中 $[Cu(H_2O)_4]^{2+}$ 与 Cl^- 的反应、NO_2 与 N_2O_4 的转化来探究。此外，人教版提供了明确的实验步骤，具有较强的操作性，学生无须进行实验设计，而仅需观察实验现象，并得出结论。

苏教版：与人教版较为接近，以 $Cr_2O_7^{2-}$ 在水溶液中的平衡来探究浓度对化学平衡移动的影响，$CuCl_2$ 溶液中 $[Cu(H_2O)_4]^{2+}$ 与 Cl^- 的反应来探究温度对化学平衡的影响，无须进行实验设计。

沪科版：教材中"压强对化学平衡的影响"实验，给学生的探究空间更小，该版本教材采用了通过色度传感器测 NO_2 与 N_2O_4 混合气体吸光度的方法来推断平衡移动的方向，进而得出压强对化学平衡的影响的结论，在栏目中，并未设计明确的学生探究活动，仅由学生思考"增大或减小压强时，混合气体的颜色为何会如此变化"，该实验在沪科版教材中更类似于分析解释类任务，而非探究实践型任务。

鲁科版：开放度最大不同于其他版本，鲁科版并未明确指出利用哪个具体的反应来探究某个影响因素，而是仅提供了完成 $FeCl_3$ 溶液与 KSCN 溶液的反应、NO_2 与 N_2O_4 的转化两个反应的必要实验用品；也不同于其他版本直接提供实验步骤的方式，鲁科版将实验方案的设计与实施全部交由学生自主完成，要求学生完整走完"设计目的—实验方案—现象预测—观察现象—得出结论"的实验探究过程。显然，鲁科版的设计使该实验更加具有必做实验的探究价值，对于学生的科学探究与创新实践核心素养具有显著发展功能。

5. "思考与讨论"环节设计的对比

相对来说，沪科版的思考问题较为简单，学生仅需解释压强变化与混合气体颜色变化的关系与缘由，而未上升到一般性的规律；苏教版也未做过多设计，仅在"探究温度对化学平衡移动的影响"实验下要求学生利用实验事实论证温度与平衡移动方向的关系。

与之相对的，鲁科版与人教版则在思考与讨论环节做了更多精心设计。鲁科版在该实验下设了两项思考题，问题 1 要求学生在自主完成实验后，总结规律，并结合实验现象论证，对于学生的概括关联、说明论证能力做出明确考查；问题 2 则聚焦"意外"现象，要求学生利用 Q-K 关系进行分析，考查学生对于本章核心 Q-K 关系的理解与自主迁移应用。可见，鲁科版对学生自主迁移能力的要求较高；人教版教材的"问题和讨论"设计也比较精细化，除了一般性的归纳平衡移动规律，相对于其他版本教材，更加关注细节，如"实验时应注意哪些问题""在对 $CuCl_2$ 溶液加热时，是否观察到了 $[CuCl_4]^{2-}$ 的黄色？原因是什么？"此外，也注重学生的迁移应用，启发学生思考"还能设计哪些实验证明浓度、温度对化学平衡的影响"。

二、教学设计

（一）教学流程（图 5-24）

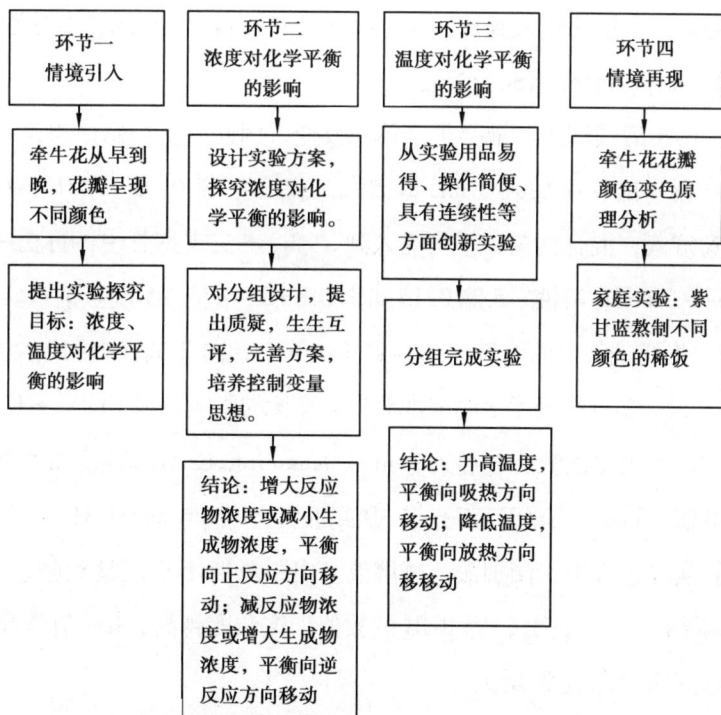

图 5-24　"探究影响化学平衡移动的因素"教学流程图

（二）教学过程

【情境引入】牵牛花从早开到晚，颜色由紫色逐渐变为红色。展示图片。

【教师】牵牛花含有花青素，在潮湿环境下存在如下平衡：

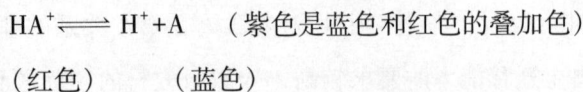

$$HA^+ \rightleftharpoons H^+ + A \quad （紫色是蓝色和红色的叠加色）$$

$$（红色） \qquad （蓝色）$$

为什么会出现这样的自然现象呢？是早晚温差造成的平衡移动，还是环境酸碱性发生变化促使平衡发生移动呢？不管是温度还是浓度的改变都对化学平衡有一定程度的影响。

【活动】1-1：设计实验探究反应物浓度对化学平衡的影响

学生方案1：在 a 试管中加入 2 mL 0.05 mol/L $FeCl_3$ 溶液、2 mL 0.15 mol/L KSCN 溶液，混合均匀，平均注入 a、b 两支试管中，再在两支试管中分别滴入 5 滴 0.05 mol/L $FeCl_3$ 溶液、0.15 mol/L KSCN 溶液。

【学生评价】配制溶液颜色太深，不利于后续观察。

学生方案2：在 a 试管中加入 5 mL 水，并滴入 5 滴 0.05 mol/L $FeCl_3$ 溶液、2 mL 0.15 mol/L KSCN 溶液，混合均匀，平均注入到 a、b 两支试管中，再在两支试管中分别滴入 5 滴 0.05 mol/L $FeCl_3$ 溶液、0.15 mol/L KSCN 溶液。

【学生评价】由于后续滴入溶液会带来体积改变，因此需要控制体积这一变量。

学生方案3：在 a 试管中加入 5 mL 蒸馏水，滴入 5 滴 0.05 mol/L $FeCl_3$ 溶液、2 mL 0.15 mol/L KSCN 溶液，混合均匀，平均注入到 a、b、c 三支试管中，再在三支试管中分别滴入 5 滴 0.05 mol/L $FeCl_3$ 溶液、5 滴 0.15 mol/L KSCN 溶液、5 滴蒸馏水。

【活动】1-2：将 b 试管中的溶液倒一半到 d 试管中，向 d 试管中加入少量铁粉。

【活动】2-1：设计实验探究生成物浓度对化学平衡的影响，以 $Cr_2O_7^{2-} + H_2O \rightleftharpoons 2CrO_4^{2-} + 2H^+$ 为例。取 a、b、c 三支试管，各加入 2 mL 0.1 mo/L $K_2Cr_2O_7$ 溶液，a 中加 5~10 滴蒸馏水，b 中加 5~10 滴 6 mol/L NaOH 溶液，c 中滴加 5~10 滴 6 mol/L H_2SO_4 溶液。

【实验改进】实验过程中，滴加酸、碱溶液，肉眼可能不易观察到颜色有很明显变化，可用手机下载 ColorAssist（App），测 RGB 的数值，饱和度越高，R% 值越高（由黄色→橙色→橙红，从左到右饱和度逐渐增大）。

颜色	黄色	橙色	橙红色
R	162	150	155
G	150	104	71
B	0	0	0
总值	312	254	226
R%	51.9%	59.1%	68.6%

【实验结论】其他条件不变，减小反应物浓度，平衡正向移动，增大反应物浓度，平衡逆向移动。

【活动】3-1：设计实验探究反应物温度对化学平衡的影响，以 $[Cu(H_2O)_4]^{2+}+4Cl^- \rightleftharpoons$ $[CuCl_4]^{2-}+4H_2O$ 为例。

【情境再现】牵牛花变色原理解释。

花青素平衡：HA^+（红色）$\rightleftharpoons H^+ + A$（蓝色）$\Delta H > 0$，清晨，二氧化碳浓度较高，牵牛花吸收后由于氢离子浓度增大，平衡逆向移动，花瓣呈现红色，随着气温变化，平衡发生不同方向的移动，使花瓣呈现不同的颜色。

【家庭实验】紫甘蓝熬制稀饭，分别加入小苏打、少量白醋，分别得到紫色米粥、蓝色米粥和红色米粥与家人分享。

（三）教学反思

该课在普通班教学效果较好，实验现象非常明显，实验过程不是单纯地照本宣科，每一步都引导学生思考和设计，课堂上学生很投入，积极思考，达到了预期效果。

三、素养诊断

"探究影响化学平衡移动的因素"评价量表分析

核心素养目标	评价内容	评价得分（0~4分）			量表分析	素养水平
		学生	同伴	教师		
探究创新	变色稀饭家庭实验完成情况	4	4	4	能就简单的实验进行分析总结，陈述观点，根据已有经验提出假设，具有一定的探究创新意识；能依据假设设计实验方案、选择合适的实验仪器、运用适当的方法完成实验等	科学探究与创新意识水平2
	小组成果汇报展示	4	4	4		
	变色原理分析	4	4	4		
	控制变量分析	4	4	4		
	对实验方案的设计和优化	4	4	4		

续表

核心素养目标	评价内容	评价得分（0~4分）			量表分析	素养水平
		学生	同伴	教师		
证据推理	实验误差分析	4	4	4	能在实验过程中收集实验证据，推理得出实验结论；能从定性的视角对实验进行合理分析，并对实验提出与模型改进；能根据实验分析过程，建构认知模型	证据推理与模型认知识水平2
	实验仪器、过程、结果问题分析	4	4	4		
	根据实际情况调整实验方案	4	4	4		
	实验创新与改进	4	4	4		
模型建构	简述实验步骤间的关系	4	4	4		
	建构控制变量实验的模型思路	4	4	4		
社会责任	做出一碗可口的变色稀饭，给生活添加一抹亮丽的色彩	4	4	4	能将化学知识运用于生活，直观体会化学与生活的联系	科学度与社会责任水平1
	体会平衡对生活的意义、表达看法	4	4	4		
探究创新	探究问题的兴趣与信心、战胜问题的决心、自我价值的实现	4	4	4	实验过程中善于倾听他人意见，与同学合作融洽，敢于陈述观点，表现自己	科学探究与创新意识水平2
	敢于表达，有理有据地陈述观点	4	4	4		
	互相帮助、倾听和思考他人建议	4	4	4		
	成员配合密切，分工明确，气氛融洽	4	4	4		

四、实作考查

选择性必修课程学生必做实验3：探究影响化学平衡移动的因素

实验用品：小烧杯、大烧杯、量筒、试管、试管架、玻璃棒、胶头滴管、酒精灯、火柴、装有 NO_2 和 N_2O_4 混合气体的平衡球装置；铁粉、0.05 mol/L $FeCl_3$ 溶液、0.15 mol/L KSCN 溶液、0.1 mol/L $K_2Cr_2O_7$ 溶液、6 mol/L NaOH 溶液、6 mol/L H_2SO_4 溶液、热水、冰块、蒸馏水。

动态评分标准参考量表

考查要点		操作要求及评分细则	分值（10分）	得分
一、检查与整理		（1）实验之前，清点并检查实验所需器材、物品、药品是否齐全、完好，若有问题举手示意（5分）； （2）将废弃物倒入指定的容器中，将仪器放回原处，整理台面，保持整洁（5分）	10分	
二、进行实验	1. 探究浓度对化学平衡移动的影响	（1）在小烧杯中加入10 mL蒸馏水，再滴入5滴0.05 mol/L FeCl₃溶液、5滴0.15 mol/L KSCN溶液，用玻璃棒搅拌，使其充分混合，将混合均匀的溶液平均注入a、b、c三支试管中（2.5分）； （2）向试管a中滴入5滴0.05 mol/L FeCl₃溶液，观察并记录实验现象（2.5分）； （3）向试管c中滴入5滴0.15 mol/L KSCN溶液，观察并记录实验现象（2.5分）； （4）向试管b中滴入5滴蒸馏水，与试管b进行对比（2.5分）； （5）将上述试管a中溶液平均注入试管d和试管e中（5分）； （6）向试管e中加入少量铁粉，观察并记录实验现象（5分）； （7）同样将上述试管c中溶液平均注入试管f和试管g中（5分）； （8）向试管g中加入少量铁粉，观察并记录实验现象（5分）	40分	
		（9）取一支试管，加入2 mL 0.1 mol/L K₂Cr₂O₇溶液； （10）向试管中滴加5滴6 mol/L NaOH溶液，观察并记录实验现象（5分）； （11）向试管中继续滴加5滴6 mol/L H₂SO₄溶液，观察并记录实验现象（5分）	15分	
	2. 探究温度对化学平衡的影响	（1）取两个装有NO₂和N₂O₄混合气体的平衡球（编号分别为1、2和3、4）（5分）； （2）将第一个平衡球分别浸在盛有热水、常温水的大烧杯中（5分）； （3）比较两个烧瓶里气体的颜色变化（5分）； （4）将第二个平衡球分别浸在盛有冷水、常温水的大烧杯中（5分）； （5）比较两个烧瓶里气体的颜色变化（5分）	25分	

续表

考查要点	操作要求及评分细则	分值 （10分）	得分
三、填写实验记录表	（1）合理准确填写实验操作中观察到的实验现象（5分）； （2）正确填写实验结论及合理分析（5分）	10分	

实验二十一　强酸与强碱的中和滴定

一、教材分析

（一）位置对比

人教版：该实验位于高中化学选择性必修一第三章"水溶液中的离子反应与平衡"第二节"水的电离和溶液的 pH"，包括对酸碱中和滴定的介绍以及相应的实验活动两部分；重点介绍了酸碱中和滴定常用的仪器和滴定曲线，以资料卡片的形式介绍了酸碱指示剂的变色范围，并以例题的方式计算用待测 NaOH 溶液的物质的量浓度，最后以方法导引卡片介绍定性分析与定量分析。

鲁科版：该实验位于高中化学选择性必修一第 3 章"物质在水溶液中的行为"第 4 节"离子反应"，在"活动探究"板块以"强酸与强碱的中和滴定及其应用"为标题介绍这一学生必做实验；重点介绍了该实验的实验目的、实验用品、实验方案设计及实施、实验讨论，以"方法导引"资料卡片的方式详细介绍了"滴定管的使用方法"，最后以总结的方式介绍了这种检测方法的操作、滴定终点的判断方法、待测盐酸浓度的计算方法和酸碱中和滴定法在生产实际中的广泛应用。

苏教版：该实验位于高中化学选择性必修 1 "化学反应原理"专题 3 "水溶液中的离子反应"第二单元"溶液的酸碱性"。先在"学科提炼"卡片中介绍酸碱中和滴定的原理，又以"方法导引"卡片介绍使用滴定管的注意事项，再以"实验探究"卡片介绍实验步骤和滴定曲线的绘制，以及以"拓展视野"卡片介绍酸碱指示剂的作用原理，最后以"基础实验"卡片指导学生按步骤完成实验并填写相关实验记录。

沪科版：该实验位于高中化学选择性必修 1 "化学反应原理"第 3 章"水溶液中的离子反应与平衡"第三节"酸碱中和与盐类水解"。这一节在学习水的电离与溶液的酸碱性、弱电解质的电离平衡后，进一步带领学生认识酸碱中和滴定，了解盐类的水解反应及其应用。本节以实验探究的方式介绍"强酸与强碱的中和滴定"，以 NaOH 标准溶液滴定未知浓度的盐酸为例，首先介绍滴定管的使用，其次介绍滴定的操作，最后介绍滴定终点的判断。

（二）实验用品对比分析

4 版教材实验用品对比如表 5-22 所示。

表 5-22　4 版教材实验用品对比

教材版本	实验用品
人教版	酸式滴定管、碱式滴定管、滴定管夹、烧杯、锥形瓶、铁架台、0.100 0 mol/L HCl 溶液、0.100 0 mol/L NaOH 溶液、酚酞溶液、蒸馏水
鲁科版	浓度未知的盐酸溶液、0.100 0 mol/L NaOH 溶液、酚酞溶液、甲基橙溶液、酸式滴定管、碱式滴定管、锥形瓶、滴定管架（铁架台和蝴蝶夹）、胶头滴管等
苏教版	以图片的方式展示酸式滴定管、碱式滴定管，酸性溶液、碱性溶液均能盛放的滴定管，盛放见光易分解物质的棕色滴定管并未明确单独列出实验用品
沪科版	并未单独列出

（三）实验步骤对比分析

人教版详尽地阐述了如何正确使用滴定管，以及在用已知浓度的强酸滴定未知浓度的强碱实验过程中的具体操作步骤。在滴定时，并未规定哪只手来放液、哪只手来摇动锥形瓶；教材中提示在接近滴定终点时，改为滴加半滴液，但并未介绍滴加半滴液的具体操作方法。为了便于观察锥形瓶内颜色的变化，人教版教材建议在锥形瓶下垫一张白纸，便于观察颜色的变化。在记录实验数据的表格中，分别需要填写待测 NaOH 溶液的体积、标准 HCl 溶液滴定前的刻度、滴定后的刻度，从而计算放出的体积，实验需要平行操作 3 次，结合 3 组平行实验数据，计算待测 NaOH 溶液中溶质的物质的量浓度。

鲁科版中以方法导引的方式介绍了滴定管的使用方法，但并未给出具体的实验操作方案，而是引领学生思考、设计并实施实验方案，测定待测盐酸的浓度。学生需要在表格中填写自行设计的实验方案，分别记录 3 组平行实验中的酸溶液体积、碱溶液体积、待测盐酸浓度，并在表内填写通过 3 组数据计算出的待测盐酸溶液的平均物质的量浓度。在最后正文部分简略地进行了实验操作的概述，介绍了盐酸浓度的计算方法。

　　苏教版不仅介绍了滴定管的注意事项，还介绍了中和滴定曲线的绘制方法，同时给出了详细的强酸与强碱的中和滴定的操作步骤。关于滴定管，苏教版比其他三版教材多介绍了两种滴定管，分别是活塞由聚四氟乙烯制成的耐酸碱滴定管和可盛放见光易分解物质的棕色滴定管。在使用滴定管的注意事项方面，介绍得非常详细。苏教版详细描述了放液时手部的具体动作，比如使用酸式滴定管时，应由左手控制活塞，拇指在管前，食指、中指在管后，手指略微弯曲，轻轻向内扣住活塞，手心空握以免碰到活塞使其松动漏出溶液等。在实验探究中，苏教版比其他三版教材多介绍了中和滴定曲线的绘制方法，并给出氢氧化钠溶液体积与 pH 关系的表格和坐标图，方便学生记录数据、绘制滴定曲线。在滴定时，提出在接近终点时，半滴半滴地滴入溶液。测定盐酸物质的量浓度的实验记录表格与鲁科版相似。

　　沪科版介绍了滴定管的常用规格、分度值和精确度。在图片上，展示了 25 mL 滴定管，滴定管的手柄颜色不同，有红色和蓝色两种。一般用红色手柄的滴定管呈装酸性溶液，用蓝色手柄的滴定管盛装碱性溶液。此处滴定管结构相似，仅为手柄颜色不同，并未从滴定管的构造上区分酸式滴定管和碱式滴定管。滴定管的读数的介绍与其他三版教材不同，强调平视观察蓝线粗、细交界点所对的刻度即为准确读数。滴定时，沪科版并未强调由哪只手控制滴定管的活塞、由哪只手摇动锥形瓶。在接近滴定终点时，沪科版特别强调滴定速度应减慢，但并未指明是否需要半滴半滴地加入。4 版教材中仅沪科版介绍了半滴操作如何进行，具体为将悬挂在滴定管尖嘴处的液体，轻轻靠一下锥形瓶内壁，随即用少量蒸馏水淋下。

　　4 版教材实验步骤对比分析如表 5-23 所示。

表 5-23　4 版教材实验步骤对比分析

教材版本	实验步骤
人教版	1. 练习使用滴定管 （1）滴定管的构造 （2）滴定管的使用方法：①检查仪器；②润洗仪器；③加入反应液；④调节起始读数；⑤放出反应液 2. 用已知浓度的强酸滴定未知浓度的强碱 （1）润洗，加盐酸，赶气泡，调液面 （2）润洗，加入待测氢氧化钠溶液，赶气泡，调液面，向锥形瓶内滴入 25.00 mL 待测溶液，再滴加 2 滴酚酞溶液 （3）滴定，判断滴定终点 （4）重复实验两次，记录并填写相关数据 （5）计算待测液的物质的量浓度

教材版本	实验步骤
鲁科版	在介绍酸碱中和滴定的原理之后，请学生利用酸碱中和滴定的原理选择试剂，设计并实施实验方案，测定待测盐酸的浓度，给出空白实验方案和数据记录表，介绍滴定管的使用方法，分析用 pH 传感器得到的 pH 变化曲线，分析曲线的变化趋势，最后设计实验，测定食醋的总酸量
苏教版	以方法导引的方式介绍使用滴定管的注意事项，包括检漏、润洗、加液、排气泡、调液面，以及酸式滴定管和碱式滴定管的放液方式。 依据中和滴定原理和滴定操作要求，滴定时，应选择适宜浓度的标准溶液和恰当的指示剂，及时记录实验数据。实验完成后，可绘制出滴定曲线，并根据酸与碱反应的定量关系计算出待测溶液的物质的量浓度。由于不少酸碱中和反应无明显现象，需要依据实际情况选择恰当的指示剂来指示反应的终点。 中和滴定曲线的绘制步骤为： （1）向酸式滴定管中注入 0.100 0 mol/L 盐酸，向碱式滴定管中注入 0.100 0 mol/L NaOH 溶液。 （2）认真阅读 pH 计的使用说明，熟悉 pH 计的使用方法，并进行操作练习。 （3）从酸式滴定管放出 20.00 mL 盐酸至锥形瓶中，再滴加 2 滴酚酞试液作为指示剂，用 pH 计测定其 pH 并记录在表中。 （4）通过碱式滴定管向盐酸中滴加氢氧化钠溶液，并不断震荡。边滴定边测定锥形瓶内溶液的 pH 值，记录在表中；也介绍测定未知浓度盐酸的物质的量浓度的具体操作步骤。 （5）依据表中的数据，以氢氧化钠溶液的体积 V 为横坐标，溶液的 pH 值为纵坐标，在图中绘制滴定曲线。 测定未知浓度盐酸的物质的量浓度的操作步骤为： （1）分别润洗、装液，调节管内液面至"0"或"0"刻度以下，记录读数 V_1 和 V_2。 （2）放出约 25 mL 盐酸于锥形瓶中，记录读数 V_3。 （3）向盛放盐酸的锥形瓶中滴加 2 滴酚酞试液，滴定，判断滴定终点，记录读数 V_4。 （4）重复上述操作，记录数据。 （5）计算待测盐酸的物质的量浓度，求出 3 次测定数值的平均值

续表

教材版本	实验步骤
沪科版	1. 滴定管的使用： （1）滴定管的准备：检漏，蒸馏水洗涤，待装液润洗 2～3 次，注入待装液，排气泡，调液面 （2）滴定管的读数：滴定管上一般标有棕色刻度线，为便于观察，滴定管正对刻度线管壁上有白底蓝线。由于光在空气和液体中折射率不同，液面下蓝线较粗，液面上方蓝线较细，读数时正对刻度线，平时观察蓝线粗、细交界点所对的刻度即为准确读数 2. 滴定的操作 （1）溶液的准备：用洗净并经润洗的移液管准确移取 20.00 mL（或从另一滴定管内放出）未知浓度的盐酸于 150 mL 锥形瓶中，滴加 2 滴酚酞试液 （2）滴定的操作 （3）滴定终点的判断 3. 计算待测盐酸的浓度

（四）"思考与讨论"的对比分析（表5-24）

表 5-24　四版教材"思考与讨论"对比

教材版本	思考与讨论
人教版	1. 在进行中和滴定时，为什么要用酸（或碱）润洗酸式（或碱式）滴定管 2～3 次？ 2. 滴定用的锥形瓶是否也要用待测的碱（或酸）润洗？锥形瓶装待测液前是否需要保持干燥？为什么？ 3. 用 0.100 0 mol/L NaOH 溶液滴定 20.00 mL 0.100 0 mol/L 左右的 HCl 溶液的相关数据，以 NaOH 溶液的体积为横坐标，pH 值为纵坐标，在坐标纸（或计算机）上绘制 NaOH 溶液滴定 HCl 溶液的过程中，溶液 pH 值随 NaOH 溶液体积变化的曲线图

教材版本	思考与讨论
鲁科版	在实验方案设计时，引导学生思考： （1）除 0.1000 mol/L NaOH 溶液外，还需要选择什么试剂？你选择试剂的依据是什么？ （2）在你设计的方案中，如何判断 NaOH 和 HCl 恰好完全反应？ （3）实验中，如何准确测定溶液的体积，以减少实验误差？ 实验结束后，引导学生讨论： （1）某小组同学用 pH 传感器监测上述实验过程中溶液 pH 值的变化，得到 pH 值变化曲线。请解释曲线的变化趋势。 （2）在滴定过程中，溶液中的微粒种类和数量发生了怎样的变化？如果把盐酸换成醋酸呢？ （3）请设计实验，测定食醋的总酸量
苏教版	并无此板块
沪科版	并无此板块

（五）习题对比分析（表 5-25）

表 5-25　四版教材习题对比分析

教材版本	习题
人教版	在章末"复习与提高"板块第 10 题中涉及了酸碱中和滴定。用已知浓度的氢氧化钠滴定 20.00 mL 稀释后的醋酸溶液，根据消耗 NaOH 溶液的体积数据计算稀释后的醋酸的物质的量浓度
鲁科版	在章末"自我评价"板块"应用·实践"类别的第 3 题中，根据石蕊的电离方程式请学生用电离平衡的知识解释其指示溶液酸碱性的化学原理；在"迁移·创新"类别的第 10 题中，基于亚砷酸溶液中各种微粒的物质的量分数与溶液 pH 值的关系分析：将 KOH 溶液滴入亚砷酸溶液中，当 pH 值调至 11 时，写出所发生反应的离子方程式，并分析在不同 pH 值时的守恒问题与离子浓度的大小比较问题
苏教版	在第二单元后的"理解应用"的第 4 题中，着重考查了酸碱中和滴定的正确操作步骤的顺序、用待装液润洗的目的、误差分析以及判断到达滴定终点的实验现象
沪科版	在章末复习的练习巩固第 5 题的第三小问提到了用 pH 值均为 2 的盐酸、硫酸、醋酸 3 种溶液分别与物质的量浓度和体积均相同的 3 份 NaOH 溶液完全中和，需 3 种酸的体积的大小顺序

二、教学设计

（一）教学流程（图 5-25）

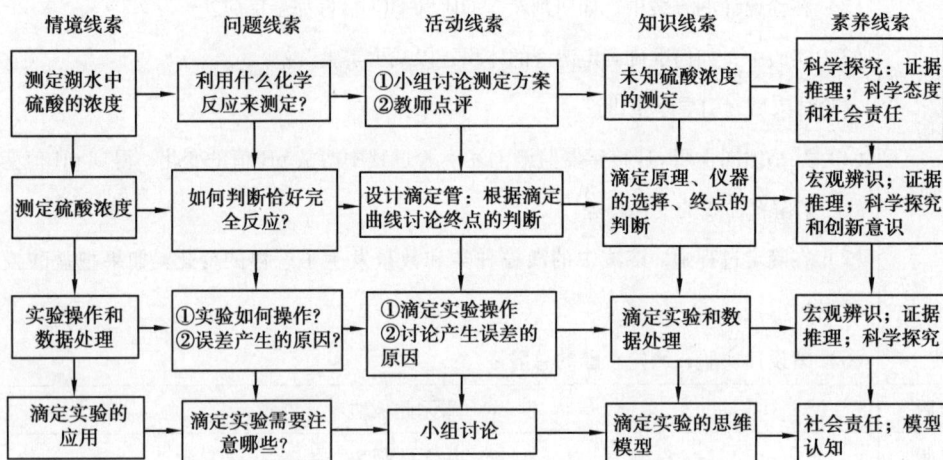

图 5-25　"强酸与强碱的中和滴定"教学流程图

（二）教学过程

环节一：创设情境

测定模拟湖水中硫酸的浓度。

设计意图：通过创设真实的情境，探究湖水中硫酸的浓度，培养学生的科学态度和社会责任感。

环节二：实验规划

任务一：利用什么化学反应来测定 H_2SO_4 溶液的浓度？

【学生1】一定体积未知浓度的 H_2SO_4 溶液中加入足量的 $BaCl_2$ 溶液，产生 $BaSO_4$ 沉淀。将沉淀过滤、洗涤、干燥、称量，用 $BaSO_4$ 沉淀的质量通过反应方程式计算 H_2SO_4 的浓度。

【学生2】一定体积未知浓度的 H_2SO_4 溶液中加入足量的 Na_2CO_3 粉末，产生 CO_2 气体。通过排饱和 $NaHCO_3$ 溶液的方法测定 CO_2 的体积，再通过反应方程式计算 H_2SO_4 的浓度。

【学生3】一定体积未知浓度的 H_2SO_4 溶液与已知浓度的 $NaOH$ 溶液恰好完全反应，用已知物质的量浓度的 $NaOH$ 通过酸碱中和反应计算 H_2SO_4 溶液的浓度。

【教师】在学生提出的第三个方案中，用已知物质的量浓度的碱（或酸）来测定未知物质的量浓度的酸（或碱）的方法，就叫做酸碱中和滴定。如何利用消耗的 $NaOH$ 溶液体积，计算出 H_2SO_4 溶液的浓度呢？请同学们列示表达。

【学生】根据化学方程式：$2NaOH+H_2SO_4 \xlongequal{\quad} Na_2SO_4+2H_2O$ 可知，恰好反应时有 $2 \times v(NaOH) \cdot c(NaOH) = v(H_2SO_4) \cdot c(H_2SO_4)$，从而可以推导出 $c(H_2SO_4) = v(NaOH) \cdot c(NaOH) /2v(HCl)$。

设计意图：通过问题驱动学生思考讨论，通过寻找合适的测定硫酸溶液的浓度的化学反应，引发学生思考，培养学生证据推理与模型认知的核心素养。

任务二：酸碱中和往往没有明显的实验现象，如何判断氢氧化钠溶液与硫酸溶液恰好完全反应？

【学生1】借助 pH 试纸。

【学生2】借助 pH 传感器。

【学生3】借助合适的指示剂。

教师：利用 pH 试纸来测定溶液的 pH 值，需要检测很多次，操作不便且不精确。pH 值传感器在操作过程中需要一直关注显示屏上的数据。酚酞或甲基橙指示剂更加方便判断滴定终点。

设计意图：本环节采用任务驱动的方式，可以很好地诊断并发展学生运用化学知识解决实际问题的能力。通过借助 pH 传感器，将微观粒子的浓度变化转化为图像的形式，实现信息技术与实验教学深度融合，提高学生对学科知识进行"宏观—微观—符号—曲线"四重表征的能力，培养宏观辨识与微观探析等化学学科核心素养，发展证据意识。

环节三：实验操作和数据处理

分角色完成强酸与强碱的中和滴定实验。

教师：两个同学分为一组，一位扮演操作员，另一位扮演检查员。操作员进行实验操作时，检查员持实验操作指南，检查操作员的动作是否规范，并填写实验操作评价表。

任务一：滴定管的准备操作

第一步：检漏。用洗瓶直接往酸式滴定管或碱式滴定管内加水。加水后用蝴蝶夹将滴定管垂直地固定在滴定管架上，静置一段时间，观察液面是否下降。酸式滴定管需将玻璃活塞转动180°，静置一段时间，观察滴定管是否漏液。

第二步：润洗。将待测浓度的硫酸（3~5 mL）倒入酸式滴定管，将标准氢氧化钠溶液（3~5 mL）倒入碱式滴定管。将碱式滴定管微微放平，两手倾斜着转动滴定管，使标准氢氧化钠溶液润湿碱式滴定管的全部内壁。结束后，溶液从下口放出至废液缸。

第三步：装液。分别向酸式、碱式滴定管中加入待测液和标准液，当液面位于滴定管"0"刻度以上2~3 mL处时停止加液，将滴定管垂直固定在滴定管夹上。

第四步：排气泡。在酸式滴定管正下方放一个烧杯，打开活塞快速放液，使酸式滴定管的尖嘴部分充满反应液。碱式滴定管排气泡时，将碱式滴定管胶管向上弯曲，用力捏挤胶管内的玻璃珠，使溶液从尖嘴喷出，以排除碱式滴定管内的气泡。

第五步：调液面。放出液体，使酸式滴定管和碱式滴定管中的液面均处于"0"刻度或"0"刻度稍往下的位置。

第六步：初始液面读数。读数时，应使滴定管保持垂直状态。在实验报告中记录碱式滴定管液面的读数。

任务二：滴定操作

第一步：用酸式滴定管向锥形瓶中加入 20.00 mL 待测 H_2SO_4 溶液，再加入 2 滴酚酞溶液。把锥形瓶放在碱式滴定管的正下方，在锥形瓶下垫一张白纸，以便观察到更明显的颜色变化。三指在锥形瓶颈部，其余两指辅助在下侧，按顺时针或逆时针方向轻轻地摇动锥形瓶，眼睛观察锥形瓶内溶液颜色的变化。

第二步：用拇指和食指捏住胶管内的玻璃珠，向外侧挤橡皮管，使玻璃珠移至手心一侧，使胶管和玻璃珠之间出现空隙，碱式滴定管内已知浓度的 NaOH 溶液从空隙处流出。小心地滴入碱液，边滴加边摇动锥形瓶，使溶液充分混匀，使酸碱充分反应。滴定时滴加的速度应控制先快后慢。当锥形瓶内溶液的颜色局部变红，震荡会褪色时，即接近滴定终点，此时改为半滴操作，也就是使滴定管尖嘴处悬挂半滴溶液，将半滴溶液沾在锥形瓶的内壁上，用洗瓶将这半滴溶液吹洗进入锥形瓶内的溶液中。当锥形瓶内的溶液由无色刚好变为粉红色，且 30 s 内不褪色时，表示已经达到滴定终点。

重复上述实验两次。操作员需在实验报告中准确记录滴定后碱式滴定管的读数，在读数时使视线与碱式滴定管内凹液面的最低处相切，读数应精确到小数点后两位。

任务三：计算浓度

按照 $2 \times v$（NaOH）$\cdot c$（NaOH）$= v$（H_2SO_4）$\cdot c$（H_2SO_4）计算湖水中硫酸的物质的量浓度。各小组将计算出的浓度数据填入教师提前设置好的 Excel 表格中，通过设置的程序比较学生实验数据与实际数据的大小关系，在评价栏内显示"偏大""偏小"或"完全正确"，以便各实验小组后续进行误差分析和实验反思。

设计意图：通过学生亲自动手进行酸碱中和滴定，培养学生动手能力和实验操作能力，通过滴定操作，让学生了解酸式滴定管和碱式滴定管的在构造和使用上的区别，掌握滴定管的使用方法和操作技巧；了解常用指示剂的变色范围，理解酸碱中和滴定的原理。

环节四：误差分析与实验反思

记录员仔细观察操作员的实验操作，若出现以下问题（表 5-26），及时记录在表格中。

表 5-26　实验操作与误差分析表

步骤	操作	是否出现	$c\,(\mathrm{H_2SO_4})$
洗涤	未用标准溶液润洗酸式滴定管		
	锥形瓶用待测溶液润洗		
	未用待测溶液润洗取用待测液的滴定管		
取液	取碱液的滴定管尖嘴部分有气泡且取液结束前气泡消失		
滴定	滴定完毕后立即读数,半分钟后颜色又变红		
	滴定前滴定管尖嘴部分有气泡,滴定后消失		
	滴定过程中震荡时有液滴溅出		
读数	滴定前仰视读数或滴定后俯视读数		
	滴定前俯视读数或滴定后仰视读数		

设计意图：通过表格可以清晰地展示每个操作步骤的结果和可能存在的误差来源，有助于实验者更好地理解和控制实验过程，提高实验的准确性，培养学生发现问题、分析问题的能力。

环节五：模型构建与迁移应用

【教师】滴定实验操作简便、快捷、准确度高，应用领域广泛。除酸碱中和滴定法之外，氧化还原滴定法可用于测量水中的化学需氧量，沉淀滴定法可用于测定水体富营养化的元凶之一——氮元素的含量，配位法可用于测定重金属阳离子，电位滴定法可用于测定药物中顺反异构体的含量等。

【教师】滴定实验的思维模型参考如下图所示。

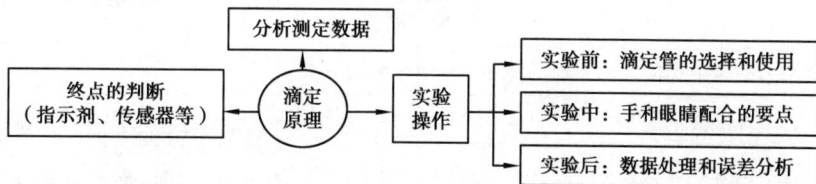

设计意图：通过滴定实验思维模型的建构，让学生能够进行知识迁移与应用，了解滴定实验的种类，培养学生解决新情境下陌生问题的能力。

（三）教学反思

通过应用酸碱中和滴定原理与实验来模拟测定湖水中硫酸浓度这一真实生活情境任务，学生掌握了使用仪器和药品进行定量分析的科学方法，体验了应用化学知识和方法来解决生产生活实际问题的价值，增强了学生的社会责任感，彰显了化学实验教学的功能和价值。

三、评价量表分析

根据《普通高中课程标准》，参照高中生化学定量实验认知水平，构建了高中生化学定量实验认知水平能力指标，如表 5-27 所示。

表 5-27　高中生定量实验认知能力水平指标

能力水平	指标	内容界定
水平 1	基本操作素养	仪器名称、安全使用与注意事项
		常见实验事故预防与处理
		化学实验基本操作方法
水平 2	实验事实加工与处理	知道主要实验事实及结论
		化学计量的简单运用
		获取有效的实验数据
水平 3	实验原理与应用	能根据反应原理、仪器原理、确定定量实验方法进行数据处理
		能进行实验误差分析和解释
水平 4	方案设计与评价	对化学实验进行评价和改进

为实现"教、学、评"一体化，"'强酸与强碱的中和滴定'评价量表分析"制定了素养诊断评价量表。

"强酸与强碱的中和滴定"评价量表分析

核心素养目标	评价内容		评价得分（0~4分）			量表分析	素养水平
			学生	同伴	教师		
科学探究与创新意识	方案设计	酸碱中和反应的准确书写	4	4	4	能基于物质性质进行实验设计，依据课本实验结合已有知识大胆质疑，敢于创新；依据设计实验方案，选择合适仪器并完成实验	科学探究与创新意识水平 2
		标准液的配制	4	4	4		
		实验仪器的选取	4	4	4		
		反应条件的选择	4	4	4		
		指示剂的选取	4	4	4		
		指示剂的用量	4	4	4		
		实验流程的设计	4	4	4		
		实验方案的改进	4	4	4		

续表

核心素养目标	评价内容		评价得分（0~4分）			量表分析	素养水平
			学生	同伴	教师		
宏观辨析与微观探析	实验原理	酸碱中和的原理	4	4	4	结合酸碱中和反应的离子方程式，明确酸碱的反应比例；结合指示剂的结构，分析指示剂随氢离子浓度变化而使溶液显现不同颜色的原因	宏观辨识与微观探析水平4
		指示剂的原理	4	4	4		
		正确判断溶液颜色的变化	4	4	4		
		滴定终点的准确判断	4	4	4		
证据推理与模型认知	实验反思与误差分析	酸碱中和反应的本质	4	4	4	能从物质性质的角度，推测实验方案和仪器的选择；能在实验过程中收集实验证据，推测实验结论；通过对酸碱中和滴定实验的数据分析，寻找误差产生的原因，并对实验操作进行反思，构建滴定实验的思维模型	证据推理与模型认知水平4
		准确计算浓度	4	4	4		
		实验仪器作用分析	4	4	4		
		科学合理进行误差分析	4	4	4		
		结合实验误差反思实验操作	4	4	4		
		构建滴定实验的思维模型	4	4	4		
变化观念与平衡思想	滴定曲线与数形结合	指示剂的原理	4	4	4	了解酸碱中和滴定曲线，分析突变产生的原因，并结合突变和指示剂的变色范围选取恰当的指示剂	变化观念与平衡思想水平3
		指示剂的用量	4	4	4		
		结合滴定曲线的突变范围选取恰当的指示剂	4	4	4		
		滴定终点与反应终点的区分	4	4	4		
科学精神与社会责任	实验操作	水洗滴定管	4	4	4	通过学生亲自动手进行酸碱中和滴定，培养学生动手能力和实验操作能力，培养严谨求实的科学态度，熟练掌握操作技巧，深刻体会定量分析实验在化学研究中的实际应用价值，培养学生的科学精神和社会责任	科学态度与社会责任水平2
		待装液润洗滴定管	4	4	4		
		向滴定管内加液	4	4	4		
		酸式滴定管与碱式滴定管排气泡	4	4	4		
		调液面与初始液面读数的记录	4	4	4		
		放出一定体积的待测液	4	4	4		
		滴定操作先快后慢	4	4	4		

续表

核心素养目标		评价内容	评价得分（0~4分）			量表分析	素养水平
			学生	同伴	教师		
科学精神与社会责任	实验操作	接近滴定终点的现象判断	4	4	4	通过学生亲自动手进行酸碱中和滴定，培养学生动手能力和实验操作能力，培养严谨求实的科学态度，熟练掌握操作技巧，深刻体会定量分析实验在化学研究中的实际应用价值，培养学生的科学精神和社会责任	科学态度与社会责任水平2
		半滴操作	4	4	4		
		滴定终点的准确判断	4	4	4		
		滴定过程中手眼配合	4	4	4		
		滴定后的准确读数与保留到小数点后两位的数据记录		4	4		
		滴定原理在生产生活中的实际应用	4	4	4		

四、实作考查

选择性必修课程学生必做实验4：强酸与强碱的中和滴定

实验用品：酸式滴定管、碱式滴定管、滴定管夹、烧杯、锥形瓶、铁架台、盛放废弃物的大烧杯、抹布；0.100 0 mol/L HCl 溶液、0.1mol/L NaOH 溶液、酚酞溶液、蒸馏水。

动态评分标准参考量表

考查要点	操作要求及评分细则	分值（100分）	得分
一、检查与整理	（1）实验之前，清点并检查实验所需器材、物品、药品是否齐全、完好，若有问题举手示意（5分）； （2）将废弃物倒入指定的容器中，将仪器放回原处，整理台面，保持整洁（5分）	10分	

续表

考查要点		操作要求及评分细则	分值 （100分）	得分
二、 进行 实验	1. 准备	（1）检漏：检查活塞能否灵活转动，滴定管是否漏水、堵塞操作正确（5分）； （2）洗涤和润洗：能正确将滴定管洗涤干净，同时润洗滴定管操作正确，并润洗2~3次（5分）； （3）装液：在滴定管中装入酸或碱操作正确并使液面高于"0"刻度以上2~3 mL（5分）； （4）赶气泡：能使用正确方法将滴定管中气泡赶出（5分）； （5）调节起始读数：能调节液面在0刻度以下，准确读数并记录（5分）； （6）洗涤锥形瓶：用蒸馏水洗涤（不能用待测液润洗）（5分）； （7）锥形瓶内装液：用碱式滴定管中向锥形瓶中滴入25 mL待测氢氧化钠溶液（5分）； （8）加指示剂：滴入2~3滴酚酞溶液（5分）	40分	
	2. 滴定	（1）把锥形瓶放置在酸式滴定管的下方，瓶下垫一张白纸（5分）； （2）用酸式滴定管中向锥形瓶中滴入0.100 0 mol/L的HCl溶液，左手转动玻璃旋塞，右手握着锥形瓶，边滴入盐酸，边不断顺时针方向摇动（5分）； （3）先快后慢，接近终点时，应一滴一摇（5分）； （4）眼睛注视锥形瓶内溶液颜色的变化（5分）； （5）当滴加最后半滴，溶液由红色变为无色，半分钟不恢复为原来的颜色，说明已达到滴定终点，并记录终点读数（5分）； （6）重复实验两次，记录相关数据（5分）	30分	
	3. 数据 处理	（1）求有效数据的平均值（5分）； （2）计算待测氢氧化钠溶液的物质的量浓度（5分）	10分	
三、填写实验记录表		（1）合理准确填写实验操作中观察到的实验现象（5分）； （2）正确填写实验结论及合理分析（5分）	10分	

实验二十二　盐类水解的应用

一、教材分析

（一）研读课标

"盐类的水解"是《普通高中化学课程标准（2017 年版）》选择性必修模块 1《化学反应原理》主题 3 "水溶液中的离子反应与平衡"明确要求的学生必做实验。学业质量要求：学生能够从弱电解质的电离、化学平衡以及离子反应的角度分析溶液的酸碱性。从学业质量要求出发，教师需制订必要的教学策略，如根据资料，结合实验现象，构建离子反应与水溶液中的平衡模型，指导学生确立基本的解题思路。此外，需注重实验前的分析预测，然后进行实验探究活动，并对实验现象进行分析解释，以强化学生化学学科的核心素养，如"宏观辨识与微观探析""证据推理与模型认知"等。

（二）教材对比

1. 教材中的位置对比

"盐类的水解"分别位于人教版第 3 章"水溶液中的离子反应与平衡"第 3 节、鲁科版第 3 章"物质在水溶液中的行为"第 2 节、沪科版第 3 章"水溶液中的离子反应与平衡"第 3 节、苏教版专题 3 "水溶液中的离子反应"第 3 单元。人教版和苏教版将盐类的水解编排在弱电解质的电离、水电离平衡之后，在沉淀溶解平衡之前。从横向上来看，沪科版将酸碱中和（包括酸碱中和滴定实验）与盐类水解编排在同一节，在学习了盐类的水解之后，能更好地解释酸碱中和滴定实验中滴定终点的判断依据。在鲁科版中，弱电解质的电离和盐类的水解在同一节，有利于学生对比分析两大核心概念的原理，便于将电离平衡常数 K_a 与水解平衡常数 K_h 联系起来，找到水溶液中两大离子平衡问题的联系与区别。

2. 实验用品的选择对比

人教版和苏教版在盐溶液的酸碱性探究实验中，要求学生自行选择方法测试列举的盐溶液的酸碱性。鲁科版在测定盐溶液时则直接指出用 pH 试纸测定。人教版在实验表格之后展示了用 pH 计测量 NH_4Cl、$NaCl$、CH_3COONa 溶液的图片，在图中可以直接准确读出 3 种溶液的 pH 值，相对于 pH 试纸来说更加便捷，也为学生提供了一种新的实验思路——依靠精密化学仪器进行检测是高效率、高准确性的方式之一。沪科版要求用 pH 计或者 pH 试纸测定盐溶液的浓度。

3. 实验步骤对比

4 版教材的总体思路都是以实验探究盐溶液的酸碱性为切入点，以微粒的种类来划分和提供分析思路，并对微粒之间的相互作用进行离子方程式的分析和解释，从而得出盐溶液酸碱性的原因。人教版、苏教版、沪科版在本组实验中测定了 $NaCl$、Na_2CO_3、KNO_3、NH_4Cl、CH_3COONa、$(NH_4)_2SO_4$ 等盐溶液的 pH 值，并在实验表格中分析了盐溶液的盐的种类——强酸强碱盐、强酸弱碱盐、强碱弱酸盐，对盐的种类和盐溶液的酸碱性之间存在什么样的必然联系进行归纳分析。在得到小结后，再从宏观到微观的角度对溶液的酸碱性和离子之间的关系进行分析。与前 3 版教材相比，鲁科版更注重实验探究和微观粒子的联系，实验表格中涉及溶液的 pH 值、溶液中的微粒能发生的相互作用以及溶液呈现中性酸性或碱性的原因分析。从实验探究表可以看出，人教版、苏教版、沪科版注重现象规律关系，鲁科版则更注重分析微观粒子。前三版对学生的结论性记忆帮助较大，后者对学生的微观思维训练较为有利，两种方式各有千秋。

探究完盐溶液的酸碱性之后，还需进一步探究其影响因素，以及平衡的移动问题。鲁科版在进一步探究之前，将水解平衡常数 K_h 联系起来，K_h 越大则水解程度越大，列举数据，直观、科学地解释水解反应的趋势问题。接着再采用控制变量法，通过增加溶质的量、加水稀释、加热溶液的方法探究浓度和温度对水解平衡移动的影响，最后在"活动·探究"环节，充分将化学与生活联系起来，要求学生必做实验，利用盐类水解的知识来制备胶体、净水和除污，有利于学生核心素养的养成。苏教版教材在探究之前先引入盐溶液的阴离子对应的酸的电离平衡常数，通过 pH 值的大小进行推测、解释，引导学生主动将电离平衡与水解平衡常数联系起来，更加具有探究意味和开放性。沪科版在影响因素上没有再设计探究实验，采取了讲解的方式。人教版在方法引导上，注重溶液中的"守恒思维"，特别是电解质溶液中的电荷守恒与元素质量守恒，它们是计算和比较电解质溶液中各种离子浓度大小的依据。人教版以 $FeCl_3$ 为例，提供试管、胶头滴管、pH 计、酒精灯等仪器，探究温度、反应物和生成物浓度对水解平衡的影响，并且要求写出实验步骤，对学生实验的综合素质要求更高。

总的来说，建议将 K_a、K_h 以及溶液中的守恒思想在该实验中进行穿插讲解。

4. "思考与讨论"的对比分析

人教版的"思考与讨论"注重知识的迁移运用,将其安排在解释盐溶液水解原理之后,按照 NH_4Cl 溶液呈酸性的分析过程,阐述 CH_3COONa 溶液呈碱性的原因。鲁科版的开放性问题设置在学生必做的探究实验之后,要求书写离子方程式、思考解决实际问题的思路等。沪科版的思考题则更加联系生活,如油条的制作中添加碳酸钠和明矾的作用。苏教版的思考题侧重于微观粒子和理论分析,结合前面提出的电离平衡常数,要求学生思考 K_a 和 K_h 的关系,这里不可忽视的一个重点是盐类水解程度的最大影响因素是该盐本身的性质,即内因"越弱越水解",最后联系延伸到泡沫灭火器的原理——彻底双水解,苏教版的思考题层层递进,有深度和广度。

5. 习题对比分析

四版教材的习题题量适中,鲁科版编排了 7 个习题,其中前 3 个题目较为基础,对水解平衡的影响因素再次进行了巩固,后 4 个题目都是填空题,侧重于对实验的应用。人教版习题的题型相对更加丰富,12 个题目包括了离子方程式的书写、填空、选择、实验,难度有梯度,比如最后两个题目考查学生对实验操作和盐类水解的综合应用,分析经典题目 $AlCl_3$ 溶液蒸干灼烧的一系列化学变化并解释原因,并且可以通过该例子总结盐溶液蒸干灼烧的一般规律。沪科版编排了 5 个习题,包括选择、填空、原理分析题,相对其他版本,沪科版更加注重计算。苏教版编排了 8 个习题,注重离子方程式的书写,题目中要求分析 $Al_2(SO_4)_3$ 在水溶液中水解、蒸发、灼烧的过程。在这里可以对比 $Al_2(SO_4)_3$ 和 $AlCl_3$ 溶液在蒸发灼烧过程中的不同之处。

总体而言,盐类的水解内容涉及多种知识的综合运用,重点是通过实验引导学生探究盐类水解的本质,从现象中寻找规律。其中涉及电解质的电离平衡常数、水的电离平衡常数和水的离子积常数以及化学平衡移动原理等内容,均为本章重点、难点内容。四版教材均采用实验探究、对比分析、合作交流等方式,引导学生亲身验证自己的推测结果,获取感性材料,对预测和实验结果有较强的感知力,加深对相应知识点的理解和记忆。

二、教学设计

（一）教学流程（图 5-26）

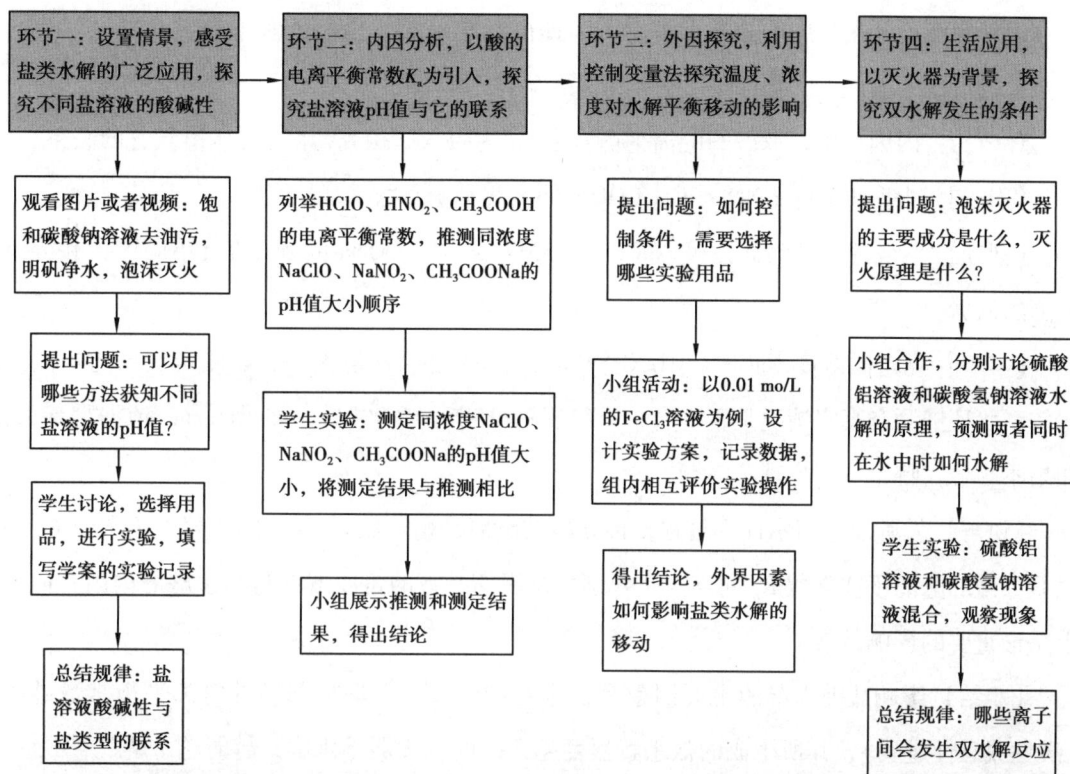

环节一：设置情景，感受盐类水解的广泛应用，探究不同盐溶液的酸碱性

↓

观看图片或者视频：饱和碳酸钠溶液去油污，明矾净水，泡沫灭火

↓

提出问题：可以用哪些方法获知不同盐溶液的 pH 值？

↓

学生讨论，选择用品，进行实验，填写学案的实验记录

↓

总结规律：盐溶液酸碱性与盐类型的联系

环节二：内因分析，以酸的电离平衡常数 K_a 为引入，探究盐溶液 pH 值与它的联系

↓

列举 $HClO$、HNO_2、CH_3COOH 的电离平衡常数，推测同浓度 $NaClO$、$NaNO_2$、CH_3COONa 的 pH 值大小顺序

↓

学生实验：测定同浓度 $NaClO$、$NaNO_2$、CH_3COONa 的 pH 值大小，将测定结果与推测相比

↓

小组展示推测和测定结果，得出结论

环节三：外因探究，利用控制变量法探究温度、浓度对水解平衡移动的影响

↓

提出问题：如何控制条件，需要选择哪些实验用品

↓

小组活动：以 0.01 mol/L 的 $FeCl_3$ 溶液为例，设计实验方案，记录数据，组内相互评价实验操作

↓

得出结论，外界因素如何影响盐类水解的移动

环节四：生活应用，以灭火器为背景，探究双水解发生的条件

↓

提出问题：泡沫灭火器的主要成分是什么，灭火原理是什么？

↓

小组合作，分别讨论硫酸铝溶液和碳酸氢钠溶液水解的原理，预测两者同时在水中时如何水解

↓

学生实验：硫酸铝溶液和碳酸氢钠溶液混合，观察现象

↓

总结规律：哪些离子间会发生双水解反应

图 5-26　"盐类水解的应用"教学流程图

（二）教学过程

环节一：设置情境，感受盐类水解的广泛应用，探究不同盐溶液的酸碱性

【引入】从生活中的盐类水解引入，提出问题引起兴趣和求知欲。观看图片或者视频：饱和碳酸钠溶液去油污、明矾净水、泡沫灭火器。

【提问】这些生活中常见的用品在物质的分类中可以归纳为盐类，可以用哪些方法获知不同盐溶液的 pH 值？

【活动】学生讨论，选择用品。学生在选择用品时可能会选择 pH 试纸或者 pH 计，教师可以根据学校的实际情况为学生提供相应的用品，并且可以追问使用这两种用品的注意事项。

【实验】实验前教师可以复习 pH 试纸及 pH 计的使用方法（不同型号的仪器使用方法

不同，可以根据实际情况介绍 pH 计的使用方法，强调使用安全和不要损坏仪器），随后学生分组进行实验，教师指导学生填写学案的实验记录。

【小结】学生总结规律，并进行分享：盐溶液酸碱性与盐的类型（强酸强碱盐、强酸弱碱盐、强碱弱酸盐）的联系。

设计意图：从生活中的盐类水解引入，提出问题引起学生兴趣和求知欲，通过学生自行探究盐溶液的酸碱性，加深学生对本节课的印象和认知。

环节二：内因分析，以酸的电离平衡常数 K_a 为引入，探究盐溶液 pH 值与它的联系

【引入】列举 HClO、HNO_2、CH_3COOH 的电离平衡常数 K_a 的数值。

【活动】小组讨论推测同浓度 NaClO、$NaNO_2$、CH_3COONa 的 pH 值大小顺序，并分享推测的依据。

【实验】测定同浓度 NaClO、CH_3COONa、$NaNO_2$ 的 pH 值大小，将测定结果与推测相比较，验证推测和真实情况是否吻合，小组展示推测和测定结果，如果吻合，依据是什么？如果不吻合，哪个步骤出现了问题？

【讲解】教师通过演示计算过程，推导酸的电离平衡常数 K_a 与盐的水解平衡常数 K_h 的联系，碱的电离平衡常数 K_b 同理，引导学生从平衡常数的角度解释盐类水解的内因，内因也是最重要的影响因素。

【小结】影响盐类水解的主要因素是盐本身的性质，弱酸或弱碱的电离平衡常数越小（酸性或碱性越弱），其所生成的盐水解程度越大，即"无弱不水解，越弱越水解"。

设计意图：通过宏观与微观结合的方法解释盐类水解的应用原理，建构变化观与平衡观。

环节三：外因探究，利用控制变量法探究温度、浓度对盐类水解平衡移动的影响

【提问】如何控制实验条件，需要选择哪些实验用品？

【活动】学生分组讨论，设计实验方案，分享实验方案。

【实验】利用控制变量法分别探究，温度、浓度对水解程度的影响。教师为学生提供试管、试管夹、试管架、胶头滴管、0.01 mol/L 的 $FeCl_3$ 溶液、$FeCl_3$ 晶体、浓盐酸、浓氢氧化钠溶液、蒸馏水、酒精灯、火柴、pH 计等（可自行增加）。学生进行实验，观察现象，记录数据，组内相互评价实验操作的规范。

【小结】温度、浓度等外界条件的改变都会引起水解平衡的移动，进而影响盐类水解的程度。盐类的水解是吸热反应，因此温度升高可以使平衡正向移动，水解程度增大；加水稀释可使平衡正向移动，即"越稀越水解"；在盐溶液中加入适量的酸或碱，由于溶液和酸

或碱会反应或者"同离子效应"，也会对该盐的水解产生影响，造成平衡的移动。

设计意图：引导学生用实验解决化学问题，培养学生实验观察、记录和总结能力。

环节四：生活应用，以灭火器为背景，探究双水解发生的条件

【提问】泡沫灭火器的主要成分是什么，灭火原理是什么？

【活动】小组合作，分别讨论硫酸铝溶液和碳酸氢钠溶液水解的原理，预测两者同时在水中时如何水解。

【实验】教师为学生提供硫酸铝溶液和碳酸氢钠溶液，学生分组实验，分别测定两种溶液的 pH 值，再将两溶液混合，观察混合前后的现象，记录现象。

【讨论】学生展开讨论，试着从水解平衡离子方程式中寻找水解规律。

【小结】铝离子和碳酸氢根离子能够分别与水电离出的 OH^- 和 H^+ 反应，水解程度大，反应剧烈，生成 $Al(OH)_3$ 和 CO_2、H_2O，由于两者相互促进，所以两种离子可以水解完全。

【提问】盐类的水解还可以解决生活中的哪些实际问题？

设计意图：培养学生运用化学知识解决实际问题的能力，提高责任心和使命感。

（三）教学反思

（1）教学活动的设计体现以学生为主体的核心，包括学生自己设计实验，选择用品，分组实验，并对规律进行总结。落实核心素养"证据推理与模型认知"的教学，可以使模型思想得到深化，有利于学生形成构建模型的思维模式。

（2）问题链的形式引导学生深度学习。通过问题串的设置，推进课堂教学，使学生思维有始有终、有理有据。

（3）让学生上黑板展示盐类的水解离子方程式的书写，充分暴露学生的普遍问题，以便纠正。对学生不熟悉的弱碱阳离子和弱酸阴离子进行总结，便于应用。

三、素养诊断

"盐类水解的应用"评价量表分析

核心素养目标	评价内容	评价得分（0~4分）			量表分析	素养水平
		学生	同伴	教师		
实验探究与创新意识	盐类水解相关资料收集与筛选	4	4	4	能就简单的问题收集资料并进行分析整理，陈述观点，根据已有经验提出假设，具有一定的探究创新意识；能依据假设设计实验方案，选择合适的实验仪器，运用适当的方法完成实验等	实验探究与创新意识水平1
	小组成果汇报展示	4	4	4		
	平衡常数概念辨析	4	4	4		
	电离平衡常数与水解平衡常数转化关系式的推导过程	4	4	4		
	探究溶液酸碱性实验方案的不足与改进	4	4	4		
	pH试纸和pH计使用注意事项	4	4	4		
	实验药品、仪器的选取，实验流程、实验方案的制订	4	4	4		
	控制变量法实验设计合理性	4	4	4		
证据推理与模型认知	实验误差分析	4	4	4	能在实验过程中收集实验证据，推理得出实验结论；能对实验提出与模型改进	证据推理与模型认知水平2
	实验仪器、过程、结果问题分析	4	4	4		
	根据实际情况调整实验方案	4	4	4		
	实验创新与改进	4	4	4		
变化观念和平衡思想	简述实验步骤间的关系，以 0.01 mol/L 的 $FeCl_3$ 溶液为模型，探究温度、浓度对盐类水解的影响	4	4	4	能根据实验流程得出盐类水解的一般规律，能说出水溶液中的平衡关系	变化观念和平衡思想水平4
科学精神与社会责任	盐类水解对生活的作用举例，体会浓度对生活的意义，表达看法	4	4	4	能将化学知识运用于生活，直观体会化学与生活的联系。实验过程中善于倾听他人意见，与同学合作融洽，敢于陈述观点，表现自己	科学精神与社会责任水平1
	探究问题的兴趣与信心、战胜问题的决心、自我价值的实现	4	4	4		
	敢于表达，有理有据地陈述观点、互相帮助、倾听和思考他人建议	4	4	4		
	成员配合密切，分工明确，气氛融洽	4	4	4		

四、实作考查

选择性必修课程学生必做实验5：盐类水解的应用

实验用品：试管、试管夹、试管架、胶头滴管、烧杯、药匙、量筒、铁架台（带铁圈）、陶土网、酒精灯、火柴；蒸馏水、$FeCl_3$ 晶体、浓盐酸、饱和 Na_2CO_3 溶液、饱和 $FeCl_3$ 溶液、1 mol/L $Al_2(SO_4)_3$ 溶液、泥土、植物油。

动态评分标准参考量表

考查要点		操作要求及评分细则	分值（100分）	得分
一、检查与整理		（1）实验前清点并检查实验所需器材、物品、药品是否齐全、完好，若有问题举手示意（5分）； （2）实验完毕将废弃物倒入指定的容器，将仪器洗涤干净并放回原处。整理台面，保持整洁，实验后洗手（5分）	10分	
二、进行实验	1. $FeCl_3$ 晶体的溶解	（1）向一支试管中加入少量 $FeCl_3$ 晶体，然后加入 5 mL 蒸馏水（5分）； （2）震荡，观察并记录现象（5分）； （3）再向试管中加入 2 mL 浓盐酸（5分）； （4）震荡，观察并记录现象（5分）	20分	
	2. 胶体的聚沉	（1）向 3 支试管中分别加入 5 mL 混有少量泥土的浑浊水（5分）； （2）向一支试管中加入 2 mL 饱和 $FeCl_3$ 溶液（5分）； （3）向另一支试管中加入 2 mL 1 mol/L $Al_2(SO_4)_3$ 溶液（5分）； （4）把 3 支试管放置在试管架上，静置 5 min，观察并记录现象，同时进行比较（5分）	20分	
	3. 胶体的制备	（1）向烧杯中加入 40 mL 蒸馏水，加热至水沸腾（5分）； （2）向沸水中逐滴加入 5~6 滴饱和 $FeCl_3$ 溶液（5分）； （3）继续煮沸至液体呈红褐色，停止加热（5分）； （4）观察制得的 $Fe(OH)_3$ 胶体（5分）	20分	
	4. 乙酸乙酯的水解	（1）向 2 支试管中分别加入 5 mL 饱和 Na_2CO_3 溶液，然后各滴入 2~3 滴植物油，震荡（5分）； （2）将其中一试管加热煮沸一会儿，然后再震荡（5分）； （3）把两支试管中的液体倒掉，并用水冲洗试管（5分）； （4）比较哪支试管的内壁更干净（5分）	20分	

续表

考查要点	操作要求及评分细则	分值 （100分）	得分
三、完成实验记录	（1）合理准确填写实验操作中观察到的实验现象； （2）正确填写实验结论及合理分析	10分	

实验二十三 简单配合物的制备

一、教材分析

（一）研读课标

选择性必修课程模块二"物质结构与性质"主题二"微粒间的相互作用与物质的性质"，明确提到了一个名为"配合物的制备与应用"的实验，此实验被列为学生的必做实验。学业质量要求：能描述配位键的主要类型、特征和实质；能用配位键的理论解释配合物的某些典型性质；能通过实例说明物质结构研究的应用价值，例如配合物在生物、化学等领域的广泛应用。

（二）教材对比

1. 教材中的位置对比

人教版：第三章"晶体结构与性质"第四节"配合物与超分子"。

鲁科版：第二章"微粒间相互作用和物质性质"第3节"离子键、配位键和金属键"。

苏教版：专题四"分子空间结构与物质性质"第二单元"配合物的形成和应用"。

从整体章节的安排来看，3个版本的教材各不相同。人教版按照"原子→分子→晶体的结构与性质"进行编排，将该实验纳入晶体结构与性质这一章节。鲁科版则按照"原子→微粒间的作用→聚集状态"从微观到宏观、作用力由强到弱进行编排，因此将该实验放在第二章"微粒间相互作用与物质性质"。苏教版则依据"方法论→具体应用""作用力决定物质类别与性质"的思路进行编排，作为分子结构中"孤对电子"的一个去处，该实验安排在了专题4"分子空间结构与物质性质"。3种编写安排都从不同角度体现了素养导向的教学思想。

对于"配位键"和"配合物"这两个密切相关概念，在3个版本的教材中的安排也有所不同。人教版和鲁科版将这两个概念紧密结合编排在1个小节中；而苏教版则将"配位键"作为共价键的一种类型，在专题 3 第三单元"共价键 共价晶体"中加以介绍，而将"配合物"放入专题 4 加以阐述。这两种安排各有侧重："配位键""配合物"集中编排有利于认识配合物的形成原理，但容易将"配位键""配合物"形成对应关系，不利于对"配位键"的学习；作为共价键的类型编排有利于对"配位键"本质的理解，更有利于认识到"配位键"的广泛存在，但学习"配合物"时需回头复习。

此外，3 个版本的教材对于实验在课本中呈现的形式和板块也有所不同。人教版在课堂展示实验板块中通过【实验 3-2】证明 H_2O 和 Cu^{2+} 通过"配位键"形成四水合铜离子，通过【实验 3-3】制备配合物，通过【实验 3-4】【实验 3-5】形成配合物；同时在章末开设"实验活动"板块，进行学生实验课，加深相关实验的操作和理解。鲁科版直接在"学生必做实验"板块中开设了"配合物的制备与应用"，通过探究式的学习了解配位键与配合物；在本章末开设了微项目"补铁剂中铁元素的检验——应用配合物进行物质的检验"通过项目式学习充分认识配合物广泛用途以及配合物的稳定性、配合物之间的转化条件的选择。苏教版开设了"基础实验"理解配合物的形成、"实验探究"了解配合物的应用。

2. 实验内容对比

"简单配合物的制备"实验通过一系列"试管实验"体现配合物的制备和应用两个主题，三版教材在选取素材时有所差别。现将 3 个版本教材选取实验素材呈现在表 5-28 中。

表 5-28　三版教材实验内容对比

主题	人教版	鲁科版	苏教版
配合物的制备	$Cu(NH_3)_4SO_4 \cdot H_2O$ 的制备	探究 $CuCl_2$ 固体在溶解和稀释过程中所发生的变化	Cu^{2+} 与浓氨水的反应
	$AgCl$ 与 NH_3 反应	探究 Fe^{3+} 溶液的显色反应	Fe^{3+} 与 KSCN 溶液
	$FeCl_3$ 溶液与 $K_3[Fe(CN)_6]$ 溶液分别与 KSCN 溶液反应	对比 Cu^{2+} 与氨水和 OH^- 反应的差异	含 Cu^{2+}、Fe^{3+} 的混合溶液分别与 NaOH、氨水反应
配合物的应用		制备 $[Ag(NH_3)_2]^+$，并与葡萄糖反应得到银镜	制备 $[Ag(NH_3)_2]^+$，并与葡萄糖反应得到银镜

从上表中可见：①三版教材紧扣新课标要求，均以配合物的制备为主；②三版教材均使用了 Cu^{2+} 与浓氨水的反应、Fe^{3+} 与 SCN^- 的显色反应、Ag^+ 与 NH_3 配位这 3 个素材，由此可见，这 3 个反应对配合物研究的重要性；③在配合物的应用中都是使用了银镜反应，因此对于银镜反应的原理应借鉴鲁科版进行重点阐述（由于 Ag^+ 被束缚在 NH_3 的"紧紧包裹"中，在其被葡萄糖还原成银单质时，银原子缓慢析出、有序排列从而形成光亮的银镜）。

尽管三版教材在实验素材上存在大量的相似之处，但在具体的实验操作中，它们之间仍存在显著的差异。首先，从实验过程的呈现方式来看，鲁科版的实验过程属于探究式的，教材仅提供相关的实验药品，要求学生自行设计实验方案并完成实验；而人教版和苏教版则详细地列出了实验的步骤和药品用量，学生只需按照指示进行操作即可。因此，从促进学生高阶思维发展的角度考虑，鲁科版的实验过程呈现方式更具优越性。

其次，三版教材对实验素材的使用和开发程度有所不同。以 Cu^{2+} 与浓氨水反应的实验为例，人教版完整地呈现了配合物的制备过程，并引入了一种新型的结晶方法——调节溶剂极性结晶法；而苏教版则将浓氨水加入 Cu^{2+}、Fe^{3+} 混合溶液中，分析配合物形成的条件。

3. "思考与讨论"的对比分析

实验后的"思考"环节，鲁科版仅进行了 Cu^{2+} 与浓氨水和 OH^- 的对比实验，对问题的深入挖掘不够。苏教版在实验后没有设置学生思考的环节，对实验目的、实验结论没有引导学生进行深入的思考和巩固对"配合物"的认识。人教版的"问题与反思"则侧重于配合物的结构和得到"配离子难解离"的结论。鲁科版的"思考"虽然也涉及配合物结构分析，但同时提出了"请从平衡移动和配位键两个角度分析上述实验中发生的反应"这样的问题，将平衡理论运用到配合物中，可以大大扩展学生对化学反应类型的认识，并解释配合物的大量性质。

二、教学设计

（一）教学流程（图 5-27）

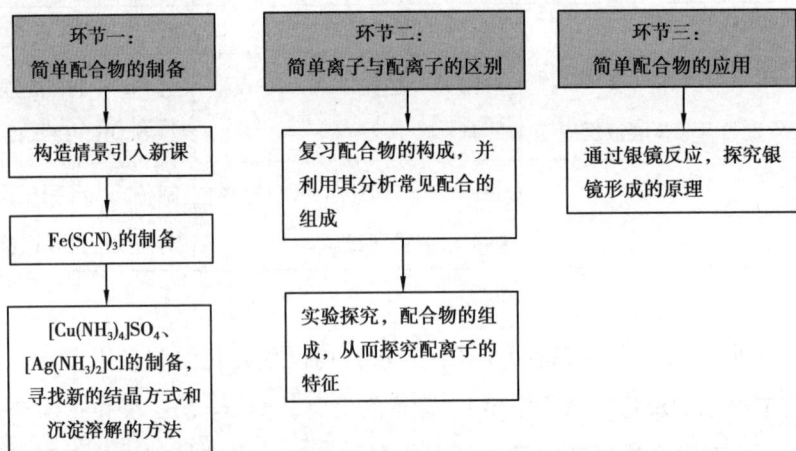

图 5-27　"简单配合物的制备"教学流程图

（二）教学过程

环节一：简单配合物的制备

【视频引入】影视作品中的流血、喷血场景（搞笑）。

设计意图：感知配合物的丰富，激发学生研究配合物的兴趣。

【提问】上述血红色的溶液是什么？利用所给的实验药品设计制备该化合物的方案。

【小组讨论】完成方案设计：

实验目的：制备 $Fe(SCN)_3$

实验原理：$Fe^{3+}+3SCN^- \rightleftharpoons Fe(SCN)_3$

实验药品：氯化铁溶液、硫氰化钾溶液

实验仪器：试管、胶头滴管

实验步骤：向盛有少量 $FeCl_3$ 溶液的试管中滴加 2 滴 KSCN 溶液

【小组展示】各自小组的实验设计方案。

【分组实验】依据实验方案完成实验。

设计意图：设计实验方案，掌握实验方案的基本组成；掌握简单配合物的制备方法。锻炼学生的语言表达能力；培养学生观察能力和记录实验现象的习惯。

【任务布置】（1）复习课本第 96 页【实验 3-3】与第 97 页【实验 3-5】，梳理实验步骤。

（2）分组实验，注意观察实验现象，完成实验报告。

【任务布置】 1. 复习课本第 96 页【实验 3-3】与第 97 页【实验 3-5】，梳理实验步骤； 2. 分组实验，注意观察实验现象，完成实验报告。 巡视指导，规范学生操作 请两个小组展示实验成果	【分组实验】实验操作、观察实验现象、填写实验报告：			培养学生动手能力、观察能力和记录实验现象的习惯；锻炼学生的语言表达能力
	序号	实验步骤	实验现象	实验解释	
	(1)	向盛有硫酸铜溶液试管里加入氨水			
		继续加入氨水			
		再加入乙醇			
	(2)	向盛有 NaCl 溶液的试管里滴几滴 $AgNO_3$ 溶液			
		再滴入氨水			

【成果展示】投影实验报告、最终实验现象。

设计意图：设计实验方案，掌握实验方案的基本组成；掌握简单配合物的制备方法。

【提问】（1）实验中用玻璃棒摩擦试管壁的作用是什么？

（2）利用化学平衡移动原理解释 AgCl 溶于氨水的原理。

（3）若 Ag^+（aq）$+2NH_3$（aq）$\rightleftharpoons$ $[Ag（NH_3）_2]^+$ 的平衡常数为 $K_稳 = 1.6 \times 10^7$，K_{sp}（AgCl）$= 1.8 \times 10^{-10}$，求上述反应的平衡常数。

【思考并回答】（1）加快结晶速度，与加入晶种来加速结晶的原理一样。

（2）$AgCl$（s）$\rightleftharpoons$ Ag^+（aq）$+Cl^-$（aq）

$$+$$

$$2NH_3 \rightleftharpoons [Ag（NH_3）_2]^+$$

（3）$K = K_稳 \times K_{sp}$（AgCl）

【知识迁移】学会知识迁移。"化学平衡移动""K 的计算"模型应用

环节二：简单离子与配离子的区别

【提问】请根据配合物的组成分析硫酸四氨合铜的构成。

【讨论并汇报】

$$[Cu（NH_3）_4]SO_4 \cdot H_2O$$

中心离子　配位体　配位数　外界

内界（配离子）

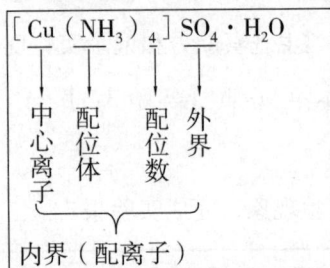

设计意图：复习配合物的组成的相关知识。

【提问】设计实验检测实验中实验产物所含离子种类。

【小组讨论】设计实验方案：

　　　　　实验目的：检验 $[Cu（NH_3）_4]SO_4 \cdot H_2O$ 溶液中离子种类

　　　　　实验原理：利用 $BaCl_2$ 溶液检验 SO_4^{2-}，利用 NaOH 溶液检验 Cu^{2+}

　　　　　实验药品：$BaCl_2$ 溶液、NaOH 溶液、蒸馏水

　　　　　实验仪器：试管、胶头滴管

　　　　　实验步骤：（1）将实验中的产品加水溶解。

　　　　　　　　　　　（2）取少量样品于试管中加入 NaOH 溶液观察实验现象。

　　　　　　　　　　　（3）取少量样品于试管中加入 $BaCl_2$ 溶液观察实验现象。

【小组实验】观察实验现象，得出实验结论。

【小组展示】实验结论：溶液中有大量 SO_4^{2-}、不含有 Cu^{2+}。

【提问】结合配合物的组成，谈一谈普通离子与配位离子的区别。

【分享】讨论：配合物外界易电离，内界难解离。因此，普通离子与配离子性质不一样。

设计意图：设计实验方案，掌握实验方案的基本组成；掌握物质检验的答题规范；掌握 Cu^{2+} 的检验方法；培养学生动手能力、观察能力和记录实验现象的习惯。

【提问】实验常见检验 Fe^{3+} 的试剂是铁氰化钾溶液。

（1）按照配合物的组成分析铁氰化钾的构成。

（2）利用已有试剂说明 $[Fe(CN)_6]^{3-}$ 与 Fe^{3+} 不同。

【小组实验】

向盛有少量蒸馏水的试管里滴加 2 滴 $K_3[Fe(CN)_6]$ 溶液，然后再滴加 2 滴 KSCN 溶液。溶液不变红。

【讨论并汇报】

$$K_3[Fe(CN)_6]$$

外界　中心离子　配位体　配位数

内界（配离子）

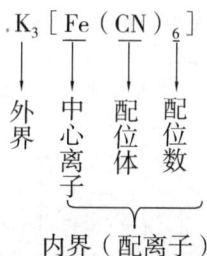

设计意图：复习配合物的组成的相关知识。训练学生举一反三，模型认知能力。

环节三：简单配合物的应用

【任务布置】按照实验方案完成银镜实验。

【分组实验】（1）制备银氨溶液：在 5% 的硝酸银溶液中逐滴加入 2 mol/L 氨水直至生成的沉淀恰好完全溶解为止，制得银氨溶液。

（2）银镜实验：取银氨溶液量 5 mL 于试管中，加入 2～3 mL 10% 的葡萄糖溶液将试管放入盛有水的烧杯中，缓慢加热，静置片刻。

【观察实验现象】

【分组展示】

设计意图：通过银镜实验，使学生了解简单配合物在生活中的应用。培养学生动手能力、观察能力和记录实验现象的习惯。

【讲解】利用银镜反应可以快速制备廉价的镜子，使镜子进入寻常人家，是制镜工业的一项巨大进步。

【提问】请从配合物的性质出发解释为什么银氨溶液能够在反应中形成致密的银镜。

【分享讨论】配合物内界难解离，因此 Ag^+ 被束缚在 NH_3 的"紧紧包裹"中，在其被葡萄糖还原成银单质时银原子缓慢析出、有序排列，从而形成光亮的银镜。

（三）教学反思

简单配合物的制备实验是新教材中学生必做的重点实验之一；是理解配位键、配位化合物的重要教学支撑。本节课以实验探究为线索，以认识事物的过程为依据，通过"配合物的制备回答"是什么"，通过对"普通离子与配离子的区别"探究回答"为什么"，通过"配合物的性质"回答"怎么用" 3 个问题；同时贯穿化学的核心思维："结构决定性质，性质决定用途"。

三、素养诊断

"简单配合物的形成"评价量表分析

核心素养目标	评价内容	评价得分（0~4分）			量表分析	素养水平
		学生	同伴	教师		
探究创新	$Fe(SCN)_3$ 制备的方案设计	4	4	4	能就简单的问题收集资料并进行分析整理，陈述观点，根据已有经验提出假设，具有一定的探究创新意识；能依据假设设计实验方案、选择合适的实验仪器、运用适当的方法完成实验等	科学探究与创新意识水平2
	实验方案设计的基本结构	4	4	4		
	小组成果汇报展示	4	4	4		
	药品的取用	4	4	4		
	滴管的使用	4	4	4		
	常见结晶法的选择	4	4	4		
	加速结晶的方法	4	4	4		
	实验流程、实验方案的制订	4	4	4		
	离子检验的一般过程	4	4	4		
	常见离子的检验方法	4	4	4		
	加热方式的选择	4	4	4		
	实验熟练操作	4	4	4		

核心素养目标	评价内容	评价得分（0~4分）			量表分析	素养水平
		学生	同伴	教师		
证据推理	由离子检验结论推断配离子的性质	4	4	4	能在实验过程中收集实验证据，推理得出实验结论；能从定性与定量结合的视角对实验进行误差分析，并对实验提出与模型认知改进；能根据实验流程得出配制一定物质的量浓度溶液的一般规律，建构认知模型	证据推理与模型认知识水平2
	配合平衡常数分析配合物对沉淀溶解的影响	4	4	4		
	利用实验产品进行性质探究	4	4	4		
模型建构	实验创新与改进	4	4	4		
	利用配合物结构特征，分析其与对平衡的影响	4	4	4		
	利用平衡常数分析反应进行程度	4	4	4		
	利用晶体生长模型，解释配合物结晶的作用以及配合物在银镜实验中的作用	4	4	4		
社会责任	体会配合物为离子的检验提供了新方法	4	4	4	能将化学知识运用于生活，直观体会化学与生活的联系	科学度与社会责任水平1
	体会配合物使生产更便捷	4	4	4		
探究创新	探究问题的兴趣与信心、战胜问题的决心、自我价值的实现	4	4	4	实验过程中善于倾听他人意见，与同学合作融洽，敢于陈述观点，表现自己	科学探究与创新意识水平2
	敢于表达，有理有据陈述观点	4	4	4		
	互相帮助，倾听和思考他人建议	4	4	4		
	成员配合密切，分工明确，气氛融洽	4	4	4		

四、实作考查

选择性必修课程学生必做实验6：简单配合物的制备

实验用品：试管（4支）、胶头滴管（4支）、玻璃棒、量筒；0.1 mol/L $CuSO_4$ 溶液、0.1 mol/L 氨水、95%乙醇、0.1 mol/L $FeCl_3$ 溶液、0.1 mol/L KSCN 溶液、0.1 mol/L NaCl 溶液、0.1 mol/L $AgNO_3$ 溶液、1 mol/L 氨水。

动态评分标准参考量表

考查要点		操作要求及评分细则	分值（100分）	得分
一、检查与整理		(1) 实验前清点并检查实验所需器材、物品、药品是否齐全、完好，若有问题举手示意（5分）； (2) 实验完毕，将废弃物倒入指定的容器中，将仪器洗涤干净并放回原处，整理台面，保持整洁，实验后洗手（5分）	10分	
二、进行实验	1. $[Cu(NH_3)_4]$ $SO_4 \cdot H_2O$ 的制备	(1) 取一支试管，加入约 4 mL 0.1 mol/L $CuSO_4$ 溶液（5分）； (2) 用胶头滴管滴加液体时应垂直悬空（5分）； (3) 取液量大约为 4 mL（5分）； (4) 向试管中加入几滴 0.1 mol/L 氨水，观察实验现象（5分）； (5) 继续滴加氨水并震荡试管（5分）； (6) 边加氨水边震荡，同时观察实验现象（5分）； (7) 用量筒取 8 mL 乙醇（5分）； (8) 量筒读数时应平视（下蹲）（5分）； (9) 向试管中加入 8 mL 乙醇，并用玻璃棒摩擦试管壁，观察实验现象（5分）	45分	
	2. $Fe(SCN)_3$ 的制备	(1) 取一支试管，加入少量 0.1 mol/L $FeCl_3$ 溶液（5分）； (2) 取液量以 1~2 mL 为宜（5分）； (3) 向试管中滴加 1 滴 0.1 mol/L KSCN 溶液，观察实验现象（5分）	15分	
	3. $Ag(NH_3)_2Cl$ 的制备	(1) 取一支试管，加入少量 0.1 mol/L NaCl 溶液（5分）； (2) 向试管中滴加几滴 0.1 mol/L $AgNO_3$ 溶液，观察实验现象（5分）； (3) 再向试管中滴加 1 mol/L 氨水，震荡（5分）； (4) 边加氨水边震荡，同时观察实验现象（5分）	20分	
三、完成实验记录		(1) 合理准确填写实验操作中观察到的实验现象（5分）； (2) 正确填写实验结论及合理分析（5分）	10分	

实验二十四　乙酸乙酯的制备与性质

一、教材分析

（一）研读课标

"乙酸乙酯的制备与性质"学生必做实验位于选择性必修课程中的模块三"有机化学基础"主题2"烃及其衍生物的性质与应用"。学业质量要求：认识相关有机物的组成和结构特点、性质；认识取代反应的特点和规律，了解有机反应类型与有机化合物结构特点的关系；结合生产、生活实际了解某些烃、烃的衍生物对环境和健康可能产生的影响。

（二）教材对比

1. 教材中的位置对比

乙酸乙酯的制备实验在4个版本的教材中均出现在有机化合物章节，均出现在学完乙醇性质及乙酸部分性质后。人教版、鲁科版、苏教版3个版本的教材中都给出了装置图及操作步骤；而选择性必修三"有机化学基础"中人教版结合乙酸和乙醇的结构特点，用同位素示踪法揭示了生成乙酸乙酯的本质，让学生在原有知识的基础上认识酯化反应的本质，鲁科版在活动探究中给出了乙酸、乙醇、乙酸乙酯的沸点，让学生思考如何设计实验方案才能更好地得到酯，鲁科版在必修二的基础上实验更具有开放性和探究性，苏教版再一次出现了乙酸乙酯制备的实验装置图及实验步骤，而且装置图跟必修二有所区别。苏教版在必修二中给出制备乙酸乙酯的方程式后，提供了乙酸、乙醇、浓硫酸等药品，让学生从实验目的、实验原理、实验用品、实验步骤、数据处理与实验结果、问题与讨论方面设计实验方案，实验具有开放性，但学生初步接触有机化合物，知识水平有限，设计该实验有一定难度，在苏教版设计而在选择性必修三中给出了乙酸乙酯制备的实验步骤及装置图。

乙酸乙酯的性质在人教版第二册只是简单地提到了酯化反应是可逆的，乙酸乙酯与水发生水解反应，在选择性必修三第三章第四节在羧酸衍生物中介绍了酯，并将乙酸乙酯的水解设计为探究实验，探究乙酸乙酯在酸性、中性、碱性溶液中及不同温度下的水解速率；鲁科版必修第二册学完乙酸乙酯的制备后直接没有提到乙酸乙酯的性质，在选择性必修三第二章第4节中羧酸衍生物中介绍了酯，活动探究中设计实验证明酯在碱性、酸性条件下会水解，并将该内容与油脂、酰胺放在一起学习，可以培养学生迁移运用的能力，在拓展视野中有乙酸乙酯的制备与纯化，给同学们展示了有机物制备的基本模板，与高考接轨；苏教版在必修第二册专题8"有机物的获得与应用"中给出了乙酸乙酯在酸性和碱性条件下的水解方程式，选择性必修三中观察乙酸乙酯分别与蒸馏水、稀硫酸、30%氢氧化钠溶液反应，然后再将3支试管在相同的温度下加热相同时间，观察现象；沪教版必修第二册中未提及酯的性质，在选择性必修三中将酯和酰胺放在一起学习，实验探究酯是在酸性还是在碱性条件下水解更有利，该内容的安排对后面酰胺的学习起到了承上启下的作用。

2. 实验用品的对比

关于乙酸乙酯的制备，人教版、鲁科版（必修二）、苏教版（必修二）都用了传统的实验仪器，鲁科版拓展视野中用了球形冷凝管和圆底烧瓶，球形冷凝管可以减少乙酸和乙醇的挥发，解决了原料浪费的问题。苏教版在选择性必修三中对实验做了改进，改为了水浴加热，这样可以使反应液受热更均匀，也能更好控制温度，减少副反应的发生可以让学生对必修二和选择性必修三进行对比，思考为什么要将酒精灯加热换成水浴加热？水浴加热和酒精灯加热的条件是什么？水浴加热有哪些优点？沪教版中在试管中加入了磁力搅拌子，并用温度计将水浴的温度控制在95 ℃左右，在进行该实验前还可以引导学生思考为什么要将温度控制在95 ℃左右？磁力搅拌子相对于边震荡边加液有哪些优点？沪教版中还有了搅拌器，搅拌器可设定温度及温度显示，可长期加热使用，数显直观准确。建议采用鲁科版拓展视野实验装置，且在圆底烧瓶中加入磁力搅拌子，然后搅拌器水浴加热。

在使用药品方面，4个版本的教材几乎都是一样，都用到了乙醇、乙酸、浓硫酸、饱和碳酸钠溶液，鲁科版和沪教版中强调了无水乙醇、冰醋酸，苏教版中强调了冰醋酸，可以让学生思考，试剂中水含量较高会有什么影响，建议在实验药品的选择中说明无水乙醇和冰醋酸。

只有人教版和沪教版对乙酸乙酯的性质设计了实验，人教版和沪教版都为自主设计实验探究乙酸乙酯在不同条件下的水解，人教版探究酯在酸性、碱性、中性条件下的水解速率；苏教版对酯在酸性和碱性条件下的水解程度。通过观察水解速率，达到平衡后也可以观察到水解程度，故可以将这两个实验进行综合，既观察水解速率又观察最终水解程度，从平衡和速率的角度进行综合分析。

3. 实验步骤及结论对比

取液上，人教版、苏教版和沪教版对顺序和量有相应的规定，这样可以让学生在已知顺序和量的基础上分析为什么；而鲁教版在必修第二册和选择性必修3中都没有对乙醇、浓硫酸和乙酸的添加顺序给出明确的指导，也无具体的试剂加入量，在选择性必修3中给出了乙酸、乙醇、乙酸乙酯的沸点，让学生自己设计实验方案更好地得到酯，两本书的实验更具有开放性，学生可以通过乙醇、乙酸和浓硫酸的相关性质发现和提出有探究价值的问题，能从问题和假设出发，小组讨论设计出实验方案，再进行生生互评、师生互评最终确定实验方案，培养学生善于合作、敢于质疑和勇于创新的精神。鲁教版选择性必修 3 拓展视野"乙酸乙酯的制备与纯化"步骤一反应回流：先加入体积比为 1∶1 的乙醇和冰醋酸，再加入乙醇和浓硫酸的混合物，开阔学生视野，过量的乙醇有多种加法，将乙醇和浓硫酸的混合液加入乙醇和乙酸的混合液中可以减少乙酸的挥发。笔者认为可以将鲁科版中原料的性质告诉学生后让学生自主设计实验步骤，增进学生对科学探究的理解，发展学科探究能力。苏教版虽然没在实验步骤中说明加碎瓷片，但在实验图中已标清。

在加入浓硫酸时人教版和苏教版都是边震荡边慢慢加入浓硫酸，沪教版用了磁力搅拌子，使调混工作变得更方便。

加热方式人教版、鲁教版、苏教版（必修二）中都指出用酒精灯小心加热，鲁教版中提出了要均匀加热，而苏教版在选择性必修三中改进为水浴加热。苏教版更是具体到了加热时长。人教版中没有提出均匀加热和加热时长，但在教学过程中都可以引导学生去思考，沪教版要求在 95 ℃左右水浴加热 10 分钟。加热方式上可以根据乙酸、乙醇、乙酸乙酯的沸点和浓硫酸特殊性质引导学生设计出合适的反应温度，然后给出水浴加热、酒精灯加热、油浴加热的适用范围，然后选出该实验适合用水浴加热。

其中在产物收集上，4 个版本的教材收集方法都是一样，都是将产生的蒸汽经导管通到饱和 Na_2CO_3 溶液上方。通过收集方法可以让学生推测出乙酸乙酯具有沸点低、难溶于水、密度比水小的性质，收集试管中都提到了导管在饱和 Na_2CO_3 溶液的面上，可以分析出饱和 Na_2CO_3 的作用和该装置具有防倒吸作用。

在结论分析中，人教版、鲁科版、苏教版教材都提到了"香味"和"油状液体"，只有人教版在结论中出现了"上层"，可以通过结论更直观地分析乙酸乙酯的密度。沪教版从平衡的角度解释了原料乙醇、浓硫酸的用量，产物乙酸乙酯蒸出都可以提高乙酸乙酯的产率。

乙酸乙酯的性质在 4 个版本的教材中都采取了探究性实验，对实验步骤没有作出明确要求，需要学生自主设计。

4. "思考与讨论"对比分析

在乙酸乙酯的制备中，人教版选择性必修三、苏教版必修二、苏教版选择性必修三都通过乙酸、乙醇和乙酸乙酯的结构推测成键方式，用了氧元素的同位素示踪法，其中人教版把反应断键的两种可能性都写出来让学生思考，让学生能更直观地理解反应的本质，让学生能从宏观和微观相结合的视角分析化学问题。鲁科版选择性必修三、苏教版选择性必修三提出了对乙酸乙酯制备操作过程需要考虑的问题，苏教版实验操作步骤中已说明药品添加顺序，学生只需在已知实验步骤的基础上进行分析即可，而鲁科版实验操作中没有说明药品添加顺序，学生需根据已学物质性质进行思考，在思考中还问到了实验中哪些操作体现了对这些问题的思考结果。问题设计层层递进，发现和提出了有探究价值的化学问题，让学生能依据探究的目的设计并优化实验方案。鲁科版选择性必修三、苏教版选择性必修三和沪教版选择性必修三都涉及了乙醇和乙酸量的问题，鲁科版选择性必修三直接问了乙醇的量多于乙酸的量的原因，苏教版和沪教版都从提高乙酸乙酯产率的角度让学生进行思考，该问题的设计更有深度，学生可以分析出增大乙醇或者乙酸的量都能达到目的，教师紧接着可以再提问"到底哪种过量比较好呢？"学生经历疑惑之后，教师给出乙醇和乙酸的价格，学生可以更好地去记忆该问题。苏教版选择性必修三还问到了通过实验现象可以得出什么结论，引导学生通过收集证据，基于证据进行分析推理，对实验的现象进行加工来获得结论。

在乙酸乙酯的性质实验中，人教版选择性必修三从平衡的角度讨论乙酸乙酯的碱性水解为什么不可逆，可以让学生再一次思考乙酸乙酯的制备为可逆反应，通过探究了解乙酸乙酯在不同条件下的水解速率，讨论在科学研究中控制实验条件的体会。这个问题更宽泛，每个同学经过学习都有不同的体验，故容易引起学生的讨论，学生可以从多个角度来分析问题。苏教版选择性必修三通过元素示踪法理解了酯化反应的本质，在问题设置中需要反过来思考酯的水解会断哪些键，引导学生从反应物和生成物官能团转化与断键成键的角度概括反应特征与规律[1]，为学习有机合成打下基础。

5. 习题对比分析

人教版第二册与乙酸乙酯的制备与性质的习题共有 4 个，其中第 2 题和第 8 题为乙酸乙酯的制备，第 2 题中直接给出由乙酸和乙醇制备，第 8 题以乙烯为原料来制备，初步让学生知道设计有机合成路线的一般方法；第 6 题考查了乙酸乙酯的溶解性，第 7 题为依据酯化反应计算乙酸乙酯的产量；人教版选择性必修三在第二册的基础上有所拓展，第 6 题以 1-丙醇和溴乙烷为原料合成酯，第 8 题给出了分子式 $C_3H_6O_2$，与 NaOH 溶液共热，推测产物，考查了酯的碱性水解。鲁科版第二册第 5 题考查乙酸乙酯制备过程中官能团的转换，第 7 题和第 8 题为酯的物理性质，其中第 7 题是乙酸乙酯的除杂，第 8 题为酯的气味；鲁科版选择性必修三考查的侧重点在酯的合成原料选择和酯的同分异构体，其中第 3 题第 5 问，分子式为 $C_2H_4O_2$ 且能与氢氧化钠溶液反应的物质一定是羧酸，既考查了酯和酸的化学性质又考查了同分异构体，给学生提供了酯的官能团异构的书写思路。苏教版第二册第3题的B和C分别考查了酯的制备和水解的反应类型，第5题为以乙烯为原料制备乙酸乙酯的转化方程式；苏教版选择性必修三有关酯的制备和性质只出了一道题，但该题难度在几个版本中是较大的，只给了物质A的相对分子质量、所含元素，能与乙醇和乙酸发生酯化反应，给出了与乙醇酯化后产物的相对分子质量，进行推测，这道题难度系数虽大，但结合计算和物质性质更能培养学生的逻辑推理能力。沪教版第二册第1题为酯的官能团辨别，第4题要求写出合成酯的方程式，并表明合成酯的过程中羧酸的断键位置，与新课内容的元素示踪法相对应；沪教版选择性必修三也考查了酯的同分异构体、合成酯的方程式，第2题和第4题都为已知酯的方程式，根据酯的化学性质推测合成该酯的原料。

综上，对各版本教材的对比分析发现：鲁科版告诉学生的信息较少，给学生的思考空间更大，而且在拓展视野中用其他装置制备了乙酸乙酯并进行了分离提纯，为学生提供了有机物制备与提纯更细化的思路，也让学生了解了有机物制备的基本装置，但是没有从化学键的角度引导学生解释酯化反应和酯的水解本质，教师在教学中可以根据学情予以添加。人教版在必修第二册做了酯的制备实验，在选择性必修三中再无出现。苏教版和沪教版在必修第二册和选择性必修三中都重复出现了乙酸乙酯的制备，但实验都有改进，可以培养学生不断创新的意识。

二、教学设计

（一）教学流程（图 5-28）

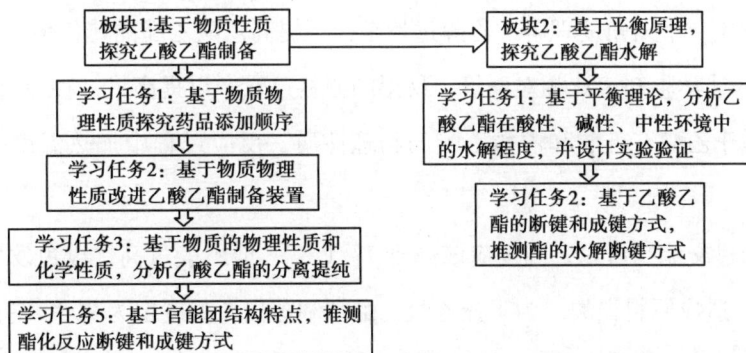

图 5-28　"乙酸乙酯的制备与性质"教学流程图

（二）教学过程

板块 1：基于物质性质探究乙酸乙酯的制备

【引入】为什么陈年老酒有更浓郁的香味？口感更为醇厚、丰满，酒精感相对柔和，回味时间更长，留香持久？酒中有乙醇，长时间放置部分乙醇会变成酸，为什么会变得更香？

已知：

有机化合物	乙醇	乙酸	乙酸乙酯
沸点/（℃）	78.5	117.9	77.1
常温下色、态	无色透明液体	无色透明液体	无色透明液体
水溶性	和水互溶	和水互溶	难溶于水
密度/（g·cm^{-3}）	0.789	1.05	0.90
挥发性	易挥发	易挥发	易挥发
气味	有特殊香味	有刺激性气味	有芳香气味

【提问】翻开必修第二册课本第 80 页，阅读实验 7-6，课本的药品添加顺序是乙醇、浓硫酸、乙酸，思考添加顺序能否改变，为什么？基于相关物质的物理性质思考。

【活动】学生通过思考，进行生生互评、师生互评，得出结论：浓硫酸稀释放热，乙醇、乙酸易挥发，但乙醇相对乙酸密度小且价廉，故要先加乙醇再慢慢加入浓硫酸稀释，再慢慢加入乙酸。

【提问】课本中乙醇过量，为什么？为什么不采取乙酸过量？

【活动】学生从平衡角度理解，乙醇过量是为了提高乙酸乙酯的转化率。教师给出乙酸与乙醇的价格，让学生知道让相对廉价、易得的原料过量，以提高另一种原料的转化率。

【提问】基于乙醇、乙酸和乙酸乙酯的物理性质，反应过程中加热温度大约在多少摄氏度？

【活动】通过交流与讨论，温度应该高于 77.1 ℃，但不能过高，以免发生副反应和反应物大量蒸发，造成原料损失。为了让乙酸乙酯顺利蒸出，温度定为 90 ℃左右。

【提问】用酒精灯加热有什么缺点？如何改进？

【活动】通过交流与讨论，酒精灯加热受热不均匀，不好控制温度。改用水浴加热。

【提问】乙酸和乙醇具有挥发性，在添加试剂和加热制备乙酸乙酯的过程中都会有原料的挥发，降低原料的利用率，如何改进实验？

【活动】学生根据提供的仪器给出发生装置组装方案，然后小组讨论，再进行全班讨论，最终优化实验方案。

【小结】有机制备实验需要考虑的因素：

（1）物质状态：如乙醇、乙酸和浓硫酸均为液体，选择反应容器。

（2）物质特殊性质：①原料乙醇、乙酸具有沸点低、易挥发的特点，在发生装置上选择长导管，起到冷凝回流，提高原料利用率。产物乙酸乙酯沸点低选择产物收集装置。②乙醇与水以任意比例混合、乙酸具有酸性、乙酸乙酯难溶于水，选择除杂试剂：饱和碳酸钠溶液。

（3）反应条件：加热温度较低时采用水浴加热，温度较高时采用油浴加热。

（4）可逆反应：利用平衡移动原理提高产率。

综合以上因素，学生选用的仪器和药品应该是哪些？（学生讨论分析）

设计意图： 学生通过对课本实验装置的了解，结合物质本身的性质等，深入思考，大胆质疑，通过教师给的仪器进行改进，培养学生勇于质疑和科学探究精神，建立有机物制备装置选择的模型。

【提问】基于原料和产物的性质，分析在收集装置中为何选择长导管？饱和碳酸钠的作用是什么？能否将饱和碳酸钠溶液换为饱和碳酸氢钠溶液？

【活动】学生独立思考，长导管的作用是导气，并利用空气对蒸气进行冷却，使产物冷凝。饱和碳酸钠溶液的作用是吸收乙醇，中和乙酸，降低乙酸乙酯的溶解度。基于乙酸的化学性质，若将饱和碳酸钠换为饱和碳酸氢钠可能会导致乙酸吸收不完全，故不能换。

【提问】导管为什么在饱和碳酸钠溶液上方？还有哪些装置可以起到相同的作用？

【活动】通过交流讨论，知道是起到防倒吸的作用。能起到防倒吸的还有以下装置（如下图）。

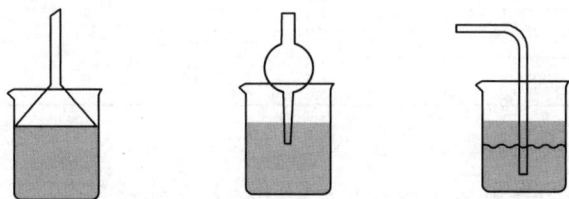

【小结】有机物的分离提纯需要考虑的因素：

产物的性质：难溶于水可用分液的方法。

除杂：①挥发出的原料：乙醇和乙酸具有挥发性，故乙酸乙酯的产物中有乙醇和乙酸的杂质。②副反应产生的杂质：本实验中不考虑。

设计意图：通过学习任务 3 基于原料和产物性质的角度，对产物进行分离提纯，初步建立有机物分离提纯模型。

【提问】酯基是羧基和羟基脱去一个水形成的，是酸脱羟基醇脱氢还是酸脱氢醇脱羟基呢？如何证明呢？阅读选择性必修三课本第 78 页"思考与讨论"。

【活动】学生阅读课本知道了是酸脱羟基醇脱氢，了解了一种探究化学反应原理的方法：元素示踪法。

【小结】通过本节课学习思考为什么陈年老酒有更浓郁的香味？原因是部分醇经长时间放置氧化为酸，酸和醇慢慢形成了酯，酯有特殊香味。

设计意图：板块 1 通过乙酸乙酯的制备，在基于原料和产物性质的基础上设计实验方案，依据教师提供的问题，优化实验方案，培养学生严谨求实的科学态度和实验创新能力。在基于课本实验的基础上大胆改进，培养学生独立思考、敢于质疑的精神。

板块 2：基于平衡原理探究乙酸乙酯水解

【引入】肥皂的生产视频生产肥皂的原料猪油中有酯基，制备肥皂的原理是什么呢？

【提问】通过乙酸乙酯的制备我们知道该反应是可逆反应，基于平衡原理思考乙酸乙酯在中性、酸性、碱性条件下的水解程度，并设计实验证明。从平衡原理角度分析乙酸乙酯的碱性水解是否可逆？

【活动】乙酸乙酯的水解程度：碱性>中性>酸性。利用控制变量法，设计乙酸乙酯在相同温度相同时间下在中性、酸性、碱性溶液中酯消失的快慢；在不同温度相同时间下在碱性溶液中酯消失的快慢。

实验编号	1	2	3	4
反应物及用量	2 mL 酯+6 mL H_2O	2 mL 酯+5 mL H_2O+ 1 mL H_2SO_4	2 mL 酯+5 mL H_2O+ 1 mL NaOH	2 mL 酯+5 mL H_2O+ 1 mL NaOH
水浴温度/℃	70	70	70	25
时间/min	5	5	5	5

设计意图：通过乙酸乙酯在不同条件下的水解程度比较，建立化学探究中控制变量法在对比中的应用，建立学生的变化观与平衡观。

（三）教学反思

教师是教学的引导者，在中学实验教学中，很多教材已经规定了实验步骤及药品用量，其至装置图也给出，教师在实验教学过程中也是按照课本实验进行讲解，没有引导学生去思考、改进实验，使学生实验思维固化。乙酸乙酯的制备与性质是课本典型的实验，有很多地方值得探究，如基于物质物理性质重新设计制备装置，基于平衡理念用控制变量法设计乙酸乙酯的水解。教师要做教材的主人，要在教材的基础上引导学生大胆质疑，勇于创新。

学生是学习的主体，在实验操作中，学生经常是按照教师或者书本给出的操作步骤看一步做一步，没有质疑和创新意识。在乙酸乙酯的制备中通过基于物质的性质探究乙酸乙酯的制备，学生能从问题和理论出发，设计实验，建立有机物制备的模型。再基于平衡原理探究乙酸乙酯的水解过程，进一步建立控制变量法在化学实验中的应用。

三、素养诊断

"乙酸乙酯的制备与性质"评价量表分析

核心素养目标		评价内容	评价得分（0~4分）			量表分析	素养水平
			学生	同伴	教师		
实验探究与创新意识	乙酸乙酯的制备与性质	药品添加顺序	4	4	4	能基于物质性质进行实验设计，依据课本实验结合已有知识大胆质疑，敢于创新；依据设计实验方案，选择合适仪器完成实验	科学探究与创新意识水平2
		实验仪器的选取	4	4	4		
		反应条件的选择	4	4	4		
		加热仪器的选择	4	4	4		
		两个长导管的作用	4	4	4		
		碎瓷片的作用	4	4	4		
		乙酸乙酯的分离提纯	4	4	4		
		实验方案的改进	4	4	4		
		同时同温下水解的速率	4	4	4		
		同时不同温下碱性水解的速率		4	4		
宏观辨析与微观探析	乙酸乙酯制备与性质	酯化反应断键和成键原理	4	4	4	依据羧基和羟基结构特点，推测酯化反应的断键方式，了解元素示踪法在化学研究中的应用	宏观辨识与微观探析水平4
		酯的水解断键位置	4	4	4		
		元素示踪法	4	4	4		

续表

核心素养目标	评价内容		评价得分（0~4分）			量表分析	素养水平
			学生	同伴	教师		
证据推理与模型认知	乙酸乙酯的制备	基于物质性质设计实验方案	4	4	4	能从物质性质的角度，推测实验方案和仪器的选择；能在实验过程中收集实验证据，推测实验结论；通过乙酸乙酯的制备与性质，掌握酯化反应和酯类水解的相关反应，能写出复杂结构的羧酸和醇类的酯化反应，复杂结构的酯类水解反应	证据推理与模型认知水平2
		实验仪器作用分析	4	4	4		
		依据实验现象分析乙酸乙酯性质	4	4	4		
		基于物质性质分析饱和碳酸钠溶液的作用	4	4	4		
		酯化反应的本质	4	4	4		
	乙酸乙酯的水解	酯的水解本质	4	4	4		
		利用控制变量法比较水解速率大小	4	4	4		
变化观念与平衡思想		基于平衡原理分析提高酯产率的方法	4	4	4	知道酯化反应是可逆反应，从平衡的原理提高反应限度	变化观念与平衡思想水平3
		基于平衡原理分析酯的水解程度大小	4	4	4		
社会责任	乙酸乙酯的制备与性质	酯在生产生活中的应用	4	4	4	将酯化反应和酯的水解原理应用于生活	科学态度与社会责任水平1
科学探究与创新		勤于实践、敢于探究、敢于质疑，勇于创新	4	4	4	在实验探究过程中，勤于实践、善于合作，学会倾听的同时学会欣赏他人	科学探究与创新意识水平2
		善于合作，学会倾听、欣赏他人	4	4	4		

四、实作考查

选择性必修课程学生必做实验7：乙酸乙酯的制备与性质

实验用品：试管、试管夹、烧杯、量筒、胶头滴管、玻璃导管、乳胶管、橡皮塞、铁架台、酒精灯、火柴、秒表、碎瓷片；乙醇、乙酸、浓硫酸、饱和 Na_2CO_3 溶液、乙酸乙酯、蒸馏水、3 mol/L H_2SO_4 溶液、6 mol/L NaOH 溶液。

动态评分标准参考量表

考查要点		操作要求及评分细则	分值 （100 分）	得分
一、检查与整理		（1）实验前清点并检查实验所需器材、物品、药品是否齐全、完好，若有问题举手示意（5 分）； （2）实验完毕将废弃物倒入指定的容器中，将仪器洗涤干净并放回原处，整理台面，保持整洁，实验后洗手（5 分）	10 分	
二、进行实验	1. 液体药品的取用	（1）取一支试管，向试管中倒入约 2 mL 乙醇，取液体药品时将瓶塞倒放在桌面上（5 分）； （2）倾倒液体药品时标签向着手心（5 分）； （3）倾倒时瓶口紧挨试管口（5 分）； （4）倾倒后盖上瓶塞，放回原处，标签向着人（5 分）； （5）倾倒液体无洒出，试管中液体无明显超量（5 分）	25 分	
	2. 试剂的取用与滴加	（1）用胶头滴管悬空向乙醇中滴加 0.5 mL 浓硫酸和 2 mL 乙酸，滴加时无液体洒出（5 分）； （2）再加入几片碎瓷片，用手腕的力震荡试管（5 分）； （3）在另一支试管中加入 3 mL 饱和 Na_2CO_3 溶液（5 分）	15 分	
	3. 制备乙酸乙酯	（1）小火加热，导管口位置在溶液上方约 0.5 cm 处（5 分）； （2）先取试管，后停止加热（5 分）； （3）震荡操作正确，观察到分层现象，闻取气味方法正确（5 分）	15 分	
	4. 乙酸乙酯的水解	（1）在 a，b，c 3 支试管里各加入 6 滴乙酸乙酯（5 分）； （2）向 a 试管中加入 5.5 mL 蒸馏水，震荡均匀（5 分）； （3）向 b 试管中加入 0.5 mL 3mol/L H_2SO_4 溶液和 5.0 mL 蒸馏水，震荡均匀（5 分）； （4）向 c 试管中加入 0.5 mL 6mol/L NaOH 溶液和 5.0 mL 蒸馏水，震荡均匀（5 分）； （5）震荡均匀后，把 3 支试管都放入 70～80 ℃的水浴里加热。比较试管里乙酸乙酯气味消失的快慢（5 分）	25 分	

续表

考查要点	操作要求及评分细则	分值 (100分)	得分
三、完成实验记录	(1) 合理准确填写实验操作中观察到的实验现象（5分）； (2) 正确填写实验结论及合理分析（5分）	10分	

实验二十五　有机化合物中常见官能团的检验

一、教材分析

（一）课标解读

学生必做实验"有机化合物中常见官能团的检验"位于选择性必修课程中的模块三"有机化学基础"主题2"烃及其衍生物的性质与应用"。学业质量要求：能基于官能团、化学键的特点与反应规律推断含有典型官能团的有机化合物的化学性质，根据有关信息书写相应的反应式。能综合应用有关知识完成推断有机化合物、检验官能团、设计有机合成路线等任务。

（二）教材对比

1. 教材中的位置对比

（1）人教版：该实验位于高中化学选择性必修3第三章"烃的衍生物"章末学生必做实验。在学生掌握烃的衍生物的组成、结构、性质的基础上，学会有机合成的一般方法，学习一些定性检验物质的基本技能与方法，尝试用所学的方法去检验有机化合物中常见的官能团实际问题。

（2）沪科版：该实验位于高中化学选择性必修3第五章第二节"研究有机化合物的一般方法"学生必做实验内容，也是在学生掌握烃的衍生物的组成、结构、性质的基础上配合官能团的仪器分析方法推出"有机化合物中常见官能团的检验"，这样将化学分析和仪器分析相结合，也有利于学生打开思辨思维，灵活应用综合知识解决生活中的实际问题。

（3）苏教版：没有专门的"有机化合物中常见官能团的检验"这个实验，可能是认为将其分散在各类物质的学习过程中了。

（4）鲁科版：该实验位于高中化学选择性必修 3 第三章第二节"有机化合物结构的测定"一节中，与沪科版相似。

2. 实验用品对比

各教材版本都使用到了试管、试管夹、胶头滴管、烧杯、酒精灯、三脚架、陶土网、火柴，无水乙醇、苯酚溶液、乙醛溶液、酸性 $KMnO_4$ 溶液、NaOH 溶液、$AgNO_3$ 溶液、氨水等。

各版本的实验用品有所差异，这些差异是各教材版本编写者的不同侧重点或者对实验的具体要求不同导致的，用于特定的化学反应，以检验不同的官能团。在实验步骤对比中详加分析。

3. 实验步骤对比

（1）人教版：首先，选择合适的试剂对碳碳双键、碳卤键、酚羟基、醛基进行检验，观察实验现象同时写出反应的化学方程式。然后，选择合适的试剂对乙醇、1-己烯、苯、四氯化碳和 1-丙醇、2-氯丙烷、丙醛、苯酚溶液两组物质进行鉴别。最后，对阿司匹林片有效成分中羧基和酯基官能团进行鉴别。

（2）沪科版：设计实验方案，选择合适的试剂对几种未知样品：无水乙醇、冰醋酸、苯酚溶液、乙醛溶液、乙酸乙酯、环己烯或 1-溴丁烷进行鉴别。实验看似简单，但由于样品相对较多，需要学生自己设计实验方案进行鉴别，所以对学生综合能力要求较高。

（3）鲁科版：①必做实验：选择合适的试剂、设计实验方案对乙醇、乙醛、乙酸和苯酚 4 种物质进行鉴别。②选做实验：选择合适的试剂、设计实验方法和顺序检验阿司匹林中所含的官能团。

4."思考与讨论"对比

（1）人教版：学生指出乙醇、乙酸、乙酸乙酯 3 种物质所对应的氢核磁共振谱。在之前的化学分析（官能团检验）的基础上，提出仪器分析的方法。提供检验方法的多样性，同时打开学生思维，灵活掌握各种分析方法，综合应用所学知识解决生产生活中的实际问题。

（2）沪科版：没有设置思考与交流环节。

（3）鲁科版：①学出阿司匹林可能具有的性质和化学方程式，同时了解其他同学的鉴别方案，分析每种方案的优势或不足。②在实验过程中你遇到了异常现象吗？如果遇到，请对异常现象做出合理的分析和解释。③你认为检验有机化合物中的官能团时，需要考虑哪些问题？这 3 个问题，一来引导学生对实验原理进行正确表达，同时提醒学生将实验现象与实验预期对比，提升学生的批判意识。最后再综合反思实验过程中的细节，不断完善自身的综合素质和能力。

二、教学设计

（一）教学流程

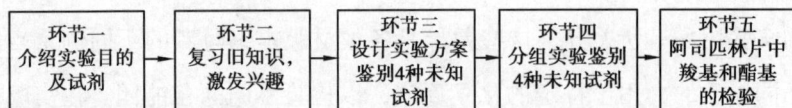

```
环节一          环节二          环节三          环节四          环节五
介绍实验目的    复习旧知识，    设计实验方案    分组实验鉴别    阿司匹林片中
及试剂          激发兴趣        鉴别4种未知     4种未知试剂     羧基和酯基
                                试剂                            的检验
```

（二）教学过程

环节一：介绍实验目的及试剂

1. 实验目的

（1）加深对有机化合物中常见官能团性质的认识。

（2）学习有机化合物中常见官能团的检验。

2. 实验用品

材料：试管、试管架、胶头滴管、烧杯、研钵、酒精灯、三角架、石棉网、火柴。

试剂：1-己烯、1-溴丁烷、无水乙醇、苯酚溶液、乙醛溶液、阿司匹林、酸性高锰酸钾溶液、5% NaOH 溶液、10% NaOH 溶液、稀硝酸、稀硫酸、2% $AgNO_3$ 溶液、5% $CuSO_4$ 溶液、$FeCl_3$ 溶液、$NaHCO_3$ 溶液、石蕊溶液。

环节二：复习旧知识，激发兴趣

【活动任务1】复习常见官能团的性质，学会有机化合物官能团的检验方法。

官能团	化学性质
$\diagdown \overset{\vert}{C}=\overset{\vert}{C} \diagup$ （碳碳双键）	（1）还原性（酸性高锰酸钾溶液） （2）加成反应（溴水、溴的 CCl_4 溶液）
$-\overset{\vert}{\underset{\vert}{C}}-X$ （碳溴键）	（1）取代反应（NaOH 水溶液、△） （2）消去反应（NaOH 醇溶液、△）
$-OH$ （酚羟基）	（1）酸性（Na、NaOH 溶液、Na_2CO_3 溶液） （2）取代反应（浓溴水） （3）显色反应（$FeCl_3$ 溶液）

续表

官能团	化学性质
O ‖ （醛基） —C—H	（1）强还原性（新制氢氧化铜） （2）氧化性（H_2、Ni、△）

设计意图：从官能团的视角认识有机化合物的分类，认识官能团与有机化合物性质特征的关系，学会有机化合物官能团的检验方法。

环节三：设计实验方案鉴别 4 种未知试剂

【问题 1】请问 1-己烯、1-溴丁烷、苯酚、乙醛分别属于哪一类有机化合物？

【活动 1】学生回答。

【活动任务 2】A、B、C、D 4 种试剂为 1-己烯、1-溴丁烷、苯酚、乙醛中的一种，如何设计实验进行鉴别？设计的理由是什么？

【展示实验方案】

【实验】设计实验方案鉴别 1-己烯、1-溴丁烯、苯酚、乙醛 4 种未知液。

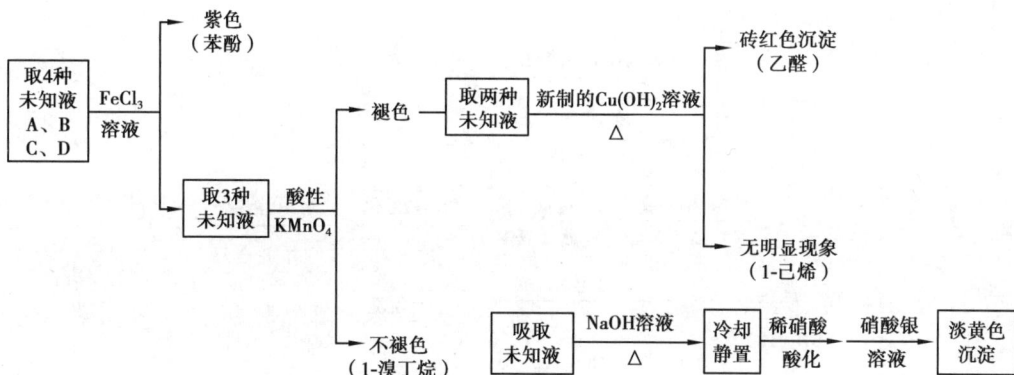

环节四：学生分组实验鉴别 4 种未知试剂

【活动任务 3】根据上述实验方案和检验试剂鉴别 1-己烯、1-溴丁烷、苯酚、乙醛 4 种试剂。

设计意图：培养学生动手能力、观察能力及进行科学探究的能力。

【活动 2】学生分组实验，分别按各组设计的实验方案，动手进行实验操作、记录实验现象、汇报实验结论。

环节五：阿司匹林片的有效成分中羧基和酯基官能团的检验

【活动任务 4】设计实验方案并动手实验，检验阿司匹林片有效成分中的羧基与酯基。

设计意图：通过对生活中常见物质阿司匹林片有效成分中羧基与酯基官能团的检验，进一步巩固有机化合物中官能团的检验方法，同时让学生认识化学来源于生活、服务于生活，培养学生社会责任感。

【问题 2】 阿司匹林片是常见的解热镇痛药，它的有效成分是乙酰水杨酸

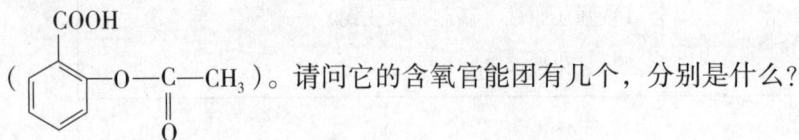

）。请问它的含氧官能团有几个，分别是什么？

【活动 3】 学生回答。

【问题 3】 请问如何用化学方法来检验阿司匹林片有效成分中的羧基、酯基？

【活动 4】 学生讨论回答并优化实验设计方案。

【活动 5】 学生分组实验，按优化以后的实验方案，完成阿司匹林片有效成分中羧基与酯基的检验，记录实验现象，解释现象产生的原因。

【问题 4】 在试管中滴加 2 滴稀硫酸，加热后再滴加几滴 $NaHCO_3$ 溶液，请问 $NaHCO_3$ 溶液的作用是什么？能不能改为滴加 Na_2CO_3 溶液呢？为什么？

【归纳小结】 检验具有多官能团的物质时，要精心选择试剂，注意不同官能团对性质的干扰。

【课堂总结】

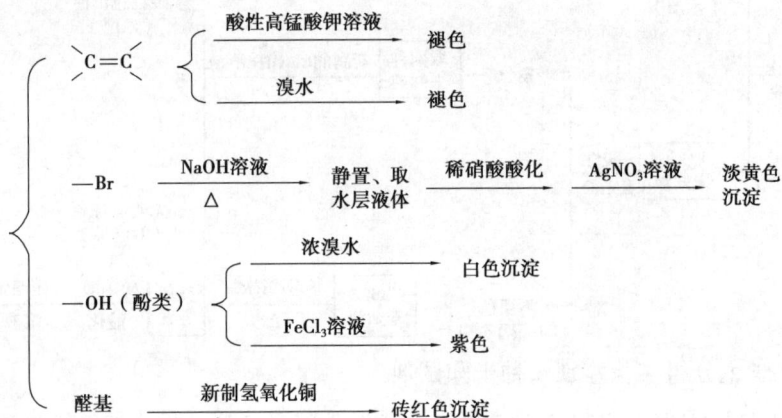

（三）教学反思

通过对有机化合物性质的复习，有机化合物官能团检验方法的总结，学生分组实验，生活中常见有机化合物的检验，既巩固了检验有机化合物的方法，又达到了培养学生实验能力及实验思维的目的，让学生体验到综合利用化学知识和实验技能，解决实际问题及探究未知物的过程与乐趣；在实验过程中，加强学生安全意识，突出重点，突破难点，分组讨论、分组实验，强化小组合作意识，培养学生团队精神。

三、素养诊断

"有机化合物中常见官能团的检验"评价量表分析

核心素养目标	评价内容	评价得分（0~4分）			量表分析	素养水平
		学生	同伴	教师		
宏观辨识与微观探析	能通过官能团认识各类有机物	4	4	4	能从宏观上认识有机物，能从官能团的角度对有机物进行分类，体会有机物的多样性，能说出各类有机物的官能团和其可能具有的性质，能正确书写化学方程式。能对实验现象进行准确描述，能说出有机反应的类型，能从微观角度解释有机反应的机理或断键规律	宏观辨识与微观探析水平2
	能根据官能团预测物质可能具有的性质	4	4	4		
	能判断有机反应的基本类型	4	4	4		
	能从微观角度解释有机反应发生的原理	4	4	4		
	能用规范的语言阐述化学实验的现象	4	4	4		
	能通过化学符号对化学反应进行规范描述	4	4	4		
	能通过对不同官能团和化学键的认识，体会仪器分析在有机物鉴别中的作用	4	4	4		
证据推理与模型认知	通过对官能团的认识，推测有一类有机物性质的相似性	4	4	4	能根据官能团推测有机物可能具有的性质，能通过基团之间的相互影响和有机物的"组合"思想理解有机物性质的多样性	证据推理与模型认知水平1
	通过对苯酚性质的验证，体会基团之间的相互影响	4	4	4		
	通过对多种官能团的认识和基团之间的相互影响，能尝试推测多官能团有机物可能具有的一些性质	4	4	4		
	通过对多官能团物质的认识和阿司匹林的作用，体会有机化学在合成药物、材料等方面所起的重要作用	4	4	4		

续表

核心素养目标	评价内容	评价得分 (0~4分)			量表分析	素养水平
		学生	同伴	教师		
化学观念	官能团不同，有机物性质不同	4	4	4	能从官能团和基团之间的相互影响去认识有机物的性质，能从化学键的构成和键的极性等角度去分析有机反应的基本原理，控制化学反应的合理性	化学观念水平1
	化学反应除需合适的反应物外，还需要控制合理的反应条件	4	4	4		
	物质具有多样性	4	4	4		
科学探究与创新意识	能根据物质性质和反应条件，设置合理的实验方案	4	4	4	能通过小组合作、讨论，根据有机物性质制订合理的实验方案，能选择合理、实际的实验条件顺利完成实验，能对实验现象进行准确描述，能得出合理的实验结论。能对实验中的不合理之处或不正确的结论进行质疑	科学探究与创新意识水平2
	能根据物质性质和反应条件，选择合适的试剂	4	4	4		
	能根据物质性质和反应条件，选择合适的实验仪器	4	4	4		
	能进行小组讨论、分工合作	4	4	4		
	实验过程中能仔细观察实验现象	4	4	4		
	能通过实验过程和结果得出相应结论	4	4	4		
	能对实验结果进行合理评价、质疑	4	4	4		
科学态度与社会责任	实验过程中应有安全意识	4	4	4	实验过程中应有安全意识、环保意识，能通过对药物性质的探究体会化学在促进人类发展和人类健康方面所发挥的积极作用。通过认识不同有机物的性质，体会不同物质性质的不同，在用有机合成药物时，形成科学严谨的责任意识和探究精神	科学态度与社会责任水平2
	能通过对阿司匹林片中羧基和酯基的检验，体会化学在促进药物发展和人类健康方面所起的积极作用	4	4	4		
	通过对实验废弃物的合理处理，提升环保意识	4	4	4		
	通过对物质性质的了解和应用，体会有机合成在促进社会经济可持续发展方面的重要作用	4	4	4		

四、实作考查

选择性必修课程学生必做实验8：有机化合物中常见官能团的检验

实验用品：研钵、烧杯、玻璃棒、胶头滴管，试管、试管夹、阿司匹林片、石蕊溶液、稀硫酸、$FeCl_3$ 溶液、Na_2CO_3 溶液。

动态评分标准参考量表

考查要点		操作要求及评分细则	分值（100分）	得分
一、检查与整理		（1）实验前清点并检查实验所需器材、物品、药品是否齐全、完好，若有问题举手示意（5分）； （2）实验完毕，将废弃物倒入指定的容器中，将仪器洗涤干净并放回原处。整理台面，保持整洁，实验后洗手（5分）	10分	
二、进行实验	1. 阿司匹林片有效成分中羧基的检验	（1）将阿司匹林片研碎（5分）； （2）将研碎的阿司匹林片放入适量蒸馏水中，搅拌，静置（5分）； （3）分别取2 mL上层清液在3支试管中（5分）； （4）取液时无洒落，3支试管取液量应基本相当（5分）； （5）向试管1中滴加2滴石蕊溶液，观察实验现象（5分）； （6）使用滴管滴加液体时应垂直悬空，无洒落（5分）	30分	
	2. 1-溴丁烷中碳溴键的检验	（1）向试管2中滴加几滴 $FeCl_3$ 溶液，观察实验现象（5分）； （2）向试管3中滴加2滴稀硫酸（5分）； （3）用试管夹夹住试管距试管口1/3的位置（5分）； （4）点燃酒精灯（5分）； （5）用酒精灯给试管加热（5分）； （6）加热时先预热，再集中火力加热（5分）； （7）加热时，稍微加热即可，若试管内液体沸腾，应及时移开试管（5分）； （8）停止加热，将试管冷却（5分）； （9）向试管3中滴加几滴 Na_2CO_3 溶液，震荡，观察实验现象（5分）； （10）再向试管3中滴加几滴 $FeCl_3$ 溶液，观察实验现象（5分）	50分	

续表

考查要点	操作要求及评分细则	分值 （100 分）	得分
三、完成实验记录	（1）合理准确填写实验操作中观察到的实验现象（5 分）； （2）正确分析实验结论及填写实验报告（5 分）	10 分	

实验二十六　糖类的性质

一、教材分析

（一）课标解读

"糖类的性质"位于高中化学必修 2 和选择性必修三的学生必做实验，新课标对该节课程有具体的内容要求：认识糖类的组成和性质特点；了解淀粉和纤维素及其与葡萄糖的关系；了解葡萄糖的结构特点、主要性质与应用。学业质量要求为：能列举典型的糖类物质，能说明单糖、二糖和多糖的区别和联系，能探究葡萄糖的化学性质，能描述淀粉、纤维素的典型性质；并为教师的教学过程给了一些可行性建议，如教学策略中提出"突出结构特征与分析，引导学生通过结构预测性质或分析解释化学性质，从结构特征认识性质，进一步体会有机化合物的结构与性质的关系"，给教师明确了在有机教学中结构与性质的重要性，强调糖类性质的教学要微、宏观结合。学习活动建议对蔗糖的水解和葡萄糖的性质进行实验及探究活动，情境素材建议中提出可以用生命科学发展历程中有机化学的重要贡献做素材，淀粉、纤维素的教学可以用其结构示意图或分子模型进行教学，让教师进行该实验的教学既有启示性，又有了开放性。因此为了落实新课标的要求，4 个版本的教材均安排了"糖类的性质"。

（二）教材对比

在 4 个版本的教材中必修二和选择性必修二中均有糖类的性质相关实验，具体如下。

1. 教材中的位置对比

人教版：高中化学必修 2 第七章有机化合物第四节基本营养物质"一、糖类［实验7-7］"中设计了学生必做实验"葡萄糖与新制氢氧化铜的反应"和"葡萄糖与银氨溶液的反应"，[实验7-8]（1）先让学生回忆了生物中淀粉的检验方法，然后让学生将碘溶液滴到馒头或土豆上观察现象，证明了馒头和土豆中有大量淀粉；（2）将淀粉水解后的产物用新制氢氧化铜检验，说明了淀粉水解产物中含葡萄糖。选择性必修3第四章生物大分子的第一节糖类中将糖类分为单糖、二糖和多糖分别进行了介绍，在必修二的基础上进行了进阶性教学，在单糖必做实验中同样做了葡萄糖与新制氢氧化铜和银氨溶液的反应，但通过实验现象与前面学过的醛基性质实验3-7和实验3-8现象进行比较得出葡萄糖是醛糖，充分发挥了性质体现结构的教学效果，二糖的实验中根据前面学习的葡萄糖的性质，自行设计实验对麦芽糖和蔗糖进行探究，实验有很大的开放性也对前面学生学习葡萄糖实验再一次进行检测，多糖的实验中对纤维素水解后的产物进行检验，人教版选择性必修3对分别对单糖、二糖和多糖都进行了实验探究，让学生掌握更全面。

鲁科版：高中化学必修2第三章"简单的有机化合物"第三节"饮食中的有机化合物"[三、糖类、油脂和蛋白质]中"观察与思考中"涉及了糖类淀粉在用唾液水解后产物性质检验，但并未单独做葡萄糖性质的检验。选择性必修3中鲁科版将糖类的性质安排在第二章"官能团与有机物化学反应、烃的衍生物"，第三节"醛和酮、糖类和核酸"，课本概念中先给出了糖类的概念，"含羟基的醛或者酮，水解产物也为多羟基醛或者多羟基酮"，在概念的基础上进行了"几种糖的性质"的活动探究实验，分别对葡萄糖（必做）、蔗糖和淀粉（必做）、纤维素（选做）的性质进行探究。

苏教版：高中化学必修下册专题8"有机化合物的获得与应用"第二单元"食品中的有机化合物"的实验探究中涉及了糖类的相关实验，【实验1】从颜色、状态、水溶性角度观察了葡萄糖、蔗糖、淀粉的物理性质，这是在其他几个版本的教材中都没有的，认识物质不仅要了解化学性质，物理性质也要了解，【实验1】的设计更合理，【实验2】和【实验3】分别是单糖葡萄糖与银氨溶液和新制氢氧化铜的反应，【实验4】为"多糖淀粉溶液的水解及水解产物的检验"。选择性必修3苏教版专题6第一单元"糖类和油脂"中将糖类细分为了"单糖、多糖"，单糖基础实验也做了葡萄糖与银氨溶液和新制氢氧化铜反应，但步骤相对于必修下册简化了很多；多糖的性质蔗糖设计基础实验，淀粉的性质设计实验探究，纤维素的性质设计观察思考，相对于其他几个版本苏教版实验要求更有层次感。

沪教版：糖类的性质在高中化学必修2第七章第四节实验探究，用葡萄糖检测试纸来检验葡萄糖，更接近学生的生活；选择性必修3中糖类的性质在第四章生物大分子与合成高分子，其他版本都是将糖类归类在食品中的有机化学中，而沪教版将其归类为生物大分子，一个是从应用角度归类，一个是从结构角度归类。选择性必修3中葡萄糖和蔗糖性质都设计为探究性实验，提供了试剂，让学生自己设计实验方案、记录实验现象、得出实验结论，更能培养学生科学探究的精神。但沪教版相对于其他版本没有设计多糖淀粉或纤维素的性质实验。

2. 实验用品对比

人教版、鲁科版、苏教版中用银氨溶液检验单糖葡萄糖都用到了银氨溶液和新制氢氧化铜，而沪教版中葡萄糖的检验在必修 2 中采用了葡萄糖检测试纸，沪教版选择性必修 3 用到银氨溶液和新制氢氧化铜。关于二糖的性质人教版没有给出药品说明，让学生根据检验葡萄糖还原性的方法自行设计实验方案进行探究。4 个版本中多糖的水解都有稀硫酸，水解后的产物用氢氧化钠溶液中和，然后用银氨溶液或新制氢氧化铜对产物进行了检验。鲁科版必修二中淀粉的水解用唾液，更贴近生活；沪教版中蔗糖的水解除给出基础药品外，还给出了 pH 试纸，人教版和苏教版提到了淀粉的检验方法，其中人教版用碘水滴到馒头和土豆上进行，苏教版直接向淀粉溶液中加碘水。纤维素的水解沪教版没有该实验，其他 3 个版本的教材中都用了脱脂棉、浓硫酸。

3. 实验步骤对比

（1）人教版、鲁科版和苏教版在糖类的性质中新制氢氧化铜和银氨溶液的配制都给了非常详细步骤。沪教版在糖类的性质中没有给新制氢氧化铜和银氨溶液的配制步骤，但在前面醛的性质中都给了详细的配制步骤。配制新制氢氧化铜时，都是在过量的 NaOH 溶液中滴加几滴 5% $CuSO_4$ 溶液。配制银氨溶液时，在洁净的试管中加入少量 $AgNO_3$ 溶液，都强调了边震荡边逐滴加入 2% 稀氨水，直到最初产生的沉淀恰好溶解为止。

葡萄糖性质：4 个版本的教材中用新制氢氧化铜检验葡萄糖时都是加入葡萄糖后加热观察现象，其中苏教版必修下册要求加热至沸腾，沪教版在葡萄糖的检验时虽没给具体步骤，需要学生自行设计实验，但在醛的性质的检验时详细描述了步骤，其中用新制氢氧化铜检验也是要求加热至沸腾。用银氨溶液检验葡萄糖时都是加入葡萄糖时水浴加热，观察现象，但鲁科版中要求平稳的放入 60 ℃ 左右的水浴中微热，对水浴温度提出了要求；苏教版中要求将试管放在温水浴中加热 3 ~ 5 min，对加热时间提出了要求。

（2）多糖性质：人教版在选择性必修 3 中涉及到了二糖的性质实验，但没有给实验药品和步骤，让学生根据葡萄糖的性质自行设计实验；沪教版中给了蔗糖、稀硫酸等药品，让学生自行设计实验；其他两个版本中都是蔗糖性质探究，将蔗糖分为两份，其中一支试管中加入少量稀硫酸，水浴加热几分钟，反应后再加入 NaOH 溶液调节至碱性，然后向两支试管中分别加入新制氢氧化铜，做对比性实验，通过对比实验让学生明白蔗糖中无醛基，水解后的产物中才有葡萄糖。

　　淀粉性质的实验中，人教版先回顾了生物中淀粉的检验方法，然后在淀粉中加入稀硫酸，加热，反应后向溶液中加入 NaOH 溶液调节至碱性，再加少量新制氢氧化铜检验。鲁科版必修 2 和选择性必修 3 都涉及了淀粉的水解，在必修 2 中将稀的淀粉溶液分为 4 份，向两支中加入少量唾液搅拌 3 ~ 4 min，然后放入 40 ℃的温水中放置 15 min 后取出，向一支加唾液、一支未加的试管中各加碘水数滴，进行对比，说明淀粉在唾液作用下发生了水解，再向剩余两支试管中各加入适量新制氢氧化铜悬浊液，加热，对比说明淀粉溶液中无醛基，水解后的产物中有葡萄糖；鲁科版选择性必修三淀粉性质实验与人教版类似，只是需要水浴加热，说明淀粉水解需要的温度不高。苏教版必修下册和选择性必修 3 也是都是设计到了淀粉的水解，其中必修 2 进行了淀粉水解前后性质的对比，又简化了实验步骤，值得借鉴；选择性必修 3 简化了步骤，仅对淀粉加了稀硫酸和没有加稀硫酸的试管进行对比。

　　纤维素性质实验在涉及的版本中都在选择性必修 3 中出现，人教版和鲁科版都是在脱脂棉上加浓硫酸，然后用玻璃棒搅拌成糊状，成糊状后人教版直接加入过量 NaOH 溶液调节至碱性，再加几滴 $CuSO_4$ 溶液检验，而鲁科版成糊状后用小火微热，得到亮棕色溶液，再加入过量 NaOH 溶液调节至碱性。

　　4. "思考与讨论"对比

　　人教版：只有在选择性必修 3 中糖类的还原性探究中有思考与讨论，根据结果判断蔗糖和麦芽糖是否属于还原性糖？根据现象得出结论，直接与实验目的挂钩；与同学讨论以上实验操作中有哪些要注意的地方？该思考与讨论可培养学生实事求是的态度、敢于质疑和科学探究的精神，同样培养了学生善于合作、欣赏他人的必备品格。

　　鲁科版：必修 2 只做了淀粉在唾液的作用下的水解产物，只设计了思考"淀粉发生了什么反应？淀粉和葡萄糖分别用什么方法检验？"多糖水解产物前面知识点只提到了水解成单糖，并没有给出具体产物，该思考需要教师进行引导。选择性必修 3 实验设计很有层次感，思考 1 "你对实验中研究的几种糖有了哪些了解？"，"实验中研究"和"了解"是化学知识，属于知识层面，"你有哪些了解？"是启发学生运用归纳推理的方法得出结论，属于认识层面；思考 2 也是从知识层面和认识层面让学生思考了单糖、二糖和多糖之间的关系；问题 3 提出糖类是生命体的重要能源物质，通过学习让学生思考蔗糖和淀粉在人体内的转化过程与实验的区别，该问题与生物知识有一定的联系，跨学科教学是现在比较热门的教学方式，同时也让学生能把理论和实际生活联系在一起，知道化学既来源于生活又高于生活。

　　苏教版：必修 2 在实验前对淀粉的水解理论知识做了铺垫，第一个思考"你能观察到什么现象？说明了什么？"——通过实验现象得出实验结论模式，第二个思考提到了酸在淀粉水解过程中的作用，可以与前面铺垫淀粉酶作用来做对比，更直观，让学生印象更深刻，还问到了淀粉水解后的产物检验，要用氢氧化钠中和后再检验，更注重细节，该知识点也是考试一个热点问题，但其他版本的教材中都没有单独提出。

5. 习题对比分析

人教版：必修 2 中 9 道题其中 7 道就与糖类的相关性质有关，选择题中分别对葡萄糖和蔗糖的性质、淀粉和纤维素的性质和结构做了对比，第 6 题整体对糖类进行了再认识，第 3、第 9 题从学生非常熟悉的八宝粥成分，它是否适合糖尿病患者食用，让学生学以致用，明白化学来源于生活同时服务于生活，将正文中没有提到多糖水解浓硫酸的作用和水解后为什么要加碱再验证补充在了习题中，向蔗糖水解后的产物中直接加银氨溶液，思考为什么没有银镜产生，正确的操作是什么？通过习题问题将该重要知识点渗透其中。选择性必修 3 相对于必修 2 更注重糖类结构方面的考查，第 7 题对淀粉水解产物成分进行了推测，第 8 题调查"无蔗糖食品"，培养学生的科学精神和社会责任，用化学的眼光去看待生活。

鲁科版：选择性必修 2、选择性必修 3 中糖类有关的性质都只有 2 道题，两本教材中有一道题都是糯米、米饭、棉花、未成熟的苹果中涉及的糖类有关物质的性质，还有一道是让学生自己归纳糖类的组成、结构及性质，查找资料，了解他们在生产生活中的应用，另一道是写出淀粉各步水解的产物的名称和分子式。

苏教版：必修下册糖类题目较少，"凡是有甜味的有机化合物均属于糖类？"，让学生逆向思维去思考，通过葡萄糖、淀粉、纤维素的形成及转化，让学生理解化学在生活科学中的重要意义。选择性必修 3 共有 5 道题，每道题中都涉及了糖类的相关性质，有判断淀粉水解程度的方法、糖类反应的相关方程式书写、糖类分子式的判断，以及蔗糖进行水解实验后，发现实验没有成功，让学生分析其原因等。这些题目有知识层面的，也有引导学生深度思考层面的。

沪教版：两本书中糖类性质涉及量都比较少，选择性必修 2 其中一道与课本实验尿糖试纸的应用有关，还有一道是葡萄糖完全氧化给人体带来热量的计算。选择性必修 3 只有在第一题中从结构和性质方面出现了 3 个判断题。

二、教学设计

（一）教学流程（图 5-29）

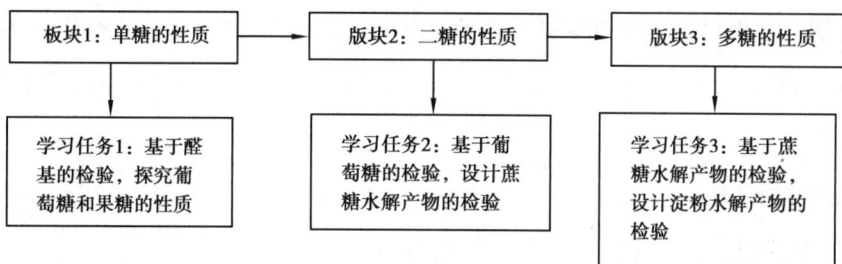

图 5-29 "糖类的性质"教学流程图

（二）教学过程

【引入】糖类可分为单糖、二糖和多糖，他们性质相同吗？医院将尿糖试纸浸在尿液中可以检测患者是否患有糖尿病？用了什么原理？今天我们一起来探究糖类相关性质。

板块 1：单糖的性质

【学生活动】取少量葡萄糖，观察状态，将其加入试管后加水震荡，观察其溶解状况。

【师】教师已经给同学们配制好了银氨溶液，请同学们回忆前面学过的知识中哪些涉及了银氨溶液？它的作用是什么？实验操作时需要注意什么？

【学生活动】醛类反应中醛基的检验，用到了银氨溶液，醛基在检验中需处于碱性环境中，加热时需要水浴解热。

【学生活动】在洁净的试管中加入 2 mL 银氨溶液，再加入 1 mL 10% 葡萄糖溶液，震荡。然后在水浴中加热，观察现象。

【小结】试管壁上生成光亮的银镜，说明葡萄糖中有醛基。

【提问】醛基的检验除了用银氨溶液还有什么试剂可以检验呢？实验时有哪些需要注意的？

【学生】新制氢氧化铜，配制的新制氢氧化铜溶液显碱性，加热可以直接加热。

【师】根据前面所学知识，设计实验葡萄糖与新制氢氧化铜溶液的反应。

【学生活动】在另一支试管中加入 2 mL 新制氢氧化铜溶液。再加入 2 mL 10% 葡萄糖溶液，加热，观察现象。

【小结】葡萄糖的分子式为 $C_6H_{12}O_6$，含有醛基，其结构简式为 $CH_2OH—CHOH—$

CHOH—CHOH—CHOH—CHO。

【师】单糖除了葡萄糖还有果糖，请大家用刚才的实验方法选一种，检验果糖中是否还有醛基。

【小结】果糖中无醛基，是多羟基酮的结构。

设计意图：前面已经学习过醛基的检验方法，通过让学生回忆具体操作细节后，再进行葡萄糖检验的实验设计，加深学生对醛基检验的认识，同时也得出葡萄糖中含有醛基，果糖中无醛基。

板块 2：二糖的性质

【师】二糖蔗糖和麦芽糖中是否含有醛基呢？

【学生活动】学生自己选用新制氢氧化铜或银氨溶液进行检验，得出结论：无醛基。

【师】我们知道二糖要水解，我们用 2 mol/L 的稀硫酸水解，水解后的产物中是否含有葡萄糖呢？请同学们用蔗糖以小组为单位设计实验，并进行操作，观察实验现象，得出实验结论。

【学生活动】以小组为单位讨论实验方案，并进行实验操作。最后通过现象得出的结论中，有的小组蔗糖水解后的产物中有葡萄糖，有的小组没有。

【师】为什么我们得到的结论不一样呢？大家思考一下，请检验出蔗糖水解后的产物中有葡萄糖的小组分享一下，你们在实验操作中注意了哪些细节？

【学生活动】学生分享，学生点评，最后教师再进行点评。

【师】蔗糖水解实验：一支试管中加入 1 mL 10% 蔗糖溶液和 5 滴 10% H_2SO_4 溶液，加热煮沸。再加入 10% NaOH 溶液至溶液呈碱性，加入新制备的 Cu（OH）$_2$，加热，观察现象。碱不要过量，否则新制氢氧化铜或银氨溶液要与过量的酸反应，影响实验效果。

【结论】蔗糖水解后的产物中有葡萄糖。

设计意图：没有直接给学生实验操作步骤，而是让学生根据前面葡萄糖的检验方法，自己设计实验，通过实验操作和现象，小组之间的结论不一样，引发学生思考，为什么？让学生对二糖水解后溶液要调成碱性有更深入的理解，也为下面多糖性质的实验做好铺垫。

板块 3：多糖的性质

【师】二糖要水解产生葡萄糖，多糖也要水解成单糖，水解后的产物中是否有单糖呢？请同学们根据二糖水解实验，以淀粉为例，分小组设计实验方案，进行实验。

【结论】淀粉水解后的产物中含有葡萄糖。

设计意图：学生先对单糖的检验操作，后设计实验对二糖的水解的产物进行检验，得出实验中的细节问题——碱过量，在此基础上对多糖淀粉的水解实验设计就非常简单，让学生对糖类水解后产物的检验加深印象。二糖和多糖的性质都是让学生自己设计实验、操作实验，教师没有直接给出实验步骤，而是让学生通过实际操作，小组之间的对比，引导学生去思考多糖性质的实验中要注意哪些、为什么，更能激发学生的探究欲。

【师】请结合糖类的性质，推测急救患者补充能量时，一般使用葡萄糖溶液，而不选择其他糖类溶液的可能原因。

【生】葡萄糖不需要消化就能直接被吸收，血液中就含有葡萄糖，而二糖、多糖水解后得到葡萄糖才能被人体吸收。因此，急救患者可以利用静脉注射葡萄糖溶液来快速补充营养。

设计意图：化学来源于生活，服务于生活。

（三）教学反思

在讲解糖类性质时，应注重理论与实践相结合。可以使用生动的实例和实验现象来帮助学生理解抽象的概念。同时，鼓励学生进行讨论和提问，提高课堂互动性，激发学生的学习兴趣。糖类性质的教学可以与其他相关学科如生物化学、分子生物学等相结合，提高学生的知识体系完整性。同时，关注糖类领域的前沿动态，将研究成果融入教学中，激发学生的创新意识。

三、素养诊断

"糖类的性质"评价量表分析

核心素养目标		评价内容	评价得分（0~4分）			量表分析	素养水平
			学生	同伴	教师		
宏观辨析与微观探析	单糖的性质	药品添加顺序	4	4	4	能基于醛类的性质检验葡萄糖和果糖中是否含有醛基	宏观辨识与微观探析水平2
		实验仪器的选取	4	4	4		
		反应条件的选择	4	4	4		
		加热仪器的选择	4	4	4		
		葡萄糖与性质氢氧化铜反应操作	4	4	4		
		葡萄糖与银氨溶液反应操作	4	4	4		
		葡萄糖的性质结论	4	4	4		
		果糖的性质检验及结论	4	4	4		

续表

核心素养目标		评价内容	评价得分（0~4分）			量表分析	素养水平
			学生	同伴	教师		
实验探究与创新意识	二糖的性质	药品添加顺序	4	4	4	知道二糖水解后可以产生单糖，水解条件为酸或酶，基于葡萄糖的检验，设计蔗糖在稀硫酸条件下水解产物的检验实验，实验结束后根据不同的现象，进行生生互评和师生互评，最终设计出正确的实验步骤	实验探究与创新意识水平4
		基于葡萄糖的性质设计蔗糖水解实验	4	4	4		
		根据实验现象分析实验操作正误	4	4	4		
		硫酸在蔗糖水解中的作用	4	4	4		
		溶液酸碱性环境的选择	4	4	4		
证据推理与模型认知	多糖的性质	基于二糖性质设计实验方案	4	4	4	基于二糖水解实验，小组设计多糖淀粉水解产物的检验实验，并进行小组讨论，加深对糖类的认识	证据推理与模型认知水平2
		淀粉水解条件	4	4	4		
		水解产物的检验及结论	4	4	4		
		水解产物检验的环境要求	4	4	4		
社会责任		糖类在生活实践中的应用	4	4	4	将糖类的性质原理应用于医疗、生活	科学态度与社会责任水平1
科学探究与创新		勤于实践、敢于探究、敢于质疑、勇于创新	4	4	4	在实验探究过程中，勤于实践、善于合作，学会倾听的同时学会欣赏他人	科学探究与创新意识水平2
		善于合作，学会倾听、欣赏他人	4	4	4		

四、实作考查

选择性必修课程学生必做实验9：糖类的性质

实验用品：试管架、胶头滴管、试管、纸槽、盛放废弃物的大烧杯（2个）、酒精灯、石棉网、三脚架、火柴、抹布。葡萄糖、蔗糖、10%葡萄糖溶液、10%蔗糖溶液、10% NaOH 溶液、2% 氨水、5% $CuSO_4$ 溶液、10% H_2SO_4 溶液、pH 试纸。

动态评分标准参考量表

考查要点		操作要求及评分细则	分值 （100 分）	备注
一、检查与整理		（1）实验前清点并检查实验所需器材、物品、药品是否齐全、完好。若有问题举手示意（5 分）； （2）实验完毕将废弃物倒入指定的容器中，将仪器洗涤干净并放回原处。整理台面，保持整洁，实验后洗手（5 分）	10 分	
二、进行实验	1. 葡萄糖的性质	（1）取用葡萄糖方法正确（5 分）； （2）加水溶解葡萄糖、震荡溶液方法正确（5 分）； （3）正确配制出银氨溶液（5 分）； （4）水浴加热操作正确（5 分）； （5）观察到有银镜产生（5 分）； （6）合理取用液体（5 分）； （7）加热操作正确（5 分）； （8）胶头滴管使用正确（5 分）	40 分	
	2. 蔗糖的性质	（1）取用蔗糖固体方法正确（5 分）； （2）加水溶解蔗糖、震荡溶液方法正确（5 分）； （3）制备出 $Cu(OH)_2$ 悬浊液（5 分）； （4）加热操作正确（5 分）； （5）滴加溶液操作正确（5 分）； （6）进行蔗糖溶液水解与检验正确（5 分）； （7）会用 pH 试纸测溶液酸碱性（5 分）； （8）加热操作正确（5 分）	40 分	
三、完成实验记录		（1）合理准确填写实验操作中观察到的实验现象（5 分）； （2）正确填写实验结论及合理分析（5 分）	10 分	

参考文献

[1] 中华人民共和国教育部. 普通高中化学课程标准：2017 年版 [M]. 北京：人民教育出版社，2018.

[2] 中华人民共和国教育部. 义务教育化学课程标准：2022 年版 [M]. 北京：北京师范大学出版社，2022.

[3] 李广洲，任红艳. 化学教学测量与评价 [M]. 北京：科学出版社，2014.

[4] 黄正厚，冉鹏飞. 着力做好科学教育加法 推进实验实作考试实施 [J]. 中学化学教学参考，2024（11）：52-55.

[5] 赵彦涛. 高中化学实验教学初探 [J]. 速读（下旬），2014（3）：136.

[6] 孔魁英. 新形势下高中化学实验教学的三点原则 [J]. 新课程·下旬，2019（9）：52.

[7] 王立福. 新高考制度下的化学实验课教学初探 [J]. 新课程·下旬，2019（1）：14.

[8] 王勤坤. 高中化学必做实验解读及教学建议：以人教版高中化学教材为例 [J]. 教育界，2022（21）：26-28.

[9] 胡路漫，胡志刚. 用联结理论指导化学新课程实验操作技能教学 [J]. 中小学教学研究，2009，10（10）：34.

[10] 程吉平. 高中化学实验教学初探 [J]. 新课程·下旬，2019（9）：80.

[11] 黄正厚. 区域性化学实验实作考查评价的路径与效果 [J]. 中学化学教学参考，2022（2）：58-61.

[12] 王红梅. 农村高中开展化学实验教学的现状与思考：磐石二中个案研究 [D]. 长春：

东北师范大学, 2007.

[13] 乔啊娟. 多版本初中化学教材"金属单元"实验内容对比分析 [J]. 教育与装备研究, 2021, 37 (8)：65-68.

[14] 徐立堂, 张贤金, 郑婷婷. 基于模型认知的初中化学项目式学习：以"从粗盐到餐桌上食用盐"的教学为例 [J]. 化学教与学（下半月）, 2022 (6)：7-11.

[15] 刘玲玲. 基于提高学生化学核心素养的初中化学实验教学策略研究 [D]. 苏州：苏州大学, 2019.

[16] 康永军. 主题探究：初中化学实验课的新探索：以人教版初中化学"实验活动 8 粗盐中难溶性杂质的去除"为例 [J]. 中小学教材教学, 2016 (1)：58-61, 66.

[17] 王廷虎. 聚焦中考化学创新实验题 [J]. 中学化学, 2023 (9)：53-56.

[18] 李小记.《酸、碱的化学性质》（第 2 课时）的教学实践与思考 [J]. 贵州教育, 2015 (21)：18-21.

[19] 卫环环. 基于"科学探究与实践"素养培育的项目式教学设计：以"探索燃烧的奥秘：物质的变化"为例 [J]. 甘肃教育, 2023 (21)：76-80.

[20] 汪英."燃烧的条件"实验课与新授课的整合教学 [J]. 化学教育, 2015, 36 (7)：16-19.

[21] 陈前龙, 鄢斌, 陈默. 发展学生科学探究核心素养的课堂教学：燃烧与灭火 [J]. 化学教育（中英文）, 2023, 44 (17)：23-30.

[22] 于洪洲. 挖掘教材内容 落实核心素养：以"燃烧和灭火"为例 [J]. 中学化学教学参考, 2021 (16)：54-56.

[23] 李德前. 燃烧的条件 [J]. 试题与研究, 2019 (18)：11-13.

[24] 于航. 化学工业流程高考试题特点分析及教学策略研究：以 2016—2020 年全国高考卷为例 [D]. 武汉：华中师范大学, 2022.

[25] 朱鹏飞, 陈敏, 陈凯. 对普通高中化学课程标准（2017 年版）"学业要求"的分析 [J]. 化学教与学, 2018 (10)：8-11.

[26] 陈进前. 关于学业质量标准的研究：基于 2017 年版普通高中化学课程标准 [J]. 化学教学, 2018 (12)：8-12.

[27] 秦宇欣. 高中化学融入励志教育的教学策略研究 [D]. 哈尔滨：哈尔滨师范大学, 2021.

[28] 尹竞楠. 高中化学新旧教材实验内容对比研究：以必修教材为例 [D]. 重庆：西南大

学，2021.

[29] 刘可心. 初中化学问题解决教学模式的设计与实施［D］. 哈尔滨：哈尔滨师范大学，2016.

[30] 刘莉. 初中化学实验设计分类及教学策略研究［D］. 兰州：西北师范大学，2016.

[31] 刘凯馨. 基于规则空间模型的化学学习认知诊断：以"元素周期律"为例［D］. 哈尔滨：哈尔滨师范大学，2022.

[32] 魏彩男. 基于大概念发展学生证据推理素养的教学设计与实践研究：以高中必修内容"物质的结构和性质"为例［D］. 南昌：江西师范大学，2023.

[33] 王云生. 认识2017年版普通高中课程方案和课程标准的真谛：以《普通高中化学课程标准（2017年版）》为例［J］. 福建基础教育研究，2018（1）：119-121.

[34] 宋晓彤. 基于模型认知的高中化学教学策略与应用研究［D］. 烟台：鲁东大学，2020.

[35] 邓以浩. 人教版新教材中"物质结构、元素周期律"内容的拓展研究［D］. 长沙：湖南师范大学，2021.

[36] 王文博. 基于化学核心素养的中英主流教材对比：以化学反应速率为例［D］. 银川：宁夏大学，2020.

[37] 康同辉. 高中生化学模型认知能力研究［D］. 沈阳：沈阳师范大学，2019.

[38] 白金. 高中化学"四线式"核心素养培养与评价教学模式的构建与实践［D］. 呼和浩特：内蒙古师范大学，2022.

[39] 潘艳群. 基于化学学科核心素养的高考试题研究：以2018—2020年高考全国卷为例［D］. 桂林：广西师范大学，2021.

[40] 黎亚. "5E学习环"教学模式对提升高中化学学科核心素养的实践研究［D］. 牡丹江：牡丹江师范学院，2019.

[41] 赖泽薇. 高中生氧化还原反应建模能力调查研究［D］. 广州：广州大学，2021.

[42] 华丽芬. 基于化学认识思路的学生必做实验课教学：以"设计一个简单的原电池"为例［J］. 中小学实验与装备，2021，31（2）：11-12.

[43] 刘佳丽. 科学家思想对学生模型认知影响的研究［D］. 上海：华东师范大学，2020.

[44] 顾晔. 借助科学史素材 用好证据和模型：以"认识有机化合物"为例［J］. 化学教与学，2022（7）：20-23.

[45] 秦林，胡久华，支梅，等. 促进学生有机化合物结构认识方式发展的模型搭建活动教学研究［J］. 化学教育（中英文），2021，42（23）：62-69.

［46］刘思佳. 三个版本高中化学必修教科书必做实验呈现方式比较研究［D］. 石家庄：河北师范大学，2023.

［47］任佳钰. 利用球棍模型认识简单有机物：以人教版必修二《乙烯》为例［J］. 科学大众（科学教育），2020（5）：1.

［48］刘贝贝，严文法. 基于职前化学教师建模能力发展的"搭建有机分子球棍模型"实验设计［J］. 化学教学，2022（2）：19-23.

［49］赵瑞. 基于 UbD 模式的高中化学教学设计应用研究：以人教版必修二《有机化合物》为例［D］. 昆明：云南师范大学，2022.

［50］王素珍.《化学：概念与应用》专题作业设计分析及启示［J］. 化学教学，2015（5）：79-81.

［51］杨婷. 高中化学新旧教科书实验的教学研究：以《化学反应原理》为例［D］. 武汉：华中师范大学，2022.

［52］代黎娜，王小庆. 铜与浓硝酸反应实验的创新［J］. 中国现代教育装备，2015（10）：64-65.

［53］何翼. 先行组织者教学策略促进化学学习的理论与实践研究［D］. 南昌：江西师范大学，2022.

［54］张志杰，何彩霞，马东梅. 在真实情境中渗透学科德育的化学单元教学设计：以人教版选择性必修 1"化学平衡"教学为例［J］. 中学化学教学参考，2023（10）：26-32.

［55］江辉辉，柴圣元，王炜祥. 基于"任务驱动 实验创新"的化学教学实践：以人教版"酸碱中和滴定"为例［J］. 理科考试研究（高中版），2022，29（15）：53-57.

［56］叶佩佩，喻俊. 指向深度学习的化学定量实验教学：以"酸碱中和滴定"为例［J］. 中小学教学研究，2023，24（4）：69-75.

［57］李文涛. 四重表征在中学化学教学中的应用研究：以"酸碱中和"为例［D］. 济南：山东师范大学，2019.

［58］段永兴. 高中化学思维模型建构的教学研究：以"酸碱中和滴定"为例［D］. 重庆：西南大学，2021.

［59］张先华，江辉辉，金洋."实验探究、问题驱动"的"乙酸"教学［J］. 中学化学教学参考，2023（21）：50-54.

［60］陈改莹. 基于核心素养对高中化学《化学反应原理》的教学实践研究：以人教版和鲁科版为例［D］. 武汉：华中师范大学，2023.

[61] 尉言勋，杜松庭. 化学核心素养的具体体现：近年高考题中弱电解质的电离、盐类的水解八种考查方式［J］. 中学化学，2019（5）：39-42.

[62] 张敏. 高二学生盐类水解错因调查及矫正实践研究［D］. 南京：南京师范大学，2018.

[63] 吴朝辉. 慎选试题 合理应对：以硝酸银溶液中加氨水的图像试题为例［J］. 教学月刊·中学版（教学参考），2016（3）：38-40.

[64] 魏育文. 利用知识误区培养学生观察和分析问题的能力：兼谈低级酯的水溶性［J］. 化学教育，1996（10）：20-21.

[65] 莫亚楠. 基于核心素养的项目式学习实践研究［D］. 漳州：闽南师范大学，2022.

[66] 李先军. 探究实验之酯的考查［J］. 高中生学习（高二版），2011（4）：45-47.

[67] 宗仁磊. 新时代高中化学"学生必做实验"教学设计与实践研究［D］. 呼和浩特：内蒙古师范大学，2023.

[68] 吴招坛. 情境教学化学走进生活：苏教版必修二《糖类》教学设计［J］. 考试周刊，2019（45）：166-167.

[69] 上海市教育委员会教学研究室. 上海市高中历史学科教学基本要求：试验本［M］. 上海：华东师范大学出版社，2017.

[70] 陈新华. 化学学科核心素养为本的高三化学深度复习：以沉淀滴定为例［J］. 化学教育（中英文），2020，41（5）：26-31.

[71] 邱荣，方云，徐雯馥. 基于学科核心素养的教学评价引领：高中化学必修实验［M］. 南京：南京师范大学出版社，2019.

[72] 郑长龙. 2017 年版普通高中化学课程标准的重大变化及解析［J］. 化学教育（中英文），2018，39（9）：41-47.